成都统计年鉴

STATISTICAL YEARBOOK OF CHENGDU

1998

成都市统计局　编

中国统计出版社

(京)新登字041号

图书在版编目(CIP)数据

成都统计年鉴 1998/成都市统计局编
—北京：中国统计出版社，1998.7
ISBN 7-5037-2801-9

Ⅰ.成…
Ⅱ.成…
Ⅲ.社会经济统计－统计资料－成都－年鉴－1998
Ⅳ.C832.711

中国版本图书馆CIP数据核字(98)第18442号

中国统计出版社出版
(北京三里河月坛南街75号 100826)
四川省印刷制版中心印刷
*
787×1092毫米 16开本 36印张 128彩页 90万字
1998年7月第1版 1998年7月成都第1次印刷
印数：1-1800
*
国内定价：140元
海外定价：90美元

《成都统计年鉴——1998》
编委会名单

《成都统计年鉴——1998》
编辑部名单

总　编　辑　张晓雪

常务副总编辑　段忠德

副总编辑(按姓氏笔划为序)

邓丽娟　王斌山　王学华　王贤德　王　蓓　左正洪　李美景
刘梦丽　刘期贵　杨大进　杨小西　余卫平　欧阳晓明　高　燕
晋　勇　黄衍安　辜晓英　彭继红

编　辑

综合部分　余卫平　余新华　高　燕　林　原　魏玉英　黎　昕　何晓丽
苏　昶　王　飙

人口及劳动力部分　薛　英　魏玉英

农业部分　党德森　刘期贵　林　原

工业部分　曹昌玉　曹　阳　高　燕

交通、邮电部分　黄　萍　邹　玲　高　燕　汪　琪

固定资产投资、建筑业部分　向　平　彭　骏　徐冰梅　汪　琪

能源、物资部分　王　炜　高　艳　高　燕

贸易、物价、外经、旅游部分　向　丹　吴启元　汤艳勤　陈　珍　孟宪超
何晓丽　黎　昕

财政、金融、保险部分　林　原　汪　琪

科技、教育、文化部分　汪丽霞　林　原　魏玉英

体育、卫生、社会福利、司法、其他部分　汪丽霞　魏玉英

城市公用事业部分　何晓丽

人民生活部分　赖培霞　孟宪超　郑明华　黎　昕　刘期贵

区(市)县部分　余卫平　党德森　吴　虹　汪　琪　黎　昕　刘期贵

附录部分　高　燕　汪　琪　刘期贵　黎　昕

责任编辑　高　燕　林　原

英文翻译　高　燕　魏玉英　何晓丽

图片设计　刘期贵　何晓丽

文字组稿　刘期贵　黎　昕　汪　琪

数据处理　刘莉萍　张　岷

编 者 说 明

一、《成都统计年鉴—1998》是一部全面反映成都市经济和社会发展情况的资料性年刊。本书收录了成都市和所辖各区(市)县1997年经济和社会方面的大量统计数据，以及建国以来，特别是改革开放以来重要年份的全市主要统计数据。

二、全书内容分为14个部份，即：1.综合；2.人口及劳动力；3.农业；4.工业；5.运输、邮电；6.固定资产投资、建筑业；7.能源、物资；8.国内贸易、物价、外经、旅游；9.财政、金融和保险；10.科技、教育和文化；11.体育、卫生、福利及其他；12.城市公用事业；13.人民生活；14.区(市)县。另附全国重点城市统计资料和世界主要国家(地区)统计资料以及成都市部份行政机关、企事业单位介绍。各篇首附有简要说明，篇末附有《主要统计指标解释》。

三、本年鉴的统计数据，大部份取自统计年报，小部份来自抽样调查；《成都概况》部分资料来源于《成都年鉴》；世界主要国家(地区)统计资料取自《中国统计年鉴》；其他资料来源均在各篇简要说明中注明。

四、本年鉴对过去发表过的重要统计资料进行了重新核实，部份数据根据现行统计方法制度和统计口径，并结合历史情况进行了修正。读者在使用历史资料时，凡与以前本局公布数据不相符的，请以本年鉴为准。

五、本年鉴所使用度、量、衡单位均采用国际统一标准计量单位。

六、国内生产总值、工农业总产值绝对数除注明价格者外，均按当年价格反映，其速度按可比价格计算。

七、本年鉴部份数据合计数或相对数由于尾数取舍不同而产生的计算误差均未作机械调整，故分组数加总不一定等于合计数。

八、区(市)县篇中，锦江、青羊、金牛、武侯、成华五区国内生产总值、人口、农业生产情况等按辖区口径统计；由于区划调整原因，1995年及以前统计资料不可比，本年鉴未填列；五区的其余指标由于按区属及区属以下口径统计，与其余区(市)县不可比，也未填列。

九、年鉴中的符号说明：

“空格”表示该项统计指标数据不详，或无该项统计数据；“#”表示其中的主要项；“①”表示本表下有注解。

十、本年鉴系首次公开出版发行，由于我们编辑水平有限、经验不足，加之人手少、时间紧，虽已尽最大努力，但仍难免会有差错，诚恳希望广大读者对本年鉴的不足之处提出批评指正和改进意见。

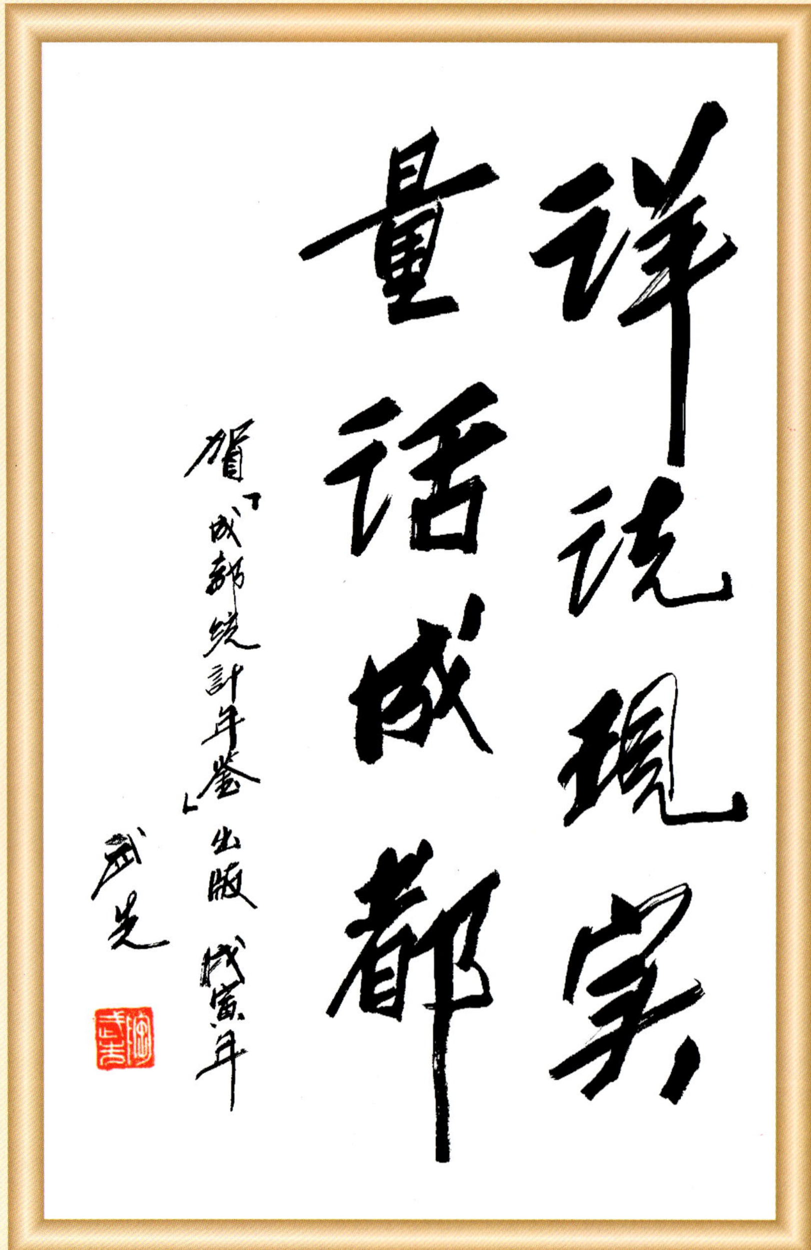

中共成都市委书记陶武先题词

序

成都市人民政府市长　王荣轩

在成都市人民满怀信心阔步迈向21世纪之际，《成都统计年鉴》首次对外公开出版发行了，这是我市社会经济生活和对外开放事业的一件大好事，值得庆贺。

成都是四川省的省会，是中国历史文化名城，国务院规划确定的西南地区的“科技中心、商贸中心、金融中心和交通枢纽、通信枢纽”，是国家批准的对外开放城市和全国经济体制综合配套改革试点城市。成都有2300多年悠久历史，气候条件优越，自然资源丰富，得都江堰自流灌溉之便利，享天府之都的美誉。建国后，经过几十年的建设，成都工农业生产迅速发展、商业兴旺、市场繁荣、交通便利，科学、文化、教育、卫生事业已具相当规模，城市面貌日新月异。特别是改革开放以来，成都投巨资加强交通、能源、通信、环境综合整治等城市基础设施建设，极大地改善了投资软硬环境，实现了经济的持续快速发展。1997年全市实现国内生产总值1007亿元，1978年以来年均增长11.5%；实现社会消费品零售总额410亿元，年均增长19.5%；人民生活迅速改善，城市居民人均可支配收入由1978年的340元增加到1997年的6019元，年均增长16.3%；农民人均纯收入由1978年140元增加到2427元，年均增长16.2%；外贸出口总额达3.51亿美元，平均每年增长27.1%。成都综合经济实力居全国大中城市的第十一位；在全国15个副省级城市中，国内生产总值跃居第四位。已同法国蒙彼利埃市、日本甲府市、奥地利林茨市、美国菲尼克斯市、加拿大温尼伯市、斯洛文尼亚卢布尔雅拉市、比利时马林市等分别结为友好城市；与82个国家和地区开展了经济、文化交流与合作。世纪之交，成都面临难得的历史机遇，市委、市政府已确立了进一步解放思想，抓住机遇，开拓创新，加快发展的工作方针和跨世纪的奋斗目标，成都的明天一定更加辉煌。

统计作为国民经济信息的主体，在经济建设、扩大开放和社会进步中发挥了重要作用。《成都统计年鉴》是集全市经济、社会、科技各方面、各领域信息的资源库，是成都社会经济发展之缩影，是各级领导决策之依据，是了解成都和认识成都之“窗口”，是国内外商家投资成都之路标，是热爱成都、认识成都、建设成都之数字化教材。总之，《成都统计年鉴》的公开出版发行，对世界了解成都，成都走向世界，扩大对外开放，促进经济发展必将起到积极作用。

特为之序！

一九九八年七月

成都电缆双流热缩制品厂

江泽民视察本厂

电子加速器

该厂(RSCDC)是目前国内最大规模的通信电缆用热缩材料专业生产厂，占地50000平方米，生产设备先进，拥有包括引进法国ICT 3MeV电子加速器等两台在内的全套流水线生产设备，测试手段完善，研制开发力量雄厚。年产通信电缆热缩套管250多万套。

工厂1993年被市科委认定为高新技术企业，1995年11月通过GB/T19002-1994idt ISO 9002:1994质量体系认证，获质量体系认证证书，质量管理和质量保证体系达到了国际水平。工厂的质量方针是“技术领先、品质保证、用户满意”。

主要产品有：

1.获邮电部优质产品称号和四川省优质产品称号的RSB、RSY系列通信电缆用非充气型热缩套管。

2.达到国际先进水平，符合中华人民共和国通信行业标准(YD/T590)的RSBJ系列带防潮铝箔的强力纤维热缩套管和RSBA系列充气型强力纤维热缩套管。

3.获得四川省优质产品称

质量体系认证证书

江泽民
一九九四年十月十六日
于双流热缩制品厂

号和成都市优质产品称号的RSPB系列钢管道塑料防护层补口用热缩带。

工厂生产的RSBA、RSBJ、RSB、RSY型系列通信电缆热缩套管获得了进网质量认证证书。先后被评为省级“重合同守信用”企业，获农业部名牌产品称号及“全国最佳乡镇企业”等荣誉称号。工厂素以优质的产品，合理的价格，周到的售后服务享誉于世。产品在全国各地得到普遍采用，占全国销售市场的30%，并远销印度、越南、蒙古等5个国家。工厂热忱欢迎各界朋友来厂参观和洽谈业务，并乐于为用户提供技术咨询和操作技术培训服务。

地址：成都双流西南航空港开发区
邮编：610225
电话：(028)5184879 5181346 5189711-3394
传真：(028)5184879 5881258

中华人民共和国邮电部

通信设备进网质量认证证书

（97）部质认字第 147 号

成都电缆双流热缩制品厂

你单位申请认证的 RSBAQ、RSBJ、RSB、RSY型系列通信电缆热缩套管，经邮电部科学技术司质量认证合格，可以在国家公用通信网上使用。

特发此证。

发证日期：1997年 10月 14日
有效日期：2000年 10月 14日　　审批单位（盖章）

进网设备进网质量认证证书

强力纤维连续生产线

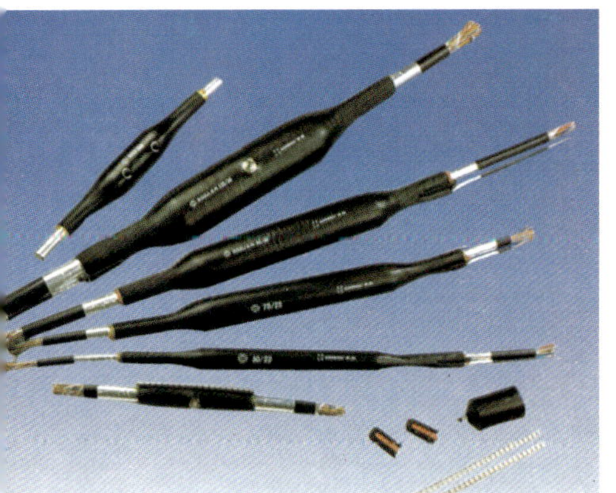
产品

生产车间一角

快步前进的工

国际业务部营业大厅

1997年，中国工商银行成都市分行各项业务取得较大发展，两个文明建设取得丰硕成果。

分行强调存款工作的基础地位，在“服务”二字上做文章，坚持和完善行之有效的揽存制度和办法，采取了一些新的揽存措施，如强化存款工作“一把手工程”，落实行级干部重点联系行业，扶植新的存款增长点，开展优质文明服务，设立投诉咨询电话，聘请服务监督员，进行明察暗访等。截至12月末，该行人民币各项存款余额235亿元，比年初增加42亿元。其中，储蓄存款余额达131亿元，比年初增加18亿元；对公存款104亿元，比年初增加24亿元。

分行按照“用好增量，盘活存量，优化结构，提高效益”的信贷工作指导思想，加强信贷管理，防范贷款风险，集中资金确保基础性、支柱性产业和国家、省市属重点企业、重点项目的资金需要。1997年，累计发放各项贷款253亿元，比上年多发放54亿元。截至年末，全行人民币各项贷款余额207亿元，比年初增加28亿元，增长15.5%。其中，流动资金贷款余额154亿元，比年初增加11.6亿元，固定资产贷款余额53亿元，比年初增加16.4亿元。全年累计办理票据贴现43亿元，累计开出银行承兑汇票23亿元。为发展生产、搞活流通作了积极贡

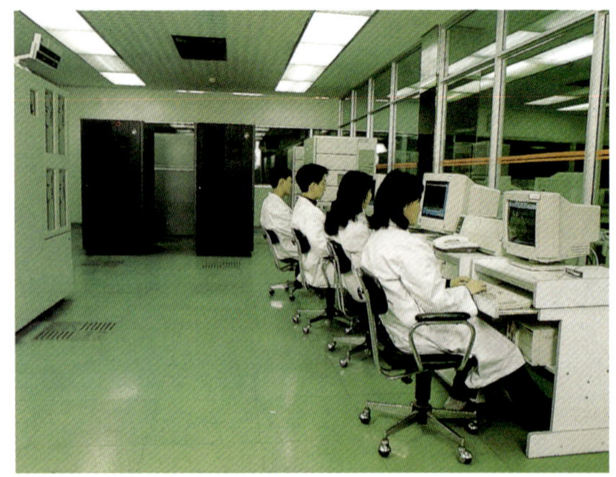
电脑中心ZBM/9672大型计算机系统主机房的中央控制室

国家指定的外汇银行
你身边的银行，可信赖的银行

中国工商银行成都市分行办公大楼

行成都市分行

献。

分行外汇业务、信用卡业务、住房金融业务稳步发展，各项业务指标均完成或超额完成全年计划。开通了PCC外币环球银行协会清算系统，大大提高了国内国际清算速度，降低了清算成本。积极稳妥地发展各类代收代付业务。在已开办代发工资、代缴电话费、代发社保养老金、代理股份公司派息分红、代收公安罚没款、代收公用事业费的基础上，又开办了代收电话费、代办保险、代收税费、代收物业管理费、国债代管库等项业务，形成传统业务与新兴业务并举的格局。

在电子化建设方面，分行加快城区和郊县营业网点的联网步伐，所辖23个城区和郊县支行全部实现联网，联网营业机构达321个，其中97年加入联网的机构为183个。同时，在营业网点和大型商场内安装自动柜员机(ATM)76台，开通运行27台，实现了该项工作零的突破。

分行坚持两个文明一齐抓，大力开展“三优一学”、创建“文明单位”、“青年文明号”等活动。当年新建成省级文明单位1个，市级文明单位标兵1个，国家级“青年文明号”1个，省级和市级“青年文明号”各2个。市分行机关荣获“成都市十佳文明单位”称号。

银企同心文艺联欢活动

中国工商银行成都市分行办公大楼夜景

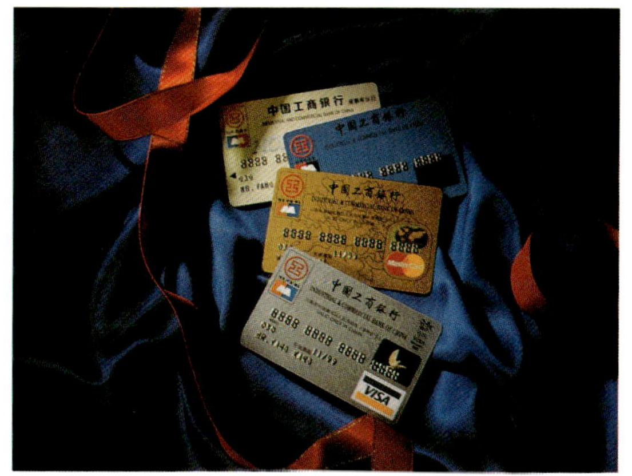

使用方便、快捷、安全的牡丹信用卡

存入信賴萬千，貸出赤誠一片
選擇工商銀行，助你事業輝煌

ZHONGGUONG

中国农业银

中国农业银行成都市分行行长李先国在全行会议上讲话

中国农业银行成都市分行是一家国有商业银行，是农业银行总行的直属分行。自1979年恢复成立以来，致力于支持农村经济和金融的发展并作出了突出贡献。1996年，农村信用社与农业银行脱离了行政隶属关系，分设了农业发展银行，农业银行成为真正的国有商业银行。

十九年来，该行各项业务不断发展，自身实力迅速壮大。至1998年4月底，各项存款金额达124亿元，是1980年的47倍；各项贷款108亿元，是1980年的64倍。该行围绕“集中精力办好商业银行”的发展主题，确立了具有自身特色的经营机制与企业形象。在大力支持农村经济和农业产业化发展的同时，城市业务空前繁荣壮大，全辖29个支行中城区15个支行拥有200余个营业网点，在全市金融系统中居第2位，城区营业机构存款占全辖66%以上；在信贷策略上实施以支持优势行业和优良企业为重点的“双优工程”，形成了以重点工商企业为主体的信贷黄金客户群体。

现代化的开放式服务

NGYEYINHANG

行成都市分行

宽敞明亮的营业大厅

服务手段日益先进，开通全国电子联行汇兑，汇划资金24小时到帐抵用；实现全市农行通存通兑，202个营业网点入网运行；成功开发并推广银信卡、万事顺卡、外币卡等新卡种，发卡量和新增存款大幅上升。同时，国际金融业务、房地产金融业务、信息咨询、代保险代保管业务等新业务也取得迅猛发展，形成了以信贷业务为主体的资产多元化经营格局。

中国农业银行成都市分行办公大楼

ZHONG KE YUAN

中科院成都地

总经理李伯刚研究员

该公司是研制高效、优质天然药物、基因工程药物、新型制剂的大型骨干制药企业，占地150亩，资产6亿多元，拥有高度自动化生产设备和符合国际GMP标准的现代化生产大楼，“国家天然药物工程技术研究中心”亦设立于此，是国内实力最强的药物科研、中试、生产及原料加工基地之一。

成都地奥以“奉献于社会，惠泽于人类”为宗旨，将现代高科技与中华传统医药完美结合，在为人类健康做出杰出贡献的同时，自身也获得飞跃发展。创办九年来，凭借科技开发网络优势、现代化大生产管理优势、营销网络优势和人才优势创高效益，原始投资增值1000多倍。1993年利税总额居全国同行业第7位，被国家科委评为“实施火炬计划先进高

水针车间、片剂车间一角

CHENG DU DI AO

奥制药公司

新技术企业"，1996年利税总额居全国同行业第5位。1994、1995年两次跻身全国百强高新技术企业；1995年被国家中医药管理局评为"第二届全国中药行业优秀企业"；1995、1996、1997年连续三年综合经济效益居四川同行业第1位，被列入全国重点高新技术企业及国家中成药工业国有重点企业五十强行列。

成都地奥依靠自己雄厚的科技实力，推出了"地奥心血康"、"黄芪注射液"、"奥利达注射液"、"脂必妥片"、"银黄含片"、"迪达霜"等系列高科技新药。龙头产品一一"地奥心血康"生产工艺先进，疗效确切，畅销全国并远销海外，被列为"国家基本药物"。目前，"地奥心血康"居全国名优特新药类产品销量首位、心血管病同类药用量第一位及治疗性中药类销量第一位。

成都地奥已建设为管理现代化、市场国际化的高科技产业集团，正逐步发展成为辐射力强，能与国外大企业竞争的多元化跨国产业集团。

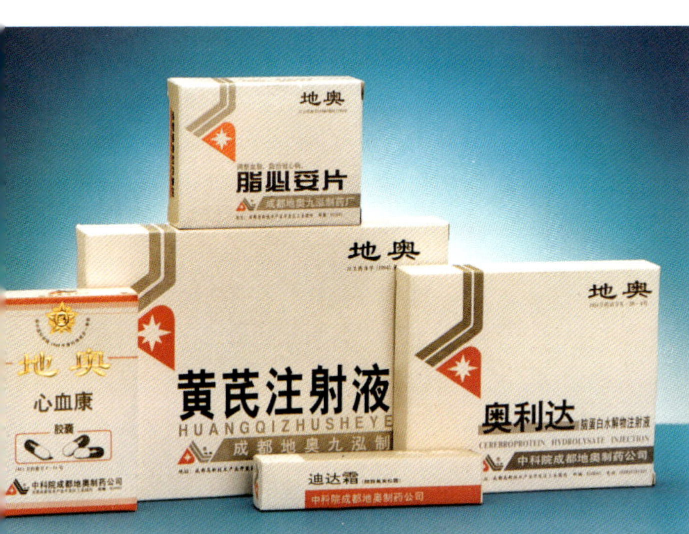

地奥系列高科技药物

水针车间生产线一角

地址：成都高新技术产业开发区工业园内
电话：(028)5195043
传真：(028)5181150
邮编：610041

该公司是一家综合型上市公司，国家大型二挡企业，国家定点生产内燃机关键基础件——气缸套，铝活塞的四大基地之一。其前身为成都配件厂，始建于1965年3月，由上海大中华汽车材料制造厂和上海宝昌活塞厂内迁与成都柴油机厂合并组建而成。1993年10月8日经中国证监会批准，在资产重组的基础上向社会公开发行股票并在深圳证券交易所挂牌上市，成为国内内燃机配附件行业首家上市公司，并更名为成都动力配件股份有限公司。1998年12月，银河（长沙）高科技实业有限公司和湖南新兴公司在受让有关股权后入主成都动力配件股份有限公司，并更名为成都银河动力股份有限公司。

现公司实有资产总值人民币245751366.55元，资产净值人民币152704760.76元，每股净资产人民币2.15元。

公司目前已拥有雄厚的资本实力、强大的技术力量，高效精干的员工队伍、声誉卓著的名牌品牌、遍及世界的合作伙伴、灵活多样的营销手段。以及重义守信的企业形象，构筑了推动和支撑企业腾飞的坚强基础，企业成长正面临巨大变化，已进入了高速扩张的主干道。

公司已与包括日本三菱重工在内的多个世界500强企业建有良好的合作关系。

现有25条缸套、活塞生产线，年产缸套150万只，活塞350万只，产品规格200余种，优质名牌产品众多，其中，国优银质奖项、部优产品奖项，省优产品奖、市优产品奖多项，获奖产品率达89%；已形成经济规模，产品供不应求，产销率高综合经济效益排名行业前四名。

公司产品市场覆盖全国29个省、市、自治区、国内配套主机厂多达50余家，涉及汽车、船舶、工程机械、摩托车，民电机组和通用机械发动机，为全国1000余家维修提供配件，部分产品出口美国、日本和东南亚地区。1997年，气缸套产品市场占有率5.55%，活塞产品市场占有率7.38%。

公司具有雄厚的技术力量和技术储备，先进的检测手段及很强的研究、开发和专机制造能力，有一支高素质、具有创新能力和奉献精神的技术开发队伍。拥有管理人员182人，工程技术人员134人，其中具有高级职称的26人，中级职称的98人，初级职称149人。

公司将继续加大科研开发经费的投入，重点攻克节能节电工业炉、气缸套加工工艺NC专机、活塞三光CNC专机等等一批关键技术，增大对CAD/CAM一体化工程的投入，自行设计制造浇铸机，实施机电一体化技术，完成组合型立体靠模机床、C91KB仿意大利全封闭结构数控靠模机床和C84KB全封闭活塞数控机床的研制，保持公司工艺水平的行业领先地位；瞄准国际市场，加快新产品的开发，公司已在496-04豹式坦克缸套、4TU1摩托车缸套、康明斯系列缸套、活塞、期太尔缸套、活塞，玉柴活塞，切诺基缸套开发方面，取得突破；公司还将发挥铸造优势，寻找新的增长点；走产、学、研一体化的道路，与国防科技大学、成都科技大学、重汽研究所共同开发陶瓷纤维活塞。

公司地址：成都市二环路东三段40号
邮政编码：610051
电话总机：(028)4333641
传真：(028)4331092

GALAXY
POWER

成都银河动力股份有限公司

董事长李中钦先生

公司引进的德国EX-CELL-O公司的CNC活塞车削加工中心

厂长　徐志刚

该厂是成都工益冶金股份有限公司下属重点单位，彭州市市属重点企业。位于景物宜人、交通便捷的彭州市三邑镇，距成都35公里，地处广汉市、什邡市、新都县交汇点，公路四通八达。

该厂1988年9月筹建，1991年1月投产。有固定资产1.65亿元，年产优质钢锭12万吨，销售收入2.88亿元，按国家一级企业的标准进行管理。现有职工千余名，其中具有大、中专学历的专业技术人员近200人，技术力量雄厚。

该厂拥有一座公称容量10t的交流电弧炉和一座目前国内最大、技术先进并采用偏心底出钢和水冷炉壁、水冷炉盖的30t直流电弧炉及配套的英国引进的40t精炼炉，还拥有4台150m³/小时的制氧机组和一座110

采用先进技术装备的30t直流电弧炉

正在出钢

30t直流电弧炉控制柜

成都三益冶金联合公

千伏安的变电所。30t直流炉是国家“八五”A级科技攻关项目，在国外是新技术，在国内是首创。于1994年3月23日通过了国家科委、冶金部的鉴定，为直流炉在我国的发展作出了贡献。

该厂生产的主要产品有各类优质炭素结构钢、低合金结构钢、合金结构钢、合金工具钢及不锈、耐热高合金钢管钢锭；钢锭质量良好、稳定，得到用户的一致好评。

通过七年奋斗，该厂已发展为成都工业经济效益百强企业、连续多年被评为成都市综合经济实力五十强企业、重点乡镇企业和科技明星企业之一；四川省最大规模企业、先进乡镇企业、环境保护先进单位之一和全国先进乡镇企业，全国乡镇企业供销系统先进集体之一；并取得市《三级计量合格证》和农业部《企业基础管理达标企业》、《全面质量管理达标企业》证书。

厂长徐志刚带领全体员工热忱欢迎社会各界光临、检查指导工作！

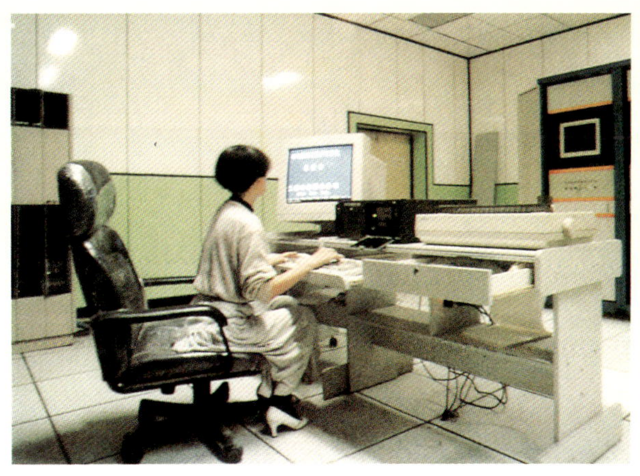

30t直流电弧炉汉字微机控制系统

待发运钢锭

厂址：中国四川成都彭州三邑
电话：(028)3829071
(028)3829044(总机)
邮编：611934

职工文化中心

司炼钢厂

厂区一瞥

中房集团成都房

建设中的公司平安苑工程一角

捐建高新区小学

该公司成立于1984年，是中国最大的房地产开发企业——中国房地产开发集团公司在成都的唯一分支机构，是隶属于市房地产管理局的事业单位，是国家建设部资审的全民所有制一级开发公司。作为西南地区实力雄厚的大型综合性房地产开发企业，该公司1994年分别荣获成都市、四川省房地产开发“五十强企业”和“百强企业”，并荣登首届“中国房地产开发综合效益‘百强榜’”。

该公司按照国家“统一规划、合理布局、综合开发、配套建设”的方针，先后投资10个亿，以每年交付使用15万平方米的建设速度，开发建成了玉林、猛追、李家沱等10个环境优美、配套齐全、造型别致的居住小区，完成了西大街等10处旧城改造，累计开发面积达200余万平方米，向社会提供各类商品住宅2万多套，让10万居民迁入新居，还出色完成政府交办的熊猫万国商城和政府会议中心等5项重点拆迁任务。

十多年来，在经济效益持续增长的同时，公司决策者和开拓者们以高度的社会责任感和历史使命感，从企业发展的战略高度出发，始终坚持经济效益、社会效益和环境效益的统一，把为政府排忧解难、为群众办实事放到重要位置。先后无偿投入7000万元用于发展本市的文化福利事业和教育事业。向省电视台无偿提供了75亩价值3000万元的土地；给武侯区捐献了7亩价值500万元的土地用于新建学校，并投入730万元新修一所可容纳18个班级的学校捐赠该区。无偿提供面积达5000平方米的拆迁房源用于解决老干部住宅，为政府提供民用解困房46000平方米，教师安居工程用房14000平方米，还投入220万元为大龄青年修建了鸳鸯楼56套。按照“开发一片，配套覆盖一片”的构想，投资1.2亿元对小区学校、幼儿园、街道办事处、居委会、派出所、文化站、道路、公园、门卫值班室、自行车棚、车库、公厕等公用设施进行配套建筑，在小区交付使用时实现水通、路平、灯亮、商店营业、学校开学、行政管理部门开始服务，为广大居民精心营造了温馨、舒适、和谐、完美的居家生活环境。

公司成立以来，建筑质量合格率达100%、优良率达到50%左右，有的组团优良率高达95%以上，其中玉林小区建筑群还被省、市授予优良组团，并荣获省、市规格最高“天府杯”和“芙蓉杯”优质工程奖。

目前，公司正推出李家沱小区、红花小区、

平安苑工程平面图

地产开发总公司

公司总经理薛玉川

西大街小区、小天小区、正府街住宅，水、电、气三通，每户送炉具、热水器一套，其中李家沱小区、红花小区住户还将获得公司代缴办理产权时的契约税优惠。售房电话：(028)6622941—11、17、19，3326138(李家沱)，3334839(红花)。

已建成的玉林小区居民住宅绿化

平安苑竣工部分工程

成都市中级人民法院

苏泽林院长作法院工作报告

“天府之国”，物华天宝，人杰地灵，灿烂辉煌的历史令世人称羡不已。如今，当历史的车轮行进到二十世纪末，一群头顶国徽、肩扛天平的共和国执法者又用自己的心血和汗水在天府历史的画卷上添加了浓墨重彩的一笔。

成都市中级法院内设13个审判业务机构和9个综合部门，管辖20个基层法院、101个派出人民法庭，共有干警2000余人。截止1997年底，全市法院干警中，具备法律大专以上学历的占83%，具有法学硕士学位和正在攻读法学硕士学位的有48人。

成都市中级人民法院视严肃执法为生命，时刻谨记“公正、廉洁、文明、高效”的八字院训，自1993年以来，清理积压案件、规范审判秩序、“严肃执法年”活动、实施“两个工程”，法院工作快速、稳步跨上一个又一个新台阶，真可谓“年年有新招，岁岁创新高”。1997年，成都法院收、结案数分别达到61000余件和58000余件，结案率为94.02%，各类案件诉讼标的额达32.3亿元。去年，成都市中级法院被荣记集体二等功，全市16个法院荣获精神文明建设先进单位称号。

法警集训结业汇报

审理重大案件

1994年8月，被誉为“成都三大标志性建筑”的中院审判法庭卓然屹立在蓉城市民面前，从此跨入了成都法院“两庭”建设飞速发展的新纪元。继而，成都法院法警训练基地、成都法官接待站、成都法官培训中心也相继建成投入使用。目前，成都中院智能化审判业务综合楼正拔地而起，如今的成都中院已是旧貌换新颜。1996年，成都中院开始策划撰写一套规范法院工作的系列丛书，目前已分别出版了《审判工作规范》和《法官行为规范》，《行政管理规范》正在统稿、修改之中，此套丛书将科学、系统地指导法院工作的各个环节。

“法普天下，以法治国”，这是当代执法者共同的理想和挚着的追求。成都中院顺应潮流，锐意进取，用自己不懈的奋斗将理想一步步变为现实，在“天府之国”这片土地上，一道亮丽的法制风景线正熠熠生辉。

成都中院党组成员合影

审理刑事案件

成都中院召开实施“两个工程”新闻发布会

全国法院业余大学成都分部正在授课

市人大领导旁听案件

审判业务综合楼奠基

主任：吴兴富

CHENGDU SHI GONGZHENGCHU

市公证处成立于1953年，是成都市行政区域内成立最早的一个公证处。现有公证员26人（含特邀公证员4人），其中高级公证员5人，中级公证员11人，初级公证员10人。下设国内民事公证科、涉外民事公证科、经济公证一科、经济公证二科、行政科、办公室和高新技术开发区办事处，并设立了3个办证室。开办有继承、赠与、收养、遗嘱、委托、遗赠抚养协议、出生、死亡、经历、学历、婚姻状况、受（未受）刑事处分等国内、涉外民事公证和抵押贷款、技术转让、土地使用权转让、工程承包、房屋买卖、合资经营、合作经营、公司章程等国内、涉外经济类公证及强制执行公证、提存公证、保全证据公证、招标、投标、股份转让等百余种公证事项，年办证数3万余件，出具的涉外公证文书发往80多个国家和地区使用，是成都市行政区域内公证项目最齐、办证数量最多的公证处。该处多次被评为司法部、省、市先进集体，分别被司法部和省司法厅确定为“全国法律服务行业文明服务窗口”和“省级文明公证处”，被市委、市政府评为政法队伍建设“先进单位”。

地址：东城根下街35号加州大厦1-3楼
主任：吴兴富　联系人：张荣　电话：(028)6250123　6696321
传真：(028)6693928　邮编：610031

成 都 市 公 证 处

中共成都市纪律检查委员会

中共成都市委常委、市纪委书记 黄忠莹

1997年，市纪委、市监察局加大工作力度，全面落实市委、市政府部署的反腐败工作任务，取得了比较明显的阶段性成果。

——领导干部廉洁自律工作进一步加强　制定了检查民主生活会质量的7条标准。按规定处理了54名领导干部违反廉洁自律规定的问题，有14个区（市）县、69个市级部门的清房工作验收合格。执行厉行节约制止奢侈浪费行为“八项规定”取得初步成效。

——查处违纪违法案件工作取得新突破　通过查办案件为国家和集体挽回经济损失6283万元，比上年上升130.5%。

——纠风工作取得新进展　一是农民负担进一步减轻，全市共清理出涉农不合理负担项目31个，减负金额403万元；二是减轻企业负担工作进一步推进，全市共废止涉及向企业收费的文件13个，取消企业不合理负担项目63项，降低收费标准60项，查处违反规定加重企业负担行为9起。三是清理预算外资金工作进一步深入。四是清理党政机关与所办经济实体脱钩的工作有新的进展。五是治理公路“三乱”工作的成果得到巩固。六是中小学收费的规范化管理进一步加强。七是清理用公款变相出国（境）旅游工作力度加大。制止用公费出国（境）旅游87人，节约经费304万元。八是推行社会服务承诺制试点工作和民主评议行风取得了积极的进展，积累了新的经验

——执法监察取得新成效　各级纪检监察机关开展执法监察，为国家挽回和避免经济损失5271万元。重点开展了建设工程项目的执法监察，特别是切实加强了对府南河综合整治工程的监督检查，确保了工程建设政令畅通和廉洁高效。

——党内监督机制进一步加强和完善　全市16478名领导干部建立了廉政档案，党内监督的各项制度进一步落实。县（处）级以上干部按规定进行个人收入申报占总数的98.8%；执行个人重大事项报告制度的单位占单位总数的96.2%；实行了业务招待费向职代会报告制度的国有企业，占全市国有企业总数的69.1%，国有企业招待费比上年下降53.8%。

——党性党风党纪教育深入开展　在全市党员干部中广泛开展了以“讲学习、讲政治、讲正气”为主要内容的党性党风党纪教育和艰苦奋斗教育。党内条规教育进一步加强。深入开展“三个一”教育活动，拒腐防变能力进一步增强。

——纪检监察队伍建设进一步加强　新建纪检监察机构15个，对区（市）县纪委换届工作加强了指导。深入开展“创四好班子”和“创先争优”活动，对1995年至1997年度的纪检监察系统70个先进集体，171名先进工作者进行了表彰奖励。

中共成都市纪委、成都市监察局领导班子全体成员

成都市总工会、成都市工商联合会于97年12月9日在市劳动人民文化宫举办下岗职工招聘洽谈会。

全国总工会书记处书记李永安和市人大副主任、市总工会主席申万和同志到成都标准件总厂慰问困难职工。

97年"五·一"前夕，市总工会组织大型歌会，上千名职工演唱了富有时代特色的歌曲。

成都市总工会

CHENGDUSHIZONGGONGHUI

1997年，全市各级工会组织高举伟大旗帜，紧紧围绕经济建设中心，以争创一流的工作度，扎实工作，振奋精神，结合贯彻十五大精神，以喜迎香港回归为主题，市总工会组织"97职工文艺汇演"，演出36台，上演各种节目661个，5000多名职工登台，数万名职工观，在群众中引起巨大反响。在"五·一"前夕，组织上千名职工参加大型歌会，演唱了富时代特色的奋发向上的歌曲，受到了出席歌会的省市领导和劳模代表的高度赞扬。

一年来，各级工会在各行各业中广泛开展各种劳动竞赛活动8530多次，坚持竞赛与生产营相结合，提合理化建议18.7万条，技术革新、小改小革1.1万项，开展技术比武活动00多场次，共增产增收2.1亿多元，节约节支1.03亿多元，有力地促进了企业的发展，为市经济发展做出了贡献。

初步建立起了"送温暖工程"体系，有力地推进了"送温暖工程"的实施。市及区(市)两级工会，都建立了送温暖工程基金。基层工会建立了218济难基金、互助基金组织。市区(市)县两级发放送温暖资金共计168.2万元，慰问困难职工10460人。走访慰问困难职工77人。

积极参与和推动"再就业工程"，帮助下岗和待业职工再就业。市总工会举办了9次大型再就业招聘洽谈会，有451家单位提供就业岗位8802个，4万多人次的下岗职工进场，达成工意向性协议10525个。目前，进入市总工会职业介绍网络的用工单位已达528家，提供就岗位3185个，现正登记建档的职工达2839人。日常介绍2409人次，有905名下岗职工重新上了新的工作岗位。

一年来，全市各级工会在改革中前进，在前进中改革，以工会自身改革和建设的成效来进工会全面工作。进一步加快新经济组织建会步伐，新经济组织建会取得了显著效果；开建设职工之家活动日渐深入，工会干部培训工作不断加强；工会调研工作进一步强化，为面开展工作打下了基础，工会所管辖的企事业单位保持了良好的发展势头；工会的财务工和审计工作进一步加强。

①

成都市财政局

②

为推进全市重点产品发展战略实施，市财政局以技改为切入点集中有限财力，重点支持成都卷烟厂、成都工程机械厂、四川旅行车厂等产品有市场潜力的国有大中型企业的技改工作，取得了显著成效。出现了财政促技改，技改出新品，新品出效益，效益增税收的良性循环局面。为培植财源，增加财政收入起到了积极的作用。

支持企業技改

促進財源建設

③

①面向市场　走向世界
成都卷烟厂通过财政扶持进行技改，现设备已达国际先进水平，成为成都财税大户

②抓好质量　上品牌
成都卷烟厂工程技术人员瞄准市场，不断提高产品品位和质量

③四川旅行车厂繁忙的国产优质旅行车生产线

④财政支持搞技改
成都工程机械厂中日合作挖掘机组装分厂

④

成都市国家税务局

常务副省长张中伟（左一）、常务副市长朱永明（左三）在“1997年税收宣传月”活动开幕式上充分肯定税务部门取得的各项工作成绩。

税务干部深入企业开展税源调查。

局长 李水泉

1997年，全市各级国税部门在省国税局和市委、市政府领导下，牢固树立争创一流的工作意识，深入推进“两个转移”，全面加强税收管理，在落实、规范、完善上下功夫，圆满完成了全年各项工作任务。

组织收入超额完成。全年，全市组织工商税收入库比上年增长17.82%，其中，增值税、消费税“两税”入库比上年增长11.7%，完成年计划的101.96%。

税收征管改革向纵深发展。加强申报管理，规范申报办法，提高申报质量，全市90%以上的“两税”由办税服务厅征收入库。探索建立优化服务体系，深入开展创建“文明办税服务厅”活动。全市25个办税服务厅，有13个分别被省、市、县各级政府和部门授予“优质服务示范窗口”、“青年文明号”等称号。进一步加快计算机运用步伐，从税务登记至税务稽查的各项征管业务全部纳入了计算机管理，统一了征管软件，15个局机关办公自动化网络也已开通。建立双层稽查体系，全面规范国税稽查工作。

提高税收管理水平，严格依法治税。税政工作实现了由政策解释向政策管理的转变。

税务调研和税收宣传蓬勃开展，形成一批具有指导和实践意义的调研材料。全市国税系统税收科研论文获得国家税务总局税收理论科研三等奖1篇；在全省第六次税收优秀科研成果活动中，获一等奖2项，二等奖2项，优秀奖1项。广泛、深入开展了以“税收与文明”为主题的税收宣传月活动和各项日常税收宣传。

坚持“两手抓，两手都要硬”的方针，切实加强队伍建设。把精神文明建设同国税工作紧密结合，开展了丰富多彩的精神文明建设活动和创建活动，全局已有10余个单位领导班子被当地政府授予“四好班子”称号，130个基层税务所分别被评为省、市级“青年文明号”、“文明税务所”。规范基层建设，加强干部培训，工作作风明显转变，加强廉政建设，大力开展反腐败斗争，突出抓好廉政机制、廉政教育、案件查处和行风建设，逗硬各项廉政纪律，对61件群众举报线索全部进行了检查。

正确处理执法与服务的关系，积极探索，创造良好的办税环境，为纳税人提供优质、高效、快捷的服务。图为高新区国税局办税服务厅一角。

走向新世纪的成都地税

市地税局通过举办脱产培训班，使全局50岁以下干部职工计算机应用水平达初级以上水平。

成都市地方税务局是在94年的财税体制改革中组建的。三年多来，全市地税系统着眼“建一流班子，带一流队伍，创一流业绩”，突出“抓收入、搞改革、带队伍、促建设”的工作重点，坚持以组织收入为中心，从“早安排、抓重点、抓税收增长点、均衡入库、勤于调研、严格执法和细致工作”等方面着手，拓展税源，强化征管，使地方税收保持了年均递增20%以上的增长势头，连年圆满完成市上下达的收入任务。1997年，全市地税收入达33.15亿元，实现工商税收23.86亿元。与1994年同口径的11.65亿元相比，三年翻了一番。个人所得税入库1.5亿元，与1994年的0.43亿元相比，增长241%，完成了市政府提出的奋斗目标。

坚持以征管改革为重点，以优化服务和计算机应用为依托，“集中征收、重点稽查”的现代税收征管模式已在全市地税系统初步建立。

坚持以队伍建设为保证，加强干部队伍的素质建设和精神文明建设，内强素质，外树形象，95年以来，市地税局连续三年被市委、市政府评为完成目标任务先进单位，97年，市地税局领导班子被市委命名为“四好”班子。加强基础建设，97年12月，市地税局办税服务大楼建成并投入使用，市级管理的纳税人有了统一的办税地点，办税服务大楼的各项规章制度正在逐步规范，全市地方税收工作正在按照法制化、规范化、科学化、制度化的要求，全面加强管理，稳步迈向21世纪。

局长张代平(右二)、副局长陈通泉(左二)、张建(左一)、刘俊林(右一)正在研究工作计划。

地税干部深入涉外企业了解员工收入情况，加强对外企个人所得税征管。

市地税局97年建成的“多功能一站式规范化”的办税服务大厅，可同时容纳上千人申报纳税。

CHENDUDISHUI

建行成都市分行与市高速公路开发建设总公司签订18亿元公路建设贷款

中国建设银行成都市分行

1997年，分行以改革为突破口，进一步增强内部运作机制的活力。建立对支行的转授权制度。建立健全信贷经营与信贷管理相分离、前台业务与后台业务分开操作的三段式信贷管理体系和财务费用分配的不同模式与财务效益状况、资金实力状况等经营指标相匹配的考核奖励制度。撤销郊县支行的审计科，充实分行的集中审计力量，将郊县支行的资金计划科和财会科合并，将同业存款纳入存款目标考核体系。同时，对经营性投资科目资金和历年拨付营运资本金进行集中管理。

增强效益和质量观念，加强整章建制工作，建立健全监督制约机制，推出特别检查制度和风险责任基金，进一步加强了对印章、密押、密码、重要空白凭证的管理，对“三防一保”工作进行全方位完善，加强信贷风险管理，严格信贷审批和投向选择，加大存量资产的收贷收息管理，压缩不良贷款存量，严格新增贷款投向，优化客户群体。

加快集约化经营步伐，加速发展重心的转移，优化网点布局，改善网点设施和形象。同时，继续把储蓄作为筹资增存和负债结构优化的重要突破口。

分行各项工作取得新的进展。——**各项存款稳定增长**。至年末，该行各项存款余额突破200亿元，新增40亿元。——**贷款适度增长，质量有所提高**。全年共用信贷资金发放贷款110多亿元，年末贷款余额近110亿元，较年初新增20亿元。不良贷款率控制在10%内。——**严格现金投放，积极组织现金回笼**。全年累计净回笼现金16.5亿元。——**财务效益大幅增长**。全年完成实际利润超过4亿元，利息实收率达86.8%。——**外汇业务保持较高增长速度**。房地产金融继续保持优势地位。全年共办理国际结算1，000余万美元，结售汇金额达10，000万美元，外币存款增加1万美元，余额达到4，000万美元；全年政策性存款新增57，000万元，余额达143，000万元。——**中间业务发展迅速**。全年共发龙卡190，000张，信用卡存款余额近8，000万元，累计交易额18.5亿元，同时，开发了龙卡证券自动转帐等业务，促进了全行整体业务的发展。——**精神文明建设再上台阶**。全年共有16个单位荣获了省市精神文明单位和金融系统先进集体，有125人被授予各类荣誉称号。

建行成都市分行支持府南河工程项目，建成后的蓉城新景——合江亭。

招商银行成都分行

ZHAO SHANG YIN HANG CHENG DU FEN HANG

分行外观

招商银行是我国目前第一家、也是唯一一家完全由企业法人持股的股份制商业银行。其股东包括香港招商局(集团)、中国远洋运输(集团)公司等93家各类企业法人。从1987年成立至今，资产已超过1300亿元，在国内北京、上海、重庆、广州、深圳、沈阳、武汉、成都、兰州、西安、南京、杭州、大连、宜昌、丹东等地设立了分支机构，营业网点达166个。是仅次于五大国有商业银行，有较强实力，较大规模和管理规范的全国性股份制商业银行。

分行营业大厅

便民服务项目

招商银行在香港设立了办事处，并计划在北美、西欧和东南亚设立分支机构。还同全球40个国家和地区的571家银行及其分支机构建立了代理行关系。在“世界1000家大银行”中，招商银行的总资产居421位，平均资本利润率列世界第14位，资产收益率为第79位。

招商银行成都分行1994年11月19日正式对外营业以来，信守“以信誉求生存，以服务求发展”的经营指导思想，树立“为您服务是我们的责任，您的满意是我们的荣誉!”的优质服务意识。在很短的时间里创造了较高的发展速度。截止1997年底，分行员工人数达200余人，在重庆设有一家支行，在成都市内设有5个支行。分行资产达34亿元。

1997年，该行进一步改善了资产结构，取得了较好的经营效益。储蓄“一卡通”的发卡量有了很大的增加，自动取款机陆续投入使用，方便了广大的“一卡通”储户。

1998年，该行将争取再新设立几个直属分支机构。同时在市内主要商业和人口密集地区安装一批自动取款机，以方便广大的“一卡通”储户。同时，积极利用高科技，推出网上银行业务。

员工技能比赛

分行举行演讲会

成都市商业银行

该行是严格按照《公司法》、《商业银行法》要求，由市地方财政、企业法人和个人共同发起，在原成都市44家信用社(含联社)基础上通过股份制改造，并经中国人民银行批准成立的地方性股份制商业银行，于1996年12月30日正式挂牌营业。

成立一年来，全行上下紧紧围绕董事会制订的“从严治行，依法管理，合规经营，稳健发展”的工作指导方针，坚持夯实基础与业务拓展并举，物质文明与精神文明并重，全行员工团结奋斗、二次创业，圆满完成各项目标任务。截止1997年12月底，全行存款余额50.5亿元，较1996年增加10.8亿元，增长25.94%，高于全市平均增长水平。各项贷款余额32.7亿元，较1996年增加6.4亿元，增长24.33%，全年实现利润10170万元，上交地方税金4400万元。资产负债管理指标均符合人总行规定要求。突出为两小企业服务，发挥信贷支持作用，先后贷款支持府南河综合整治工程、天府广场拆建、成都科技交流中心等市政建设和人民商场、华联商厦等股份制企业，为地方经济发展作出了积极贡献。

新的一年，该行将进一步强化一级法人管理体制，走集约化经营道路。牢固树立“存款立行，效益兴行”的思想，广开筹资渠道，扩大存款的市场占有份额，壮大资金实力。优化资产结构，提高资产质量，强调“集中管理、灵活调度、统一使用”的信贷资金管理原则，明确市场功能定位，在继续支持中小企业的同时，把股份制企业、民营企业和三资企业作为主要服务对象，建立互利互惠、相互支持的银企合作关系。建立健全内控制度，切实防范和化解金融风险。加快电子化建设，拓展业务领域。加强“三防一保”工作，保障资金安全。全面提高员工素质，加强精神文明建设。抓住机遇，深化改革，强化管理，加快发展，为地方经济发展作出更大贡献。

董事长　官觉禄

副董事长、行长　龚娟娟

董事长、法人代表：官觉禄
副董事长、行长：龚娟娟
地址：中国·成都·春熙路南段32号
电话：(028)6659216
传真：(028)6671963
邮编：610016

成都市商业银行高新支行

成都市商业银行蜀都支行营业厅

中保人寿保险有限公司

成都市分公司

中保人寿保险有限公司成都市分公司总经理张玉全同志在一九九八年全市寿险工作会议上作重要讲话。

中保人寿保险有限公司成都市分公司是原中国人民保险公司成都市分公司实行产、寿险分业后承担各种寿险业务的国有专业化寿险公司的分支机构。1997年，分公司在总、省公司和市政府的领导下，从成都的经济发展和社会发展的实际情况出发，全面实施了“高速、有效、持续、稳健”的发展战略。公司系统内形成了“围绕市场抓发展，围绕发展促管理，围绕管理求效益”层次分明、重点突出的发展格局，使寿险业务的发展呈现出“团体业务稳中求进，营销业务快中求好，经营管理严中求活，两个文明建设齐抓共管”的可喜局面。保费收入比上年同期增长150%，人均保费比上年同期增长138.46%。为全市提供了54种不同类别的各种人身保险险种，累计为411万人提供了各种人身险为221亿元(保额)的各种保险保障，为484982人累计提供了各种给付达12386万元，为千千万万个家庭解除了后顾之忧，为社会不同阶层、不同年龄的人提供了全方位的保险服务，为成都市经济发展和社会稳定做出贡献。

1998年5月22日寿保总、省公司有关领导对成都市寿险市场提要求和希望。▶

公司召开声势浩大的“春雷行动”誓师大会。▶

ZBRSBXYXGS
CHENGDU
SHIFENGONGSI

中保财险成都市分公司

耐心细致地宣传保险知识

［概况］1997年，是中保财险成都市分公司分业经营的第一年，面对保险市场空前激烈的竞争形势，公司在上级领导下，始终坚持以业务发展为中心，以提高经济效益为目标，通过深化改革，强化经营管理，积极开拓市场，优化险种结构，努力培育新的业务增长点，深入开展文明优质服务活动，使各项工作都取得了长足进步，向实现“实力一流、管理一流、服务一流、效益一流、信誉一流”的宏伟目标迈出了坚实的一步。

赔付率保持在合理的水平

全年处理各种赔案5.8万件，平均日处理158.9件，支付赔款2.38亿元，充分体现了我司在理赔工作中的主动、快速，极大地发挥了经济补偿主渠道作用。

经营效益创历史最好水平

在1997年全司超额完成上级下达的利润计划，利润较上年增长118%，创历史最好水平，1997年上交各种税金1.06亿元，极大地支持了国家和地方经济建设。

业务稳定发展

全年实现保费收入5.18亿元，比去年净增4300万元，增长9.07%，储金余额7353万元，比去年末净增长132万元，增长1.8%，全部业务收入在成都财险市场上占据约70%份额，继续保持领先地位。

全面完成了经营目标责任状的各项指标

清收逾期贷款500万元，资金清收率达到15%，应收保费率0.9%，预付赔款率0.98%，均控制在规定指标之内。

向“艰苦奋斗的楷模”罗存涛同志学习

认真准确地查勘定损

丰富多彩的职工文化生活

成都市信托投资股份有限公司

总经理　姜润国

该公司是经中国人民银行总行批准设立的非银行金融机构，亦是向社会公开募股的股份制金融公司。其前身是1984年12月经成都市政府批准设立的"成都市第三产业开发公司"。1988年8月更名为"成都市金融信托投资公司"。1990年10月，更名为"成都市信托投资公司"。1996年9月，改为"成都市信托投资股份有限公司。1997年，公司总资产达27亿元，实现利润4000多万元。

公司作为地方性金融信托投资公司，以发展成都经济为己任，以"受人之托、忠人之事、代人理财、讲究信誉"为行为准则，全方位拓展各项金融信托业务。成立十多年来以不断的业务开拓和优质服务为地方经济的发展作贡献。信贷业务重点支持了成都市的大中型骨干企业和高新企业，向成都三电股份有限公司、成都市人民商场、四川现代控制系统工程公司、四川鼎天微电有限公司等一大批企业发放贷款，有力地支持了企业的生产和发展。投资业务一是对一批效益显著、发展前景广阔的公司进行参股、控股。参股企业有成都蜀都大厦股份有限公司、成都华联商贸股份有限公司、成都工益股份有限公司、成都泰康化纤股份有限公司等，控股企业有成都万和广场有限公司、成都市金达通实业发展有限公司等；二是选择具有巨大经济效益和社会效益的工程项目进行了投资，项目有成都市南郊热电厂、成都市政协大楼等。证券业务公司是成都市最早一家开办有价证券业务的金融机构，下设证券部，专职负责自营买卖、代理买卖各种有价证券，代理发行、承购、分销各种有价证券，以及代保管和提供证券投资咨询服务等。公司自1987年开办证券业务以来，已先后为成都市上百家企业代理发行及承购包销了企业债券。外汇业务公司开办外汇信托存贷款、外汇投资等业务。先后重点支持了成都市外贸进出口公司、成都市泰康化纤股份有限公司、成都市红光电子管厂、成都九星印刷包装有限公司等多个项目的外汇资金需要。公司已与英国标准渣打银行、法国兴业银行、泰国盘谷银行等著名金融机构建立了业务联系和资金借贷关系，在成都市对外引资工作中成绩显著。

公司在致力于业务开展的同时，也致力于与同行间的交流和协作。1996年，围绕着"增进了解、启发思路、加强交流、共谋发展"的主题，举办了首次西南地区'96城市信托投资公司研讨会，扩大了公司的对外影响，提高了公司知名度，取得了一些实质性的收获。

今后，公司将继续按照金融管理和规范化股份制的要求，探索新的管理模式和业务发展新路。

董事长：何用先
总经理：姜润国
副总经理：杨秉乾
公司地址：成都市上东大街17号友谊广场B座第21层
联系电话：(028)6661508-333
传真：(028)6652001-314
邮编：610021

CHENG DU SHI XIN TUO TOU ZI GU FEN YOU XIAN GONG S

4月27日国家税务总局局长金人庆（前排左三）在四川省副省长徐世群（右二）、成都市政府市长助理、高新区党工委书记苏培玮（右三）、省国税局局长王力（左二）省地税局副局长单晨光（左一）的陪同下，视察高新区国税局办税服务厅。

CHENGDU SHI GUO SHUI JU GAO XIN FEN JU

成都高新区国税局1996年6月成立，目前有正式干部42人，平均年龄31岁，大专以上学历人员占70%，局内设办公室、综合处、征收分局和稽查分局四个职能机构。该局按照高新区党工委、管委会提出的“高起点、高标准、高效率、新机制、新观念、新风尚”的“三高三新”的要求，结合税务部门特点，以组织收入为中心，以征管改革为龙头，以高效服务为手段，以队伍建设为保障，全面推进各项国税工作并取得显著成绩。具体体现在：一是国税收入连创新高。1996年、1997年组织入库增值税、消费税“两税”分别为5554万元和11590万元，增长幅度及增长额均列全市25个征收单位中第一名。今年1～5月入库“两税”又比上年同期增长35%，完成年计划的54%。二是征管改革迈出扎实步伐。该局富有创意地建成并开通了“国地税共用、机器兼容、信息共享”的综合性办税服务厅，以其“一站式”服务的方便、快捷，将纳税人的办税时间和办税成本较过去减少了近一半，受到省局、总局充分肯定，被省局推荐为税收征管最佳改革项目。1998年，又将银行、工商局引入办税厅，使为纳税人提供的一站式服务更为全面、方便。同时，本着“赋纳税人公正与自豪，促税务人员廉洁与高效”的新观念，打破传统服务柜台模式，将服务柜台由过去1.4米降至0.8米，取消金属栏杆，此举受到纳税人和国税总局领导的高度评价。三是干部队伍素质明显提高。会熟练操作微机人员已由建局时的50%上升为现在的100%，树立起了“窗口意识”、“服务意识”和“争创一流”的意识，全局征纳纠纷率明显降低，纳税人对税务人员表现满意和比较满意的占98%以上。四是精神文明建设成效显著。该局办税服务厅被评为省、市文明服务示范窗口，“全国税务系统最佳办税服务厅”。区局连年获全区目标管理工作先进单位，“区级文明单位”和“先进基层党支部”。三个基层税务所全部建成市局级文明税务所，并有两个所顺利通过省局级文明税务所验收，占全市5个新批单位的40%。

成都高新区国税局功能齐全的办税服务厅和开放式办公区

成都高新区国税局办税服务厅内的开放式办公区

成都高新区国税局

局　长：李江波（兼）
副局长：邓勇
地　址：成都高新区高新大道创业路18号（高新大厦）
邮编：610041
电话：（028）5193755（办公室）
（028）5195480（办税大厅）

院长、党委书记岳润栋

该院（成都）是以化工新材料研究开发为主体方向的综合性科研机构。1965年始建于四川富顺，1987年迁成都（又称成都有机硅研究中心）。有职工近800人，其中科技人员达500余人，具有高级以上专业技术职称的有200余人。重点研究领域是：有机硅、工程塑料及其改性材料、特种粘接剂、纺织和皮化助剂、医用高分子材料、生物化工分离材料、电子化学品及辐射化学等。配合的专业学科有：高分子合成材料的物性测试、物化分析、塑料产品和方法标准化、高分子材料结构与性能研究、高分子合成及设计加工化工专用成套设备和自动化控制仪表等。

以该院为依托建有：国家有机硅工程技术研究中心、国家受力结构工程塑料工程技术研究中心、国家合成树脂质量监督检验中心三个国家级科研机构和化工部合成树脂及塑料工业信息总站、全国塑料标准化技术委员会、中国氟硅有机材料工业协会有机硅专业委员会、《塑料工业》、《有机硅材料及应用》杂志编辑部等行业管理机构和社会公益机构。这些机构的设立显示了该院在行业中的领先地位。

建院30多年来，取得成果400多项，有300多项成果获国家、部委和省市级奖励，其中国家级奖励56项，部省级奖励88项。有33项技术成果获专利授权。1985年以来，科技成果已辐射国内200多个企业和多个境外企业，取得较好的经济效益和社会效益。

地址：四川省成都市人民南路四段30号
总机电话：（028）5551966
传真：（028）5583947
邮政编码：610041
电报挂号：成都5031

院区外景

晨光化工研究院（成都）

成都市技术监督局

局长刘英年

市技术监督局于1989年1月组建，是市政府统一管理和组织协调全市技术监督工作的职能部门，统一管理全市的标准化、计量和质量监督工作，并对质量管理进行宏观指导。自组建以来，充分履行综合管理和行政执法两大职能，取得了明显的社会效果，有力地促进了全市经济健康、稳定、持续的发展。市技术监督局稽查大队被评为全国技术监督行政执法先进集体，市产品质量监督检验所、市计量监督检定测试所获得全国技术监督工作先进单位称号，市技术监督局获得四川省技术监督工作先进单位称号。

1997年，全市质量工作迈上了新台阶，150项重点考核的工业产品质量继续稳定提高，质量稳定提高率达到96.45%；蓝风牌洗涤用品系列、万里长城牌床垫等31个产品获得第三届“四川名牌产品”称号，使全市“四川名牌产品”累计达到68个；中国西南电子设备研究所、成都电工厂等17家企业获得质量体系认证，成都锦江电机厂、成都电动工具厂等22家企业的73个产品取得产品质量认证，全市累计有55家企业获得质量体系认证，181个产品取得产品质量认证。加快了产品与国际接轨的步伐，全市新增采用国际标准和国外先进标准产品63项，使全市累计“采标”产品达到1049项；不断加强企业标准化工作，全市国有企业生产的3540种产品的标准覆盖率达到99.4%，集体、乡镇、“三资”企业生产的5322种产品标准覆盖率为92.1%。不断完善量值传递系统，确保了全市量值的准确一致，严格规范工业计量工作，加大了市场计量监督力度，面向社会开展公证计量服务。突出重点，强化质量监督，1997年全市共抽查了6213家企业的7417批次产品，2545家企业的6947排次商品，引导了市场消费，发挥了质量监管对市场的宏观调控作用。进一步加大技术监督行政执法力度，1997年市级技监部门查处违法案件1902件，办结率为96%，其中大要案141件；对室内装饰工程、食品、定量包装、化肥、空调器、VCD视盘机开展了专项治理，取得了明显的效果，有力地维护了市场秩序的稳定。

加强日常监督检查，加大行政执法力度，促进市场环境净化

宣传技术监督法律法规，提高广大市民的质量意识

技术机构建设取得长足进步，为行政执法提供了技术保障

1991年4月20日江泽民总书记视察成都高新技术产业开发区

成都市人民政府市长助理
中共成都高新技术产业开发区工委书记 苏培玮

成都市人民政府市长助理
成都高新技术产业开发区管委会主任 张学果

位于成都南大门的永丰立交桥

多媒体监控与报警系统

光纤制棒

1988年7月，成都高新区经成都市政府批准成立，1991年3月被国务院批准为首批国家级高新技术产业开发区。成都高新区起步以来，基本完成4.15平方公里起步区的建设，1993年被国家科委授予全国“先进高新区”称号，1994年被评为四川省“先进开发区”。1996年3月，为进一步加快成都高新区的发展，市委、市政府对成都高新区进行了规划调整，调整后的成都高新区实行党工委、管委会领导下的一区多园制，包括起步区工业园、新加坡工业园、火车南站加工贸易区，辖石羊场乡、桂溪乡和肖家河街道办事处、芳草街街道办事处，规划面积达到47平方公里。

成都高新区实行省市共建，以市为主。自起步以来，共投入基本建设资金18亿元，各类基本建设项目开工面积165万平方米；竣工面积78万平方米；水、电、气、路、通讯等基础设施已初具规模，初步形成了“七通一平”。加快了重点工程建设步伐，区内道路初步形成网络，建成了供水、供气管网。银行、海关均在区内设立了分支机构，还设立了进出口公司、保税仓库和国际货运公司。截止1997年底，成都高新区共引进项目1225项，计划总投资40亿元，其中外资180多项，总投资4亿美元；现有高新技术企业203个，年产值过亿元的有11家，其中过5亿元的企业1家，初步形成了电子信息技术、生物医药工程、现代食品工业等三大支柱产业。“八五”期间，成都高新区共计新增产值76.6亿元，利税16.46亿元，产值、利税连年翻番，成为成都市最具活力的地方。

1997年成都高新区实现国内生产总值34.7亿元，技工贸总收入88亿元，利税9.85亿元，工业总产值82亿元(均含政策区)。重点企业和优势企业发展步伐加快，成都地奥制药公司、希望集团公司、列入全省37户扩张型企业，成都电缆股份有限公司、成都倍特集团公司、四川鼎天微电有限公司、成都恩威制药公司列入全市66户扩张型企业。

成都高科技开发区

中華人民共和國

500家最大私營企業

國家工商行政管理局
中國企業評價協會
一九九五年

成都迈普电器有限公司

该公司是由计算机硕士花欣创建的专门从事计算机网络产品、数据通讯产品的研究、开发、生产、销售和计算机网络集成服务的高科技企业，是目前国内最早最大的基带式高速多路MODEM和多路复用器的研制生产企业，是中国最大私营企业500强之一。

迈普拥有一流的科研开发设备和一支高学历、高素质的科研开发队伍和一支技术精湛、业务水平过硬的售后服务队伍——技术支持部，在全国设有流动服务站，定期巡访，主动上门服务。公司依靠精湛的技术和完善的服务，在不到五年的时间内便发展成为国内同行业最具知名度的高科技企业，产品用户遍及全国金融、电信、税务、保险等各大专业系统和INTERNET网，在国内各大专业银行拥有70%的市场占有率。

迈普系列产品先后三次获得国家级新产品奖，一次被纳入国家火炬计划，多次荣获省、市级科技进步一等奖，省优秀新产品一等奖和省名牌产品称号。迈普公司继1996年被列入四川省的“小巨人”和成都市31户重点支柱企业后，1997年又荣登成都市私营企业144强第二名，列入四川省31户重点民营企业和成都市工业企业50强，被省政府评为第八届省优秀企业。

该公司和员工拥有“热情、真诚、开阔”的胸襟，将用心血和汗水为民族信息产业奉献微薄之力。

信息时代，我们牵手同路……

董事长：花欣

地址：成都市领事馆路南谊大厦
电话：(028)5210948　5210946　5210942　5210558
传真：(028)5210944　邮编：610041

在市、县领导参加的德国拜耳公司投资西航开发区签字仪式上，开发区主任屈建宏(前右二)与德国四川拜耳公司总经理林克先生(前左二)交换签字合同书

西南航空港经济开发区位于成都市外南机场路双流段。西起西南最大航空港双流国际机场，东与武侯高新区接壤，规划占地7.86平方公里，起步区3平方公里，属省级开发区。

开发区以第三产业为主导，带动第二、第一产业，主要以商贸、餐饮、金融、房地产、科研、教育、电子、医药、机械、精细化工、高效农业等行业为主，规划分期开发建成，预计实现工业产值150亿元，经营收入200亿元。

开发区投资环境优越，距成都市区仅6公里，地势平坦。境内交通发达，西有国际空港双流机场，东有成昆铁路双流火车站，高等级的机场公路、德(阳)乐(山)大件路穿越全境，集航空、铁路、公路于一地，具有得天独厚的交通优势。区内各项基础设施完善，水、电、气、通讯全部配套，现有110千伏安变电站一座，属成都大电网覆盖区，电能质量好，实行环网供电；航空港邮电局已建成，1万门程控电话已开通；日供气10万方的开发区配气站已建立；日供水6万吨的航空港供水工程已建成投入使用。由于良好的投资环境，开发区已引进建设单位208家，引进资金60亿元，其中“三资”企业60家，已动工建设的108家，投入资金达21.6亿元。

凡是进入开发区的投资者均可享受四川省发展经济所制定的各种优惠政策和国务院批准的成都市享受沿海开放城市优惠政策以及高新技术优惠政策的待遇。开发区管委员会本着“您发财，我发展”的宗旨，竭诚为进场投资者提供“一站式”高效、优质服务。

四川省省长宋宝瑞(右二)在中共双流县委书记金世诚(右一)的陪同下，视察区内的中日合资四川广松制药有限公司

四川省委常委、成都市委书记黄寅逵(中)在县领导的陪同下，听取开发区内中日合资凯特姆球阀制造(四川)有限公司负责人介绍情况

西南航空港经济开发区

中国民用航空总局第二研究所

该所是中国民航总局直属的应用技术型的综合性科研机构。1958年12月11日于北京正式成立，现址位于成都市二环路南二段17号。

该所主要从事电子工程系统设备、航空化学产品和农林航空技术的研究、开发。自1958年建所以来运用现代科学技术的新理论、新技术研制开发了一系列既适合民航现代化建设、又适合其它行业发展需要的新成果、新产品。仅改革开放以来，就先后获得了80多项科技成果奖，其中国家级奖11项、省部级奖70多项。特别是党的十四大以来，在科研、生产、经济效益和精神文明建设等方面都取得了较显著的成就。开发的机场航班信息显示综合管理网络系统、发光二极管(LED)显示系统、多媒体闭路电视监控系统、航空雷达ATC综合显示系统、航空飞行运行管理系统、航线资料图形处理系统、飞机除冰液、飞机清洗剂、卫生剂、除臭剂等数十项高新技术产品、项目已在民航内外五十多个机场、单位广泛使用。另外，还新建了航空化学技术测试中心、农林航空技术测试中心，主要从事民用航空飞机非金属材料阻燃性测试、航空化学产品合格性测试及农林航空喷洒(撒)设备的性能、适航性测试。目前，全所共有科技、管理、生产人员248人，其中享受国家级政府津贴的专家13人、高中级科技人员100余人，形成了一个技术较强、实力较雄厚的集科研、设计、生产及技术测试为一体的综合性应用技术开发基地。

飞机机体除冰液

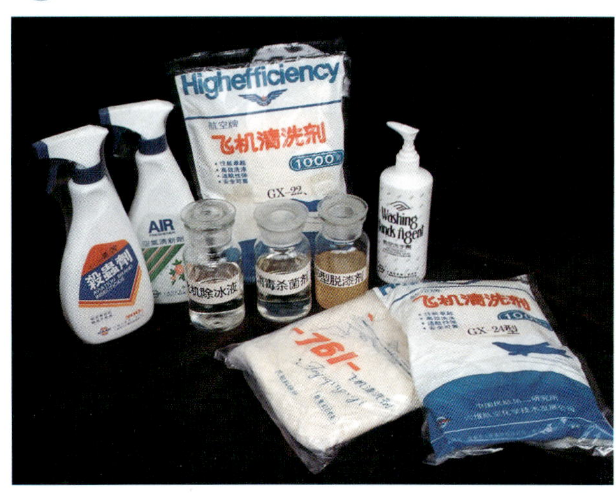

航空化学产品

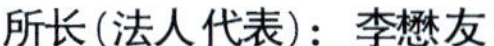
所长(法人代表)：李懋友
邮政编码：610041　**电话总机：**(028)5221923

科研大楼

航班显示系统

邮电部第五研究所

YOU DIAN BU DI WU YAN JIU SUO

CATV光纤传输设备

该所近年来抓住通信产业超常规发展的机遇，深化改革，大力发展通信高科技产业，逐步实施向高科技企业的转变，成效显著。在科研方面，近年获部、省级成果奖22项；在产业发展方面，销售收入以每年60%以上的速度递增；在精神文明建设方面，1997年已获市精神文明建设标兵单位称号。

该所主要从事光纤、数字通信设备和通信光缆、电缆等的研究、开发、生产、销售。主要产品有SDH系列：155Mb/s、622Mb/s、2.5Gb/s等光电传输设备；PDH系列；二、三、四次群等光电传输设备、RASM98Mb/s光电传输设备；接入网系列：8Mb/s、34Mb/s、67Mb/s光纤用户环路、V5.2接口用户环路系统、HDSL、ADSL等；CATV系列：1.3μm、1.55μm光发送机和接收机等；光电缆系列：各种型号的通信电缆和直埋、架空、管道光缆及其配件。在研的国家"863"高科技项目、通信设备国产化重点项目有：SDH2.5Gb/s光纤通信系统、4×2.5Gb/s、8×2.5Gb/s密集波分复用(DWDM)光传输系统、DXC数字交叉连接设备、接入网传输技术、新型通信光缆、电缆等。

该所现有职工550人，是我国有线通信技术综合性研究所，有很高的学术地位和知名度，是邮电部有线传输机线产品质量监督检验中心，有线通信网络运行维护支援中心，是国际电联(ITU-T)第V、VI、XV组国内对口研究组组长单位，有硕士授予权，可招收通信专业的硕士研究生。

该所按照加快发展的思路，投资上亿元进行"2.5Gb/s SDH光通信系统"、"用户接入系统"、"用户接入网用新型通信电缆"、"接入网光纤带光缆"等项目的开发、转产，同时，加强市场建设，预计到本世纪末销售收入超10亿元。

SDH2.5G b/s光传输系统 密集波分复用(D-WDM)设备

HDSL高速用户线传输系统

所长：谭紫岚
联系电话：028-6763808
传真：028-6756422
地址：成都市蜀都大道大慈寺路22号
邮编：610062

成都市文化局

CHENG DU SHI WEN HUA JU

获中宣部“五个一工程”奖的现代川剧《山杠爷》

成都是国务院首批公布的24个历史文化名城之一，悠久的历史和深厚的文化底蕴、众多的历史遗迹景点和正在兴建的一批文化设施，使成都成了西南地区展示民族优秀文化的窗口。

成都是川剧、四川曲艺、杂技、木偶、皮影等民族艺术的发源地之一，对话剧、京剧、歌剧、舞剧等也有着历史的贡献。现有九个市属和七个区(市)、县属艺术表演团体，以及市川剧艺术研究所、川剧艺术陈列馆、文化艺术学校等文化艺术单位。每年创作演出五至十部(台)新剧节目，整理加工近百个节目，为观众演出千余场。近年来，先后有话剧《死水微澜》、川剧《山杠爷》、京剧《少帝福临》、儿童木偶剧《哪吒》、合拍电视剧《无声的承诺》、小品《红霞》、歌曲《红军爷爷你在那里》等剧节目分别获得中宣部和省、市“精神文明建设五个一工程奖”和文化部“文华大奖”，一批杂技、舞剧等节目也在国际国内获大奖，产生了广泛影响。

全市形成以市群众艺术馆为龙头，县区文化馆为骨干，乡镇文化站和街村文化宫为阵地的群众文化活动网络。共有18个群众艺术馆、文化馆，376个文化站。已建成全国文化先进县一个、省级文化先进县四个、中国民间艺术之乡三个。市上定期举办成都国际熊猫节、成都艺术节、春节文化广场等全市性大型群众文化活动，各区县组织了独具地方风情特色的与经济活动相结合的地方文化活动，形成了“小型活动不断，中型活动常见，大型活动年年有看”的群众文化活动格局，有力地推动了全市精神文明建设。

成都有众多的历史遗迹和丰富的地下文物。有武侯祠、杜甫草堂、都江堰、王建墓等九处国家重点文物保护单位，33处省级文物保护单位。已对八百余处地下文物进行了清理发掘，郫县古城、新津龙马等古城的发现，把成都的历史推到了五千年前，确定了成都是长江上游文明的发源地，引起了中外考古界的极大关注。

成都武侯祠——过厅

全市共有博物馆8个，文管所21个，拥有专业考古队及一大批专业考古人才，有文物商店和西南地区规模最大的文物监管品市场，是文物爱好者的好去处。

成都的文化市场起步较早，现有夜总会，舞厅、卡拉OK厅等文化娱乐经营户六千家，文化行政管理部门在加强管理的同时，做好指导、引导工作，使文化娱乐场所健康文明并丰富了群众的业余文化生活。

成都市精神文明建设标志性工程之一的市川剧艺术中心开工典礼

1997年，市府决定全市精神文明建设标志性工程八项工程之一，市博物馆等五项工程被列入标志性工程。1998年将竣工投入使用的市少儿宫、音乐厅被市政府列为为民办实事工程。具有浓郁地方特色的川剧艺术中心已开工，市博物馆、市图书馆、市文化艺术学校工程拟在1998年开工，到本世纪末，五大标志性工程将建成投入使用，为全市广大群众服务。

’97成都国际熊猫节闭幕庆典文艺晚会上演出的少儿舞蹈

成都市文物保护管理委员会

文物处处长刘笑平

市文物保护管理委员会(以下简称市文管会)于1982年4月组建，负责协调、推动有关部门及社会各界贯彻执行国家保护文物的政策法令；受市政府的委托，监督、检查文物保护管理的状况，研究和审议文物工作中的重大问题。

市文管会办公室设在市文化局，与文物处合署办公，行使全市文物保护管理工作的行政职能。

1993年5月由市人大颁布实施了全市第一部地方性文物保护法规——《成都市文物保护管理条例》，推动全市文物保护工作向前迈了一大步。

1997年，市文管会办公室完成《成都市文物保护管理条例》的修订工作。新增《文物建筑》一章，对尚未公布为文物保护单位的文物建筑的抢救保护作了具体规定。修正草案已上报省人大常委会审批。

市文管办狠抓了杜甫草堂、武侯祠、王建墓三家国家级文物保护单位的总体保护发展规划与分年度实施计划，使馆容馆貌发生了巨大变化。以三馆为龙头，以点带面，推动全市的文物保护工作向前发展。还与市文物考古工作队共同研究制定了《考古发掘技工管理条例》和《考古工地民工管理办法》，使田野考古工作进一步规范化和制度化，保护和抢救了一大批地下文物。1997年共对330处工地进行了文物勘探，其中重要发现有青白江区汉、蜀汉、晋、宋等时代的古墓葬群，青羊宫西晋至唐代瓷窑、陶窑，锦江区潘家沟明代蜀王夫妇墓等。

对成都平原史前古城遗址的调查与考古发掘工作，也取得显著进展，发现并确认的史前城址数量增加到5座。这些城址的发现，是探索中国古代文明起源的重大突破。

全市市属各博物馆，均经市委、市政府批准为爱国主义教育基地，开展了形式多样的爱国主义教育活动。努力发挥爱教基地的功能。

市文管办坚持常年以多种形式，宣传各种文物保护法规。狠抓各文物开放单位的安全工作，再次取得馆藏文物安全和文物建筑主体消防安全年的优异成绩。进一步整顿和规范二仙庵文物监管品市场的经营活动；严厉打击盗窃、走私文物的犯罪活动。全年共查处案件11起，挡获走私文物200余件。

全市文博系统已形成一支颇有实力和影响的科研队伍。在发挥博物馆三大功能中，日益起着重要作用，有力地推动着文博科研工作和社会主义精神文明建设。

全国十大考古发现之一——郫县古城遗址发掘现场

锦江区潘家沟明蜀王陵墓正厅

全国重点文物保护单位王建墓棺床

全国重点文物保护单位成都武侯祠内修复后的刘备墓神道

总店领导班子研究工作

四川省文物总店

四川省文物总店——西南地区最大的文物商品专营商店。位居成都蜀都大道少城路。1962年建店。总店设人事、财务、库房、开发、安全等部门，下设少城分店、古玩城、秦汉居及丰都、乐山、都江堰代销店。总店拥有营业大楼5000平方米，有文物商品、珠宝玉器、竹木牙雕、名家书画、文房四宝、名贵瓷器、金石印章、青铜造像等近万个品种数十万件，被誉为中国西南地区流散文物的“聚宝盆”。职工88人，均受过不同程度文物专业培训，受过中、高级培训的53人，拥有全国著名文物鉴定家乔德光及一批中年鉴定行家如甘晓、陈贵勇、李天勇、张莲芝、唐俐、章洪等，此外还聘请一些国内著名鉴定家为总店鉴定顾问。总店开发部专门从事对外投资，引资兴办生产性、经营性项目。分店及代销店主营文物商品，兼营新工艺品，拥有对内、外宾销售权，年销售额1000万元左右。下属四川翰雅文化艺术珍品拍卖行是国家文物局批准的三家全国综合文物艺术品拍卖试点单位之一，拍卖成交率高，饮誉海内外。与四川省文化界实力强大的企业联合兴办全国首家省级文化实体四川文化发展股份有限公司，在国家级风景名胜区都江堰市投资数千万元建有“百态观音”景区；控股投资在中国黄金水域长江上游建有涪陵三元航运有限公司，从事航运业务。

文物总店大楼

四川省副省长徐世群参观拍卖预展

古玩城营业厅

成都市群众艺术馆

该馆建于1958年，地处成都市繁华的总府路18号。占地面积2700平方米，建筑面积5000平方米。属于国有文化事业单位，担负着全市群众文化活动的研究、策划、指导、辅导任务，是群众文化活动的重要阵地。现有职工96人，其中高级职称者7人，中级职称者30人。设有艺术辅导部、文学创编部、美术摄影部、群文理论研究部、组织人事科、行政办公室、计财科、多种经营办公室、保卫科、基建办等部门。主要业务设施有演出厅、展览厅、排练厅、健美厅、教室、琴房、OK厅等。该馆坚持为人民服务、为社会主义服务的方向和百花齐放、百家争鸣方针，以弘扬民族优秀文化、吸取世界先进文明成果，丰富提高人民群众文化生活质量为宗旨，通过开展音乐、舞蹈、戏剧、曲艺、美术、书法等艺术教育，建立各群众文化艺术门类的学(协)会、团队，进行学术研究、艺术创作和表演活动；搜集整理民族民间文化艺术遗产；组织对外文化艺术交流活动。以提高人民群众的社会主义思想道德文化素质和科学文化水平，为社会主义精神文明和物质文明建设服务。

近年来，在现任馆长张世英同志身体力行的带领下，该馆领导班子坚持以人为本，以设施为基础，以经济为动力，以群众艺术文化为核心，全面发展，实现发展事业，夯实基础，提高福利三大目标，倡导共创共享精神。在职工中实行双向选择上岗和岗位目标责任制，1994年还清了355.8万元的全部外债。1995年从自收资金中挤出近80万元，购置设备，将原715平方米的舞厅，改建成了集群众文艺演出、培训为一体的多功能排演厅，1996年又投资改装了715平方米的展览厅，主体业务蓬勃开展，举办或承办了"成都艺术广场"、"革命历史歌曲演唱会"、"万紫千红家庭文艺大赛"、"舞蹈新作品展演"、"十佳少儿新苗大赛"、"成都年画赴美展"、"95爱我中华全国征联大赛"、"成都市纪念建党75周年暨红军长征胜利60周年群众歌咏会"等有影响的大型活动。并创作编辑出版了《成都文化》、《锦汇》杂志、《献给母亲的歌》、《美丽蓉城可爱的家乡》、《开心大笑》、《成都的传说》、《成都名胜楹联选》、《成都掌故》等期刊书籍。群众文化艺术成果、人才不断涌现，仅94、95年，就获得全国、省、市的各种奖项30余个，有效地发挥了该馆市级群众艺术馆的"龙头"。

近年来该馆连续被市委、市政府授予"文明单位"称号，1997年分别被省、市精神文明建设委员会授予四川省和成都市文明服务"示范窗口"单位，馆长、总支书记张世英被市委授予优秀共产党员称号。

第二届创作歌曲演唱会在艺术馆演出厅举行

艺术馆举办的成都市群众舞蹈大赛

接待法国著名人士文化代表团进行文化交流

CHENGDU SHI

QUN ZHONG

YI SHU GUAN

健美厅一角

CHENGDUDENGHUI

历史悠久、驰名中外的成都灯会，是成都历史文化名涵很重要的组成部分。

成都灯会西汉萌芽，唐代炽盛，近代成会，已有2000历史。早在汉顺帝时，成都即有“燃灯祭斗”之礼仪，皇主政时期，成都便有“上九观灯”之习俗。新中国后，党和政府极为重视灯文化和彩灯艺术的继承和发成都彩灯艺术得以发扬光大，时至今日，成都灯会已三十届。

如今，成都彩灯乘改革开放之春风，走出蓉城，冲出四川，推向全国，跨入世界。于1982年开始，先后到北京、广州、深圳、长沙、福州、青岛、武汉、乌鲁木齐、太原和新加坡、马来西亚等省内外、国内外数十个大中城市展出，受到国家领导人、所在地党政军领导、广大群众和港澳同胞称赞，有“华夏一绝”之美誉；有的城市称其为“中国之最”，有的城市誉其为“中国灯会之首”，在不少城市被誉为“天下第一灯”，在马来西亚被称为“天下第一奇灯”。

成都彩灯在长期的发展中，融汇众家之长，形成了自

独特的艺术风格和精湛的制作工艺。彩灯艺术除选用传的竹、木、藤、绸、缎、金属和白糖、玻璃制品、瓷器材料外，同时还不断采用现代的激光、全息、光纤、声、电脑程控等新技术、新工艺，使成都彩灯格外灿烂夺绚丽多姿。尤其是以成吨食用高级白糖、上万件瓷器几万个玻璃瓶制成的巨型灯组，更是令人耳目一新，称成都灯会“三绝”。

成都彩灯表现的题材非常广泛，既有中国古典文学，有西方名著；既有飞禽走兽，又有奇花异草。融形、色、光、动、高、大、新、奇、乐、精和趣味性、娱乐性一体，人们称赞她是绚丽的诗、立体的画、有声的雕塑、动的音乐。

为加强与各兄弟城市、兄弟单位间的友好合作与交往，都灯会办公室愿意本着弘扬民族文化，振奋民族精神。友谊，重信誉，重艺术，重效果。以灯为媒，交朋友，诚合作，互利互惠的指导思想，以承包、联办、转让等方式与各兄弟城市、各地区，各部门、各单位和各界朋友合作，在国内外举办大、中、小型艺术灯会和灯文化节、民族文化艺术节及成都名小吃展示会、经贸会；设计制作传统的和现代题材的大、中、小型彩灯、迎宾灯、牌坊灯、工艺座灯，以及各类型系列灯组；提供各类、各型精制工艺彩灯、宫灯、书画壁灯等传统灯饰。为各地灯展编制总体规划和布局设计，进行工艺技术转让和咨询服务；为各大型厂矿企业的“厂庆”、“节庆”等大型庆典活动，提供彩灯服务；为各地灯贸会牵线搭桥，促进交流与合作；代办彩灯包装、托运等业务。

成都市灯会办公室　　主任：刘光新

联系地点：成都市文化公园内

电话：028-6630286 6630290

传真：028-6630290

邮编：610072

联系人：姚明微、章琪

李岚清副总理视察成都“广厦工程”

CHENG DU SHI JIAO YU WEI YUANHUI

欣欣向荣的成都教育

—成都市教育委員會

改革开放以来随着社会经济的飞速发展，成都教育事业也呈现出欣欣向荣的局面。乘1986年全市提前一年普及初等教育的东风，1996年全市又提前一年在西部省会城市和全省率先基本普及了九年义务教育；1997年还在城区以90.1%的升学率普及了高中阶段教育。中等教育结构改革促进了职业技术教育的发展，中等职业技术学校招生数和在校生数占高中阶段学校招生数，在校生数的比例基本达到了国家要求。成人教育发展令人鼓舞：1993年全市以青壮年非文盲率达98.65%实现了高标准扫除青壮年文盲以来，按照市政府领导“有一个扫一个”的精神，几年来又扫除青壮年剩余文盲5252人，1997年青壮年非文盲率达到99.49%，脱盲学员巩固率达97.42%。职工教育、农民技术培训、成人中等专业学校、社会力量办学等也蓬勃发展。“广厦工程”有力地改善了教职工居住条件，人均居住面积由1993年的7.56m²上升到1997年底的近10m²。教职工安居乐业。提高了教育质量，1997年全市高中毕业生进入高一级学校学习的人数首次突破万人大关；在国家举办的各类竞赛中，全市学生频频获奖。

成都市提前一年于1996年基本实现普及九年义务教育

新华职业中学学生操作计算机

贺大经副市长1993年宣布成都市高标准扫除青壮年文盲

书记、校长张永清同志　清华大学毕业，成都市优秀中学校长

WUHOU GAOJI ZHONGXUE

武侯高級中學

——迈向二十一世纪的崭新学校

四川省成都市武侯高级中学是在市党政领导和省市教委的关怀下，武侯区委区府大力发展现代教育的大手笔和为民办实事的生动体现，是区精神文明建设的标志性工程。

小河如带，横贯校园

丰富多彩的第二课堂活动一瞥

联通教育网络的586多媒体微机室

成都新华职业中学

校长　伍　俊

新华职业中学是一所具有稳定的骨干专业和较大规模的教育教学质量高、办效益好的新型职业高级中学。1990年批准为省级重点职业高中，1995年国家劳动授予为"国家职业技能鉴定所"，1996年国家教委批准为首批国家级重点职业高级学并被国家职业技能鉴定专家委员会批准为计算机及信息高新技术培训考试点。

该校先后被市、省、国家教委授予"职业技术教育先进单位"称号，多次被教委、市委宣传部表彰为"德育优秀学校"、"德育工作先进集体"1997年被省表为"四川省文明服务示范窗口单位"和"四川省校风示范校"、"四川省中小学德先进单位"，成都市教委授予"校风示范学校"，锦江区授予"区文明单位"等荣称号。全国30多个省市代表团及新加坡、古巴加拿大、香港、世界银行官员等外宾到校参观访问，国家教委、省市领导多次到校视察工作1994年9月7日李岚清副总理亲临该校视察，并对学校工作给予了充分肯定。

◀ 艺术团参加成都市第四届艺术节舞蹈节目获得优异成绩

97年12月获成都市中专职中首届"东华杯"计算机操作竞赛计算机专业组团体一等奖，非专业组团体二等奖。▶

学校按社会经济发展需要设置专业，设置有金融、电子电器等十个专业，在校学生已达2000多人，实现了职高、中专、职业大专班相互衔接的职业教育体系。学校坚持走与企事业联合办学的路子，现联办委员会成员单位已发展到60余个。学生就业率达98%以上。历届毕业生已成为银行、商场、工厂的骨干和管理人员，电子电器专业毕业生已成为新加坡鸿城电子集团计算机主板生产线的管理人员。被北京钓鱼台国宾馆录用的商会经营专业毕业的4名学生，因工作表现好受到李鹏委员长和朱镕基总理接见并合影留念.

为了上规模，上档次、上效益，该校制定了1995年-2000年办学规划，在上级党政部门的支持关怀下，学校面积由20亩增加到140亩招生规模将达70个班3000人左右，将把学校建成西部一流的职业高级中学。

校园一瞥

中学生正在上机训练

前进中的成都电焊机厂技工学校

领导班子团结协作(左二为校长郁蓉珠同志)

该校创建于1979年9月，批准办学规模为160人，现有在校生已近三百人。在各级领导的关怀和支持下，19年来，为国家培养了13届毕业生近600人，历届毕业率达99.6%以上。在校长郁蓉珠同志的带领下，全体教职工诚实劳动，不断创新，学校规模由小到大，教学质量逐步提高。1984年，学校迁移到绿树成荫，环境幽雅的圣灯寺沙河边(建设西街六号)。1988年，修建了实习工场。1998年初，实习工场移至厂内，增加了设备，扩大了实习场地，改善了办学条件。

学校现有校长1人；教导、教务、实习、后勤主任4人。具有高、中级职称的专职教师16人，兼职教师数人。学校占地面积4500m²，建筑面积2920m²，设有幼教实习场地、运动场地，还设有实验室、电化教室、图书阅览室等。

学校面向社会多层次办学，除统招外，还面向社会招收代培生、举办长短期培训班，开设有幼教、机电一体、商贸旅游、电工及家电维修、证券、金融保险专业等。经省、市领导评估验收，1993年3月被评为“四川省合格技工学校”，1996年和1997年连续两年被市机械局评为“成都市先进集体”。

建校19年来，全校教师兢兢业业地辛勤工作，获得了累累硕果。历届毕业生中90%以上成为生产骨干，不少人担任了领导工作。他们积极参加技术革新，为国家节约了上百万资金，很多人被评为“成都市优秀共青团员”、“优秀共产党员”、“三·八红旗手”和“劳动模范”。原91级钳工班一毕业生参加1992年成都市第四届青年工人技术比武，荣获一等奖，并荣获“高级技术合格证”和“成都市新长征突击手”的光荣称号。1993年，在首届青年奥林匹克技能竞赛中，该生又荣获四川省钳工竞赛第二名，后被保送到大学深造，受到了李鹏委员长的接见，学校也因此荣获“成都电焊机厂技工学校——培养技术人才的摇篮”的称号，先后荣获成都市技工学校钳工比赛第一名、市机械局技工学校车工应届毕业生首届实作竞赛团体第二名和个人第二名、市机械系统毕业班车工应届实作抽考团体第六名和个人第一名、省劳动厅、省机械厅组织毕业生“双证”统考技术等级证书率为15%(全国等级证书获得率为13%)、市劳动局组织的全市毕业生“双证”统考团体第三名和个人第三名、市劳动局技工学校体协授予“1989年度体育先进集体”、市体委、市教委授予1990～1991年度成都市施行《国家体育锻炼标准》先进学校、市劳动局技工学校体协授予“一九九一年度达标先进学校”、市首届青年奥林匹克技能竞赛组委会授予“培养技术人才的摇篮”等。

为迎接二十一世纪的到来，该校全体师生决心再创辉煌，欢迎社会各界有志青年来校学习！

校长　郁蓉珠
校址　成都市建设西街6号
邮编　610051
电话(028)4332141

成焊技校环境幽雅

成都十八中

成都十八中属省级重点中学。创办于1946年，地处市区一环路西三段白果林小区，占地面积70余亩。交通方便，环境优美，具有悠久的办学历史和优良的治校传统。

学校按照“三高”“两全”（即高素质教师队伍、高质量课堂教学、高水平体育运动；全面育人、全方位育人）办学要求，强化校园建设、师资建设、三风（校风、教风、学风）建设，使学校具备良好的育人环境，具有一支敬业、精业的教师队伍，形成了鲜明的办学特色，取得了突出的育人成果。学校以“德育首位、教学中心、五育并举、发展特长、培养品学兼优、和谐发展的跨世纪人才”为办学宗旨。恪守“团结、勤奋、求实、创新”的校训，形成“严谨、爱生、精深、创新”的教风和“尊师、守纪、勤学、求是”的学风，以治校严、校风正、学风浓、成才率高享誉社会。高考上线率及初中统考各指标均名列市区前茅，自1992年以来，高考综合升学率均在80%左右，1996年，综合升学率达90%以上，参加区以上学科竞赛获奖达495项次，其中省级以上达169项次。学校历来注重教学质量，突出素质教育，教研教改之风浓厚，“四会能力培养”、“示例演练教材”、“和合”教育模式开展得有声有色。多次荣获“市全面提高教育质量先进学校”、“市德育先进学校”、“市校园环境管理先进学校”、“市文明单位”、“省校风示范校”、“全国体育先进学校”等称号。学校体育特色鲜明，硕果累累。为省首批田径训练点，省体育传统项目学校，“全国体育后备人才试点校”。以田径、足球为特色项目，成功开办历届体育特长班。学校有专兼职教师132人，其中特级、高级教师29名。中级教师72人；全国及省、市、区各级优秀教师45名；省、市、区各级教育学会会员，学科中心组成员、中青年骨干教师21名，有30余名教师参与全国、省、市三级教育科研课题的实践与研究。骨干教师群体业已形成。学校建筑面积达2.15万平方米。三区（教学办公区、体育运动区、生活区）布局合理；三楼（教学办公楼、科技图书楼、综合实验楼）浑然一体，错落有序；教室、实验室、微机室、电教室、语音室、科技室、图书馆、演播厅、艺体馆等教育设施完善，功能齐全。电视机、投影仪、收录机连网到教室。配备了现代化理化生实验仪器及电脑、语音、音像、图书资料等设备；运动场占地16250平方米，有标准足球场，400米环形跑道及看台，有1500平方米标准游泳池、戏水池；学生住宿楼设480个床位，室内设施完善，学生餐厅可容800人就餐。完善、良好的教育设施为学生德、智、体、美、劳全面发展及个性特长的充分发挥提供了良好的条件。作为新近跻身于省级重点中学的成都十八中学校，正以科学规范的现代管理，健康和谐的成才氛围，一流配置的学习硬件，宽阔舒适的校园环境迎接走向她的每一个莘莘学子。

你给十八中一个选择的机会，十八中定将还你一个成才的惊喜。

成都市就业服务管理局

成都市就业训练中心免费为下岗、失业职工举办的职业培训班。

市就业局失业保险工作人员正在机房工作。

1997年，市劳动就业工作紧紧围绕企业改革这个中心，以实施再就业工程为统领，发挥就业服务体系整体功能，全面完成了劳动就业的目标任务。

1.配合国有企业的结构调整和资产重组工作，全面实施再就业工程。市、区（市）县均成立了再就业工程领导小组，完善了配套政策措施。健全了再就业的保障和服务体系。全市共组建“再就业服务中心”15个。全年共指导分流安置41298名下岗、失业职工实现了再就业，再就业率为52%。

2.充分发挥职业介绍的中介服务功能。全市各类职业介绍机构共组织了27次大型的下岗，失业职工再就业专场交流会，提供就业岗位3万余人，达成意向性录用协议1.7万人次，直接帮助8400名下岗职工实现了再就业。

3.积极开展下岗、失业职工的转岗、转业培训。各级就业训练机构重点开展了对下岗、失业职工的培训工作，同时帮助企业组织开办各类转岗、转业培训班，全年共培训下岗职工11068人，培训后的再就业率达到88%。

4.充分发挥失业保险基金的社会保障作用。劳动就业部门从失业保险基金中支付了650万元，对8607名特困企业下岗职工实施生活救济，春节期间，全市从失业保险基金中拨出200多万元专款，对近3万名困难企业职工进行了慰问。同时，还对11户破产企业职工垫支500万元生活费，保证了破产企业职工的基本生活。

5.充分发挥劳动就业服务企业的安置作用。全市劳动就业服务企业在稳定发展的基础上，实现了安置重心的转移。全年劳服企业实现产值、经营收入15.04亿元，利润3663万元，新安置失业人员8553人，其中安置下岗职工3476人，全面完成了工作目标任务。

联合国开发计划署和国际劳工组织的专家在成都无缝钢管厂兴办的劳服企业考察。

市级机关第一幼儿园

该园创建于1951年，属机关办园。由市政府机关事务管理局主管，办园宗旨：为市级机关职工服务(解决子女、孙辈入托)

一、硬件设施：

该园占地4200m²，每班有宽敞明亮多功能的儿童活动室，配置钢琴、录音机、开放式多形状玩具柜等各种结构、造型的积木、玩具供幼儿玩耍。

二、办园水平：

1.管理工作：1994年制定了“培养跨世纪人才教育工程”(二二三工程)规划。从现在起到本世纪末，争取达到巴蜀名园水平。将拥有一流育人环境，一流教育水平，一流保健水平。一幼的孩子将是最聪明、最伶俐、最懂礼貌，最健康的孩子。以改革促管理，实行园长负责制。

2.教学教研：制定了幼儿发展水平目标体系，灵活运用分区、分组、个别、集体活动形式，促进每个幼儿在不同水平上发展。开展抓科研，促质量，研究了“空间、时间结构的探索”和“分区学习活动”，并被市政府授于成都市科学技术三等奖；进行了“调整教师教育行为与为幼儿创设良好心理环境”研究，并获中国学前教育研究会学前儿童健康教育专业委员

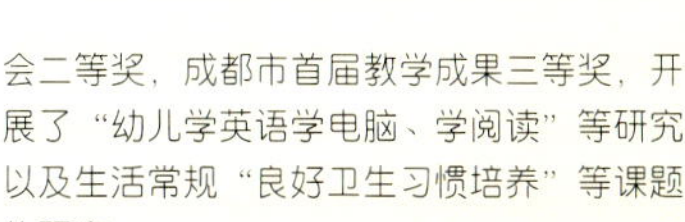
会二等奖，成都市首届教学成果三等奖，开展了“幼儿学英语学电脑、学阅读”等研究以及生活常规“良好卫生习惯培养”等课题的研究。

3.注重幼儿体格锻炼，加强膳食管理，大力开展户外活动，科学合理安排幼儿一日膳食，对营养的摄入定期进行测查、分析、评估，确保了幼儿身体健康。在全园共同努力下，取得优异成绩，首批被评为成都市一级一等园，并获四川省示范性幼儿园、四川省中、小学德育工作先进集体、成都市精神文明单位、市教育先进集体、爱国卫生红旗单位、市保健工作先进集体、市综合治理先进集体、市计划生育“五好”单位、区园林式单位等多项先进称号。

成都市成华区华龙喷胶棉制品厂

CHENGDUSHI CHENG HUA QU HUA LONG PEN JIAO MIAN ZHI PIN CHANG

厂长：邝先橙

该厂位于成华区龙潭寺。1994年底投产，三年来，产品质量、数量连上三个台阶。1996年即跻身于成华区骨干重点企业之列。

该厂以国内先进生产线、关键工序引进美国一流设备、聘请上海无纺行业高级工程师作技术指导，由省纤维检验局长期为该厂监测，自身也强化全面质量管理、配备完善的检测手段，从而确保各档次的喷胶棉达到或超过国家一等品标准。1995即被授予首届四川省纤纺、服装、皮革产品质量信得过企业荣誉称号。

该厂专业生产40g/m²-300g/m²硬型、中硬型、软型、高弹型各规格喷胶棉。一直受到省内外服装、床上用品沙发厂家的厚爱，也是省、市外贸企业生产出口服装的首选辅料。

该厂始终坚持以一流的技术、一流的产品、一流的服务为宗旨，让广大用户和消费者买得满意，用得放心。

工厂电话：(028)4201906　4200768
工厂地址：成华区龙潭寺(29路公共汽车途径厂门口)
法人代表：邝先橙　宅电：(028)5568404　传呼：2191-28519
联 系 人：邝先厚　宅电：(028)4330109　传呼：2191-28559
邝先春　宅电：(028)4336944　传呼：127-0063863

工厂大门

小朋友去郊游

SHIJIJIGUAN DISI YOUERYUAN

成都市市级机关第四幼儿园

该园座落在成都市羊市街，中共成都市委对面，是市府机关事务管理局直属事业单位。收托幼儿270名左右。该园有一支较高专业素质的保教队伍，有高级教师8名，一、二级教师10名。从1983年建园以来，以高质量的教育成果，热情周到地为机关、社会服务，连续十多年被评为市文明单位，连续4年获市卫生流动红旗，年年被评为市卫生先进单位，两次荣获市“三·八”红旗集体，市中小学、中师德育先进集体、市幼儿教育先进集体、市卫生保健先进单位，开办的“家长学校”受到省市家庭教育研讨会的奖励。1996年被评为市一级二等幼儿园，市卫生保健合格单位。

该园坚持“一切为了孩子，为了孩子的一切，为了一切孩子”的办园宗旨，充分挖潜，利用三维空间进行环境的绿化、美化、教育化，努力为孩子创设良好的生活、学习、活动环境。在两套班子的领导下，全园教职工不断发扬拼搏精神，在抓好保教常规工作基础上，积极开展幼教科研工作。教改论文文章在全国、省、市幼教科研论文评选活动中多次获奖。

面对未来，机关四幼全体教职工充满信心，决心以更加饱满的工作热情，良好的职业技能为幼教事业的发展再做贡献。

幼儿喜爱的活动场一角

成都市第五幼儿园

亲切地交谈

该园位于成都市青龙巷12号，占地面积为420m²，建园于1927年，取名“广益幼儿园”。1955年改名为成都市第五幼儿园，现有教职工五十多名，收园幼儿三百多名，是一所建园历史较长的整日制幼儿园。

该园注重环境育人——其环境创设优美、设施设备完善；各室健全，科研育人，——其主题教育课程，双语同步教育取得显著成效；管理育人——其保教常规细则，幼儿发展评估等制度健全；服务育人——其向家长承诺，幼儿疾病预防，平衡膳食等保健工作落实。由此，该园以其良好的办园条件和较高的保教工作质量在省市区享有一定的知名度。1991年首批获“省合格示范幼儿园”，“省电教试点园”，1996年评为“市一级一等幼儿园”，10多名教职工分别被评为“全国三八红旗手”、“全国优秀保育员”、“省特级教师”、“市优秀园长、班主任、保健医生、教师”，先后接待了20多个国家的参观。

电脑操作活动

中国 成都 SOS儿童村

国际SOS儿童村组织库廷主席与村长曹树怀（右），村长助理魏建华（左）亲切合影。

市长王荣轩亲切关怀儿童村的孩子们

中国成都SOS儿童村是市政府和国际SOS儿童村组织合作组建的新型社会福利机构，隶属于市民政局。位于成都市西郊金牛区营门口乡花照村，占地30亩，建筑面积约5000平方米，拥有6栋近130平方米跃层式家庭住宅以及功能齐全、配套完善的办公楼，接待楼，幼儿园；组建家庭15个，现有妈妈阿姨19人，工作人员10人，抚养孩子95名。村内环境优美，格调温馨，绿化面积达90%以上。作为一项崇高的人道主义事业，儿童村致力于为失去双亲的健康孤儿提供一个家庭式的生活环境，让他们重获母爱和家庭温暖，得以健康成长。

儿童村自筹建以来，得到政府各级领导及社会各界的关心和支持，国际SOS儿童村总部秘书长皮赫乐和中国SOS儿童村协会理事长吴景松先后到成都考察确定村址，1995年3月29日中国成都SOS儿童村奠基。随后民政部多吉才让部长，李宝库副部长，四川省欧泽高副省长，省民政厅李洪仁厅长，姜保山厅长在市民政局徐立新局长陪同下先后到基建工地视察，并成立了由成都市副市长狄廷国任组长，市政府副秘书长李华喜，市民政局徐立新局长和金牛区政府有关领导等负责同志任副组长组成的中国成都SOS儿童村筹建领导小组。同时，由市民政局直接领导下的儿童村内部招聘妈妈，调查孤儿，购置家具，组建家庭等各项准备工作于1997年3月底基本就绪。1997年4月12日中国成都SOS儿童村正式开村，国际SOS儿童村组织库廷主席，中国SOS儿童村协会理事长吴景松，民政部原副部长张明和省市有关领导同志出席并参加了开村仪式。

儿童村遵循上为政府分忧，下为百姓解愁的人道主义精神，按照文明办村，勤俭持家，进行“五爱”教育，培养“四有”人才的办村方针；坚持抚养为本，教育为上，无私奉献，培养人才的办村原则，在全社会的关心帮助下得以不断完善发展，立足于奉献赤诚爱心，营造温馨家园，努力创建全国一流儿童村，将是成都SOS儿童村至始至终，勤以追求的目标。

邮编： 610031
地址： 外西营门口乡花照村
村长： 曹树怀
电话：(028)7533961　7520299

生活在儿童村里幸福的一家。

阳光明媚的节日里，儿童村的孩子们游览府南河。

成都市计划生育委员会

市计划生育委员会杨洪举主任(右一)

成都市人口与计划生育工作在市委、市政府和各级党政领导下，通过各级干部的共同努力和全市人民群众的大力支持，在控制人口自然增长、开展优生、优育服务、提高人口素质方面做了大量工作并取得显著成绩。

27年来妇女生育水平明显下降，全市少生700多万人，人们的生育意愿发生了明显变化。计划生育工作的深入开展，为促进全市经济、社会的协调发展作出了积极的贡献。

成都市计生委下属有4个单位，他们的主要任务是为全市人民提供全面的、优质的计划生育服务。

市计划生育技术指导所是计划生育专业技术机构，围绕生殖医学领域全方位开展节育技术服务和不孕症、性功能障碍及生殖系统疾病的诊治，所内设有“人类冷冻精子库”，在省内外享有较高声誉。

电话：(028) 6633097　(028) 6633230

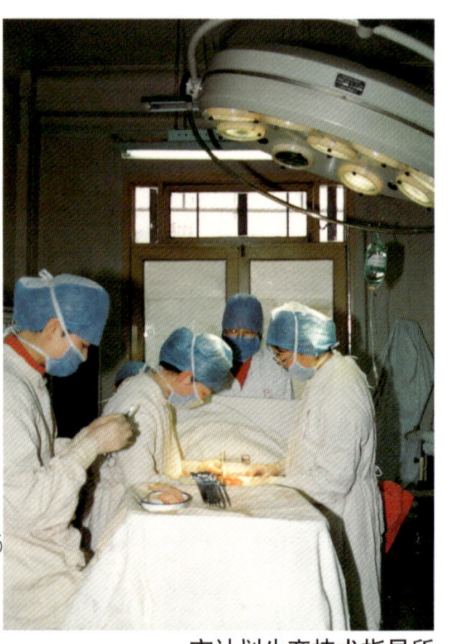

市计划生育技术指导所

市计划生育药管站

市计划生育药管站为全市群众提供优质、安全、高效的避孕药具的咨询服务。

电话：(028) 6644557　(028) 6645636

市计划生育宣传教育中心负责全市的计划生育宣传教育工作。中心制作的文图宣传品在全国发行。中心创办的人口报是全市唯一的人口、计划生育方面的专业性报纸。

电话：(028) 6643225　(028) 6690931

市计划生育宣传教育中心

市计划生育干部培训部

市计划生育干部培训部担负全市的计划生育干部培训任务。培训大楼有床位150张，是集培训、会议、餐饮、娱乐为一体的综合性服务大楼。

电话：(028) 6636270

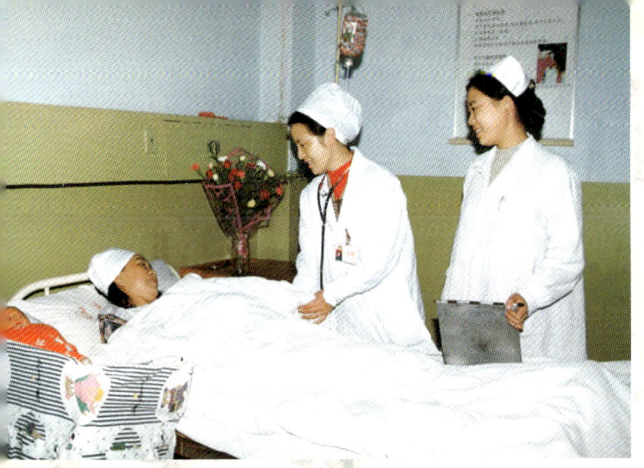
医务人员在为“母婴同室”的产妇检查

成都市卫生局

1997年，成都市各级各类卫生机构1533个，其中医院562所（占36.7%），设有床位33068张，全市每千人有医院床位3.4张；有卫生工作人员71866人，其中卫生技术人员54047人、医生25652人，每千人拥有卫生技术人员5.48人、医生2.6人。全市医疗卫生服务体系、卫生监督体系已基本形成，新的医疗保障制度正在建立，居民平均期望寿命已达到了73.44岁。

卫生检验人员在用电感耦合等离子发射光谱仪(ICP-AES)做样品

卫生执法人员在学习法律专业知识

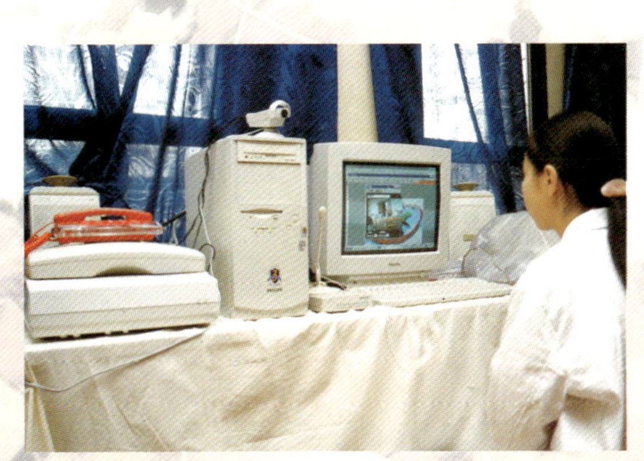
远程专家计算机会诊系统

外国友人参观中药剂改基地

共创医疗保健服务新纪元

——华西医科大学附属第三医院

华西医科大学附属第三医院是经卫生部批准建立的大型现代化医院。附三院以社会发展、市场需要和全新医学模式为思路的融健康保健、临床诊疗、疾病管理、康复健身、健康文化传播和医教研一体的卫生服务体系，同时也是西藏在内地的医疗基地。

华西医大附三院占地160亩，由美国JMGR医院专业设计公司和中建西南设计院联合设计。附三院业务用建筑面积达7万平方米，绿化面积在1.7万平方米以上，设计充分显示了医疗、个体、社会和环境的共同需要。

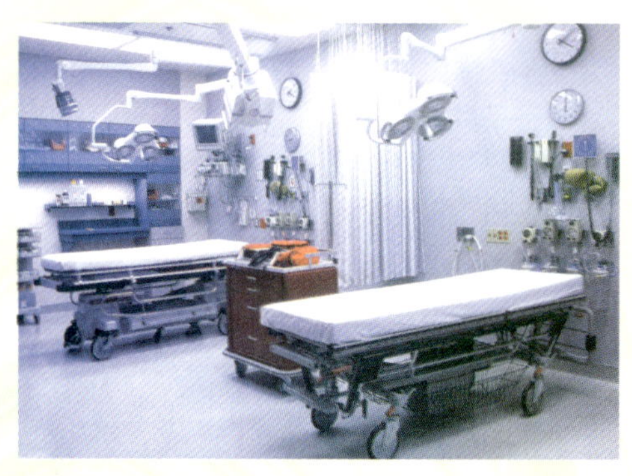

华西医大附三医院由华西医科大学和西藏自治区政府合作兴建，参照股份制运作模式，实施现代企业管理制度。附三院以华西医大为技术支撑，在全国范围内招聘优秀的中高级医务人员，同时聘请外籍医师，主要设备均由国外引进。附三院学科设置完备，强调特色管理，技术质量，服务水平和环境氛围。

华西医大附三院的建设得到了卫生部，西藏自治区党委、政府，四川省、成都市政府，省、自治区卫生厅，成都市卫生局的大力支持和热情关怀，同时也受到了社会各界的广泛关注。

华西医大附三医院以人类健康为最终目的，倡导现代医疗健康观念，勇攀临床医学高峰，极力为个人和社会提供更高品质的医疗、预防、保健服务和健康文化传播，并同全社会共创医疗保健服务的新纪元。

地址： 四川省成都市二环路南三段高新区
法人： 杨维峰（董事长）
电话： (028)5156551　5156081
传真： (028)5152499
电子邮件： WCUMS @ public.cd. sc. cn
域址： http:/www. healthol.com

华西医科大学附属第一医院

华西医科大学附属第一医院大门

1892年，由美国、加拿大等国基督教会建立存仁、仁济医院经过百余年建设，发展为中国西部规模最大、学科齐全，技术力量雄厚，医疗设备先进，诊疗条件较好的集医疗、教学、科研于一体的大型综合性教学医院：卫生部重点医科大学——华西医科大学附属第一医院。

肿瘤生物治疗中心实验分流式细胞仪

医院占地330余亩，现有建筑面积20多万平方米。床位1564张，在职职工2300多人，其中教授、副教授340余人。医院有临床科室31个，医技科室14个，研究所室20个。15个博士点和15个硕士点，1991年建立临床医学博士后流动站。为适应现代医学科技发展和满足病人需要，医院购置了磁共振、螺旋CT、ECT、直线加速器、心脏血管造影仪、数字胃肠机、彩色多谱勒、大型全自动生化分析仪等先进设备，价值近2亿多元。

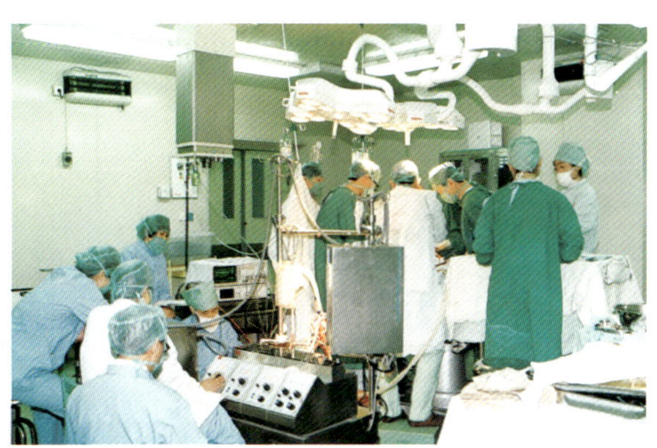

手术场景

医院以严谨求实的作风，精湛的医疗技术行使着救死扶伤的神圣职责。开设有专科专病门诊219种，专家门诊、便民门诊、名老专家门诊、保健金卡、健康保险、健康网络、社区医疗等服务项目，满足病人多层次的需求。医院在眼底病、心胸外科、器官移植、脊柱显微外科、中西医结合治疗急性胰腺炎、腔道泌尿外科、肝胆胰疾病、糖尿病、病毒性肝炎、肿瘤生物诊治、心脏病学、核医学以及磁共振、CT显像诊断等方面取得显著疗效，为中国西部疑难重症的治疗中心。医院年门诊量100多万人次，出院病人3万余人次，年手术1.8万台次，为人民的健康作出了突出贡献。

医院不断加大科研投入，提高医学科技水平。建立了临床分子生物学、肿瘤生物治疗中心、移植免疫等重点实验室。1997年，获得科研课题192项，其中国家自然科学基金达24项。获得科技进步奖17项，其中国家科技进步奖2项，卫生部科技进步奖3项。发表学术论文600余篇。

百年沧桑，奋斗不息，18年拼搏，成绩辉煌。医院于1990年被评审为国家三级甲等医院，先后获卫生部“卫生文明先进集体”、省“文明医院”，大西南100家优秀服务“明星医院”，全国卫生文化建设先进集体等光荣称号。

千里之行，始于足下，今天的华西人正以开拓进取，团结奋斗，勇创一流的精神，以坚实的步伐迈向光辉的21世纪，为建设国家三级特等医院而奋斗。

院长：石应康教授
地址：四川成都外南国学巷37号
电话：(028)5551255
邮编：610041

新外科大楼

奮進中的華西醫科大學制藥廠

厂长：余练康

该厂创建于1958年，至今已有40年的发展历史，在历届领导班子和制药厂全体职工共同努力下，艰苦创业，为药厂发展奠定了良好的基础。

该厂是生产化学合成药、生化药和多种中西药制剂的综合性制药厂。厂区占地32亩，设有原料、针剂、片剂、颗粒剂等车间和药物研究所、中心实验室及生产、质检、技术、设备、供销、财务、总务、销售等科室。现有职工350人，其中大专以上学历的工程技术人员及管理人员占35%，有高级技术职称的23人，执业药师13人，形成了一支具有较高业务素质和丰富经验的职工队伍。

科技是第一生产力。1958年以来，药厂始终把产品开发放在首位，不断应用新工艺开发新产品。如早期开发的醋酸苯汞填补了国内空白，含水丁醇共沸结晶的青霉素精制新工艺为国内一些抗生素厂采用，避孕药探亲“53号”、复方己酸孕酮针投入生产。

产品是企业活力的象征，是企业实力的象征，也是企业综合素质的体现。为适应市场竞争的要求，药厂力图将企业办成具有高新技术实力的外向型企业，让企业的产品走向世界，进入国际市场，参与国际竞争。

该厂于1993年8月被国家科委认定为“实施火炬计划先进高新技术企业”，并于1996年被国家科委授予“全国重点高新技术企业”荣誉称号，并荣获“第二次全国卫生产业企业先进单位”称号。1997年，四川省经委、省统计局、省社会经济评价中心联合授予该厂“97四川工业企业最大市场占有份额500强”、“97四川工业企业最佳效益100强”和“97四川医药制造业最佳效益10强”称号，法人代表余练康同志受到省政府表彰。成都市政府授予我厂“97年工业企业五十强”称号。此外，药厂还连年被授予成都市和武侯区的纳税大户称号。

该厂决心调动一切积极因素，深化企业体制改革，以适应市场经济发展的需要，争取为学校建设及卫生事业做出更大贡献。

中国中医研究院与中汇公司合作协议签字仪式

ZHONG GUO ZHONG YI YAN JIU YUAN ZHONG HUI ZHI YAO GONG SI

该公司创立于1994年7月，经三年多发展，资产由最初的300万元增值为3.7亿元，被列为“四川省人民政府‘小巨人’计划重点企业”、“成都市一九九六年——二〇〇〇年支柱产业重点企业”、“四川省人民政府发展大轻工重点企业”、“四川省加快民营经济发展二十强企业”。在“1997年度成都市工业企业50强”中，中汇制药名列第四。

中汇公司实行总裁负责制。严格实行“选用人才——培训人才——任用人才——再培训——再任用”的人才培训模式，经过三关：法制关、军训关、专业技能关。造就一批不断升值的复合型人才。

中汇在创立之初，便提出了“做中国中成药行业领袖”的奋斗目标，“确认自己的价值”的企业理念，“发展民族工业，弘扬传统医药”的企业宗旨，“飞鹰俯视，黄牛务实”的企业精神，“以客户为中心，以营销为龙头，生产是基础，科研是后盾，管理是保障”的企业经营方针，以及“以行政的强制力导之以轨，以思想工作的说服力制其所欲，以法纪的约束力束之以行，以物质的诱惑力施之以力”的人员管理准则。这些是中汇企业文化的核心。

中汇公司主要产品有：中汇川黄液、中汇心可宁、中汇糖脉康、中汇痛风定、中汇宫瘤胶囊等。

中汇拥有全国第一流的生产科研基地，该基地占地38.47亩，严格按照GMP标准建设，年生产能力达50亿人民币。制定了一套内控质量标准，均高于《中华人民共和国药典》及中华人民共和国卫生部部颁标准。中汇公司具有科学合理的严密的质量监控组织，建立了“三级质监网络”，从上到下依次为：总裁——质量监控部——车间班组质检员。

中汇公司以营销为龙头，建立、健全了全国营销网络体系，销售网点遍布全国30个省市自治区，2000多家大型综合医院和100多家医药商业有稳定的业务关系。营销队伍专业结构合理，均经过严格的专业技术培训，各地区不定期局部培训。1998年公司销售队伍达618人。目前有十七个分公司。

中汇总裁莫始奎(左)陪同省长宋宝瑞(中)参观中汇科研生产基地(98年2月19日)

中汇公司总裁莫始奎(左)陪同国家医药管理局副局长张文周(中)参观中汇科研生产基地(98年2月19日)

发展民族工业，弘扬传统医药

——中國中醫研究院中匯制藥公司

国家医药管理局

四川抗菌素工业研究所

所长　陈曾湘研究员

该所是我国主要微生物药物研究开发机构之一，1965年由上海内迁成都建所。该所具有一支素质良好、专业配套、富有研究经验的科技队伍，全所职工约500人。其中科研人员311人(具有高级职称者81人，中级职称者134人)，附属厂约80人。研究所地理环境良好，交通便利，通讯设备先进，占地面积10多公顷，实验场地及中试基地2万多平方米，集科研、生产、教学开发为一体。

多年来，该所以药物品种及生产技术研究开发为主要任务，以抗生素为重点，并逐步扩大研究领域至其它微生药物、化学合成药物及生物技术药物，先后取得科研成果100多项，40多个项目分别获国家、省(部)级成果奖励。研制开发新品种约60余种，重大工艺改项20项，其中90%以上推广到全国80多家医药企业。所设有11个研究室，一个制药厂，一个杂志社。拥有红外、紫外、高效液相、自动氨基酸分析、自动青霉素交价测定、核磁共振等大型精密仪器。建有国家医药系统抗生素情报中心站，国家抗素菌种保藏中心，国家医药管理局四川微生物菌种选育中心、四川药品质量检测中心，SPF动物及裸鼠研究饲养场，拥有10万册书的图书馆，电子计算机中心。编辑出版《中国抗生素杂志》、《国外医药抗生素分册》、《抗生素情报》等杂志。1980年国家教委批准具有微生物药物学、制药工程学及药物化学硕士学位授位权。

研究所制药厂发酵车间微机控制

李鹏总理视察研究所科研成果展

该所先后开展新药筛选研究、半合成抗生素研究、化学合成药物研究、生物合成药物研究、药物制剂研究、药物毒理研究、生物技术研究以及中药研究等课题120多项，可同时进行35-45个医药品种或工艺技术的研究开发工作，是我国医药科研开发的重要力量。建所以来，先后研究开发了卡那霉素、利福平、强力霉素等几十种抗生素、氨基酸、多糖、维生素药物品种或生产技术，投入生产后形成了巨大的社会效益和经济效益。申请了七项技术专利，在国内外医药科研领域具有相当的知名度。

该所大力发展国际学术交流，先后派出160多人次赴美、法、日、加等国留学洽谈合作，与200多个国内科研、生产企业有技术合作、转让技术交流和业务往来关系。与欧美、日本等国的有关公司、高等院校，科研院所建立了科技联系。

研究所实验大楼

四川光大制药有限公司

该公司是四川省中药厂与中国光大国际信托投资公司共同组建的合资企业，也是国家中医药管理局重点工业企业、市经济效益百强企业、市工业企业五十强、省首批十六佳优秀外商投资企业。

公司生产冲剂、片剂、丸剂、口服液、合剂、糖浆剂、散剂、酒剂、酊水剂、胶囊剂共10种剂型，100余个品种的纯正中成药，尤以冲剂特色系列产品闻名遐尔。著名的产品有：获国家质量银质奖的“川贝枇杷冲剂”；获部级优质产品奖的“银柴冲剂”、“麝香舒活灵”、“消核片”；获四川省优质产品奖的“抗病毒冲剂”、“口炎宁冲剂”，最新研制成功的国家级新药——荆肤止痒颗粒。其独家产品“抗病毒冲剂”、“消核片”、“麝香舒活灵”和“小儿肺热咳喘冲剂”，属国家中药保护品种。

公司拥有先进的制药设备，技术力量雄厚，重视质量管理，采用GMP管理企业。质量检测手段先进，有日本生产的高效液相色谱仪，气相色谱仪，对产品进行严格把关。产品不仅畅销国内市场，而且远销港、澳、台，东南亚及日本、美国等国家和地区。

总经理：李　珏

消核片

麝香舒活灵(外用药)

国家中药保护品种

抗病毒冲剂

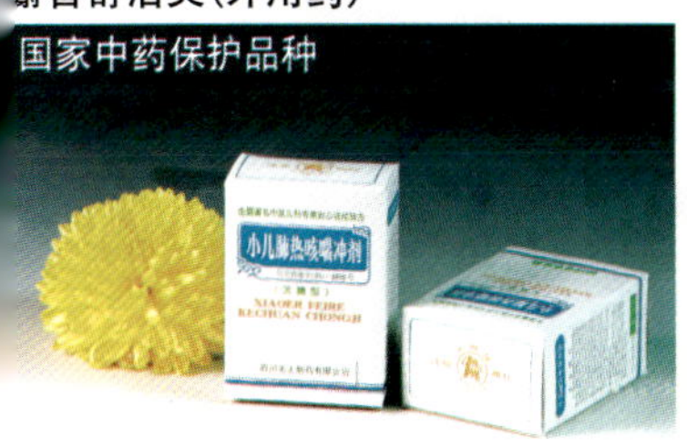

小儿肺热咳喘冲剂

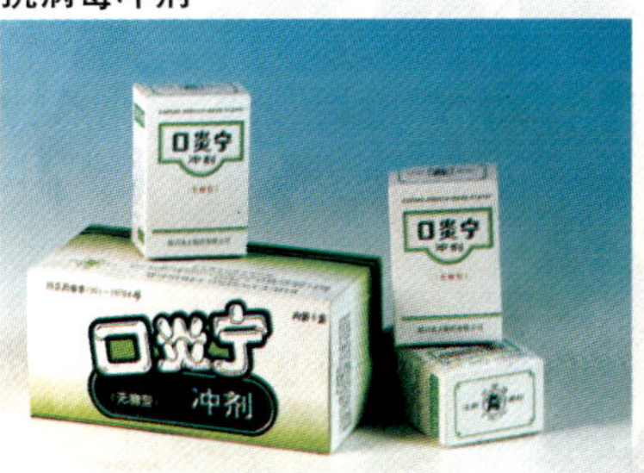

口炎宁冲剂

公司地址：中国·成都·彭州市外北街56号

电话(销售)：(028)3871110、3871423

图文传真：(028)3872918

电报挂号：5522　邮编：611930

成都药业有限责任公司

成都药业有限责任公司董事长兼总经理张树枫

97年新面市的解热镇痛、抗感冒新药备疏片

一流的设备　一流的产品

该公司系由原成都制药二厂按照《中华人民共和国公司法》于1996年10月改制为国有独资有限责任公司。公司实行董事会领导下的总经理负责制，下有原料药厂、制剂厂、中药厂、机修厂。生产、销售医药原料药及制剂产品。批发、零售、代购、代销建筑材料、医疗器械、五金交电、日用百货；科技开发咨询、汽车货运服务。原料药生产能力为1000吨/年，制剂生产能力为30亿制剂单位/年。公司拥有总资产1.5亿元，固定资产8千余万元，生产经营占地面积11万平方米。公司继80年代建成化学合成原料药生产基地后，又按照GMP标准建成了中国西南地区一流的全新制剂生产基地。化学合成原料药主要产品有贝诺酯、对乙酰氨基酚、氧氟沙星、诺氟沙星等，其中贝诺酯原料药荣获国家优质产品银质奖，产销量全国第一。制剂有片剂、胶囊剂、膜剂、软膏剂、滴眼剂、颗粒剂、口服溶液剂、喷雾剂等，能生产贝诺酯片（扑炎痛片）、百乐来片、米雅细粒剂、氧氟沙星片、麦迪霉素片、备疏片（贝敏伪麻片）等170余个品种和规格的优质产品，销售额达1.2亿元以上。其产品销售除台湾以外的全国各省、市、自治区，并远销东南亚地区及西欧等。

公司经济效益稳步上升，年利税平均增长速度近20%。是四川省首批建立现代企业制度试点企业，成都市工业企业50强之一，资产信誉为“AAA”级。

按GMP标准新建、97年投产的制剂生产基地

地址：四川省成都市东南里新1号
电话：(028)6675015(总机)
法定代表人(董事长)：张树枫
总经理：张树枫
邮政编码：610021
传真：(028)6659125

四川省通德保健品有限公司

法人、总经理：黄晓伟

四川省通德保健品有限公司，系通德实业开发公司下属分公司，是专业从事大瓶装纯净水的生产、销售和售后服务一体化的实业公司。

公司引进国际最先进的纯水设备，采用超滤(UF)和逆渗透(RO)等高新技术，通过成都制药三厂先进生产线精制而成的通德纯水，符合国家有关卫生质量标准(GB)，并以其高质量、高品味，赢得了广大消费者的赞誉。

特大瓶装纯水、与大瓶配套的冷热饮水机合为一体，是当今国际最流行的高级饮水设备，水温最冷为4℃、最热为95℃，冷热水可同时使用。

冷热饮水机造型雅洁精致，最适用于写字楼办公室、宾馆、餐厅、娱乐场所、家庭使用。

公司提供以下服务项目：

一、提供融冷热饮于一体的当今国际最流行的高级饮水设备。

二、公司提供热情周到的送水服务，用户若需用水可随时与公司联系，公司保证在四小时内将水送到。

三、可提供一次性卫生杯。

四、公司对所提供的冷热水机负责安装调试，并负责保修一年，若一年内，机器出现严重质量问题，公司免费调换。

严格的水质监测制度

公司对各位用户作如下承诺：

一、保证提供给用户的通德纯水为优质纯水。

二、服务人员如不按公司有关规定提供优质服务，请电话通知公司本部，公司将对由此给用户带来的一切损失进行赔偿。

咨询、投诉电话：(028)6240621

公司产品由市卫生防疫站监制

中国人民保险公司提供产品质量及责任保险，

市食品卫生监督检验所质量监测，是市产品质量监督检验所定点监检企业

饮水机

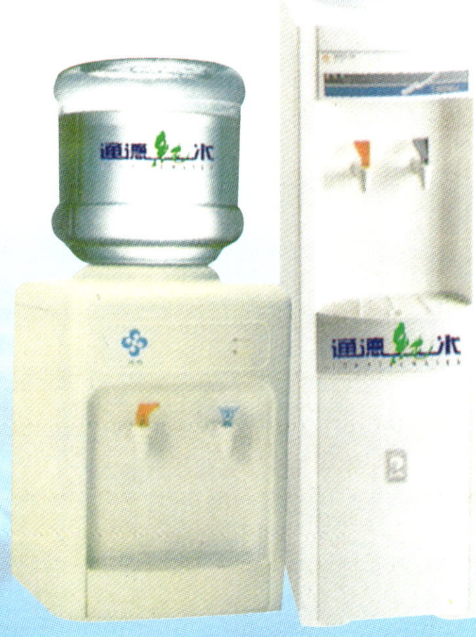

公司地址：成都市蜀都大道少城路8号
电话：(028)6240621　6636614-2034 2036
传真：(028)6240621

吉泰安(四川)药业有限公司

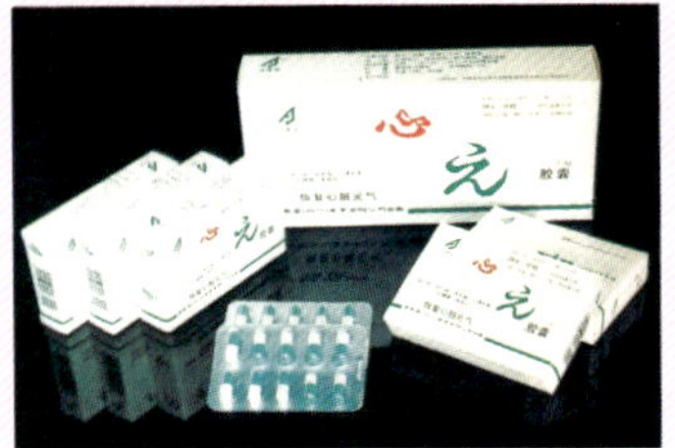

心元胶囊

该公司座落于成都南郊国家级高新技术开发区工业园内，是一家拥有众多一流中西医药人才及高科技的药业集团。

公司庭园式制药工厂的设计和建设均符合CMP标准，主要生产药品有“心元”胶囊、美声喉泰和四物合剂。

公司在继承和发掘中华传统医药的基础上，运用现代生物工程和先进的制剂技术，中药西制，开发研制出防治冠心病、高血脂、高血压的一代新药——“心元”胶囊。其组方独特，配伍绝妙，疗效确切可靠，无毒副作用，能有效地治疗和预防冠心病，快速地改善冠心病患者常伴有的胸痛、胸闷、心悸、气短、头晕、倦怠等症状，抑制冠脉粥样硬化进程，特别能预防冠心病的急性发作，降低猝死率。同时“心元”胶囊还能降低血脂和控制血压，清除冠心病及猝死的危险因素，并能补肾养心，益气益阴，活血化瘀，增强机体免疫和抗衰老功能，从而恢复心脏元气，提高生活质量，延年益寿。

“心元”经过上千例患者的临床观察，有效率达93.7%，是治疗冠心病、高脂血症最理想的中成药。1995年，“心元”胶囊刚投放市场不久，就获得了国家科委颁发的中国新技术产品金奖。1997年获卫生部三类新药证书。

公司拥有先进的制药设备和药品检验仪器，为研制生产高品质、高疗效的药品提供了可靠的保证。公司1995年获得四川省对外经济贸易委员会颁发的“先进技术企业”证书。

吉泰安“心元”——为天下人的心脏“保驾护航”。

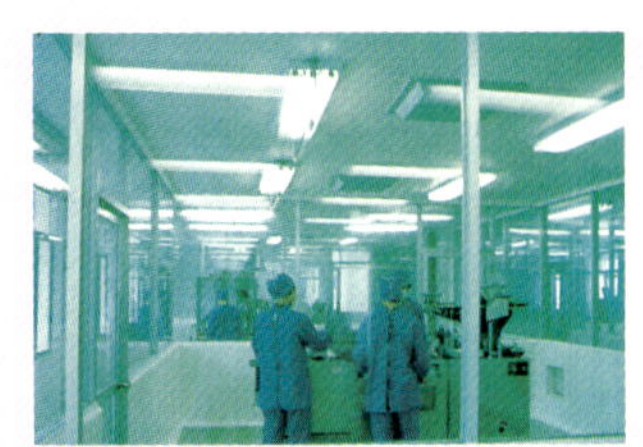

心元生产车间

公司外貌

地址： 四川成都高新技术开发区工业园九区

邮编： 610041

电话： (028)5190126　5183788

传真： (028)5181629

电挂： 5577

该厂是市医药管理局所属的国有中一型企业，实行成都制药四厂、成都味精厂、成都儿童营养中心“三块牌子，一套班子”的管理体制，是国家重点支持的原料药生产基地。占地面积5万平方米，建筑面积4万平方米，总资产近亿元，其中固定资产4728万元，资产负债率65%；现有职工近千人，各类科技人员230人，设八个分厂、一个研究所、三个公司、十八个职能科室，一个中外合资企业：四川华联制药有限公司。该厂建于1958年，经三十多年艰苦努力，已发展成为集生产抗生素原药、半合成抗生素原料药、制剂，氨基酸类产品，营养、保健食品为一体的综合性制药企业。主要产品均为部、省、市优产品。产品质量稳定提高率为100%，其中：丁胺卡那霉素、硫酸丁胺卡那霉素（全部出口）、单硫酸卡那霉素、硫酸卡那霉素（全部出口）为部、省“双优”产品，产品遍及全国二十几个省、市、自治区，出口西欧、南美、东南亚等国家和地区。

该厂主要产品丁胺卡那霉素工艺技术先进，先后荣获国家医药管理局和四川省政府科技成果奖；国家经委优秀新产品奖；省优质产品和国家医药总局优质产品称号；省科技进步二等奖；国家科技进步三等奖；PHBA制备工艺，获国家专利。

该厂坚持技术进步，不断改进生产工艺。降低了生产成本。将微机控制系统运用于丁胺生产过程，分别获得省、市政府的科技进步奖，并通过了国务院电子振兴办委托国家医药局组织的验收。

丁胺所需原材料的配套生产，为该厂特有优势。目前，丁胺所需的四大主原料：卡那霉素碱、DCC、六甲基二硅氨烷、PHBA等均可自行生产供应。

我厂重视产品质量，严格按规范组织生产及管理，建立起一套完整的生产及质量管理保证体系。开发的丁胺卡那霉素硫酸盐、丁胺（碱）、丁胺无菌粉、丁胺卡那霉素滴眼液、丁胺卡那霉素外用液等系列产品，质量稳定，均达到中国药典95版、美国药典23版、日本药局方12版标准。

多年来，国家医药总局、四川省政府、成都市政府等对我厂的丁胺卡那霉素生产作了充分肯定和给予了大力支持，在前几次丁胺技改的扩产的基础上，该厂丁胺扩产至70吨生产能力的工程项目已经国家医药总局批准，并列入中央专项贷款项目。

从1994年下半年起，与成都市技术改造投资公司合作，扩大拳头产品丁胺卡那霉素的生产规模，累计已投入资金1200余万元，形成了年产30吨丁胺的生产能力；1995年又建成为丁胺扩产配套的年产50吨卡那碱的生产基地。

粮食连锁店之一

市粮食局是市政府主管全市粮食流通的职能部门，主要职责是：贯彻执行国家粮食方针、政策；负责全市粮油市场的宏观调控和粮油供需总量平衡、粮食定购、粮油供应、军粮供应、国家粮油储备和救灾抢险的粮油安排等工作的管理；制定全市粮油经济发展规划和粮油产业布局的措施；管理全市粮食财务和粮油储备及粮油商品流通统计。内设11个职能处室。局长彭崇熙。

局长：彭崇熙同志

全局系统有粮油、食品、饲料加工、商业经营和储运机构1400多个，零售营业用房12万多平方米，其中有独立核算粮油商业企业207户，粮油加工企业30户，饲料加工企业12户，粮油运输企业3户，职工216

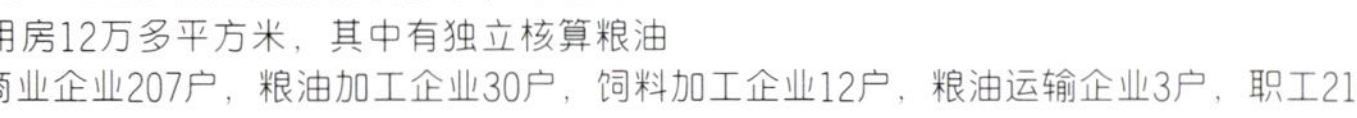

人。全局粮油年总经营量35亿公斤，在全市粮油流通中处于主渠道地位。

多年来，该局严格执行国家政策，开展优质服务，端正行风，连续14年不向售粮民打“白条”。

在城区100个粮店实行了规范化连锁经营，其连锁店数量、经营特色、经营品种、理模式、服务水平等居全省粮食零售行业前列。他们努力开拓市场，改进营销方式，使质粮油商品销售占90%以上。并以雄厚的仓储实力，高水平的安全储粮技术，受到中外粮专家的称赞。

粮办工业作为粮食部门的骨干支柱产业，生产规模较大，生产能力较强，粮油深工、精加工和综合利用水平较高，精米、精面产量占总产量的90%，畅销川西南地区，料产品畅销省内50多个市县。

全市国有粮食部门已发展到综合商业、餐饮业、旅店业、建筑业、养殖业、文化乐业等十多个门类，企业生存发展空间扩大，富余人员得到安置，并创较好的经济效益。

大型粮食仓库之一

成都市粮食局

成都市第八人民医院

该院成立于1954年，地处草市街165号，是北门唯一一家市级综合性医院。设有病床100张，开设有内、外、儿、妇、五官、口腔、中医、皮肤、针灸、理疗、体外反搏、手术等十余个中、西医临床科室及药、检、放、功能等医技科室，并设有心血管、呼吸、消化、神内、老年、疼痛、骨科、心理咨询、法医鉴定、腰腿痛和腰椎间盘脱出症治疗等专科，以老年病治疗、疼痛治疗、体外反搏、光量子血疗等为特色。

医院新近还开设泌尿生殖病诊治、骨质疏松诊治等新项目，成立社区健康服务管理科，在光荣小区和北大街辖区设立社区健康服务中心，集预防、保健、治疗、康复、健康教育为一体，走向社会和家庭，送医送药上门。

医院拥有500MAX光机，心电图仪、脑血流图仪、24小时动态心电监护仪、24小时动态血压监护仪，除颤起搏监护仪、GP-4000多参数监护仪、危重病人监护仪、血流变学仪、生化电解质仪、光量子血疗仪、电动式腰椎间盘吸入治疗仪、前列腺射频治疗仪、多功能综合牵引床、超声波洁牙机、光固化机等先进诊疗仪器和设备。

医院是市“文明单位”，省“文明医院”，市优质服务先进单位，爱国卫生红旗单位，“大病统筹”和“公费医疗”定点单位。医院以“一切为了病员利益”为宗旨，视病人为“上帝”，全院职工将以一流的服务态度，一流的医疗技术，一流的医疗质量竭诚为广大病员提供各种优质服务。

地址：草市街165号　电话：(028)6919687(急诊室)
(028)6927761(总值班)
法人代表：周继伦
邮编：610017

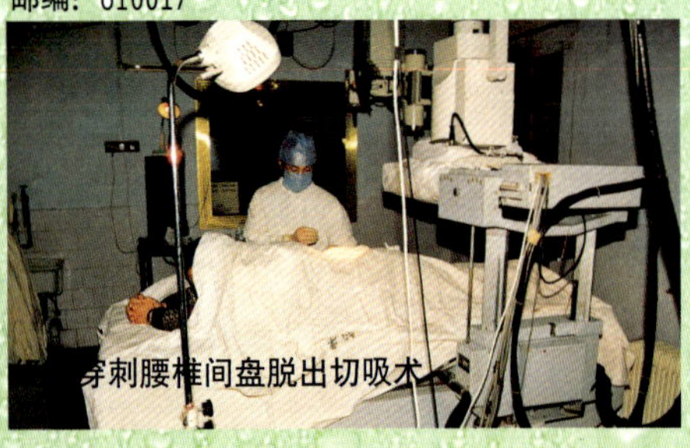

穿刺腰椎间盘脱出切吸术

医院门诊大楼

成都人民商场(集团)股份有限公司

座落于成都市中心的人民商场外景

武侯仓储超市

旧货交易商场“商品拍卖会”现场

成都人民商场(集团)股份有限公司(原成都市人民商场),始建于1953年,座落于市中心繁华商业区盐市口。商场由众多商家组成,经营范围包括70多个行业。1969年,商场成为独立的法人,同时改名为工农兵商场。1974年,并与御河商场合并。1980年,恢复成都市人民商场名称。1988年,合并成都市工业品信托贸易公司及下属锦城商场。

1993年12月30日,成都市人民商场改组成为成都人民商场股份有限公司。公司股票于1994年2月24日在上海证券交易所挂牌上市,是西南地区以综合性商业服务为主的大型商业企业和四川省首家公开发行上市的商业股份制公司。1997年,公司在当年股本扩大80%的情况下,完成销售额10.43亿元,实现利润5505.12万元,同比分别上升25.51%和22.14%。公司还连续三次名列“成都市工商企业纳税大户前十名”,在国内贸易部96全国百家大型商业企业销售排名中列21位,是大型商业企业集团重点联系单位。1997年5月20日,以原成都人民商场股份有限公司为基础组建成立了成都人民商场(集团)股份有限公司,简称“成商集团”。目前集团公司总资产已达8.47亿元,净资产4.29亿元,员工5300多人,拥有人民商场、武侯分场、北站分场、商品配送批发中心、成都商业大厦、春南商场有限责任公司、旧货交易市场、南桥商场、黄河商业城、自贡商厦、物业管理公司、进出口分公司、金地广告公司、储运分公司、物资经销公司,峨眉山凤凰有限责任公司等直属及参股、控股公司,主营零售、批发、兼营餐饮、娱乐、广告、房地产、进出口业务,并参股投资工业、金融业、影视业、旅游业。

成商集团按照“强基固本,开拓外延”的发展思路,靠规模求效益,靠价格占市场,靠服务争顾客,靠管理添后劲,取得了经济效益和社会效益双丰收。从改制前1991年销售2.5亿元(含税)到改制后1997年销售10.43亿元(含税),六年销售翻二番,上市历年来净资产收益率始终保持在10%以上,在1995年沪市商业类上市公司中各项综合效益排名第一。

公司一直是省、市“文明单位”、“优质服务示范单位”;连续四届获得“全国执行物价计量政策法规最佳商店”称号,荣登“全国工商百家知名企业”排行榜,跻身“中国明星企业”、“全国百家最大零售企业”行列;获得“全国贯彻《消费者权益保护法》维护消费者合法权益成绩显著单位”、“中国商业企业最佳商誉特级”荣誉称号;公司党委被授予全国、省、市“先进基层党组织”荣誉称号,企业知名度不断提高。目前,公司是成都市首批建立现代企业制度试点单位,四川省三十七家扩张型企业之一。

公司二期改扩建工程已完成前期准备工作。工程计划投资6.5亿元,主楼高46层,建筑面积11万平方米,是集商贸、金融、展览、信息、旅游、交通、娱乐、客房和电视台为一体的现代经贸中心。着眼未来,公司将按照“扩规模、抓管理、争效益”的发展战略,努力拓展经营,力争到2000年,通过超常规发展实现营业收入50亿元,把人民商场建设成为商业资本与产业资本及金融资本相结合、内贸与外贸相结合、实业经营与资本经营相结合,股份化、集团化、国际化、多样化经营的大型商贸企业,逐步发展成为综合商社而努力。

公司二期工程

CDSDDSGFYXGS

成都蜀都大厦股份有限公司

夜景

该公司成立于1980年，当时名为“成都市工业展销信托股份公司”，同年发行了据专家考证为中国改革开放之后的第一张股票。蜀都大厦作为公司的依托和象征于1991年建成并投入运营。大厦总建筑面积6.9万平方米，主体总高146米，位于成都商贸金融的黄金地段，享有“西部第一厦”的美名，是四川省和成都市的一项重要基础设施和对内对外经济技术交流的一个重要窗口。公司经过18年的发展，经济实力、社会知名度与资信度空前提高。1995年社会公众股在深圳证券交易所成功上市，同年被四川省确定为全省80户探索建立现代企业制度试点企业。曾多次荣获省、市利税大户和十佳效益企业等殊荣。目前，公司拥有总股本1.83亿股，总资产11.5亿元，净资产6.84亿元，已形成以大厦物业经营为基础，融高新技术实业、内外贸易、宾馆旅游、房地产开发和资本经营为一体的多元化产业发展格局，正致力于“第二次创业”发展战略。

注册地址：中国四川省成都市蜀都大道暑袜北三街20号
法人代表：谢道学　　总机：(028)6753888　邮编：610016

PARKSON

成都百盛购物广场

一站总汇购物中心

百盛始建于1987年，是马来西亚业务多元化的工商集团——金狮集团经营的百货连锁店。在不到十年的时间里，百盛以其可贵的专业经验，成为马来西亚最大的百货商场和超级市场连锁店，在全国各地设立了三十三间连锁商场。成都百盛是百盛在中国建立的第二间商场，由四川和正股份有限公司和百盛投资有限公司合资组成。

马来西亚百盛集团将其成功的哲学，经验及专长在中国百盛发扬光大。无论何时何地，百盛将为每一位顾客带来物有所值的购物回报。

成都百盛是一间五层楼的购物中心，座落于成都商业最繁华地带——总府路与人民东路交界处，紧邻32层五星级饭店。其得天独厚的位置，使其不仅可为市中心的消费者提供便捷的服务，而且也是成都市郊及其邻近地区人们购物的好去处。

成都百盛建筑面积10，000平方米，现代化购物和休闲乐园的环境使当地居民和来蓉旅游者感到舒适和方便。各楼层经营分布为底层：超市、面包坊、小吃店、进口水果；夹层：体育用品；一楼：化妆品、女士服饰品、黄金店；二楼：女内衣、美发美容院；三楼：男装及男士用品；四楼：国内精品服饰、内衣精品；五楼：家庭用品、床上用品、文具、礼品、花屋、童装玩具。成都百盛的店面布置充分有效地利用空间，又再有宽阔的通道，使商品可以充分展示，顾客感觉舒适。百盛的商品以物有所值为重点，以其丰富的不同档次满足不同层次消费者的需求。位于底层的百盛超市为您提供品类众多的国产和进口商品，百盛自己的面包坊和家庭用品将为家庭主妇提供系列广泛的家用食品及用具。

成都百盛采用先进的电脑条码系统，可以处理超过25万项存货管理。此类尖端系统不仅可以确保成本管理效益，而且可为尊贵的顾客提供优良的服务，这一体系无疑会给供应商和消费者带来极大的好处。

四川和正百盛广场有限公司

SICHUAN HEZHENG PARKSON PLAZA CO.LTD

中国·四川·成都总府街31号

邮编： 610016

电话： (028)6781051 **传真：** (028)6780760

31ZONG FU STREET, CHENGDU, SICHUAN, CHINA

POSTCODE: 610016

Tel:(028)6781051

Fax:(028)6780760

成都华联商厦股份有限公司

华联商厦外景

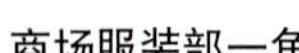

商场服装部一角

该公司是全国华联商厦集团在西南地区的首家成员单位，四川省十大商业零售企业，成都市建立现代企业制度试点企业和正在组建中的商贸企业集团。

公司注册资本8650.3万元。股份总数8650.3万股。其中：国家股2238.9万股，占25.88%；社会法人股3578.7万股，占41.37%，法人股转配466.7万股，占5.4%；社会公众股(A)2366.6万股，占27.35%。公司资产总额3.8亿元。每股净资产3.06元。

公司是零售为主兼营批发，多元化经营的大型商贸企业，现有包括成都华联商厦在内的大中型商场4座、宾馆及酒楼1家、控股的子公司1家、参股的蓉港合资企业1家，以及多家参股的金融、工商、房地产企业；全公司系统现已投入商业经营的经营面积近5万平方米，经营百货、针纺织品、五金家电、工艺美术品、土特产其它食品等中外名优商品5万余种，1997年销售额3.5亿，利润额2121万元。

至1997年末公司员工总数2068人(含控股子公司)。其中：专业技术人员223人；大专以上文化程度的员工305人；中专、高中文化程度的员工1161人。

公司立足成都、面向市场、零售为主、综合开拓，严格规范上市公司股份运作。坚持以效益为中心，以改革求发展，注重市场营销，严格内部管理，加强人才培养，资产规模和经营规模逐年扩大，经营效益和社会效益显著。先后被评为“四川省先进企业”、“成都市先进企业”、“四川省零售贸易业十强最佳效益企业”、“成都市四好企业”。

展望未来，公司将继股票上市以后，抓住机遇，深化改革，促进发展，进一步提高企业经营管理水平，以市场为导向，沿着规模化、集约化、多元化、集团化方向和效益型道路开拓进取。同时，公司将选择合资、合作、参股、控股、兼并等适合企业实际的形式，进一步优化资源配置，力争到本世纪末建成大型商贸企业集团。

华联商厦中庭

成都市红旗商场

商场一瞥

该场是四川省十大流通企业，省零售商业效益十强企业，省零售商业人均创利十强企业，四川地区最大的副食品零售企业，全国大型副食品商场经济联络会理事长单位。

商场设15个经营副食品的分公司，1个食品批发公司及广告、服装日用百货、舞厅、招待所、餐厅、储运、汽车修理、驾驶培训学校等6个服务部，经营品种达3万余种。

商场销售总额3.2亿元，在全国副食品零售企业中名列前茅，荣获国内贸易部“全国先进企业”、卫生部“食品卫生先进企业”、“中国质协全国用户满意企业”、“全国售后服务最佳企业”、“97四川零售贸易企业最大规模十强”、“97四川零售贸易企业最佳效益十强”、“四川省打假工作先进集体”、“四川省文明服务示范窗口单位”、“成都市经营质量信得过单位”、“成都市文明标兵单位”、“优质服务最佳单位”、“成都市十佳商场”等60多个荣誉称号。

商场大力发展连锁经营，现有便民、仓储式连锁店20家，分布在旅游胜地都江堰市、成都市各居民小区，城郊结合部。商场规划在2000年将连锁店发展到40家，连锁经营面积近2万平方米，连锁销售额达到2亿多元，逐步扩大连锁规模，搞好连锁效益，促进连锁商业步入快速、持续发展的良性轨道。

夜景

成都东风商贸广场

升旗仪式

该场是成都市十强之一批零兼营的大型国有商业企业，其前身“成都东风副食品商场”是西南地区最大的副食品商场，自1964年以来，以其副食品经营品种全、规模大、历史悠久、业务覆盖面广而享誉全国。1990年市政府批准投资近七千万元改造扩建，更名为“成都东风商贸广场”。

商场位于全国闻名的春熙路口，建筑面积一万五千平方米，经营面积近一万平方米，内部设施先进，装修豪华，开业一年多以来，奉行“精诚团结，献身敬业，温馨服务，诚实经营”的企业精神，在广大消费者心目中树立了良好的商誉，获得了“大西南优质服务明星单位”、“巴蜀百家知名企业”、“经营质量信得过单位”、“维护消费者权益好单位”等称号，市消协还在商场设立了“质量跟踪咨询服务站”、“打假举报受理投诉站”。新商场在主营副食品的优势上扩大经营范围，成为一座大型综合性商场。同时商场加强横向发展，积极开拓市场，开设有化成分场和城北分场，在全市分布有十余个批发点。

商场立足零售，主营食品、百货、鞋帽、针纺、服装、家电、其品种达四万余种业务遍及全国各地及美国、法国、台湾、香港等地区。

商场开展经销、代销、联营、联销业务，热诚欢迎各地厂商前来洽淡业务，共同开发市场。

成都东风商贸广场愿与您携手合作，共创未来！

商场地址：蜀都大道总府街29号
传真：(028)6628489

DONG FENG SHANG MAO GUANG CHANG

商场前大门

成都市杂交油菜联合体

该联合体是由市种子总公司、市第二农科所、市农牧局粮油处联合组建的集杂交油菜种子育、繁、推、销一体化的专业种子公司，是省种子产业化的典型，在全国杂交油菜新品种开发利用上起到了十分重要的示范和推动作用。拥有加工仓贮、试验场地近20亩，办公、加工、仓贮等用房2000余㎡，加工、包装、交通运输等设施20余件(辆)，技术，管理人员全部大学以上学历，中级以上技术职称，其中高级职称的占50%。1993年起独家开发利用国家级重点科技推广计划项目蓉油3号及系列品种蓉油4号，到目前为止已累计推广1600余万亩，增创社会效益12亿余元。

联合体将坚持“诚信、热情、周到、质量第一、用户至上”的经营宗旨，广泛与全国各新老朋友合作，共同为我国油菜生产力水平的提高做贡献。

地址：成都市一环路西一段七道堰街22号
邮编：610041
电话(传真)：028-5188697
董事长：张汝全
副董事长、经理：伍先敏
副经理：韩庆新、向光明

成都百货集团有限公司

成都市商业储运公司

该公司是经四川省和成都市人民政府批准组建的大一型国有商贸集团公司，实行国有资产授权经营。下属成都百货大楼、成都百货(集团)股份有限公司(上市公司)、成都商业储运公司，三家企业分别为西南地区大型零售、批发、仓储企业之一。集团公司体现强强结合，已列为省、市首批扩张型企业，省现代企业制度试点企业，内贸部发展连锁经营试点企业，是成都市建立西南商贸中心的支柱企业集团之一。

公司注册资本1.5亿元，现有资产7亿元，年销售17亿元，员工4300多人，现有5个大中型零售商场，18个连锁超市，12个专业批发分公司，5个仓储运输分公司，有营业面积和仓储面积20万平方米，铁路专用线一条。主营百货、仓储运输和高科技产品，兼营生产加工，科技开发，房地产开发，金融证券和资产经营，经营范围立足成都，面向四川省，幅射整个中西部地区。

成都百货(集团)股份有限公司大楼

公司将不断追求一流的规模，一流的服务，一流的管理，一流的效益，为成都经济的发展，为中国经济的腾飞，作出新的贡献。

艰苦创业
争创一流
宋宝瑞

四川省委副书记、省长宋宝瑞题词

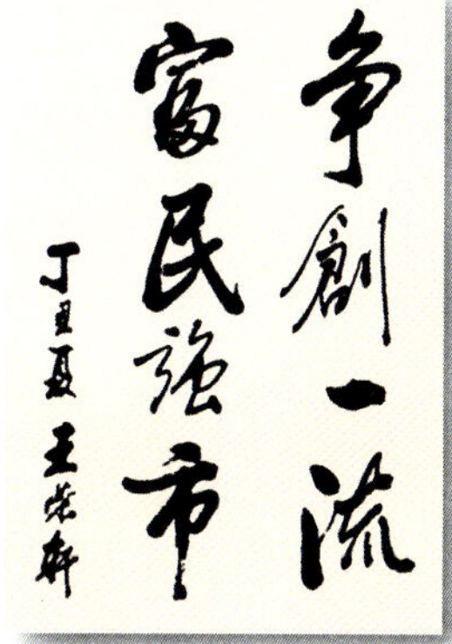

成都市委副书记、市长王荣轩题词

成都蓝风(集团)股份有限公司

公司于1993年经市体改委批准，由成都合成洗涤剂厂独家发起组建的股份有限公司。1996年被确认符合《公司法》要求的募集设立股份公司。公司始建于1969年，经多年发展，已成为我国西部地区最大的合成洗涤剂、化妆品生产企业，国家大型企业，省37户扩张型企业之一，并跻身国内同行前列。

公司以市场为依托，以科技为先导，狠抓转换经营机制，自1978年以来，连续19年稳定增长。目前设有全资公司(厂)、控股公司、关联公司10个。业务涉及到合成洗涤剂、制药、化妆品、包装制品、化工原料、餐饮、商贸、住宿、物资流通等领域。公司于1994年初与美国P&G公司，香港和记黄埔公司合资3000万美元成立的成都宝洁有限公司。目前，两公司日化产品的年产能力已达20万吨。为加快公司发展，1996年公司进行了资产重组，实现集团经营。公司与美国SAVOLITE公司合资组建的成都蓝风三丽实业有限公司投产在即。

公司拥有从意大利、美国、日本等国引进的具有世界先进水平的合成洗涤剂及合洗原料生产装置及技术，“摩丽雅”超浓缩洗衣粉是国家银质奖产品，“红玫瑰”餐具洗洁剂、“蓝风”超浓缩洗衣粉，“双猫”洗衣浆(膏)均归并为“蓝风”洗涤用品系列，为四川名牌产品。还有“蓝风”加酶洗衣粉、洗衣剂、衣领净、高能皂、“丽多”系列化妆品；工业洗涤剂、皮革加酯剂、皮革脱脂剂、磺酸、甲酯磺酸盐、甘油、烧伤药品等功能各异的产品。

公司多次评为中国轻工总会、省、市优秀企业和思想政治工作优秀企业，省、市文明单位。公司实行“一业为主、多种多营；一品为主、多品开发；一司多制、全面发展”的发展战略，将继续取得成效。

公司厂区一角

蓝风集团办公大楼

蓝风集团部分产品

成都市丝绸进出口公司

公司领导班子成员：（左起）戴其林、齐纪全、白光长、姜玉珊

成都市丝绸总公司（成都市丝绸进出口公司）组建于1984年，是集农、工、商、贸为一体，具有自营进出口权，专门从事茧、丝、绸及其制成品、丝绸服装等进出口及代理进出口业务的专业公司，系中国进出口商品总会、中国贸易促进会、中国纺织品商会会员单位，注册资金1258万元，固定资产850万元，员工140人。

公司兼有对市丝绸工业实行行业规划、协调、服务、监督管理职能。现拥有缫丝、织绸、印染、制衣、真丝针织等专业工厂34个及一个丝绸研究所，年生产加工能力为白厂丝640吨，各类丝织品3200万米、印染绸7000多万米、丝绸服装200万件、加工丝300吨。同时建立蚕桑基地9个，年产鲜茧6万担，已形成从栽桑养蚕到缫丝、织绸、印染整理、服装加工、科研、商贸、外贸等一条龙生产经营体系。并为下属企业组织生产所需的设备、原辅材料、丝绸技术等进出口业务以及办理来料加工、来样加工、补偿贸易、合资经营、易货贸易、合作经营等业务。

公司领导班子坚持科学管理、民主决策、团结拼搏、开拓创新、一业为主、多种经营。自身实力不断发展壮大，设有丝绸进出口公司、内销公司、蚕茧公司、恒泰商场等经济实体。

1995年自营出口创汇2253万美元，是1990年自营出口第一年创汇的7倍半，出口产品由过去单一坯绸扩大到现在的各类绸缎、丝制品、真丝针织品、印染绸、丝绸服装等数十个品种，产品远销港、澳、日本、东南亚、中东、欧洲、美洲等十六个国家和地区。

法人代表、经理：白光长
地址：四川省成都市一环路南二段科华北路6号
电话：(028)5220229(总机)
图文传真：(028)5222433
电挂：4846
电传：600335CSC CN
邮编：610041

公司办公大楼

服务社会 造福人类

——前进中的成都恩威集团公司

成都恩威集团公司是一个以中医药开发为龙头的集科技、贸易、地产为一体的高新科技型跨国集团公司。现有固定资产4.2亿元人民币，“恩威”与“洁尔阴”品牌价值评估为8.4亿元人民币。

公司有世界最大规模的天然药物提取基地，严格按GMP规范建成了6万平方米剂型生产基地；投资1.3亿元人民币的科研办公大楼与剂型生产基地，引进了美国大型标准数据库(SYBASE)，并建成具有远程透明访问的MIS系统网络；投资7千余万元人民币，从意大利引进吹塑机与丝网印刷机，建成日产40万只塑料瓶包装生产基地；投资4千余万元人民币的职工生活区已投入使用。

公司现有职工3千余人，大专以上学历75%，拥有经验丰富的管理型、技术型人才500余人。全国30多个分公司、事务所，组成了庞大的宣传销售队伍。千余名医药专家为确保恩威产品质量出谋献策。

公司坚持“服务社会，造福人类”的宗旨，对中国传统中医药不断地进行研究和开发，先后研制生产了系列中医药新产品，弘扬了祖国传统医药。公司根据传统中医学经典验方，利用天然中草药研制生产出专治妇科杂症、性病及皮肤痛的外用药“洁尔阴”洗液，以其独到的疗效和使用方便等特点受到了社会的广泛欢迎，先后荣获国家及省、市十多项金奖，产品畅销全国，出口到欧美及东南亚等地。近年来，公司投入大量资金，研制开发出恩威牌系列产品，有在“洁尔阴”洗液基础上进行剂型改造的“洁尔阴”泡腾片，治疗风寒温痹症以及风湿性关节炎、肩周炎、风湿性肌炎、骨性关节炎的风湿止痛宁，治疗妇女由气滞血瘀、寒湿凝滞引起痛经的调经止痛胶囊等等。这些产品经科研部门评价，产品主管部门批准生产投放市场以来，经有关部门考查，适用于女职工经期卫生保护，对高温、潮湿环境和矿山井下作业的职工防病治病均有良好的效果，是劳动卫生防护的理想用品。

恩威公司愿众生幸福，社会吉祥！

主要产品

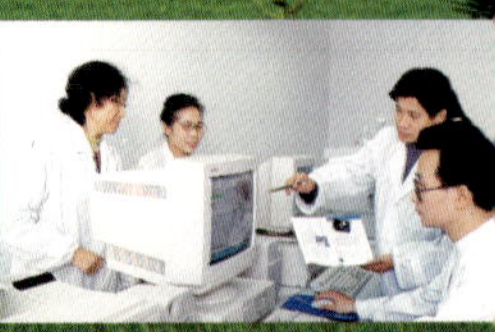

讨论用日本岛津CS-9000双玻长扫描仪确定中药含量测试技术路线

中国西部电子电器商品市场

随着电子事业的飞速发展，在中国西南国际大都会——成都市区北大门，一座现代化、多功能的电子电器城正悄然崛起，她就是在闻名遐迩的“城隍庙电子市场”基础上改建、西南地区目前规模最大的电子电器专业市场——中国西部电子电器商品市场。

原成都城隍庙电子市场，始建于六十年代初期的城隍庙电子市场，是国内建设较早、远近闻名的专业性大型重点市场之一，占地约200亩，有省内外工商客户二千多家进场建店设点，经营的电子电器商品门类、品种、规格近万种，销往全国各省、市，年成交额稳步增长，除客户直接签订合同专项履约外，直接成交额达三亿元以上。为适应成都进行国际大都会、大市场建设，报经成都市政府批准，自一九九三年开始，对原城隍庙电子市场进行重新规划、重点建设。

新的市场以原成都城隍庙电子电器市场为轴心，向四周延伸，占地十三万平方米，地处成都市区北侧一环路内，是传统的商业区，

中国西部电子电器商品市场工程建设指挥长
中国西部电子电器商品市场管理委员会顾问　谢体贤

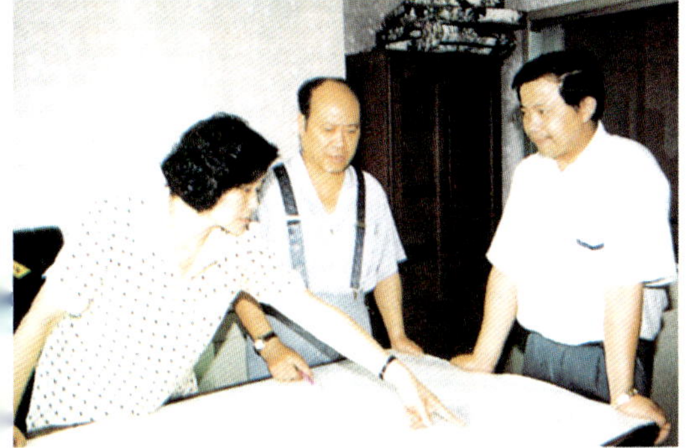

谢体贤先生与市场管委会主任王开慧女士(左)、副主任邬世才先生(右)共商市场发展规划

东为解放路二段(原簸箕街)，南邻正进行改造的府河风景线绿化带，西接通往成都火车站干道——人民北路一段，北临一环路北三段，环境优雅，交通便利，过往人流量大，是工商企业直销经营的黄金口岸。该市场规划为十八个区域，在原来从事经营销售的基础上，为各生产厂家、科研单位和经营单位提供电子电器产品的装配、加工等生产场地，从事技术咨询、技术转让和技术服务活动，并以齐全的经营品种、完备的配套设施，形成科、工、贸一体化的新型市场格局。

中国西部电子电器商品市场模型图

已投入使用的电子市场4号区1号楼

目前，十八个区域的建设已陆续启动，有的已投入使用。

如今，一座融电子技术、电子工业、电子贸易于一体的电子电器城将以崭新的姿态迎接来自全国各地的客商；并将作为成都市政府与国内贸易部联合修建的成都生产资料交易区的骨干市场，在中国西部现代化物资流通中心的运转中发挥重要的作用。

曆史悠久享譽全國

規模宏大稱雄西南

外景

卢浮花园

四川锦江宾馆位于市中心锦江河畔，交通便利，距火车站5公里，距机场7公里，占地5万平方米。

锦江宾馆是中国西南地区唯一一家五星级商务、旅游酒店，历史悠久、享誉中外。有客房523间（套），其中单人房79间、标准房314间、双套房60套、三套房5套、四套房3套、五套房1套、总统套房1套。客房宽敞明丽，舒适惬意。并设有豪华商务楼层、无烟楼层，提供完善优质的服务；有国际会议厅、各类豪华多功能会议厅8个；有富丽堂皇的大小餐厅、宴会厅、酒吧、咖啡厅20多座，全日供应川菜、粤菜、欧陆大菜、日本料理、韩国烧烤等菜系佳肴，可同时容纳近2千人进餐，有购物中心、商务中心、国内外直拨电话、银行、邮政、机票预订、花店、美容美发、出租车队、旅行社等综合服务设施；有花园夜总会，台球室、桑拿浴、按摩室、保龄球、健身房、网球场、游泳池等康乐设施，能满足宾客的不同需求，至诚尽善为各国宾客提供温馨服务，至尊享受。

锦江宾馆开业于60年代初期，至今已有30多年的历史，有一批具有丰富经验的中高级专业管理技术人员以及一支训练有素的接待队伍。1988年被评为全国旅游优质服务先进单位、四川省文明单位，1989年评定为三星级饭店、1992年荣升为四星级饭店。1993年在“中国500家最大服务企业评价”活动中被国务院发展研究中心等单位评为全国第64位最大服务企业。1994年被评为全国最佳星级饭店，1995年荣获“全国企业形象最佳单位”及“全国十佳饭店”称号。30多年来，锦江宾馆热情接待来自世界各地的旅游者、商务客人并先后接待了美国前总统卡特、前国务卿基辛格博士、副总统布什、英国前首相希思、联邦德国总理科尔、柬埔寨亲王西哈努克、新加坡总理李光耀、吴作栋、莫桑比克总统希萨诺、坦桑尼亚总理萨拉、肯尼亚总统莫伊、斯洛文尼亚总理德尔诺夫舍克等国家元首、政府首脑，以及韩素音、邵逸夫、徐展堂、皮尔·卡丹等知名人士，受到良好赞誉。

总经理：罗立先
电话：(86)028-5582222
传真：(86)028-5582348
电传：60109 JJH CN
邮政编码：610012
地址：中国·四川成都人民南路二段80号

Sichuan Jinjiang Hotel, standing along the Jinjiang River, at the centre of Chengdu, has good location, convenient in transportation, only about 5 k.m. from the railway station and nearly 17k.m. from the airport. The very hotel covers an area of 50,000 sq.m.

Long in history, famous at home and abroad, Jinjiang Hotel is the first ever 5-star hotel Southwest China. It is large-scaled and well-equipped for both tourists and businessmen. The hotel boasts 523 rooms, including 79 single rooms, 314standard rooms, 60 standard suites, 5 three-room suites, 3 four-room suites, 1 five-room suite and 1 presidential suite, a of which are spacious and comfortable, and there is a Non-smoking Floor and Executive Floors providing good comprehensive services and convenience. The hotel has 8 multifunctional international conference halls and more than 20 restaurants, banquet halls, bars, cafe and multifunctional hall, all of them well decorated, which enable 2,000 persons tohave meals at the same time and the hotel offers various meals such as Sichuan Cuisine, Cantonese Cuisine, European Continental Cuisine, Japanese Cuisine, and Korean Barbecu In order to render timely, comfortable and refreshening services, the hotel also holds a shopping centre, a business centre, IDD and DDD services, a bank, a post office, the ticke booking service, the florist, the beauty slaon and hair salon, the taxi company and the trav service. It prepares such facilities as garden night club, billiards room, bowling, sauna, massage room, health room, tennis court, swimming pool and so on, offering you meticulous service and thorough enjoyment.

General Manager:Luo Lixian
Tel:(86)028-5582222
Fax:(86)028-5582348
Telex:60109 JJH CN
Post Code: 610012
Add:80,Section 2, Ren Min Nan Ave, Chengdu, Sichuan P.R.China
E-mail:ajjhsw@shell.scsti.ac.cn
http://www. CHENGDUJINJIANGHOTEL.com

总统套房之会客厅

总统套房之总统卧室

四川锦江宾馆

夜景

成都珠峰宾馆

成都珠峰宾馆系中国旅游饭店协会会员，国家二星级旅游涉外饭店。宾馆隶属于西藏军区。

宾馆主楼16层，附楼8层，地下室一层，地面高度60余米，建筑面积两万余平方米。设有标准间、单间、套房、写字间300余套、床位500余张，室内装有中央空调、中心音响、闭路电视、程控国际、国内直拨电话、自动烟感报警、自动喷淋系统等现代化设施，安全舒适。宾馆备有大小会议室，可接待200人的会议。宾馆有各具特色的川菜厅、粤菜厅、火锅厅和西南地区首家由台湾名厨主理的“五星上将牛排馆”，餐厅面积达1600余平方米，为宾客提供各式宴会、酒会、冷餐会、小吃宴和零餐点菜。宾馆“国际标榜发型设计美容中心”，提供美容、美发、保健等服务。宾馆还没有夜总会、交谊舞厅、卡拉OK厅等娱乐设施及珠峰酒吧、购物中心、商务中心，为客人提供图文传真、电传、中英文打字、邮政、影印、外币兑换、医疗、票务、出租汽车、旅游组团等服务项目。

地址：成都市上西顺城街107号
电话：(028)6742441
邮编：610015

大堂

成都皇城老妈企业集团有限公司

该公司是集餐饮、酒业、广告等多元经营为一体的跨行业集团公司。下属4个公司、1座学院。

成都市皇城老妈酒店有限公司创立于1986年。以经营川味火锅为主，下属皇城店、琴台店。多次荣获“成都名火锅”、“最受消费者喜爱的‘十佳火锅店’”、“四川省名优火锅”、“97年四川餐饮业最大规模20强”、“成都市质量信得过单位”、“九七年成都市餐饮业销售第二名”等称号。“皇城老妈”在获得各种盛誉之时，不忘回报社会，多次出资捐赠公益事业，并建成了一座“皇城老妈希望小学”。

四川皇城老妈酒业有限责任公司成立于1996年，由一个酒厂和一个销售公司组成，从事皇城老妈家酿酒的生产与销售，销售公司主要经营皇城老妈家酿酒。公司运用现代营销理念运作，导入CI战略，与国际水准全方位接轨。有一套健全、完善的促销管理制度，造就了一批有市场组织指挥能力和敬业精神的销售骨干，并不断发展壮大销售队伍。

成都皇城实业发展有限责任公司以皇城老妈餐饮和酒业为基础，以集团多元化为目标，大力开发和拓展高科技项目。其中与外商合资开发的调峰电站，项目进展顺利，建成后，预计每年利税达1000万元以上。

四川川人广告有限责任公司聚人力精华，塑名牌产业。业务涉及平面设计、影视制作、户外发布、装饰工程、媒体代理、市场企划、整合行销、CIS及CMS系统开发。创作的皇城老妈集团之“绝活篇”电视广告荣获“龙吟卷”优秀奖，集团的VI系统亦成为有口皆碑的业界代表。

四川省餐饮管理专修学院是皇城老妈企业迅速发展、急需人才，以及结合市场需求而设立的。学院开设餐饮管理、饭店服务与管理、烹饪与管理、市场营销、财务会计、文秘与档案等专业，为本企业和社会输送专业人才。

皇城老妈集团企业发展部担负着全面拓展餐饮市场的重任，大力发展皇城老妈火锅加盟连锁店。集团以皇城老妈火锅和皇城老妈酒业为龙头产业，相互渗透，相互融汇，通过发展皇城老妈火锅加盟连锁店，扩大经营领域，带动集团全面走向市场。

1997年10月在成都召开西南地区“六省区市七方经济协调会第十三次会议”上，举行的“六省区市七方旅游经济合作协议书签字仪式”

成都市旅游局

成都是四川省省会、历史文化名城、国宝大熊猫的故乡，是中国西南地区的科技、商贸、金融中心和交通、通讯枢纽，面积1.24万平方公里，人口990万，座落在长江上游美丽富饶的川西平原，是一座融古代文明与现代文明于一体的特大城市，是国家批准的对外开放城市。

成都旅游资源得天独厚，物产丰富、气候宜人、四季可游。

西岭雪山简介

西岭雪山，是国家重点风景名胜区。位于四川盆地西部的大邑县，距成都市区95公里。景区北邻卧龙、西接蜂桶寨自然保护区。

区内最高峰大雪塘，海拔5364米，终年积雪不化，景色非常壮观。景区内植物种类3000多种，其中以桂花林、珙桐林、杜鹃林最为珍贵；珍稀动物有大熊猫、小熊猫、牛羚、金丝猴、毛冠鹿等，是动、植物学家的乐园。

西岭雪山是立体气温带，四季可游，春日山花烂漫，夏天瀑布成群，秋季红叶耀眼，冬来雪景迷人，是成都近郊不可多得的消闲、度假、避暑、登山的好去处。

天彭牡丹简介

天彭牡丹源远流长，距今已有上千年的历史，南宋大诗人陆游有“牡丹在中州，洛阳为第一；在蜀，天彭为第一”的称颂。天彭牡丹主要生长在成都彭州市境内，是彭州市市花。彭州自唐开始大规模种植牡丹，而宋特盛，后几经盛衰，到1985年，彭州丹景山开发，广种牡丹，现已发展成我国西部最大的牡丹观赏中心，与洛阳、荷泽三分天下。

花水湾

天彭牡丹

西岭雪山

泥巴沱

成都歡迎您的到來！

成都市建委

①

1991年至1997年是成都市城市建设加速发展的重要时期，城市建设在市委、市政府的领导和城市建设者们的努力下取得了卓著成绩。建成区从84.9平方公里，扩展到144.1平方公里。城建基础设施不断增长和完善，城市公用事业持续发展，在人民群众心中树立了一座座丰碑，如：功在当代，利在千秋的府南河综合整治工程、绿意盎然的天府广场工程、东城根街南北延线、羊市街西延线拆迁拓宽工程、缓解北大门交通难的青龙场立交桥工程、污水处理厂一期工程、水六厂三期改扩建工程等等，进一步改善了城市面貌、完善了城市功能，为促进经济发展，不断提高人民的物质文化生活水平提供了良好的物质基础。

②

①市领导指导关心城市建设
②一环路
③成都市历年行政区区域图
④西岭雪山
⑤都市晨曦
⑥中小街道
⑦都江堰龙池
⑧二环路跨河桥

⑤ ④ ⑧ ⑥ ⑦

③

成都市环境保护局

成都市市长王荣轩在授牌仪式上讲话

温江、郫县、都江堰市领导受牌

保护和改善生活环境与生态环境，防止污染和其他公害，是我国的一项基本国策，历来受到各级党委、政府、各部门的高度重视和全社会的广泛关注。特别是改革开放以来，成都市坚持以经济建设为中心，坚持在发展经济的同时注重抓好环境保护工作，使经济与环境协调发展，在经济和城乡建设快速发展，人口不断增长的情况下，辖区内环境质量基本保持稳定，部分地区和指标有所改善，基本遏制了污染加剧和环境质量恶化的趋势，有效地促进了国民经济持续、快速、健康发展。

成都市的环境保护工作始于1972年，二十多年来，环境保护这一基本国策已深入人心，全市环境保护宣传教育、环保立法、环保执法、环境管理、环保科研、环境监测、环保产业和环境污染防治和环境综合整治取得了较大进展，截止1997年底，城市污水处理率达11.36%，饮用水源水质达标率达99.1%，建成区绿化覆盖率达30.57%，烟尘控制区覆盖率达93.81%，汽车尾气达标率达71.72%，环境噪声达标区覆盖率达52.14%，全市林木覆盖率已达36.7%，自然保护区覆盖率已达15.98%，人均绿地面积15.57平方米。环境质量基本稳定，部分区市县城镇及部分指标有所好转。府南河综合整治工程和天府广场扩建工程竣工，极大地改善了城区的环境质量。

近五年来，成都市城市环境综合整治定量考核成绩从全国第十一名步入第九名，是西部地区唯一进入全国前十名的城市，在全省二十一个重点城市考核中，也一直保持前三名的好成绩，连续五年获省政府一、二等奖，并被国家评为“城市环境综合整治定量考核有较大进展的城市”受到表彰。

为加强成都市汽车尾气管理，贯彻成都市人民政府44号令《成都市机动车污染防治管理办法》。图为成都市政府、公安、环保举行的新闻座谈会。我国第一个最大的国家级生态示范区“温郫都生态示范区”于一九九七年九月正式授牌。来自联合国环境署事务高级官员马拉·波尼亚博士、国家环保局副局长王玉庆及省、市领导出席了授牌仪式。“温郫都生态示范区”总面积达1922平方公里，总投资31亿元，计划2010年前基本建成，建设包括生态农业、生态工业、提高植被覆盖率、恢复退化耕地、野生濒危动植物保护以及生态旅游及环保产业开发等38个项目。

国家环保局副局长王玉庆在授牌仪式上讲话

CHENGDUSHI HUANBAOJU

绿化蓉城　造福人民
——成都市园林管理局

中共中央政治局常委尉健行同志在成都视察工作。成都市园林管理局局长杨玉培向领导汇报工作。左二为尉健行同志，左一为四川省省长宋宝瑞，左三为杨玉培

府南河绿化

国宝大熊猫在成都大熊猫繁育研究基地得到很好的保护

“八五”期间，成都市城市园林绿化事业得到了较大的发展。截止1997年市区公共绿地面积已达620.79公顷，园林绿地面积达3328公顷，绿化覆盖达4024公顷，绿化覆盖率达26.85%，绿地率达22.25%，人均公共绿地上2.96m^2。其中，被市委、市政府列为为民办实事工作目标之一的府南河绿积新增102公顷，熊猫大道绿地面积达13.42公顷，新建天府广场草坪5.23公公共绿地布局不合理的状况得到明显改善，街道绿化水平显著提高，社会发展很快，屋顶、垂直、草坪绿化进一步得到推广，一大批社会单位被“园林式单位”，园林科技、教育有了新的进展，绿化管理和监察执法工作步加强，继1992年被省政府授予“四川省实现基本绿化第一市”称号后，年全市19个区（市）县圆满完成了全面绿化目标，成为率先在全省实现全面达标的城市。

“九五”规划中，市园林管理局围绕“创建园林城市和生态城市”这一目制定了建设高水平、高质量、高标准，多形式、多层次、多类型、多景观有蓉城特色的城乡一体化与现代化大都市相适应的绿化体系的远景发展规划

局长：杨玉培
地址：成都市花圃路7号　　电话：(028)3342514

成都市人民防空办公室

主任　孙寿权

1997年，成都人民防空工作高举邓小平理论伟大旗帜，紧紧围绕适应现代技术特别是高技术条件下防空袭斗争和建立社会主义市场经济体制的要求，依据《中华人民共和国人民防空法》，解放思想，求真务实，狠抓落实，促进了人防工作的全面发展。

人防工程建设　全年加固改造早期人防工事822平方米，结合民用建筑新建防空地下室7688平方米。维护管理公共人防工事4万余平方米，同时完成了全市人防工事普查任务。狠抓人防工事安全管理，确保了一方平安，市人防办被市政府评为消防工作先进单位。

指挥通信建设　全面完成市级和15个区(市)县防空袭人口疏散道路保障计划修改任务。圆满完成“国防动员潜力调查”和成都市防空重点保卫目标调查分类任务，市人防办受到市国防动员委员会表彰。全市现有警报设施的警报音响覆盖面积约达142平方公里。警报建设实现了有线、无线结合多种报警方式并用，信号传递准确、迅速。9月29日全市防空袭警报试放，一次性报警鸣响率达到98%。

人民防空宣传教育　配合人防法颁布一周年纪念日，掀起宣传高潮，广泛开展了形式多样的宣传活动，参加人防法知识竞赛人数达3万余人，市人防办获得省“人防法”知识竞赛优秀组织奖特等奖。以增强市民的国防观念和人防意识为目标，全年制作、刊出人防宣传专栏33套/3期，出版《成都人防》期刊3期，市级以上新闻媒体采用人防宣传稿件126篇。中学生人防知识教育以巩固规模、提高质量为目标，全市又有195所中学的3~7万名学生接受了人防知识教育。

平战结合　坚持因地制宜，依托人防工事，拓展平战结合领域，努力提高综合效益。全市累计开发利用人防工事达18.72万平方米，利用人防工事年度创产值(营业额)3亿元，人防部门平战结合收入有新增长。

法制建设　人防办机关和15个区(市)县人防办80余名行政干部，全部人员获得成都市行政执法人员资格证书。

精神文明建设　市人防办坚持人防业务建设和社会主义精神文明建设一起抓，两个成果一起要，取得较好成效。组织干部、职工深入学习十五大精神，把党风廉政建设和反腐败斗争放在突出位置，结合机关作风整顿，突出了严格纪律、严格管理，健全规章制度。全市人防队伍呈现出奋发进取，争创一流的精神风貌。

开发利用人防工事兴办的成都天座夜总会

成都市人防工程公司承建的成都国际会议展览中心

人防系统干部职工走上街头就开展人民防空法宣传活动

成都市 公用事业局

煤气总公司高压储气罐

市公交总公司标准化路线

CHENG DU SHI GONG YONG SHI YE JU

1997年，市公用局系统以大力推进城市公用事业基础设施建设为中心，以“创一流、强企业、富员工”为发展目标，稳步推进可持续发展战略。全年完成公用事业基础设施建设投资3.4亿元，引进外资0.58亿元。水六厂四期BOT项目完成资格审查及标书发售、标前会等前期工作。完成天然气开发利用扩建工程(50万立方米/日)可研报告的编制及预评估，报国家计委审批。作好了德一成天然气高压管线工程施工前的准备。完成府南河综合整治、成温路与二环路交叉口立交桥、人南广场、长顺街南延线、浆洗街扩建工程及少儿艺术宫、成都音乐厅主体工程的水、气管道的配套安装、改造和公交线路、站务设施的调整。投入公共汽车182年辆(其中净增88辆，更新94辆)，新开营运线路5条，其中于9月19日开行了公交内环线，并配置了20辆新型的观光车，营运线路长度增加179.33千米，年载客量2.93亿人次。城区出租汽车由上年的5126辆发展到5790辆。年供水量达3.49亿立方米，比上年增加0.67亿立方米。饮用水水质综合合格率达99.8%。年供气量由2.86亿立方米提高到2.93亿立方米，安全供气合格率99.8%、城市气化率由88.7%提高到91.2%。胜多燃具制造有限公司生产燃具11.6万台。成都客车厂新产客车1200辆、汽车底盘890台。局系统全年完成工业产值23504.3万元，营运销售收入45731.9万元，节约能源折标煤2422吨。

自来水六厂标前会议

行业管理进一步加强。《成都市客运出租汽车管理条例》已经市人大通过，报省人大审议。完成了对全市14个区(市)县16个天然气公司和供水企业的年检与资审工作，实行了进网玻璃钢水箱水质的跟踪检查制度。

公用系统优质服务工作比上年又有新的进步。全局推行的社会服务承诺制被省建委、市纠风办作为经验推广、介绍，公交16路等10家单位被评为市优质服务最佳单位，煤气管网所等9家单位被评为市优质服务最佳单位，成都出租汽车公司、公交16路被建设部推荐为50个行业优质服务示范窗口，成都出租汽车公司、公交16路，水、气营业所被四川省推荐为文明服务示范窗口，并涌现出市十佳服务明星2人，百佳服务明星5人，百佳执法模范1人。

成都市地质矿产局

领导授牌

市地矿局是主管全市地矿工作的行政职能部门。其主要任务是：履行市政府赋予的四项职能，负责《矿法》和国家、省、市关于地矿工作法律法规的组织实施和执法监督；负责对本地区矿产资源开发利用和保护进行综合管理，组织编制全市矿产资源开发利用规划、地质科技规划、地质环境保护规划，起草制定全市地矿工作改革与发展规划；维护国家矿产资源所有权，依法征收矿产资源补偿费；负责授权范围内采矿登记发证管理工作，审批开办矿山企业立项报告；对地质环境进行监测、评价和监督管理，为重大建设项目、城市总体规划提供有关意见；查处违反《矿法》的违法行为，开展地质科学研究；引进推荐地矿业务新技术、新方法；完成市委、市政府下达的各项工作任务。

1997年是市地矿事业快速发展的一年。一年来，市地矿局在维护矿产资源国家所有权，治理整顿矿业秩序，加强地矿目标管理等方面狠下功夫，成效显著，增强了依法行政和依法办矿的自觉性。矿业法规已深入人心。基本形成依法办矿，持证开采，安全生产，依法管理的局面。全市各类矿山持证开采，发证率达99.8%，荣获省矿业秩序治理整顿先进单位。维护国家矿产资源所有权，加大补偿费征收力度，荣获省补偿费征收优秀单位。突出抓了矿山企业“三率”指标考核和“年检”工作，地矿行政管理工作已从过去单一采矿权管理向合理开发、科学开采、服务企业等综合管理方向迈进。局荣获省地矿行政工作综合考核优秀单位。充分考虑地矿工作的整体性和全局性，完成了市委、市政府下达的目标任务。完成地下水监测点59个，监测数据6705个，枯、丰期156组分样品监测，提交了1996—1997年成都市地下水水情通报，整编完成1991—1996年四川黄龙——九寨沟地质自然保护区地质环境监测报告。该局积极为企业服务，为企业办实事，一是为旅游景点花水湾温泉股份有限公司办理了采矿许可证，受到好评。二是为国家资源委解决重大天然气开发纠纷做了大量深入细致的调查研究，并提出解决建议。促进了浅层天然气开发，解决了全市民用和工业用气不足的问题。三是积极探索加快矿业发展和深化企业改革的出路，在国有矿山企业兼并、破产、改组、改制过程中做了大量工作，逐步形成优胜劣汰的竞争机制，建成设了一支具有高度使命感和政治责任感的地矿干部队伍。

此外，该局经过大量调查研究，考查论证，率先在全省编制出版了《成都市矿产资源和地质勘查与开发利用规划建议》，起草了由省人大批准，市人大颁布实施的《成都市矿产资源管理条例》，正在组织起草《成都市矿产品运销办法》等对全市地矿市场有序发展和指导作用的法规性文件。对加快成都市地矿经济发展起到积极作用。

局成立大会

庆祝《矿产资源法》颁布

CDS

DZKCJ

成都市民用建筑统一建设办公室
成都市岷江房地产开发总公司

棕北小区一角

棕北小区夜景

成都市民用建筑统一建设办公室(成都市岷江房地产开发总公司)成立于1975年，是市政府领导下的局级事业单位，国家城市建设综合开发一级公司，全国房地产"百强之一"，省"百强"和市房地产五十强之首。

市统建办(成都市岷江房地产开发总公司)自成立以来，致力于城市旧城改造和新居住区开发。已完成羊市街、西玉龙街、陕西街、东城根街南延线、人民南路西广场等40余处的旧城改造，开发建设了青羊、新华、棕北、棕南等住宅小区18个，综合开发土地6000余亩，建筑面积400余万平方米，使20余万人住进了新居。同时投入和参与新华东路延线、一环路、二环路、顺城街、东城根街南延线等主要干道的建设和开发工作。曾被市政府推荐参加联合国"为人类住区做出巨大贡献"单位的评比。

成都统建在开发中，按照"统一规划，合理布局，因地制宜，综合开发，配套建设"的方针，努力做到社会效益、经济效益和环境效益的统一。开发建设的住宅小区内，同步修建了街道(小区)办事处、派出所、中(小)学、幼儿园、文化活动中心、绿化园林、邮电所、储蓄所、商店、停车房(库)、农贸市场等。在新华居住区，还专门划出160亩土地建成了风景秀丽、游乐设施完善的新华公园和400米长标准跑道的运动场，使住宅小区内环境优雅，文化教育和各种服务设施配套完善。还成立物业管理公司，加强对小区的物业管理，为住户提供售后服务。开发的棕北住宅试点小区，以占地不多环境美，面积不大功能全，造价不高质量高，标准不高水平高的设计思想，荣获建设部试点小区全部7项大奖。正在建设的岷江小区，则是统建人奉献给二十一世纪的一次高品位、园林式、生态型、智能化的精品住宅群落。

成都统建坚持以房地产开发为依托，多层次、多渠道发展"一业为主，多种经营"的方针，拥有商业、经贸、建设服务、物业管理7个下属公司，同时参股省内外多家综合开发企业，与香港爪哇控股有限公司合资组建了成都岷江房地产开发有限公司。

成都统建(成都市岷江房地产开发总公司)内设16个处室，有各类专业技术人员106名，其中高级职称人员10名，中级职称人员63名，具有雄厚的实力和丰富的房地产开发经营、管理经验。

法人代表：陈　智

地址：成都市东城根街34号

邮编：610015

电话：(028)6638645　6641704

传真：(028)6641704

建设中的新世纪广场

拟建的岷江小区

CHENG DU ZI CHAN PING GU SHI WU SUO

成都资产评估事务所

法定代表人、所长：屈信濂（中国注册资产评估师、高级会计师）

该所是成都市首家承办资产评估业务并经国家国资局与中国证监委批准具有从事证券业务资产评估资格的机构。以“信誉至上、质量第一、客观公正、保障权益”的服务宗旨，承办房地产、机器、设备、流动资产、无形资产、在建工程的资产评估业务。开展评估科研、评估专业培训等。现有从业人员60多人，配备有政策研究专家6人；中国注册会计师12人；中国注册评估师19人；取得上岗执业证书的各类评估专业人员20多人。事务所实有资本500万元，自建了办公用房49间，建筑面积1535平方米，现代办公用具七台（件）。

事务所的政策研究专家，主要研究资产评估中出现的新情况新问题，及时提出对策，指导评估工作；同时，还对无形资产、产权界定、资产重组、股份制等重大事项进行了专题研究，得到省政府的肯定。

从业八年来，已评估成渝高速公路、蜀都大厦、蓉动力、红光实业、前锋、倍特、成都百货、四川电器、成都量具、四川制药、泰康化纤等上市的股份有限公司及广西、浙江、山东、吉林等地的大中型企业共300多项，资产评估价值280多亿元，涉及兼并、联营、拍卖、清算、股份制改建、中外合资合作经营、企业经营机制转换、经济纠纷以及预测企业效益、产权界定等业务。

事务所在承办资产评估业务中，一贯严格遵守国家法律、法规、条例和制度，一切按规定标准程序和方法办事；坚持客观、公正、实事求是的原则，认真履行委托协约，保证按期完成任务，实行保密、回避制度、切实维护资产所有者及有关各方的合法权益，得到国家、省、市国有资产行政主管部门和委托单位的好评。

该所愿与委托单位亲密合作，共创辉煌。

地址： 成都市西玉龙街小福建营巷5号
电话： (028)6741003　6742789
传真： (028)6741003
电挂： 1525
邮码： 610015

成都市建筑工程质量监督站

该站于1984年7月经市政府批准成立，是对行政区域内的建设工程质量实施监督检查的行政执法机构。其主要职责是：贯彻执行国家、省、市有关建筑业和建设工程质量监督的法律、法规、规章、技术标准、规范、规程和政策规定；研究拟订本市建设工程质量监督和质量检测工作的规章制度；负责检查受监工程的建设、勘察、设计、监理、施工单位（含建筑、装饰、装修企业）和建筑构件，预拌混凝土生产等单位的资质等级，监督其在资质等级允许的业务范围内从事建筑活动；依据法律、法规、规章和技术标准、规范、规程，对工程勘察、设计、施工质量以及工程所用的建筑材料、设备、构配件、预拌混凝土质量进行监督检查；核验受监工程的质量等级和建筑构件质量，颁发建设工程质量等级证书；参与本地区优质工程的评定和推荐工作；参与本地区重大工程质量事故的调查、鉴定和处理，受理工程质量投诉；领导和管理本市城区工程质量监督分站，负责本市区（市）县工程质量监督站和专业监督（分）站的业务管理和技术培训工作；负责本市区（市）县工程质量检测机构的业务指导和管理工作，参与对县级检测机构和检测人员资格的审查；总结质量监督工作经验，掌握本地区工程质量状况，定期向主管部门和上级报告；承办主管部门和上级交办的其他工作事项。该站一直致力于发展完善工程质量检测手段，建立了“成都市建设工程质量检测中心”。通过了省技监局计量认证，成为成都地区管理制度严谨、检测设备比较齐全、检测技术水平较高的一级骨干检测机构。目前已能开展建筑材料，土地试验，桩基检测等18种业务，含85种检测和试验工种。为质量监督提供了可靠的检测数据，增强了监督工作的科学含量。

站领导在讨论工作

1997年，该站共办理受监工程850个，建筑面积369.3万平方米，核验工程798个，建筑面积350.35万平方米，合格率10%，其中优良工程16万个，建筑面积71.17万平方米，按面积计优良率为20.3%；全市有35个工程获芙蓉杯奖，是历史上获奖最多的一年。还有13个项目被推荐为天府杯工程。由市建七公司承建、市工业设备安装公司参建的成都市污水处理厂一期工程还荣获中国建筑“鲁班”奖。据监工程质量监督覆盖率达到100%，建站以来，受监工程从未发生房屋倒塌事故。

法人代表、所长：王建云

成都市房地产评估事务所

——成都地区唯一的国家一级房地产评估机构

业务学习

该所实力雄厚 成立以来，独立承担房地产估价项目4000多宗，估价项目面积近千万平方米，评估价值超过200亿元；

人才一流 拥有30多名专业估价人员，其中18名“国家注册房地产估价师”和“国家注册资产评估师”，其余人员均由工程师、会计师、经济师组成，是一支实力雄厚的评估队伍；

机构权威 具有国有资产评估资格，是全国房地产估价师协会在蓉唯一理事单位，是成都地区唯一的国家一级房地产价格评估机构；

服务优质 随叫随到，评估资料、报告全部进入电脑管理，实地查勘，高科技辅助，评估原则公平、公正、公开，服务宗旨热情、认真、求实、快捷、理性；

业务范围 负责全市城区拆迁房屋价格的评估；对行政划拨、买卖、抵押、担保、典当、拍卖、租赁，以及企业兼并、合资入股、破产清理、司法诉讼等涉及到的房地产及其他资产进行估价和房地产政策、投资咨询。

所领导在研究工作

副所长：廖磊、李惠君、杨劲松
现地址：成都市华兴东街63号
邮编：610016
电话：(028)6615988　传真：(028)6615088
1998年8月起启用以下新地址：
新地址：成都市人民中路一段28号成都市房地产交易市场
邮编：610015
电话：(028)6279988

成都市金牛区房地产综合开发总公司

成都市金牛区房地产综合开发总公司成立于1984年，是全民所有制国家一级企业，专业从事征地、拆迁、项目开发、旧城改造、商品房修建、销售以及兼营建辅建材、装饰、装修、构件加工等业务。

十多年来，公司先后独立开发和协助开发光荣、化成、抚琴、茶店子、五块石、白果林、九里堤等小区，修建商品房约200万m²；合格率100%，优良工程率达40%，并在府南河综合整治工程中勇挑重担，作出了突出贡献。公司曾荣获“首届中国房地产综合效益百强企业”称号、四川省房地产百强企业第一名称号、银行认定为“AAA”级信用企业、全国房地产领先企业、四川房地产开发企业最大规模10强等多项荣誉。

建设部、国家统计局授
中国房地产综合效益百
荣誉称号

公司办公大楼

目前，公司正在兴建规划建筑面积达10万平方米的省级住宅试点小区——懋园；该小区位于成都市金沙路，毗邻金牛区政府、国际会展中心和瑞鑫商厦，上风上水，条件非常优越，是成功人士居家的理想选择。

该公司内强素质、外塑形象，愿遵循互惠互利之原则，与社会各界朋友携手合作，共图事业。

法人代表：曾秀萍
通讯地址：四川省成都市外西金沙路39号
联系电话：(028)7647414
传真：(028)7640249
邮编：610031

成都市工程咨询公司是经市政府批准成立，属市计划委员会主管的事业单位。具有国家计委颁发的中级工程咨询资格。公司是中国工程咨询协会理事单位和四川省工程咨询协会、成都市建设监理协会、成都市信息协会的常务理事单位。内设办公室、综合业务部、项目咨询部、工程业务部、建设监理部等五个部室，拥有由20余家成员单位和200余名技术、经济、管理等方面专家组成的咨询网络队伍及先进的服务手段。同省、市有关部门和国内同行有广泛的业务联系。公司注册资金1000万元，自有办公楼面积2500平方米。下属的成都市蓉咨建设监理有限责任公司，具有乙级工程建设监理资格和实力雄厚的注册监理工程师队伍。

公司竭诚为各级政府部门和国内外企业、投资者提供以下各类咨询服务：

1、为政府部门重大建设项目的投资决策提供评估咨询服务。
2、为地区和行业经济发展规划提供决策咨询。
3、承担一、二、三产业经济建设和社会发展项目的投资机会研究以及市场调研、市场预测方面的咨询业务。
4、为中、外客户的投资项目提供包括编制项目建议书、可行性研究报告、合同、章程等法律性文件及办理申报手续等全过程咨询服务。
5、承担建设项目造价咨询、招投标代理、工程建设监理业务。
6、为国内、外客户提供建设项目信息、介绍合作伙伴以及委托的其它咨询服务。

公司宗旨是遵循客观、公正、科学、可靠的原则，为国内、外客户提供热情、周到、优质、高效的咨询服务。

公司总经理：彭世久
公司地址：成都市白果林小区百寿路5号
邮政编码：610072
电话：(028)7792608　7787433
传真：(028)7787425

公司总经理：彭世久

成都冶金实验厂

该厂系四川省地方钢铁骨干企业，始建于1958年，现有职工3400余人，占地345亩。拥有两个炼钢车间，一个开坯车间，两个轧材车间，一个拉丝车间和五个辅助生产车间，拥有固定资产原值1.57亿元。工厂处于成都近郊铁路客货两站之间，专用铁路直达厂内。装备有5～30吨电炉5座，有引进意大利小方坯连铸机及开坯、热轧、冷拉等生产设施和具有九十年代国际先进水平的直读光谱仪等检测设备。可生产炭结、合结、炭工、合工、弹簧、高速、非调质等近百个钢种的钢材。具有圆、螺、丝、扁型材等20万吨的生产能力。年产值超过2亿元，销售收入4亿元，利税超过千万元。工厂技术力量雄厚，检测手段先进，是省商检局认证的成都地区进口金属材料两家商检单位之一。附属设备制造公司拥有先进的加工手段，能制造中、小型轧机及配套设备。储运公司拥有客、货、起重等各种车辆100余台和3000M²仓储能力，可代办联运业务，进行汽车维修和各级保修。经贸公司能制造加工冶金、化工行业金属构件及铆焊件。

近年来企业荣获各种荣誉上百项，其中主要有中国冶金产品质量、服务质量双十佳企业、ISO9002国际质量体系认证证书、全国模范职工之家，省一级设备管理企业、省先进企业、省学邯钢先进企业、省级文明单位和市四好企业、市十佳文明单位、市园林式工厂、市纳税大户等荣誉称号。被列为四川省工业企业500强和省冶金企业最佳效益10强。

主要产品：钢筋混凝土用热轧带肋钢筋(Ø10-Ø36)20MnSi 25MnSi；热轧碳结圆钢(Ø10～Ø50)Q215 Q235；热轧优碳圆钢(Ø10～Ø50)20 45 60 65 45Mn 60Mn；热轧合结圆钢(Ø10-Ø50)35Mn2 20Cr 40Cr 20CrMo 35CrMo 42CrMo；抽油杆用热轧圆钢(Ø16、Ø19、Ø22、Ø25、Ø28Ø30)35Mn2A 20CrMoA 35CrMoA 42CrMoA；弹簧扁钢(65～20×50～120平面)(9～11×75单位面双槽)；Ø65Mn Ø55SiMnVB 60Si2Mn 28MnSiB；冷轧带肋钢筋(Ø4～ Ø8)Q235；冷镦钢(Ø10～Ø40) ML10～ML45 ML52Mn～ML45Mn ML35MrM ML42CrM；冷拉圆钢(Ø18～Ø16)20 Q215 Q235；一般用途低碳钢丝(Ø2～Ø6)Q215 Q235；圆管坯(Ø60) 45 45Mn2

主导产品II、III级带肋钢筋及石油专用抽油杆钢获省优和省免检产品称号；炭结圆钢获部、省双优；低碳钢丝获市优。工厂被中国质协和冶金部评为全国"产品质量十佳企业"，获冶金部产品质量金杯奖。

厂长、党委书记刘东才

引进意大利四机四流小方坯弧形连铸机

荣获ISO9002质量体系证书

质量体系认证证书

成都冶金实验厂

ISO9002—1994

法人代表：刘东才　　电话：(028)3332201
厂址：成都市二环路北四段三号
传真：(028)3341438
邮编：610051

成都倍特建设开发总公司

成都倍特建设开发总公司于1990年创立，是一家经市政府批准的从事土地、商品房开发和房产经营、服务的综合性开发企业，注册资本8000万元人民币，具有二级房地产开发资质。1992年成都倍特发展集团股份有限公司成立后，成为集团公司全资骨干分公司。

经数年发展，公司已成为跨地区、跨国界的综合性开发企业。公司下属建安工程、装饰工程、水电安装、物业经营、物资经营、房产经营、石材开发、楼宇管理等分公司；建成了保龄球馆、加油站、度假村、餐饮娱乐等经营实体；在广东惠州、广西北海、美国纽约设立了分支机构。公司能承担大、中型，高、中、低各档次的房地产开发项目，先后在成都市内开发了标准工业厂房、快餐娱乐中心、倍特科技实业大楼、倍特商贸大厦、倍特公寓、成都高新区政府第二办公楼、芳草中学、肖家河小学、高新小学、倍特幼儿园、肖家河小区拆迁房等综合性项目。并且成功开发和销售了倍特枫林苑、倍特梧桐苑、倍特翠竹苑、倍特芳草苑、倍特科技苑、倍特银杏苑等各档次的商品住宅小区，完成总建筑面积达50万平方米以上。

法人代表、总经理：曾绍清

在开发商品房的同时还承担了高新区内土地征用、拆迁安置及道路、供水、电力、热力、通讯等基础设施的开发建设，累计完成新征土地250公顷，完成宽25米以上道路及配套设施建设总长20公里，为建设成都高新技术产业开发区——这座现代化科学城，为成都这座古老的城市成为现代化国际大都会做出了贡献。公司以其卓越的业绩连续几年被评为“四川省房地产综合效益百强企业”、“成都市综合效益五十强企业”之一，并排名第四；由倍特楼宇管理中心承担物业管理的倍特科技苑住宅小区先后被有关部门评为“优秀物业管理小区”。公司以良好的信誉树立“倍特建设”的企业形象，赢得了社会的赞誉。截止1997年底，公司拥有资产总值6.5亿元人民币，1992年至1997年公司累计实现利润总额2.25亿元人民币。

公司拥有一支精干的从事房地产开发、设计、经营、管理的队伍，经过多年努力，不仅创建了一个生机勃勃的有一定社会影响力的大企业，还秉承“追求完美、创造卓越”的企业精神，以营造理性品质和温馨空间为己任，向社会成功推出了“倍特房产”。随着成都倍特发展集团股份有限公司在深交所的成功上市，作为集团支柱的倍特建设开发总公司在社会各界的爱护、支持、监督下将走向更加辉煌的明天

倍特公寓A、B座

倍特科技苑

倍特大厦

左上图：倍特公寓A、B座
面积：21820平方米
结构：剪力墙、十六层
开、竣工时间：92\11～94\11

左中图：倍特科技苑
面积：25361平方米
结构：砖混
开、竣工时间：93\4～95\1

左下图：倍特大厦
面积：17820平方米
结构：框架、十一层
开、竣工时间：93\4～95\1

法人代表、总经理：曾绍清
地址：成都市高新大道永丰路五号倍特公寓A座14楼
邮编：610041
电话：(028)5184448 5150292
传真：(028)5184456

成都市第六建筑工程公司

公司经理：金友平

该公司成立于1958年，是国有一级建筑施工企业、全国先进建筑施工企业，全国工程质量管理先进企业，四川省先进企业，四川省文明单位。公司下辖18个项目经理部和安装工程分公司、装饰工程分公司、机械化分公司、建筑材料分公司、构件加工厂、木材加工厂、试验室、材料设备租赁站、商品砼站、汽车队、银杏房屋开发公司、劳动服务公司等单位。

公司以“质量优、工期短、造价合理、服务周全、信守合同”为经营宗旨，承担过一大批国家、省、市重点工程，积累了丰富的施工经验，近年竣工的许多高层和超高层建筑，为蓉城面貌增光添彩。公司积极推行ISO系列标准，通过了质量认证和计量认证。公司工程质量合格率100%，优良率近年稳定保持在50%左右，有多项工程获得过鲁班奖、天府杯奖和芙蓉杯奖，多个QC小组被评为全国优秀质量管理小组，企业具有较高的社会信誉。

公司将发扬“认真、团结、求实、创新”的企业精神，以质量求生存，以效益求发展，努力把企业建设成以建筑安装为基础产业、房地产开发为主导产业、工业为发展产业、商贸为配套产业的企业集团。

成都房地产交易中心

四川省农牧厅综合楼

成都乐民房屋开发有限公司

该公司是1992年7月经市政府批准成立的中外合资企业，由成都青年房产开发公司和香港乐民发展有限公司合资兴办。注册资金为4000万人民币，公司经市建委审批为二级城市综合开发企业。

公司先后成功开发“南苑公寓”、“玉林民居”及高品质精品住宅——紫荆苑公寓，并正在兴建环境优雅的“百花紫荆苑”，以及颇具规模的“高新区紫竹苑”高等级住宅。公司始终坚持以“营建高品质住宅为宗旨的投资方针”，“超前的争创品牌的意识”，在广泛吸收国内外先进设计思想的基础上，面对市场、消费者，准确定位，采取不同的策略，以其适度的超前性、新技术、新产品的广泛应用，创造出一个个舒适空间。大胆引入智能系统，注入高科技含量，把现代建筑和传统文化有机结合，刻意寻找人与自然的最佳组合。完善的售后服务以及综合的、优质的物业管理，使其高品质的建筑艺术之美得以丰满。几年来，乐民人以那超前的意识、开放的思维、娇健的步伐、高亢的热情，一步一个脚印地实践着自己的品牌之路。

公司几年来推出行销对路的各种住宅商品房达7万平方米之多，上交国家税收达1000万元人民币，在获得良好的社会经济效益的同时，创出了企业的品牌效益，先后荣获“四川省房地产综合效益百强企业”，“成都市房地产综合效益五十强企业”，“97成都十佳户型”，成都市房地产优秀企业”等称号。

董事长:蒋

总经理:米瑞蓉

地址：一环路南四段高升桥东路15号乐民大厦三楼
电话：(028)5186204 5186203
邮编：610041

公司开发的玉林精品房

紫荆苑公寓

四川國棟建設股份有限公司

国务院副总理姜春云及省市领导视察国栋牌镀膜生产线

乔石委员长视察公司

该公司是经国家经贸委批准的1000户重点企业。已成为集高科技的新型建材、镀膜、中空、安全玻璃生产、建筑、路桥、市政、水利、安装、装饰工程施工和房地产开发、交通运输、商贸为一体的外向型，高科技，大型化企业。公司注册资金27089万元，总资产3.86亿元，年产值达9.6亿元。年利税1.3亿元，总部基地100亩，职工5120人。

公司1993年起投资1.5亿元先后引进了美国双端多室磁控溅射镀膜玻璃生产线、意大利大型中空玻璃生产线、芬兰大型钢化玻璃生产线、意大利电脑仿形玻璃切割生产线，年产镀膜玻璃、钢化、中空玻璃286万平方米，年销售收入4.5亿元。是中西部地区规模最大，科技含量最高的玻璃深加工大型企业。法人股东的四川国栋镀膜公司由国家经贸委等六部委批准为大一型工业企业。

法人股东的四川国栋建筑工程公司，1995年经建设部批准为一级建筑施工企业。主营建筑施工、国际工程承包、市政、路桥、水利、房地产开发，以及水泥构件、木作件生产等。年施工能力达30万平方米，工程优良率80%，建筑产值达3.5亿元。名列四川综合实力百强施工企业第十七位，连续六年获省级“重合同守信用企业”。

公司投资建设的国栋广场，位于市中心陕西街口，三面临街，占地十四亩，建筑面积达五万平方米，是集科研、大型商场、高级商住于一体的大型现代建筑。

四川国栋幕墙装饰工程公司，经建设部批准为国家一级幕墙装饰企业。引进意大利铝型材切割、铣削生产设备和德国双组份自动打胶机，实现了铝框幕墙及铝门窗大型工厂化生产，先后承包了北京人民大会堂第二期工程、成都海关、公安局外事楼等装饰工程，工程质量全部一次创优，年施工能力达15万平方米，年产值近1.5亿元。

公司实施跨世纪、跨行业、跨地区的拓展扩张，到本世纪末实现总产值15亿元，利税2亿元，到2010年力争进入中国百强企业集团行列。为振兴中华，实现“国栋乃国家之栋梁”的宏伟目标奋力拼搏。

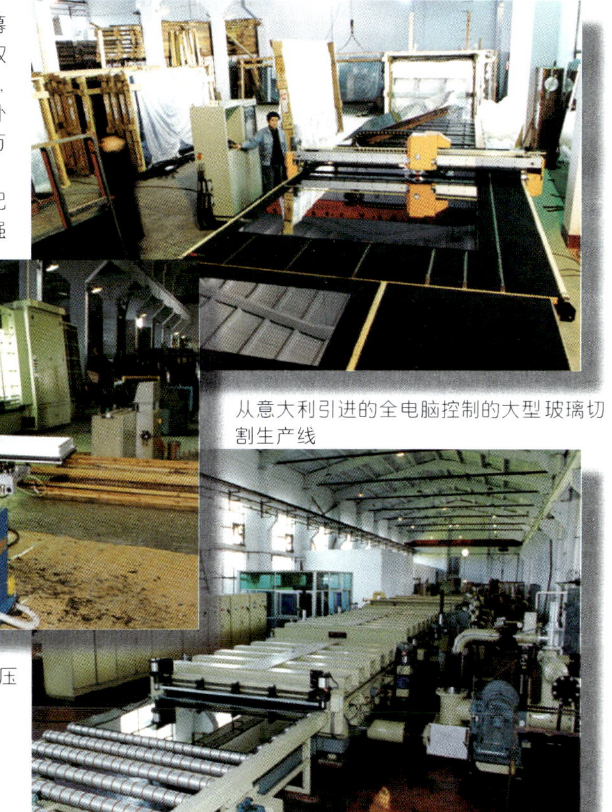

从意大利引进的全电脑控制的大型玻璃切割生产线

从德国、意大利引进的多片带空气负压隔层的大型中空玻璃生产线

从美国引进的人型双端带旋转靶的高真空磁控测射镀膜生产线

董事长兼总经理：王春鸣（高级工程师）
地址：中国·成都·双流·板桥
邮编：610206
电话：(028)5822296，5828555，5824015
传真：(028)5822107，5828555

成都市锦江区房地产开发公司

公司成立于一九八八年。是集房地产开发、经营、管理服务于一体的全民所有制三级城市建合开发企业。隶属于锦江区房地产管理局。是成都市最早的首批房地产开发公司之一。

公司现有员工四十四人，其中有高级工程师、经济师、会计师等各类专业技术人员二十八人，技术等人才实力雄厚。

公司主要从事房地产综合开发、房屋拆迁、物业管理等多种经营和服务。经营宗旨是：信誉质量第一，以消费者权益为己任，力求经济、社会、环境效益完美结合，开发、经营、服务成龙配

公司先后建成福字街、王家坝、青羊白果林、联合五组、联合六组、静居寺、百花等小区，青及锦昌大厦等中高档现代化建筑，先后向社会提供了五十多万平方米的商住房屋及高层建筑，受会各界广泛赞誉。

十年来，公司不断发展壮大，从当年二百四十万元发展到三仟多万元，年资金吞吐能力上亿元当年只能进行小规模开发，到现在的经营、开发、销售及物业管理为一体，并能成片开发配套小设和大型商贸设施建设。全体员工信誉至上，质量第一的宗旨，团结开拓进取，使公司在市场竞争中牢稳了脚跟，而且效益逐年增长，知和信誉度不断提高，并连续四年被“成都市房地产开发综合效益五十业”，被建设银行成都市分行评为(AAA)资信企业。

公司目前为适应社会主义市场的发展，根据党的十五大精神，积对机制转换进行探索，进一步加大力度，使企业适应和符合现代企业的要求，增大竞争能力。努力创造纪房地产业的兴旺与发达。

成都飞机工业公司

成都飞机工业公司总经理杨宝树

公司创建于1958年，是我国特大型国有企业，研制和生产现代航空产品的重要基地，国家512家重点企业之一。位于成都市西郊黄田坝，占地面积439.8万平方米；在职职工18000余人，各类高、中级工程技术管理人员3000多名。公司拥有先进的大型计算机工作站、数控设备、大型液压机床、喷丸成型、特种工艺设备和测试仪器等高精尖的机械设备仪器5000多台。公司航空制造技术及计算机集成应用技术跃居国内领先地位，国家"863"计算机集成制造技术重点应用工厂。截止1997年底，公司总资产为25.58亿元。

公司创建至今，研制生产了歼五甲、歼教五、歼七系列10多个机型的飞机数千架。其中数百架出口到世界上10多个国家和地区，创汇10多亿美元。歼七M型飞机荣获我国授予的大型复杂武器装备第一枚金牌。公司在航空产品的设计、研制、生产及科技开发方面具有雄厚的技术实力和物质基础。计算机辅助设计和辅助制造、数控加工、复合材料等大批新技术、新工艺、新材料和新设备广泛应用于产品的设计制造过程。在歼击机研制生产方面，做到了预研一代、试制一代、生产一代。

公司认真贯彻"军民结合"方针，实施"强壮主体(航空产品)，丰满两翼(非航空产品和第三产业)"的发展战略，形成了国外航空部件转包生产和非航空产品的产品格局。先后与美国麦道公司、美国波音公司及新加坡宇航公司合作生产交付MD-80飞机机头74个，MD-90飞机机头24个。目前，公司转包生产项目已涉及到世界波音、空中客车两大民机制造公司6种机型，合同总金额超过2.7亿美元。

公司非航空产品开发以国家"双加工程"为契机，重点放在发展汽车模具、洗涤设备和包装机械等支柱产品项目上。公司汽车模具中心是国家经贸委选定的模具样板厂，国家重点扶持的九个专业化模具厂之一；现已成为西南地区设备最先进、规模最大的汽车模具生产基地已形成50万小时的能力工时，具备模具设计及冲压模、塑料模、检验模、焊接夹具制造等全面配套制造能力。

公司包装机械子公司以生产纸制包装机械为主，主要产品有各种型号、规格的三、五、七层瓦楞辊；各种印刷、开槽、粘箱、订桌机械等系列产品。瓦楞辊获得中国国际包装技术展览会金奖，全电脑控制的五层瓦楞辊纸板生产达到和接近国家同类产品水平。

成飞机电产品总公司是目前国内最大的洗涤设备研究、制造公司，享有机电产品进出口自营权。主要产品为各种型号的干洗机、水洗机及辅机。洗涤设备荣获国家银质奖（全国最高奖）；"特别推荐消费者满意产品"；"成飞牌"干洗机被中国质量管理协会用户委员会评为"一九九七年全国用户满意产品"，在全国洗涤行业中是唯一获此殊荣的产品；GX-12全自动干洗设备被省政府授予1997年"四川名牌产品"称号。洗涤设备产品畅销全国20多个省、市自治区，并出口到世界其它国家和地区。

公司的第二产业长足发展，产业涉及高科技应用、科技咨询、进出口贸易、旅游、仓储运输、园林花卉、物资供应、餐饮娱乐、装饰装修等行业。

成飞汽模中心

成飞包装公司生产的电脑五层纸板生产线

F-7MG

歼7MG型飞机

麦道机头MD80/90系列客机机头生产线

成飞公司大门

荣誉證書

成都美登高食品有限公司

1997年度食品卫生工作

先进单位

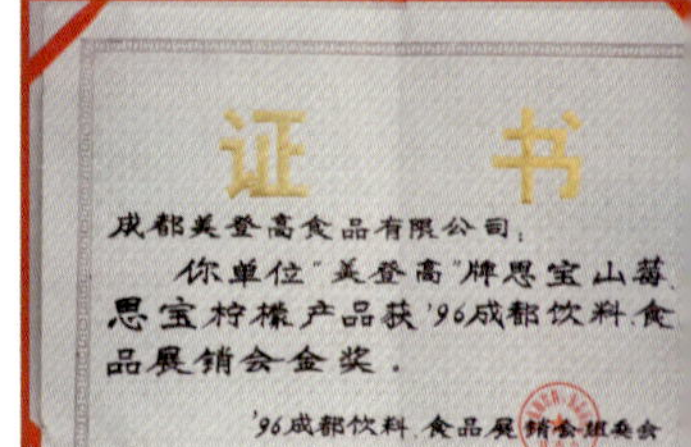
证书

成都美登高食品有限公司：

你单位"美登高"牌思宝山莓、思宝柠檬产品获'96成都饮料食品展销会金奖。

'96成都饮料、食品展销会组委会

奖状

先进企业

成都美登高食品有限公司

'97四川质量达标企

四川省质量调查中

一九九八年二

成都美登高食品有限公司于1992年9月成立，由中国成都保温瓶厂与美登高投资有限公司合资经营。公司地处成都高新技术产业开发区，旨在建设一个从整体设计到技术装备均具当今国际一流水准的企业。总投资300万美元，注册资本210万美元；占地面积10000平方米，建筑面积4400多平方米；生产规模年产5000吨冷品。现有员工132人，其中专业技术人员20名，中高级管理人员8名。

美登高集团在全国已有十一家分公司，公司的宗旨是“走遍全国都能吃到美登高”。美登高是美国冰淇淋的名牌产品，已有百余年的历史，成都美登高食品有限公司严格按照美国美登高的独特配方，严格的卫生控制，精细加工而生产的冰淇淋是营养的冷食品，其中蕴含丰富的蛋白质和人体所需的多种元素，促进人类生长发育。美登高冰淇淋凉而不冰，甜而不腻。

公司发展到现在已生产出三大系列、十几种口味的美登高产品，深得消费者的喜爱，并多次荣获省、市“金奖”“特别金奖”。公司将不断地推出新品种、新口味，把美登高这一优秀品牌奉献给消费者。公司推出98新口味(12种)：彩晶、菠萝、草莓、蜜瓜冰王、薄荷、话梅、白柠檬、鲜果冰王、香橙、草莓、麻酱雪糕、黑咖啡(改良品种)、蛋奶布丁、珍珠贝。

“美登高”系列产品质量可靠，由成都市卫生防疫站监制；成都市产品质量监督检验所监检合格。

地址： 成都市高新技术开发区科园三路4号

邮编： 610041

电话： (028)5184498 5186625

传真： (028)5186073

成都高科技发展股份有限公司

董事长、总裁：高利军先生

该公司创建于1993年，为定向募集股份有限公司，是成都高新技术创业服务中心的支柱企业，也是国家科委认定的国家级重点高新技术创业服务中心的支柱企业，也是国家科委认定的国家级重点高新技术企业。公司注册资本6050万元人民币，总部设在成都市高新区创业街1号。

公司自成立起，始终以“发展高科技，实现产业化”为指导思想，奉行“科技为本，质量至上”的企业宗旨，依靠人才培养、科学管理、企业文化、经济规模四大支柱，大步迈向高新技术成果商品化、产业化和国际化的目标。公司总部设有职能管理部门，下属11家企业，其中5家被认定为高新技术企业、科技企业，公司职工700余人，大专以上学历占50%。目前公司拥有国家专利4项，国家级火炬计划项目2项，国家级新产品2项，省、市、地方级火炬计划3项，省、市、攻关计划项目2项，高新技术产品70余种。

公司集高新技术产品研制、开发、生产、销售为一体，形成了高技术含量，高附加值，适销对路，竞争力强且符合国家产业政策的三大系列产品，即以多媒体液晶投影电视、电脑字幕机、电子显示屏、PTC电子元件为代表的电子产品系列；以小儿感冒颗粒、阴泰洗液、骨刺灵等为代表的中医药产品系列；以超微型彩扩机，小型节能电焊机等为代表的光机电一体化产品系列。

经过四年多的艰苦创业，公司规模迅速扩大，效益连年提高。1997年完成销售额2.5亿万元，实现利润近4千万元，到97年底，公司总资产已近3亿元人民币。目前，公司已完成了从无到有的第一次创业，进入了寻求规模发展的第二次创业阶段，面对日新月异的高新技术挑战和世界经济竞争浪潮的冲击，公司全体同仁将高举发展高科技、实现产业化的旗帜，继续努力奋斗，自强不息，坚持实施创名牌产品，创一流管理，创知名企业的战略，创造良好的业绩，为振兴地方经济，实现我国高新技术产业的腾飞添砖增瓦。

成都高科技发展股份有限公司
Chengdu Hi-Tech Development Ltd.Inc.
地址：中国·成都高新区永丰路创业街1号
Add:1-6 Chuangye Str. Yongfeng Rd, Chengdu China
电话Tel:(028)5179486 5179487
传真Fax:(028)5184294 **邮编**Post Code:610041
E-mail:hitech @ mail. sc. cninfo.net

成都通发电信股份有限公司

通发电信营业大厅

该公司是经市体改委批准成立的股份制企业。自1993年成立以来，建成并投入运营的通信系统有： 980局数字移动电话系统，988局集群移动电话系统，2186、 2188大型寻呼台，2189全自动寻呼台、21808证券寻呼台以及 2160、2168、2169信息台等。 其中988局集群移动电话系统于1998年4月扩容成为集群移动指挥调度通信网，覆盖成都市八区十二县，广泛应用于政府指挥部门、能源、交通、金融部门及出租车公司等领域，成为目前成都市规模最大的集群调度商业网；其次，2188台全省卫星联网工程正在实施中，预计年内建成后覆盖四川省内各地市州，争取用户总数超过10万户。

公司还拥有通发证券投资咨询中心、通发电信管材厂、通发电信工程有限责任公司、通发电信器材公司等经济实体，并与省交通厅合资组建了四川速通高速公路通信有限责任公司。现已形成以无线通信业为主，证券投资咨询、通信管材生产、承揽通信工程等多种经营业务并举的发展格局。

通发人愿以不懈努力，为您共创美好未来。

公司地址：成都市二环路南三段通发电信大楼
电话：(028)5534966
传真：(028)5534971
监督电话：(028)5534965
邮编：610041

186寻呼

988集群调度指挥系

通发电信公司总部大

②办公综合楼

旭光電器

国营成都旭光仪器厂

法人代表(厂长)　黄蜀荣

该厂(国营第八八〇〇厂)是1971年由国家第四机械工业部投资,1977年建成投产的生产军用通信整机的军工企业。位于成都市龙泉驿区,占地面积14.98万平方米,现有职工1640余名,其中各类专业技术人员480余名,总资产3亿元,固定资产1.46亿元,并拥有设计、工艺、质量管理等机构29个。

工厂于1984年全面军转民。在1984-1993年期间共投资1.13亿元,先后四次从日本国松下电器公司引进了视频部件成套生产设备和技术,建成了从零件加工到成品出厂完整的生产体系和质量检测系统。主要生产电视机用电子调谐器、机械调谐器、多媒体视频调谐器以及图文信息接收机和录像机用高频组件等几个系列的十多种产品。该厂是中国500家最大电子及通信设备制造企业之一,是国家大二企业、海关信得过企业,也是我国调谐器专业定点生产厂和全国最大的调谐器生产基地,高频部件生产能力达到年产700万支以上,并于1996年通过了ISO9002质量体系认证。

1997年,该厂完成工业总产值37506万元,产品产量70.67万支,销售收入24220.51万元,利润1313.30万元。全员劳动生产率和职工年人均收入均有大幅度增长,各项经济指标在全国同行业中名列前茅。

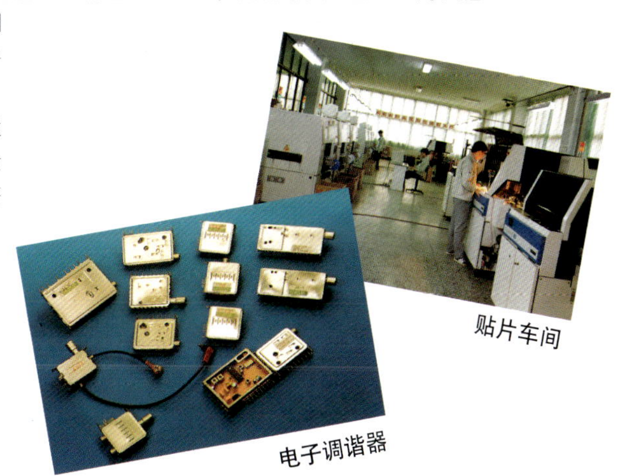

贴片车间

电子调谐器

成都前锋电子股份有限公司

法人代表、董事长、总经理：张献

该公司前身是国营前锋无线电仪器厂，成立于1958年，是我国第一个自行设计和建立的国内最大无线电测量仪器厂，是电子工业部研制生产电子仪器的大型骨干企业，一直处于全国电子测量仪器行业的领先地位。1992年4月经市体改委批准进行股份制改组设立了本公司。1996年8月16日公司2000万社会公众股在上海证券交易所上市。

公司拥有国内第一流的电子仪器研究所、先进的生产加工设备和大批科技人员。30多年来，公司所研制的以“QF”商标命名的各类信号发生器、调制度仪、频谱仪、电台综测仪等16个系列，164个品种的无线电测量仪器，广泛应用于航天航空、雷达通信、广播、电视、能源、交通等领域，成为全国仪器行业产品最全、技术最先进的企业之一。公司一贯致力于将自己成功的军工管理经验和雄厚的科技力量应用于消费品生产领域，采用高新技术研究生产节能高效的“前锋牌”燃气热水器逐渐具备自动化、智能化功能，技术水平迈入世界前列，其开发能力、开发水平居国内领先，门类和品种为国内最全，现年产40万台，市场占有率居国内第二。公司应用电子产品中，防静电系列产品、自动泄漏检测机、多功能警用电击器在国内起步早、质量好、技术领先，受到国家多次奖励。公司已形成较强的管理基础和较宽的市场营销网络，先后获得“全国电子行业优秀企业”、“四川省电子工业优秀企业”、“成都市工业企业50强（第四名）”、“成都市纳税大户”、“中国一百家最大日用电器制造企业”、“全国质量效益型先进企业”、“96年售后服务先进单位”等称号，并被列为“成都市工业支柱产业企业”之一。产品连续五年经省技术监督局检测合格。“前锋”民用燃气类产品被列为四川省名优拳头产品、成都市支柱产品，“全国消费者信得过产品”和“全国用户满意产品”。

1995年11月，本公司被成都市科学技术委员会认定为高新技术企业。

公司发展的总目标：

前锋——中国热水器的前锋；

前锋——中国电子仪器的前锋。

使企业成为实力雄厚，在国内外有一定知名度的上市公司。

法定代表人：张献

高新技术企业认定证书

公司注册地址：成都市府青路二段2号
电话：028-3331301　　邮政编码：610051
传真：028-3331367

张献（右二）总经理陪同国防科工委首长参观公司产品陈列室

前锋公司厂景

成都旭光电子股份有限公司

享受政府特殊津贴专家、电子科技大学兼职教授、四川省人大代表、四川省优秀企业家、成都市劳动模范、优秀共产党员、公司董事长兼总经理、党委书记谢仁发

该公司组建于1994年，前身为国营旭光电子管厂（国营第779厂），是生产经营电真空器件、高低压配电成套装置、消防安全及工业过程计算机测控产品的国家大型骨干企业。公司拥有总资产2.34亿元，固定资产净值1.08亿元，占地17.1平方米，建筑面积14.3万平方米。公司设13个管理部室，10个生产分厂和1个控股子公司，有职工2400余人，其中各类专业技术人员650余人。

公司拥有完备、先进的生产线，拥有金相、光谱、化学、真空等完善的分析试验手段和检测手段。在长期的生产实践中，造就了力量雄厚的技术管理队伍，积累了丰富的设计、制造和管理经验。公司的电真空陶瓷生产、陶瓷金属化及陶瓷与金属封接、精密钼筒栅极冲裁加工、大型框架栅极制造等一整套关键技术和独特的制造工艺在国内处于领先地位或达到国际先进水平。

公司主要产品有：金属陶瓷大功率广播、通讯发射管；金属陶瓷米波、分米波电视发射管；金属陶瓷微波三、四极管；金属陶瓷工业加热管；金属陶瓷及玻璃外壳低、中、高压真空灭弧室；真空开关；高低压配电成套装置；电器元件；紫外光敏管；计算机火灾报警消防控制系统（含消防应急照明灯系列及红紫外复合探测器）；119城市消防管理网络指挥系统；计算机工业测控系统；紫外火焰监控系列产品等。上述产品广泛应用于雷达、导航、通讯、广播、电视、工业加热、电力、冶金、铁路、石油、消防、安全防护等领域，其中不少填补了国内空白，部分达到了国际先进水平、曾多次为国防和科研重点、尖端工程配套。

公司有严密、科学的管理体系和质量保证体系，能及时为用户提供高质量的产品和满意的售后服务，在国内外市场上享有良好信誉。1978年以来，已有50余项产品分获国家、部、省、市颁发的各种奖励或荣誉称号。公司产品行销全国31个省、市、自治区，远销美国、巴西、德国、意大利、英国、韩国及东南亚等国家和地区。1995年国家经贸委赋予公司进出口自营权。

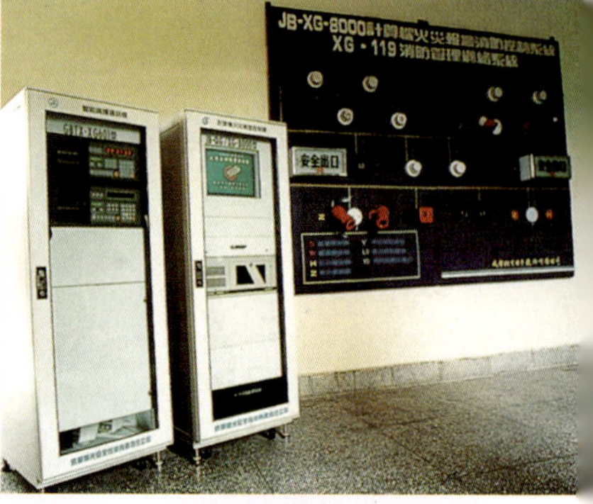

计算机火灾报警系统

陶瓷、玻璃真空灭弧室

公司曾荣获全国“五一劳动奖状”、全国“电子行业优秀企业金桥奖”、“四川省工业企业科技综合实力30强”、“工业企业新产品开发实力30强”、“电子及通讯设备制造业最佳经济效益10强”、“四川省文明单位”、成都市“工业企业50强”、“四好企业”和“企业技术进步奖”等多项奖励和荣誉称号。

“全员参加，精益求精，以一流的产品和服务满足受益者的期望”是公司的质量方针，也是公司长期不懈的追求目标；“艰苦奋斗，爱厂如家，优质服务，争创一流”是公司之精神，在社会主义市场经济大潮中，公司正循着既定的方针，以“旭光精神”的不断发扬光大服务世界，走向未来。

厂景

总经理：郭敖冬

中国铁路物资成都公司

该公司始建于1958年，是中国铁路物资总公司设在西南地区的物资采购、供应和储备中心，除代理铁道部在西南地区的物资采购、供应、储备外，在保证铁路系统物资供应的前提下，还积极参与物资市场营销。公司下属成都、重庆两个分公司和昆明、贵阳、攀枝花三个办事处，有员工400余人，拥有固定资产6200多万元，仓库1.2万平方米，露天料场5.7万平方米，铁路专用线近三公里，物资存储能力15万吨以上，年装卸能力40万吨以上。

改革开放以来，公司以经济效益为中心，遵循经济规律，严格经济核算，逐步建立起科学、完善的内部管理体制。公司应用系统管理理论，实行目标管理，在建立和发展社会主义市场经济的大潮中，不断发展壮大。公司主营金属、非金属材料和机电、配件等生产资料的购销、仓储、运输及代储、代运等业务，连续10年年供应物资总值都在15亿左右，最高曾达到23亿元；1997年实现销售总额为3.4亿元，实现采购总额3.2亿元。获成都市1997年贸易业销售百强企业称号；金属材料年销售额为3.03亿元，进入成都市1997年金属材料行业销售前5强。

公司资本金达八千万元。拥有两万余平方米的集住宿、餐饮、娱乐为一体的三星级“八宝大酒店”，酒店有豪华套房、标准客房等共126套和可供150人同时进餐的餐厅；有大小会议室五个，可接待二百人规模的会议。1998年开业以来，八宝大酒店已经成为中国铁路物资成都公司新的经济增长点。公司在物质文明不断发展的同时，特别重视精神文明建设。连续几年获得省精神文明单位称号，1994年获省最佳文明单位称号。公司在总经理、高级工程师郭敖冬同志和党委书记吴西安同志的领导下，积极开发适应铁路高速、重载的新产品，努力扩大市场占有份额；不断加强公司的管理信息化建设，建立了全面市场化的内部管理机制，开始逐步向资本经营过渡。

公司地址：成都市八宝街28号　　邮政编码：610031
总经理：郭敖冬　　电话：(028)6636617
联系电话：(028)6262179　　传真：(028)6637592

中国铁路物资成都公司成都材料厂 ▶

中国铁路物资成都公司

中国铁路物资成都公司八宝大厦酒店

工厂引进德国技术研制生产的EBP7018D拖式泵

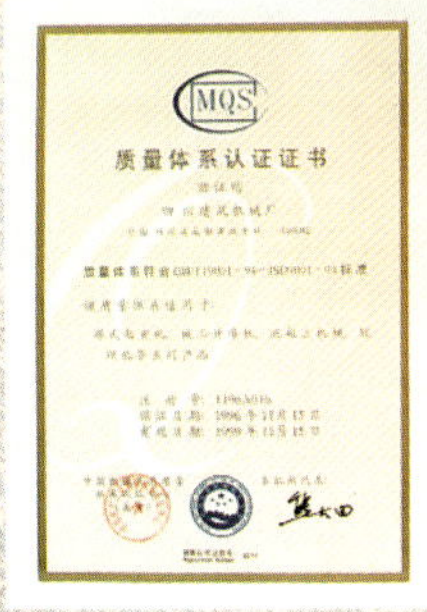

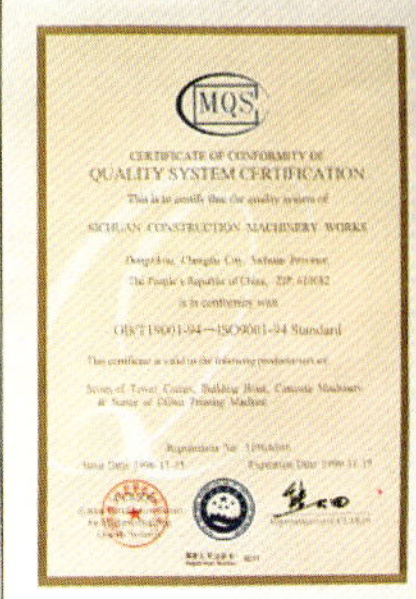

工厂在国家行业中首家荣获ISO9001国际质量体系证书

把握市场脉膊，抓住发展机遇
——四川建筑机械厂在市场竞争中不断创造良好经营业绩

四川建筑机械厂建于1952年，为中国机械工业500强企业、中国行业百强企业、国家二级企业、国家外贸自营权企业、国家一级计量和理化认证企业、国家兵工动员企业、建设部质量管理奖企业、国家行业首家获得ISO9001国际质量体系认证企业。是目前中国塔式起重机、施工升降机、混凝土机械产品设计开发、研制生产、经营销售大型企业。现有总资产4.65亿元，职工4000余人，占地面积67万平方米，各类设备2000多台套，专用铁路和公路与国家干线相通。拥有完善的工艺手段、配套的加工生产实力和产品质量保证体系。

四川建筑机械厂鸟瞰

工厂主要生产经营引进法国波坦(POTAIN)公司技术的25吨米至500吨米系列塔式起重机；SC100/100至SCD200/200A系列施工升降机；引进德国埃尔巴(ELBA)公司技术的TRM6砼搅拌输送车、EM32/36-4砼泵车、EBP7018D/E拖式泵等系列商品砼机械；引进德国罗塔(ROTAPRINT)公司技术的R30SK系列台式、立式胶印机，还承担研制生产特种军工车辆和装甲运钞车。有14项产品分别荣获国家优质产品银质奖、部优质产品奖、国家级重大新产品奖和省优质产品名牌奖。

该厂在市场经济的磨砺中，善于把握市场脉膊，捕捉市场信息，不断研制开发适应市场需求的新品，先后推出国内最大型塔式起重机C7050和达到国际同类产品水平的C5530、C7022，以及国内最先进的LMD机构。还应香港客户要求研制开发出香港市场特殊需要的动臂式塔式起重机D160产品。这些新产品全部实现当年开发，当年投放市场，满足市场及用户需要。产品在国家大型重点项目建设中得到广泛运用。在国外已有400多台各型塔机在各个建设工程中使用。1995年以来累计实现出口创汇6000多万美元。新研制开发的砼机械系列支柱产品已相继投放市场，受到用户好评。企业保持了持续发展的良好势头，年平均经济效益增幅达到20%，综合经济效益一直处于全国塔机行业首位，连年进入成都市50强企业行列。连续三年荣获“全国用户满意工程”奖，评为“全国用户满意”企业，资信度达到“AAA”级，在海内外用户中享有“中国第一塔”企业之誉。

工厂研制出国内最大型塔式起重机—C7050在成都市热电厂工程

四川建筑机械厂

成都工程机械(集团)有限公司

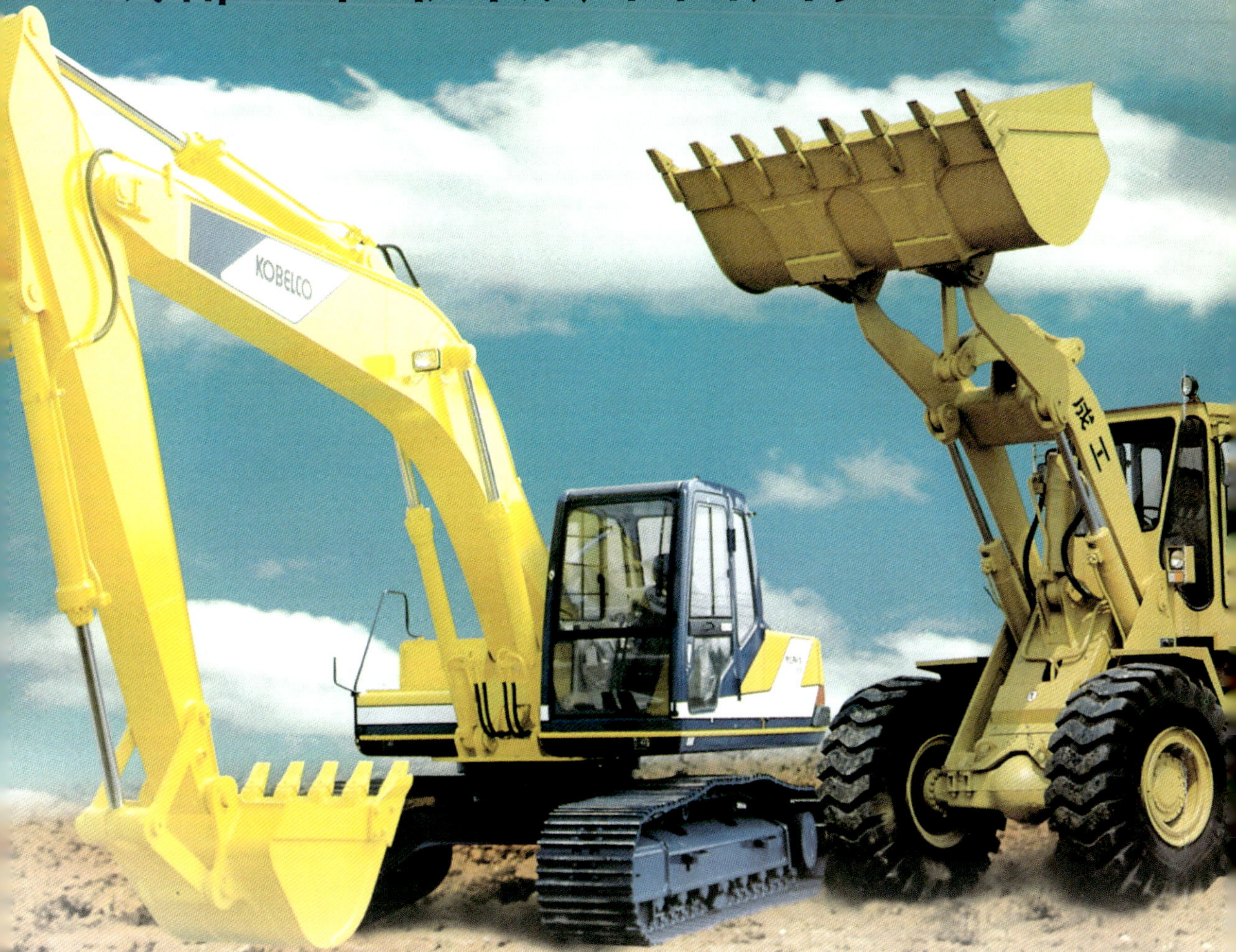

成都工程机械(集团)有限公司［以下简称(集团)公司］，是按《公司法》等法律规范，由原成都工程机械企业集团公司(成都工程
总厂)改制而成的国有独资企业，由所属全资、控股的有着生产经营密切联系的装载机厂、压路机厂、挖掘机厂以及门类齐全，品
洋的工程机械主机及配套件厂家组成。
(集团)公司现有在职职工3900多人，其中工程技术人员450多人，有生产厂房20多万平方米，注册资金1亿元，总资产11亿元。主
产设备1000余台(套)，其中有从美、德、意、日等国家进口的大批具有国际先进水平的加工、检测设备。其主要产品有轮式装载
液压挖掘机、振动式压路机、液压平地机等立机以及变速箱、液力变矩器、驱动桥、液压缸、散热器、钢圈、大中型铸件等零部
世界一流的设备，现代化的检测手段，完善的质量保证体系和健全的售后服务网络。(成工牌)装载机多年连续荣获机械工业部优
品，省名牌产品，全国用户满意产品称号。产品畅销国内，远销美国、加拿大、澳大利亚、东南亚等国家和地区。
(集团)公司1997年实现工业总产值5.94亿元，销售收入6.02亿元。实现利税6131万元，其中利润2968万元，工业增加值11048万元。

代表：王　锦
成都市大田坎街162号
(028)4443685
610067

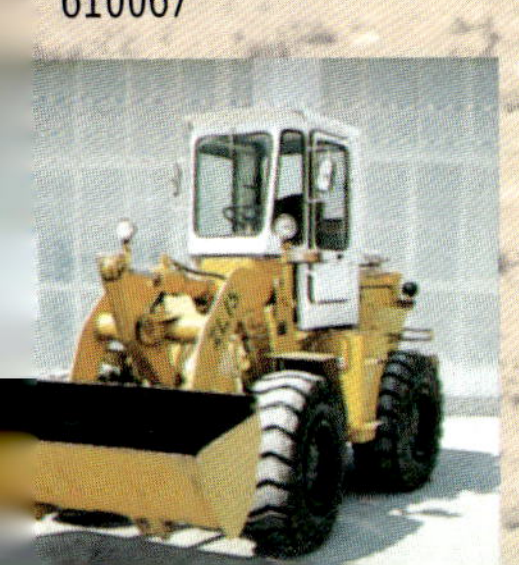

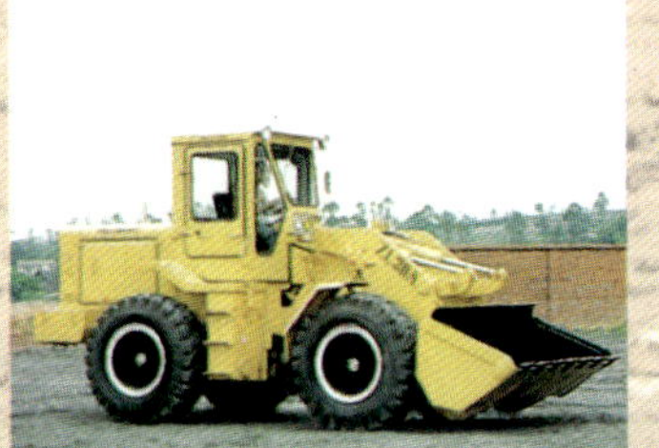

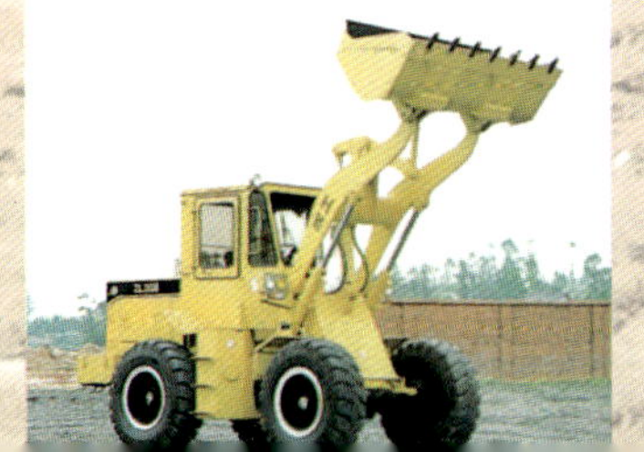

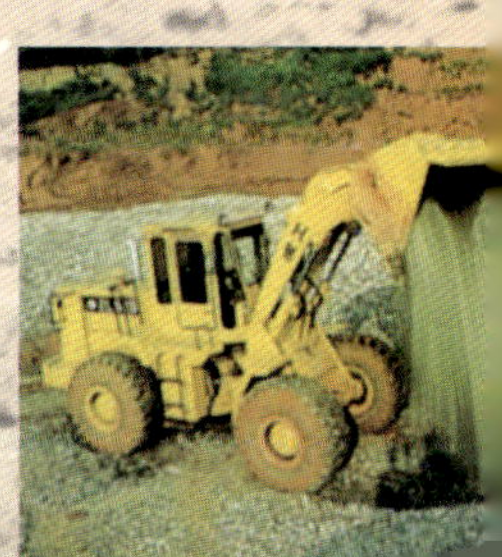

成都王牌农用车有限责任公司

（成都长城农用汽车制造厂）

该公司位于成都市北郊青白江区108国道距市区24公里处。始建于1987年3月，属成都市重点股份制企业，国家中型企业。现有职工1000余人，其中高中级技术管理专业人员近100人。固定资产6000万元。占地175亩，建筑面积达52000平方米。主要生产成都王牌CDW系列农用运输车、载客农用车等系列产品。已建成板式输送总装配生产线，微机控制前处理生产线，油漆涂装生产线，车身车厢冲压焊接分厂，农用车前桥总成分厂并拥有年检车能力3万辆的全自动XAC-10汽车安全技术检测站，已形成年产农用运输车15000辆综合生产能力。

法人代表、董事长、总经理：袁成军

遵循“技改上规模，工艺上水平，质量求信誉，品种促发展，管理创效益”的经营方针，企业生产发展迅猛，每年产量产值利税均以50%以上的速度递增，1997年产销农用车7000辆，销售收入3亿元，一举跃入全川同行业前茅，居全国农用车产量排序前8名，产品覆盖全国26个省、市、自治区。

四川省委书记谢世杰等省市有关领导来厂视察

企业始终将产品质量的不断完善提高，争创企业名牌放在首位。至今拥有各型农用车、三轮车、载客农用车、前桥总成四大系列共50余个品种，平均每年2至3个新产品应市，产品品种居全川乃至全国同行业首位。企业产品均严格接受部、省质量检查，通过省级技术鉴定。1993、1994、1995连续五年获四川省质量监督检查优等品称号；获同行业唯此一家四川省群众喜爱产品殊荣；1995年6月被评为机械工业部可靠性考核达标特别推荐产品。

企業理念 上一流水平 創優質服務
求最佳效益 爭行業先鋒

企業精神 團結奮進 求實創新

王牌嘉泰SQG6600轻型客车

王牌走天下
致富千万家

中国路桥集团新津筑路机械厂

企业法人代表、厂长：暴　刚

ZHONGGUO LUQIAO JITUANGONGSI

该厂是交通部生产路桥机械的直属企业，曾荣获交通部经济效益先进单位，四川省先进企业，四川省专用设备十强，四川省科技进步100强等称号。四大系列产品有：

1、稳定土拌和设备：

① 稳定土厂拌设备WBC系列(拌和功率分别为200t/h、300t/h、400t/h、500t/h。并采用电脑控制计量，增设了选配总成，能满足各种工况要求)。生产能力100台/年。

②大功率稳定土路拌机WB230，生产能力20台/年，现与西筑厂合作生产。

2、桥梁支座系列产品，广泛应用于公路桥梁、铁路桥梁和市政立交桥，最大支座反力55000kn。生产能力：5000座/年。

3、伸缩缝SSF系列年生产能力15000延米，目前从国外引进的技术，已形成新的桥梁伸缩缝系列。目前已出口韩国、英国等地。

4、预应力锚具，生产能力：30万孔/年。

近年来，该厂通过加速技改和新产品开发，对产品结构不断进行适应性调整，并通过质量体系认证强化质量管理和成本控制，在市场竞争中保持一定优势。

企业名称：中国路桥集团新津筑路机械厂(原：交通部新津筑路机械厂)

企业代码： 20271058-8

行业类别：建筑机械制造业(代码： 3671)

邮编： 611430

电话： (028)2522065

传真： (028)2524027

地址：四川省成都市新津县

中国新星石油公司西南石油局

邹家华副总理(右一)、宋宝瑞省长(中)听取青永固厂长(左一)汇报

该局是中国新星石油公司所属的从事西南地区油气地质勘查、开发的专业队伍。其主力队伍是原地质矿产部的功勋队，曾先后发现大庆油田、吉林油田、辽河油田、大港油田、胜利油田和四川的中坝、福成寨、雷音铺、合兴场、石龙场、孝泉和新场等一批油气田，为发展我国的能源和国民经济建设作出了重大贡献。现有正式职工1万余人，其中专业技术人员2200多人(其中高级职称的占11%，中级职称的占50%，初级职称的占34%)。固定资产12.3亿元。拥有石油天然气地质综合研究、实验分析、物探、钻探、测井、固井、酸化、压裂、测试、开采、油气田建设和技工培训等方面的专业技术队伍，其中：钻井队23个，物探分队9个。拥有大型计算机数字处理系统，数字地震仪、数字测井仪、大型酸化压裂和一批电驱动钻机等先进配套设备。技术力量雄厚，设备先进，具有四十多年石油天然气勘探历史和丰富的勘探经验，先后与联合国开发计划署及技术合作发展部、美国、法国、英国、加拿大、匈牙利、罗马尼亚等国外机构和组织进行技术交流、科学考察、技术合作等多种形式的卓有成效的对外合作项目。能承担常规油气田和非常规致密砂岩领域及海相碳酸盐岩领域的油气勘探和开发的科研任务和施工任务，其科研水平绝大多数达到国外、国内领先或先进水平。

天然气井放喷场景

喜获油气成果

现代化集输站一角

1997年西南石油局年产天然气已达7.4亿立方米，最高日产天然气达253万立方米，全年货币工作量9.2亿元(人民币)，生产增加值4.8亿元(人民币)，并拥有1000多公里输气管道，各类天然气高低压集输站100余座，截至97年底，西南石油局供应成都市天然气量累计达6.02亿立方米，最高日供量达68万立方米，为成都经济发展、城市建设和环境保护作出了积极贡献。

地址：成都市一环路北四段116号
邮编：610081
电话：(028)3358441
传真：(028)3333773

成都无缝钢管有限责任公司

陈晓棠总经理

该公司原名成都无缝钢管厂，始建于1958年，位于锦江区东风南路牛市口，是目前中国生产规模最大、品种规格最齐全的专业化无缝钢管生产厂之一，国家一级企业。1995年1月工厂按国际质量保证标准GB/T19002-ISO9002通过质量体系认证。现任总经理陈晓棠。

该厂拥有配备炉后精炼和连铸的平炉、92吨超高功率电炉。大、中、小轧机配套，冷热加工齐备，技术力量雄厚，检测手段先进。可按国内、国际标准生产 5、630mm，壁厚0.25～50mm共190余个钢种7700多个规格的各类优质无缝钢管。重点产品石油套管1990年4月首家获得API会标使用权，船舶用管已全面获得世界各主要船级社认证，多项产品在国内荣获金、银牌奖或优质产品称号，是国家重要的无缝钢管生产技术开发基地。产品广泛用于石油、煤炭、电力、地质、化工、机械、航空、航天及国防各个领域。产品销售覆盖全国、远至海外。

周期轧管机生产情景

该厂已形成了年产钢63万吨，无缝钢管53万吨的能力，具备生产石油管、高压锅炉管、石化管为代表的国家急需的关键品种的能力。

1997年，企业加快改革，实现战略性资产重组，与“远望”合资成立了有限责任公司。加大劳动用工制度改革，实施减员增效，全公司减员1130人，减员幅度达7.20%，减员增效工作初见成效。为公司的发展带来了新的转机和希望。他们积极拓展市场，以销售为龙头，成立了东北、西北、华北、华南、华东、西南、新疆七个销售分公司。全年共销售无缝钢管45万吨，占国内市场份额12%。实现产值(90年不变价)12.2亿元，利税5185万元。积极调整品种，增产适销对路产品，在市场结构性疲软的情况下，积极开拓了高压锅炉管、石油、石化等专用管市场，全年完成14.67万吨专用管，专用管比达32.60%，出口钢管55514吨，创汇2748万美元。

公司生产的优质无缝钢管

地址：四川省成都市东风南路1号
邮政编码：610069
电话号码：(028)4443412

用公司生产的优质无缝钢管制作的天安门广场国旗旗杆

CDSSLGPJTGS

成都市双流高频(集团)公司

乔石同志视察公司(右一：成都市市长王荣轩，右二：双流县县委书记金世诚)

证书

成都市双流高频（集团）公司：

你单位在国家统计局按一九九六年主要经济指标统计中，荣列中国前1000家大中型工业企业销售收入第256名，利税总额第329名。

特此证明

一九九七年[illegible]月 监制

该公司拥有11个下属公司及5个关联企业，职工2300余人，管理及工程技术人员400人，占地500余亩，是跨地区、跨行业、跨所有制的大型企业集团。

1997年，实现销售收入23.1亿元，实现利税2.3亿元，企业总资产达7.9亿元，被四川省列入重中之重扶持和培育的37户扩张型企业及省推荐进入国家千户企业行列的重点企业之一。

公司主导产品有：医药、生物工程产品、节能电光源系列产品、水暖管材、建筑钢材等十大类产品，40多种规格，其中“棠湖”牌系列产品荣获“成都市优质产品”、“四川省优质产品”和“97年度全国消费者信得过产品”、“全国第三届博览会名牌产品”称号。

公司1995年在“中国500家最大工业企业”评价中排名第187位；1997年被国家经贸委等六部委认证为国家大型一档企业；在国家统计局中国行业企业信息发布中心公布的1996—1997年度1000户大中型工业企业统计排名中位居256位；1998年，在国家统计局固定资产投资统计司最新调查统计的我国房地产企业年商品房销售总收入和经营总收入中荣列全国第33名和48名。

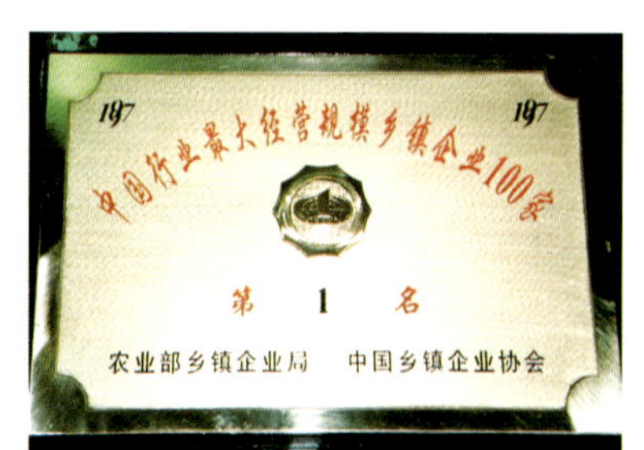

公司坚持以市场为导向，以科技为手段，以资本营运为主要营运方式，不断扩张发展。规划到本世纪末，公司资产总额将达12亿元，每年实现总产值23.5亿元，销售收入29.2亿元，利税3.5亿元。

(集团)公司地址：中国·四川·成都·双流·东升镇
董事长、总经理：周德如
联系电话：(028)5822817
传真：(028)5823344
邮编：610200

成都铁塔厂

厂长 杜伟龙

该厂始建于1958年，是生产各类超高压输电铁塔、变电站构架、水泥电杆、配套紧固件的专业厂家，省级文明单位，部“安全、质量、文明生产”三达标企业，全国电力行业质量效益型先进企业。现有资产4.5亿元，员工1150人，占地25万平方米，拥有两条铁路专用线，年生产能力达5万吨。

八十年代以来，工厂不断进行技术改造，先后从德国、意大利引进了具有国际先进水平的自动化控制角钢生产线三条及两条板件加工生产线，能加工∠40～250MM的塔材，加工精度能满足世界上最苛刻的制塔标准；从德国引进一条浸镀锌生产线条。镀锌锅尺寸为12.5m×1.6m×2.5m，容锌量340吨，同时还拥有各种大型设备210台，可根据用户的需要研制加工多种钢结构产品。我厂高度重视产品质量，建立了完善的质量保证体系。银角牌500KV输电线路铁塔，历年荣获部、省优质产品称号。1993年被评为省名牌产品。1997年11月份再次被省政府评为省名牌产品，1996年3月获《ISO9002质量体系认证证书》和出口商品企业《ISO9001质量体系认证证书》。

1980年以来，已生产500KV铁塔产品20多万吨，先后为平武、葛双、天广、天贵、沙江、大亚湾、二滩等十余条国家重点线路工程采用，还远销布隆迪、喀麦隆、埃及、阿尔及利亚、阿联酋、伊朗、香港、巴基斯坦、斯里兰卡、泰国、菲律宾、老挝、法国、意大利等国家和地区。产品采用集装化单基包装，运输安全，转运方便，节约料场，深受用户好评。

意大利引进热浸镀锌线

厂区一角

00KV直线塔与转角塔

工厂拥有12个二级企业，并在山东、江苏、广东建有三个分厂，已迈入经营规模化、集团化的道路。

“创国际名牌产品，建世界一流企业”是该厂不懈的追求，“诚信经商，礼义待友”是该厂庄重的承诺，“质量第一，用户至上”是该厂的宗旨，该厂竭诚为国内外广大用户提供一流的服务，并热情欢迎国内外各界朋友与我们携手合作，共创美好的明天。

地址：四川省成都市成华区跳蹬河
电话：86-28-4332123
传真：86-28-4334194
电传：600334CSTMCN
电报：2616
邮编：610051

成都軍區印刷廠

企业法人代表：汪平川

该厂又名中国人民解放军第七二三四工厂，是集书报刊印刷、包装装璜、饭店餐饮娱乐为一体的综合性国家级书刊定点印刷厂。现拥有固定资产7025万元，职工677人，各类专业技术人才83名，占地55亩，建筑面积47164m²。工厂先后被评为“四川省先进企业”，“四川省优秀企业”，四川省印刷行业“十大经营规模”和“十佳经济效益”企业，四川省印刷行业“最佳效益十五强”企业，“成都市重合同守信誉企业”。共创省以上优质产品282种，其中国家级优质产品24种。工厂实行总公司领导下的分公司制，下属书刊厂、装璜厂和军印饭店，是具有相对独立核算、独立经营的三个实体。

书刊厂拥有由2台德国产海德堡102V四色胶印机、2台CP341电子分色机加北大高端联网及全套日本制版等设备组成的彩印生产线；由5台国产胶印轮转机、12色彩印书报轮转机及卫星传版和北大方正激光照排系统等设备组成的书刊生产线。具备激光照排1亿字、胶印24万纸令、彩印15万色令的年生产能力。地处成都市郫县工业开发区的装璜厂，拥有由9台德国产海德堡胶印机、一台台湾产全自动贴面机和13台国产780、920等型号的烫金、模切、复膜、瓦楞、粘盒机组成的成龙配套的包装装璜生产线。具备年产1500万个包装盒的生产能力。军印饭店属成都市中型饭店，总建筑面积14000m²。客房部有200个高中低档床位及会议配套设施；餐厅部、娱乐部能承办200人的宴会与娱乐；管理部有130个写字间套房、17间铺面和1400m²商场可供出租。

工厂拟在“九五”后期将书刊生产线迁往郫县，实行退二进三的战略大转移。将以地处成都市红星中路一段，极具商业开发价值的18亩土地与房产来招商引资，投资1亿元兴建一幢20余层集商贸金融写字楼为一体的综合大厦；同时以郫县装璜生产线和20亩土地与国内外厂商合资办厂，欢迎国内外投资商前来参与合作。

CHENGDUJUNQU

YINSHUACHANG

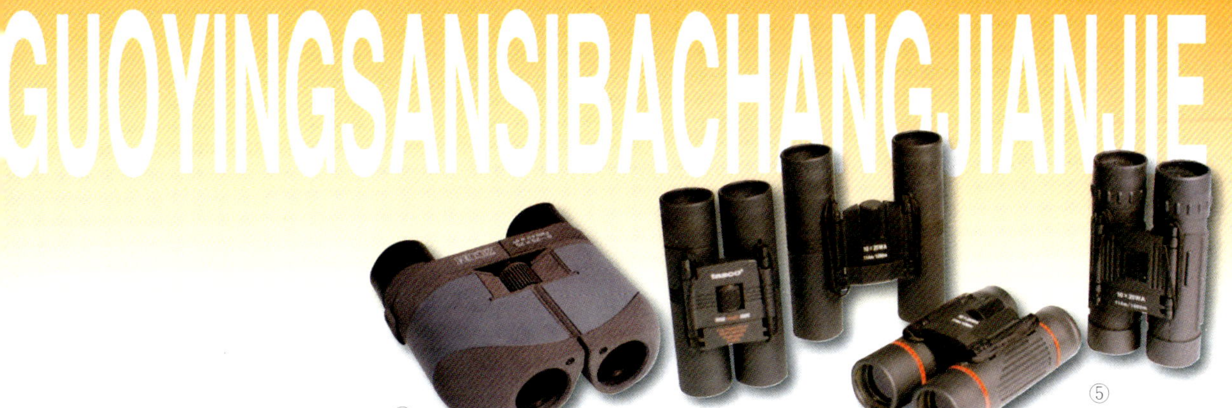

三四八厂系中国兵器工业总公司直属大型二类企业，为中国嘉陵工业集团紧密层企业，是中国汽车工业总公司和兵器工业总公司全国化油器定点生产厂家、中国500家最大日用电器制造企业之一。

工厂始建于1965年，原厂址位于四川省华蓥市东北的禄市镇，1997年12月迁至成都郫县，建筑总面积为156000平方米。在岗员工2500余人，其中技术人员800余人，拥有一个控股中外合资公司，一个参股中外合资公司，三个全资子公司，一个分厂，一个大集体企业。资产总额达4.9亿元。工厂技术力量雄厚，设备先进，具备一流的检测、生产手段和健全的质量保证体系。近年来，按照高科技、高起点、大批量的原则，相继开发生产了各种型号的微型汽车、奥拓轿车和摩托车化油器、双筒望远镜、电磁阀、摩托车缸体、高压真空断路器、生物肥等十多种产品，形成了光学、机械、电子三足鼎立的发展格局。化油器系列产品已成为工厂支柱产品，双筒望远镜远销欧、美、日及东南亚等十三个国家和地区。工厂的工具制造享誉西南，夹模具制造和小模数齿轮加工独具优势。还具有毛坯制造、塑料压制、表面精饰等多种加工能力。工厂先后投巨资进行大规模技改，将在“八五”基础上实现年产量翻两番的目标。

厂长、法人代表：王清恒先生

工厂先后被国家统计局评为中国行业100强；被国务院发展中心评为仪器仪表机械制造100家最佳经济效益企业之一；被省工商局授予“省级重合同守信用企业”；被兵器工业总公司西南兵工局评为“完成八五承包任务先进企业”；目前正从各方面努力争创“省级文明单位”。

工厂将以“产权多元化、产品规模化、组织集团化”为发展战略，“九五”末到二〇一〇年，通过重组内部存量资源和争取外部增量投入，实施结构调整，实现光、机、电、计、生多行业产品并存，二、三产业协调发展的产品、产业格局。工厂秉承“品质尽善尽美、服务至诚至周”的经营理念，以全新的精神面貌，务实的工作作风，一流的工作业绩，塑造出一个现代化的三新企业！

传真、电话：(028)7863645

①月产量可达6万只望远镜系列产品的装配生产线
②经国家检测中心鉴定达到优等品水平和国际同类产品水平的摩托车50、70、250，微车110A化油器产品
③化油器综合流量测试中心
④8～25×25(可变倍)双筒望远镜
⑤华蓉牌系列双筒望远镜

成都啤酒集团有限责任公司

该公司成立于1997年1月，是在新都五星啤酒厂基础上组建成立的由新都五星啤酒厂、成都啤酒厂、新都锦新包装公司、新都五星玻瓶厂、新都轻工研究所所组成。现有资产3亿元，占地面积230亩，员工1400人，科技人员278人，生产规模：啤酒20万吨，豆奶、花生奶皇、矿泉水、葡萄酒、系列果汁饮料2万吨，玻瓶3000万只，纸箱(板)100万平方米，塑箱100万只。是四川省食品工业最大规模、最佳效益的百强企业，中国啤酒工业大型企业之一(第41位)。

创建于1980年的新都五星啤酒厂，曾是一个濒临倒闭破产的万吨小啤酒厂。进入九十年代后，企业抓住机遇，转机建制，联合兼并，大胆改革，从严治厂，奖惩逗硬。依靠科技、发展企业、壮大实力；依靠质量，拓展市场，赢得效益。通过七年奋力拼搏，使企业从1991年产啤酒8700吨发展到1997年产啤酒100166吨，实现利税由146万元提高到4830万元，七年累计实现利税1.8亿元，生产规模由万吨小厂发展成20万吨大型企业，员工由230人壮大到1400人，特困亏损企业转变成为新都县首屈一指的创利大户。

公司主导产品—五星啤酒，系采用四川名泉——白螺天然优质饮用矿泉水精酿而成，自1991年投入市场后，因其质量好、口感醇、价格优、信誉高，深受广大消费者青睐。走俏市场，风靡全川，八年来畅销不衰，先后荣获四川省食品卫生质量信得过产品、四川省消费者最喜爱商品、西南市场最畅销名牌产品、全国菜篮子工程金奖、巴蜀食品节金奖、国优啤酒等称号。其质量还受到国家最高权威机构的认可，荣获了国家质量认证证书，拥有方圆标志使用权和走向国际市场的通行证。去年推出的星爵啤酒也因其质量上乘，被省政府授予“四川名牌”称号。

集团公司笃信“质量至高无上，开拓永无止境”的信条，永远不安于现状，不断追求卓越。公司已被市政府列为66户重点发展企业；被省政府列为“五、一、三”工程“九五”计划重点发展企业；被省政府列为“五、一、三”工程……公司已与蓝剑合作，将进一步加快资产重组和转机建制步伐，共同提高参与和赢得国际市场竞争的能力，以新的姿态步入国际化经营轨道，迎接跨世纪挑战。

PIJIUJI
TUANYOU
XIANZE
RENGONGSI

SICHUAN GER-CHEAN FOODS INDUSTRIAL

四川格全食品工业有限公司

四川格全食品工业有限公司系台湾独资企业，创建于1994年，主要从事鸭蛋、熟食品的生产加工。

公司成立四年已初具规模，有一流的宰杀鸭子的生产流水线和生产鸭熟食品的干净、卫生食品加工车间。

公司试生产一年来，充分利用四川丰富的农畜、家禽生产资源优势，大力开发生鲜、熟食品种，先后生产出甜咸适度、口感好、风味独特的冷冻食品：烟薰鸭肠、黑胡椒鸭排、鸭肉串等出口到国外；同时又向国内市场投放大量鸭副产品，丰富了国民的生活，活跃了市场。

目前，公司生产经营良好，全体员工正齐心协力，勤勤恳恳地为公司更上一个台阶而努力。

公司地址：四川省成都市郫县郫筒镇崇兴路十三号　　邮编：611730

电话：(028)7885375-8　　**传真：**(028)7885379

四川省盐业公司成都分公司

法人代表　左文祥

该公司是省属全民所有制企业，为成都市大中型商贸批发企业50强之一，受省盐业公司及市轻工业局双重领导。公司主要从事食盐专营，兼理市场盐政。负责市属19个区(市)县及德阳市属广汉、什邡市共1080万人口的食盐、多品种盐、工农业生产用盐、军工和科研用盐的批发供应工作；地产大邑盐的收购工作；以及省内外调入盐产品的组织营销工作；负责保管国家储备盐；兼理成都市盐政市场稽查处的盐政业务，管理供应区内的盐业市场；负责国务院颁发的《盐业管理条例》、《食盐专营办法》、《食盐加碘防治碘缺乏危害条例》以及省市政府发布的有关盐业法规等在成都地区的贯彻执行；搞好食盐专营，做好碘盐供应，加强盐政管理，打击贩私违法活动，统一平衡供求，保证盐的充分供应，保持盐业市场的稳定。

公司具有法人资格，实行三级(分公司、支公司、盐库)管理、两级(分公司、支公司)核算，营运资金统筹统管，会计核算由分支公司分别进行，并由分公司直接向省公司负责。公司内设12个科室、司、所，下设17个支公司、17个盐政管理(稽查)所(与支公司合署办公)、12个盐库、1个收购组、1个转运组、2个营业组。

公司占有土地资产70529平方米，其中，各类盐仓51幢，建筑面积2.18万平方米，占地61576平方米，可储盐4.6万吨；各类营业设施及职工住房2.85万平方米，占地8953平方米；人平拥有营业设施面积33.57平方米、住房面积51.74平方米。全公司仓库、住房及营业设施总价值1460.62万元，净值894.21万元；总资产3562.4万元，负债2349.4万元，资产负债率为65.95%；总资本为1151万元，全为国家资本，资本收益率为20.9%。

盐业违法案件听证会

公司现有职工306人，其中女职工136人，35岁以下青年职工157人；中层以上领导干部60人，大专文化37人，高中及中专128人，具有中初级职称93人，占30.39%。另有离退休职工107人，进入“1996年四川商贸企业50强最佳经济效益企业”行列。

公司成立32年来，共销盐277.7万吨，保证了全区市场供应，并实现了食盐全部加碘，为2000年全国消除碘缺乏危害作出了积极贡献。实现利润总额8790万元，上缴国家税利6793万元，企业留利1997万元；职工人平年工资收入增长了4.22倍，做到了社会效益和经济效益的同步增长，实现了国家、企业、职工三者利益的兼顾，为社会主义建设做出了应用的贡献。

企业荣获省、市批发企业50强

“3.15”、“5.5”消除碘缺乏病宣传活动

多种规格、厚度的浮法玻璃产品

成都玻璃厂

该厂是国家、省、市合资兴建的大型平板玻璃生产企业，是西南地区最大的平板玻璃厂。距市中心仅7公里，距机场20公里，距铁路货站4公里，距公路干线1公里，紧邻成渝高速公路，厂内4条铁路专用线直通省内外，交通极为便利。工厂占地总面积547.6亩，拥有资产6.78亿元，现有职工2200多人，其中高、中级工程技术、管理人员530多名。目前主导产品为2.5～19mm厚度优质浮法玻璃及3～5mm兰色引上玻璃。

该厂始建于1984年，经过12年发展，已拥有一条年产270万重箱的500t/d浮法玻璃生产线，一条年产170万重箱的九机垂直引上法玻璃生产线，一条年产35万平方米真空镀铝制镜生产线。并与外商联合开发了一套具有国际先进水平的切、磨、钻、雕、刻中型玻璃深加工项目。

500t/d浮法玻璃生产线是国家八五计划重点建设项目，是西南地区规模最大、技术含量最高的浮法玻璃生产线，也是国内50多条浮法生产线中规模最大的四条线之一。该线总投资为59774万元(外汇340多万美元)，其关键设备、关键材料和自动控制系统均从国外引进，总体技术装备水平处于国内领先地位，可达国际当代先进水平，并拥有自建专供优质硅砂矿山公司。该线于1996年12月28日建成点火，现已能稳定生产2.5mm～19mm厚度各种规格优质浮法玻璃，产品质量满足制镜、钢化、镀膜建筑等深加工要求，该产品具有良好的市场前景。

该厂1993、1994年连续被评为成都市“税利大户”荣誉称号，综合实力名列成都市大中型企业五十强。1995年被评为四川省500家最大工业企业。

省市领导到工厂视察工作

该厂正积极准备将现有九机垂直引上法玻璃生产线改建成400t/d浮法生产线；同时，逐步开发在线镀膜玻璃、建筑钢化玻璃、汽车挡风玻璃、夹层玻璃、中空玻璃等高附加值的新产品；建成较为完备的“成玻工业技术研究所”。随着这些项目的建成，成都玻璃厂将成为西南地区最大的集科、工、贸于一体的玻璃生产、加工中心。

该厂实力雄厚，投资环境十分理想，发展前景无限广阔。来此投资必将得到满意的回报。目前意欲合资、合作开发以下项目：①在线镀膜　年产180万m2；总投资1000万元；②平钢化玻璃　年产60万m2；总投资2300万元；③夹层玻璃　年产50万m2；总投资1800万元；④中空玻璃　年产20万m2；总投资720万元。

热忱欢迎中外厂商前来投资洽谈业务。

工厂的浮法生产线

工厂主生产线外景

法人代表：宋福臻
厂址：成都市外东槐树店路26号
电话：028-4714611　传真：028-4714821
电挂：3019　邮编：610051

成都光明器材厂

法人代表　王自力

现代化生产现场

成都光明器材厂是国内最大的光学材料生产基地，是一家专门从事光学材料及光电子材料科研、生产的现代化企业。工厂拥有先进的设备、较强的新品开发能力，现有十余条自动化光学材料生产线，能够及时配套提供300多个品种的光学玻璃、光学眼镜玻璃和高质量的激光晶体、特种耐火材料、新近开发的平面基板玻璃处于世界先进水平，工厂还可承揽铂铑等贵金属提纯及加工业务。该厂产品覆盖国内70%的市场，远销欧美、澳大利亚、日、韩等，1995年、1997年被评为“成都工业五十强。”

法人代表：王自力
厂址：成都市建设南支路6号
邮编：610051
电话：(028)4331771 4331612
传真：4331218

该厂生产的部分光学玻璃产品

CDTXZMYXGS

该公司是国家轻工总会定点生产电光源产品的中型企业，中国北方照明电器集团成员单位。位于彭州市外南1公里处，占地100余亩，国有资产5600万元，现有职工1800余人，其中有各种专业技术人员160余名。现有普泡联动生产线15条，年产2000万支玻壳的BB-18型吹泡机3台，年产3600万支玻壳的24头吹泡机1台，年产1500吨的中美合资康宁拉管生产线2条，年产普泡达8000万支，居西南地区同行业普泡产量之首，全国电光源行业普泡产量前六名。主要产品除普泡外，还生产漫反射灯、花篮灯、蘑菇灯、霓虹灯、各型节日彩灯、高压钠灯、高压汞灯、荧光灯、卤钨灯及汽车转弯灯、摩托车前灯等产品。

公司下属子公司——天星纸业公司新开发的“天星牌”生活用纸、高级餐巾纸、卫生纸年产量5000吨，其中药物卫生纸荣获“首届中国国际名优医药保健品展示会金奖”，并承接各种产品内外包装、纸盒、纸箱及排版、印刷等业务。

该公司非常注重节能型产品的开展和利用，从生产方式到产品结构，努力向节能型靠拢。同宝鸡灯泡厂联合组建的天宝电光源玻璃有限责任公司，年产电光源玻璃三管3000吨节能工程，于1996年7月投入运行。

自1988年上第一台BB-18型吹泡机后，在不到8年的时间里，先后对池炉进行了三次改造，实施了一炉两机、一炉三机及国内同行首创的一炉四机的节能技改工程，使产品单位成本降低了25%以上。

高压钠灯是公司1995年开发的节能型新产品，以光效高（是同等功率白炽灯光效的7—8倍）广泛用于车站、码头、广场、施工现场、公路等公共场所，很有开发前景。

公司正在筹建的节能型细管径荧光灯，是粗管径日光灯的替代产品，光效相当于同功率白炽灯的5.7倍，是粗管径荧光灯的1.6倍，寿命是粗管径荧光灯的3倍以上，销售前景乐观。

双U型紧凑节能小功率荧光灯是公司重点开发的节能光源产品，该产品体积小，几何尺寸相当于普通白炽灯泡大小，镇流器设置在灯头内，一支13W的双U型荧光灯可替代一支60W白炽灯，使用寿命在普通白炽灯的5倍以上，是办公、家庭理想的光源产品，销售市场十分广阔。

目前，“天然气转化煤气”的节能技改工程已竣工投入使用，此项工程的竣工将为公司“双增双节”迈出关键的一步。

公司全体员工发扬“坚韧勤奋，开拓创新”的企业精神，增强职工质量意识，深入开展“消牌产品无次品”活动，连续三年被评为“四川省群众最喜爱商品”，并远销巴基斯坦、丹麦、南非、香港等国家和地区。

成都建中锂电池厂

该厂是国营建中化工总公司下属的最大民品生产厂之一。国营建中化工总公司是国内唯一核电站燃料元件生产厂，企业现有资产总额十几亿元，拥有二十余名享受国家政府特殊津贴的专家，是512家国有大型骨干企业。是从美国能源转换公司引进全套设备和制造技术的锂电池生产厂，是国内最大的全密封柱式锂电池(组)的专业生产厂家，其发展经历了三个重要阶段：第一阶段为引进初期，生产规模年产柱式锂电池200万只，50%产品返销美国市场；第二阶段为返销美国合同终止，集中力量一方面开拓、占领国内军用市场，另一方面通过对引进技术的消化和吸收，自行研制和开发了锂锰柱式电池系列产品，为开拓民品市场创造条件；第三阶段为在对引进技术的消化和吸收的基础上，通过跟踪国际先进技术和水平，可生产Li/SO.2、Li/SCLO.2、Li/MnO.2三大系列各种不同规格的全密封柱式锂电池(组)，广泛用于无线电收发报机、保密机、夜视仪、传感器、便携式监视装置、变压系统自动重合器、声纳干扰器、各种引信、以及记忆存储器、仪器、仪表及小型电子设备等军用和民用方面的动力电源和备用电源。此阶段生产规模为年产柱式锂电池100万只，年产扣式锂电池500万只，产值达2100万元，销售额1200万元、出口额150万元人民币。

该厂地处成都双流国际机场三公里处，现已通过国防科工委ISO9001质量体系认证，取得了锂电池设计、开发、生产和服务的军工产品质量体系认证证书。工厂占地面积35400m^2，建筑面积8857m^2，拥有总资产4600万元，其中固定资产2160万元，全厂职工总数300余人，其中中级以上的工程技术人员40余人。工厂拥有自己的研究开发室、检测研究室，拥有成熟的全密封锂电池制造技术，可为广大用户专门研制各种特殊规格、特殊要求的锂电池(组)，以满足各种不同需求。

该厂充分发挥我省金属锂资源的优势，立志建成集科研、开发、制造锂一次电池、锂二次电池和其它锂电池的基地。成为四川以至全国最大的锂电池科研、开发、生产基地，为我国锂电池的发展增添光辉的一页。

目前从国外引进锂离子二次电池和其相匹配的充电器专有技术和关键设备的工作已进入实质性阶段，生产线建成投产后，可向市场提供用于移动电话、便携电脑及摄像机、无绳电动工具等电源产品，生产规模单独生产1.0Ah—7.2V电池组500万组、1000万只单体电池及相应数量的充电器。

厂址：四川省双流县荣卫路30号
电话：(028)5822465
传真：(028)5822429
电挂：双流4258

总经理　林仲奇

成都八达电力工程公司

成都八达电力工程公司系送变电工程建筑安装施工三级企业。具有承担110KV及以下电压等级的送电线路工程和变电站建筑、安装工程的施工和承包小型水电站的设计和安装，承包城市大、中型住宅小区及城乡工矿企业供电、配电设施的设计和安装的能力。

公司严格执行《中华人民共和国反不正当竞争法》的规定，参与市场公平竞争。全体员工奉行的宗旨是："信誉至上，质量第一"，从而被成都市工商局命名为"重合同，守信用"企业。

总经理：林仲奇
电话：(028)6647541
地址：成都市西御街5号
邮编：610015

CHENG DU BA DA DIAN LI GONG CHENG GONG SI

四川省成都长途线路局

局办公楼

局长、高级工程师　陈新才同志

领导集体一班人

夜间障碍抢修

该局是专业维护长途通信线路的邮电企业，担负着中央到省、省到地区、地区到县的国际、国内长途通信一、二级干线的维护、管理工作，线路网络覆盖以成都为中心“七市、七区、十二县”。在保证成都作为西南地区通信枢纽和四川省通信中心的作用中做出了不可磨灭的贡献，为西南经济腾飞和巩固西南国防起着举足轻重的作用。

长线历来是邮电部门的排头兵，又是默默无闻的幕后英雄。随着改革开放步伐的加快，成都长线局在全省长线系统中率先打破旧有体制的束缚，实行局长负责制，走入市场经济的大潮。一方面逐年完成了传输手段的更新换代，实现了传输网的光缆化；另一方面，组建了国家二级施工企业——四川电信工程公司，并在广东、福建等省争取到了工程施工，从盆地走向了沿海。

1997年班子换届以来，局坚持以维护生产为中心，加强服务意识、全网意识，积极推进两个转变，强化管理，深化改革。同时，注重加强党的建设，在全局形成共同的理想和精神支柱。

近年来，光缆干线已形成“八纵八横”的网状格局，在四川，也基本形成了环型格局。成都长线局坚持“以防为主，防打结合”的工作方针，狠抓护线宣传。他们主动和地方各级政府、交战办、公安机关联系，取得支持；同时，利用光缆割接机会，在广大群众中进行声势浩大的护线宣传，发动群众共同参与；在处理外力损坏事故的同时，积极通过新闻媒介曝光，引起全社会的重视。通过种种努力，在通信线路通达沿线，爱线护线意识深入人心，长途通信线路的重要性也引起了社会各界的高度重视，为线路安全畅通创造了一个良好的环境。

“长风破浪会有时，直挂云帆济沧海”，成都长线人正以专业化、知识化、年轻化的崭新的面目，满怀豪情地走在通信建设的前列。他们坚信：只要有邓小平理论伟大旗帜的指引，只要有自己不懈的努力，就一定会迎来无限美好的明天，就一定会和全国人民一道把建设有中国特色的社会主义事业全面推向二十一世纪。

中共中央政治局常委、国家副主席胡锦涛在省长宋宝瑞等领导陪同下视察成都彩虹集团全线路控温电热毯装配、检测生产线

该公司是以国家二级企业——成都市电热器厂为主体发起设立，以家用电器和家庭防疫卫生用品为主导，一业为主、多种经营的中型企业集团，列为国家经贸委“双加”工程计划、省政府“小巨人”发展计划和市政府重点支持企业。被国家经贸委、国家统计局评为“全国工业企业经济效益综合评价最优500家”之一，现为中国家用电器工业协会、中国日用杂品工业协会副理事长单位。公司拥有“彩虹”系列家用电器、家庭防疫卫生用品两大类近九十个品种规格，命名为中国名牌和四川名牌；“彩虹”牌电热毯、电热蚊香片(器)等产品产销量历年居全国同行业首位。1997年，公司完成销售收入2.6亿元，创利税3600多万元，列为成都市“50强工业企业第八位”和支柱产业重点企业。“九五”期间公司将抓住机遇，进行跨省区、跨行业、跨地区的联合、兼并，努力实现低成本扩张，力争2000年产值达20亿元，把公司建设成为具有雄厚实力的企业集团。

市长王荣轩在公司董事长、总经理刘荣富陪同下观看成都彩虹集团样品间

中国钢铁炉料西南公司

中国钢铁炉料西南公司是中国钢铁工贸集团公司的紧密层企业。是经国家工商局核准，四川省工商局注册登记的独立核算、自负盈亏的物资供销企业。企业实收资本8349万元。

公司主要经营铁合金、炭素制品、石墨电极、生铁、废钢铁、钢材、有色金属原材料、化工产品、冶金设备配件等生产资料。

公司一业为主，多种经营，还为用户开展代购代销、代储代运等服务。

公司下属新都冶金仓库，位于新都火车站附近，占地102亩，仓储及运输设施完善，并有较多闲置库房、场地、宿舍及生活设施。欢迎洽谈储运业务或联营兴办实体。

公司愿与各方客户建立长期稳定的业务渠道，并热忱为客户服务。

公司自1985年至今一直保持四川省委、省政府命名的省级文明单位称号。公司93、94年荣获成都市销售、利税双百强，95、96年荣获成都市物资供销业排名前20名，97年获四川贸易企业最大规模100强。

地址：成都市宁夏街166号　　邮编：610031
电话：(028)6635890　　电挂：1496
传真：(028)6633028
法定代表人：王祥发(总经理)

成都红光空调净化设备制造公司

该公司始建于1985年，有职工人数400多人，其中，持有中高级技术职称的管理人员有30多人。公司占地30余亩，固定资产1000万元，年产值达5000万元，主要产品有通风配件，空气净化设备，美丽钢制品，防火排烟阀系列产品，中央空调器，油水分离器，消声器，除尘设备，静脉肌注配液净化工作台(医疗用)。下属工程安装公司，能承担水、电设计安装和净化工程的设计安装。

公司产品已销至国内各省市、自治区，并出口到印度尼西亚、巴基斯坦、新加坡等国。被在国内的美国杜邦公司、日本日立公司、英国葛兰素公司等大型企业采用。公司产品广泛用于电子、电力、冶金、石油、医药、机械、轻纺、食品、航天航空、计算机、核工业、医疗等行业及高层建筑，大型宾馆、饭店等，西昌卫星发射基地、葛州坝水利发电工程，二滩电站等全国大型工程均使用公司产品。

高效送风口，初、中、高效空气过滤器

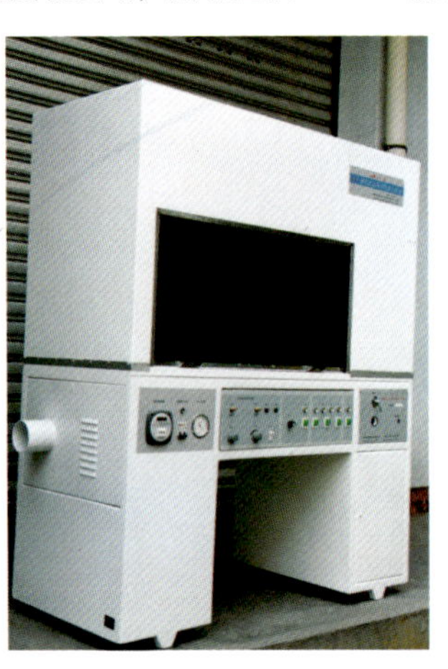

静脉肌注净化配液工作台(医用)

公司重质量、守信誉，质量严格把关，检测手段完善，产品由成都市质检所监检，被市政府授予重合同、守信誉企业。列为成都市重点乡镇企业。

国营一五七厂厂貌

国营一五七厂(又称成都西南玻璃厂)是西南地区的一家门类齐全的玻璃深加工企业，全国定点生产军用航空玻璃厂家之一，现拥有固定资产7910万元，工厂占地面积12.6㎡，工厂地理位置优越，紧邻成渝高速公路成都出口处，并与市政干道连接，厂内有铁路专用线及仓库储运设施。建厂三十多年来，一直从事航空玻璃，工业技术玻璃，特种玻璃(防弹、中空、电热玻璃等)汽车档风玻璃，高级建筑安全、装饰玻璃、石英玻璃系列产品的研制生产和销售，并拥有领先于国内水平的年产10000吨无碱玻璃球生产线。现已开发专有技术58项，先后获国家部(委)省、市科技成果奖29项，部分产品已填补国家或西南地区的空白。

法人代表：余大贵
厂址：四川省成都市外东槐树店路26号
通讯：四川省成都市八四三号信箱
电话：(028)4714754
传真：(028)4710340
邮编：610051

平弯钢化玻璃生产线

无碱玻璃球生产车间一角

中国集装箱总公司成都公司

中国集装箱总公司成都公司是成都市铁路集装箱联营联运定点骨干企业，荣获“省级先进企业”称号。

公司地处西南最大货编特等站成都火车东站一公里处(成都市府青路三段16号)，占地61亩，其中堆场4万M²，库房5千M²，备有20T龙门吊2台、36T龙门吊1台及1-10T叉车20台，运输车辆45台，年吞吐能力80万T。地理位置优越，交通便利，主要受理铁路一、六、十T、二十、四十英尺集装箱的发运、到达取货，集装箱“门到门”运输，以及零担拼箱、整车等。可来人或以电话、电传申请计划。公司受理方便，箱源丰富，服务周到，欢迎惠顾。

公司大型箱货物

公司大型箱货场

待发的“门到门”运输车辆

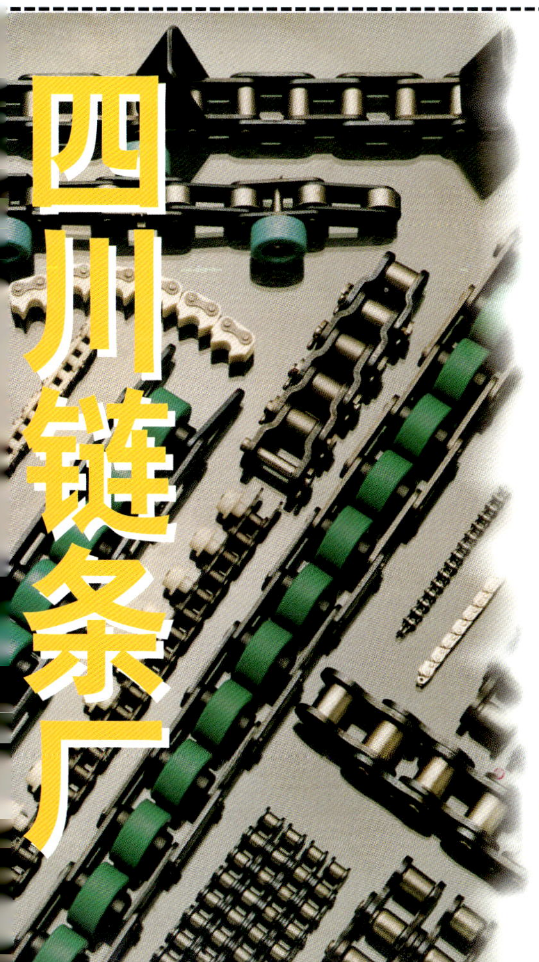

四川链条厂

该厂是西南地区生产链条的专业厂家，已具有30年链条生产的历史。建厂初期主要为农业机械配套。随着改革开放的发展，企业从农机行业向其他行业开拓，已具备生产用于冶金、电子电器、轻工、食品以及新型建材等行业所需的各种标准链和特种链的能力。

从1992年开始工厂又向链式成套输送设备领域发展。已成功地为农用汽车装配线及铝厂刮泥输送线设计、制造和安装了链式输送设备。用户反映质量可靠。该厂有先进的链条加工设备、先进的链条生产工艺以及齐全的链条检测手段。有一批高、中级链条专业工程技术人员，开发和生产新产品的能力较强。由于产品质量优良，工厂生产的“川字牌”注册商标链条畅销全国，部分产品出口到欧洲、东南亚及中东地区。

地址：成都市解放北路194号
厂长：陕晓林
副厂长：李太平　冯忠山
电话：(028)3331968
传真：(028)3331395
邮政编码：610081

四川省印刷制版中心

四川省印刷制版中心位于四川省成都市新都县，成立于1985年，几经磨炼不断发展壮大，成为一个以彩色制版，印刷为龙头，集生产PS版，各类印刷胶辊，彩色纸箱的松散型企业集团。公司先后被国家统计局、四川省统计局、成都市人民政府授予“中国100家最大印刷企业”、“中国行业50家最佳经济效益企业”、“中国行业100强”、“四川工业企业最大规模500强”、“四川省10家最佳经济效益印刷工业企业”、“四川省轻工百强企业”、“成都市百强企业”，在国内、省内树立了良好的企业形象和生产经营信誉。

“用户在我心中，精品在我手中”是公司的经营理念。凭着对用户最高度负责的精神和精湛的技艺，超群的实力，依靠科学的管理，公司取得了很好的社会知名度和商业信誉。公司制作的画册、年历、产品目录、宣传手册、包装盒、贺卡、手提袋等，以设计的超凡脱俗，印刷的至善至美，赢得普遍赞誉。公司的产品多次在国际国内获奖，其中由公司设计、印制的“康复新”药品系列包装盒，1996年获“世界之星”奖，“中国大熊猫”画册获国家新闻出版总署一等奖。

四川省印刷制版中心
- 四川星雅印务有限责任公司
- 四川炬光印刷器材有限公司
  - 四川京光特型印刷器材有限公司
  - 四川省新都宏鑫印刷器材厂
    - 四川省新都拓宇实业公司
    - 新都县印刷厂
    - 四川省新都星宝纸箱厂
    - 四川省新都宏亚胶辊厂

世界名画

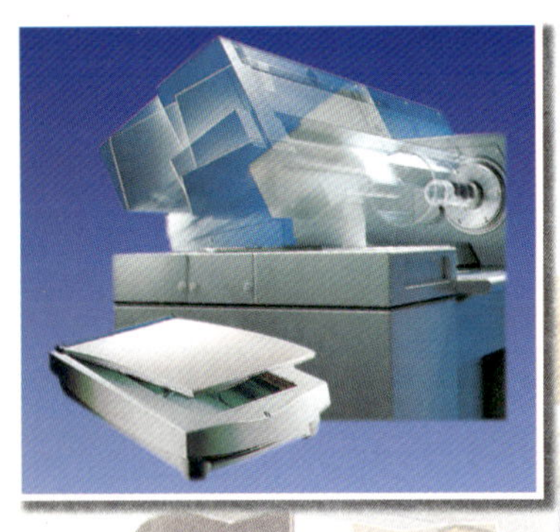

西德产DC-3000电子分色机及彩色平面处理系统

“工欲善其事，必先利其器”
一流的设备是我们永恒的追求，
革新永无止境。

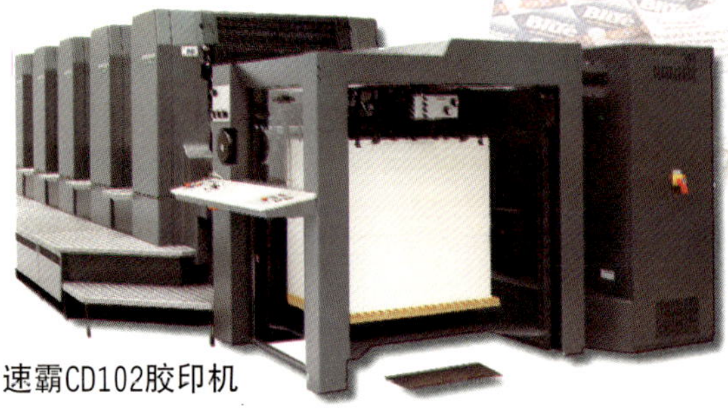

西德产速霸CD102胶印机

总部：四川省新都 泰路121号
电话：(028)39727
传真：(028)397233
邮编：610500

国际粮农大厦

国际粮农大厦位于成都市白果林小区摸底河畔，环境宜人，交通便利。大厦集客房、餐饮、娱乐、购物多功能于一体。现有各式客房标间和高级套房150间(套)，总接待能力300人。旅游服务设施齐备：楼顶游泳池、多功能圆形舞厅、KTV豪华包间、大小餐厅、各型会议室、大堂酒吧、超级市场、自动电梯、国际国内直拨电话，票务代办及昼夜保安服务，同时提供上百个车位。

国际粮农大厦立足成都，面向世界，是各地商务和旅游客人莅临蓉城理想的下榻之处。

国际粮农大厦全体员工恭候各方贵宾的光临。

另：大厦现有少量写字间和商场对外诚租，欢迎各方有识之士前来考察、洽谈。

会议联系电话：(028)7774410 (028)7750088 转公关部
联系人：唐小姐 刘先生
订房电话：(028)7774379 (028)7750088转总台
联系人：刘先生
地址：成都市一环路西三段文华路23号

交通路线
27路(火车北站——青羊宫) ○青羊小区站下
48路(西南交大——盐市口) ●白果林小区站下
54路(火车北站——白果林小区) ●白果林小区站下
306(火车北站——武侯祠) ○青羊小区站下

成都市统计局

1995年4月王荣轩市长(中)会见国家统计局副局长翟立功(右)左为市统计局局长沈逖

市统计局是市政府的职能部门，肩负着领导、组织和管理全市经济、社会和科技等各行业、各方面的统计调查、统计咨询、统计监督等主要职能。改革开放以来，市统计局以健全的调查网络、科学的调查方法、现代化的信息技术，为各界提供了完善的高水平的信息服务，统计事业得到了快速发展，步入了现代化、法制化轨道。

形成了健全的统计调查网络体系。经过十几年建设，已形成了以市统计局为主体，以城市社会经济调查队、农村社会经济调查队、企业调查队、市场研究公司为支柱，立足成都、网络全国的成都统计信息网络体系。

市统计局计算中心主机房

实现了统计调查方法的多样化。在全面统计报表基础上，灵活运用普查、抽样调查、重点调查、问卷调查、典型调查等科学的调查方法，加强国民经济核算，促进了经济发展由速度型向效益型转变。

统计职能优势充分发挥。开展了全方位的统计信息咨询，全面参与了市政府目标管理、小康监测考核验收，建立了与之相适应的统计监测考核体系，有效地实施了统计监督。组建统计干部教育分院，形成了中等教育与高等教育，学历教育与继续教育，专业教育与岗位培训相结合的统计教育格局。为发展统计事业培养了大批人才。

拓宽了统计服务领域。利用丰富的统计资料，提供统计信息，开展统计研究，撰写统计分析报告，开展市场调查，发布经济和社会发展信息，定期编辑《成都统计年鉴》、《成都统计手册》、《成都统计月报》、《成都统计公报》、《统计分析》等统计信息资料，为党政领导和社会各界提供了不可缺少的基础资料。

市统计教育分院全体同志正在研究教学计划

目　　录

二、人口及劳动力

三、农 业

四、工 业

五、交通、邮电

六、固定资产投资、建筑业

九、财政、金融和保险

十、科技、教育和文化

十一、体育、卫生、福利及其他

十二、城市公用事业

十三、人民生活

十四、区(市)县

CONTENTS

CHAPTER 2 POPULATION AND LABOUR FORCE

CHAPTER 3 AGRICULTURE

CHAPTER 5 TRANSPORTATION,POST AND TELECOMMUNICATIONS SERVICES

CHAPTER 6 INVESTMENT IN FIXED ASSETS AND CONSTRUCTION

CHAPTER 9 FINANCE,BANKING AND INSURANCE

CHAPTER 10 SCIENCE TECHNOLOGY, EDUCATION AND CULTURE

CHAPTER 11 SPORTS, PUBLIC HEALTH, SOCIAL WELFARE AND OTHERS

CHAPTER 14 DISTRICTS ,CITIES AT COUNTY LEVEL AND COUNTIES

成 都 概 况

一、成都历史文化

成都是一座有2300多年悠久历史的古城，是国务院首批公布的24个历史文化名城之一。公元前四世纪，蜀国开明王朝迁都成都，取周太王迁岐“一年成邑，二年成都”，故名成都。公元前311年，秦人按咸阳建制兴筑成都城垣。当时城周12里，高7丈。成都城市在这一年正式建立。公元前256年，蜀郡太守李冰父子率岷江两岸人民兴建的都江堰水利工程，二千多年来一直浇灌着成都平原。因此，成都水旱从人，土地肥沃，气候温和，物产丰富，故世称“天府”。西汉时期，成都织锦业驰名天下，当时，在城西南设立了锦官，专管织锦，并筑有锦官城，故成都又有“锦官城”、“锦城”之称。五代后蜀主孟昶时，在城墙上遍种芙蓉，故成都还有“芙蓉城”、“蓉城”之称。在历史上，成都又是一座水网密布，江桥众多，树木葱茏，繁花似锦的“花城”。19世纪法国旅行家古德尔孟曾赞叹成都是“东方的巴黎”。

二千多年来，成都一直是祖国西南地区的政治、经济、军事重镇，具有重要战略地位。秦、汉、晋、隋皆因得蜀而统一天下。西汉公孙述、三国刘备、西晋李雄、东晋李寿、五代前蜀王建、后蜀孟知祥等封建王朝均建都成都。成都又一直是各朝代的州、郡、县治所。清代，1645年，成都为省、道、府治所。民国初年，成都是四川省省会。1949年12月，成都解放后为川西行政公署驻地。1952年恢复四川省建制，成都为四川省省会至今。

成都是工商繁茂的大都会。秦汉时代，成都是我国有名的商业都市。汉代，又是全国五大都会之一。唐代有“扬(州)一益(成都)二”之称。北宋时期是汴京以外的第二大都会。唐宋时期成都的商业已突破了历史上传统的坊市制的束缚，兴起了临街设店和前店后坊(手工作坊)的格式，进而发展为城内有东市、南市、新南市、西市和北市，城外有草市。一年内，各种专业性市场不断：1月灯市、2月花市、3月蚕市、4月锦市、5月扇市、6月香市、7月七宝市、8月桂市、9月药市、10月酒市、11月梅市、12月桃符市。城内还兴起了繁荣的夜市。现在中共四川省委所在地叫“商业街”，成都市委所在地叫“羊市街”。这些街名也反映了成都历史上商业的繁荣。

纸币是中国发明的，成都又是中国纸币的发源地。当时，在成都城外西边的“净从寺”(即成都西门万佛寺)有制造纸币(交子)的用纸和印刷纸币的作坊。成都所制交子，是世界货币史上使用最早的纸币，它对贸易往来、金融业的发展和经济繁荣等起了重大作用。

成都是全世界最早开发利用天然气的地方。早在西汉时期，成都人就发现了天然气，并用于制盐。这就是成都临邛地区有名的“火井”。历史上成都还是一座口岸城市。李冰开二江，双过城下，使成都成为水陆交汇的口岸城市，又是祖国南方丝绸之路起点的外贸城市。

成都对祖国和世界文化作出了重大贡献。成都的教育事业发达，历史悠久。早在公元前141年，蜀郡太守文翁在成都兴学，开学馆，设讲堂，建石室。“文翁倡其教，相如为之师”，于是蜀之人才，辈出于两汉。这是全国地方办学的首创。一直到南宋，发展为规模近千人的地方高等学府。

隋、唐至宋时代，成都的造纸技术为全国的高峰。唐代成都造的“益州麻纸”是官方规定的诏书、册令和中央图书馆的标准用纸。雕版印刷术的发明，是中国对人类文明的又一伟大贡献。

而成都是中国雕版印刷术的发源地之一。伦敦博物馆所藏敦煌文书中孟蜀时期成都木刻印刷的“历书”,为世界最早的木刻历书。中国历史博物馆所藏唐代木刻印刷的“陀罗尼经咒”，边款刻有“成都府成都县龙池坊刻”等字样。中国用木刻印刷五经、文选、诗文集,始于唐代的成都。宋代的成都,是全国印刷业三大基地之一，有“宋时蜀刻甲天下”之称。

成都又是一座工艺名城。从战国到汉代,成都的漆器即负盛名,远漂海外。马王堆出土的精美漆器就有成都制造的。成都又是蜀锦的故乡,它一直是中国丝绸文化重要的发源地和生产地。汉、晋时期,蜀锦风靡天下。六朝以后至隋唐，通往西域的丝绸之路所销蜀锦大都是成都生产的。蜀锦在1909年的南洋博览会上获“国际特奖”。成都麻织的“蜀布”,在汉代是名扬天下的高级织物，远销“大夏”(即阿富汗)。

唐宋时期,成都的音乐、歌舞、戏剧已非常繁盛,有“蜀戏冠天下”之称。成都的乐器制造,闻名全国，成都乐器世家雷氏所制“雷琴”,不仅使当时的文化界“叹为观止”,而留存于世者，珍同“国宝”。成都大慈寺的壁画也被称颂为“天下第一”。

饮茶文化始于中国。中国饮茶，源于四川。而四川最早进行茶叶贸易的是成都新津。诗歌中最早饮茶记录亦在成都。唐宋时期,成都是全国茶叶生产的主要地区,也是茶叶贸易的集散中心。清代以来,成都的茶馆文化,别具一格,相沿至今。成都茶馆之多，世界第一。

成都是汇百流、善吸收、富创新的开放城市。自古就是一座人才荟萃的名城。汉赋四大家成都有司马相如和杨雄两位。唐代大画家成都有黄筌、黄居采父子。宋代著名史学家成都有范镇、范祖禹。成都还是名流云集之地,大政治家诸葛亮,大诗人李白、杜甫、岑参、薛涛、韦庄、陆游、范成大等都曾寓居这里，有“天下诗人皆入蜀”之说。无产阶级革命家朱德、陈毅都曾就学成都。现代著名文字家郭沫若、巴金、李劼人、李一氓，科学家周太玄等,都曾在成都石室中学受教。成都还具有不排外、汇百流、善吸收、富创新、勇进取的开放性格。开明氏入蜀,带来了荆楚文化;秦定蜀,带来了关中文化,后又把六国工商迁徙入蜀,带来了先进的工商技术;文翁兴学，派蜀人子弟到京师学习中原文化,隋代杨秀作蜀王带来中原高僧，使成都成为佛学中心之一。唐玄宗、僖宗两次“幸蜀”，随行带来了大批大诗人、画家、歌手和百工技艺之才。清代“湖广填四川”,促进了经济、文化、风俗的交流和融汇。川剧、曲艺、绘画、川菜、小吃等,都是集各地之精华而形成成都特有文化。抗日战争时期,各种社会团体和名流志士移居成都,27所大专院校迁来成都，使成都成为大后方文化中心。解放战争时期,随着大西南的解放，人民解放军又带来了晋、绥、秦、鲁、苏大批干部。建国后的三线建设时期,又调进了全国各地的各种人才。成都的经济、政治、文化持久繁荣的重要原因，就在于二千多年来一直不断地吸收引进全国各地的先进文化和人才。

成都是富于革命传统的历史名城。在历史上数次成为革命起义的中心。西晋末年是“成汉”国的都城。北宋初期王小波、李顺起义发动于青城,建政权于成都。明末农民起义领袖张献忠在成都建立了大西国。1911年辛亥秋成都的保路斗争，引起全川起义,成为10月10日武昌起义的开路先锋，被孙中山誉为立下了辛亥革命的“第一功”。五四运动以后，成都是发动赴法勤工俭学的重要城市。王右木、赵世炎、吴玉章、杨闇公、车耀先等革命先驱在成都进行过革命斗争。大革命失败后,“二. 六”烈士在下莲池英勇献身。1949年12月，十二桥烈士用鲜血迎来了古城的新生。

在成都市区域内,被列为国家级历史文化名城的有都江堰市,列为省级历史文化名城的有邛崃市、崇州市、彭州市。

二、地理位置和自然资源

地理位置 成都市位于四川省中部，四川盆地西部，介于东经102°54′～104°53′和北纬30°05′～31°26′之间。全市东西长192公里，南北宽166公里，总面积12390平方公里，其中城区建成区面积144平方公里。东北与德阳市、东南与资阳地区毗邻，南面与眉山地区相连，西南与雅安地区、西北与阿坝藏族羌族自治州接壤。距东海1600公里，南海1090公里，属内陆地带。

地形地貌 成都市地质历史悠久，地层出露较全。全市地势差异显著，西北高，东南低，西部属于四川盆地边缘地区，以深丘和山地为主，海拔大多在1000～3000米之间，最高处大邑县双河乡海拔为5364米，相对高度在1000米左右；东部属于四川盆地盆底平原，是成都平原的腹心地带，主要由第四系冲击平原、台地和部分低山丘陵组成，土层深厚，土质肥沃，开发历史悠久，垦殖指数高，地势平坦，海拔一般在750米上下，最低处金堂县云台乡仅海拔387米。成都市东、西两个部分之间高差悬殊达4977米。由于地表海拔高度差异显著，直接造成水、热等气候要素在空间分布上的不同，不仅西部山地气温、水温、地温大大低于东部平原，而且山地上下之间还呈现出明显的不同热量差异的垂直气候带，因而在成都市域范围内生物资源种类繁多，门类齐全，分布又相对集中，这为成都市发展农业和旅游业带来了极为有利的条件。

土地资源 成都市土地总面积12390平方公里，占四川省土地面积的2.6%。成都市土地资源有以下特点：一是土地类型多样。按地貌类型可分为平原、丘陵和山地；按土壤类型可分为水稻土、潮土、紫色土、黄壤、黄棕壤等11类；按土地利用现状类型可分为耕地、园林地、牧草地等8类。二是平原面积比重大，达4971.4平方公里，占全市土地总面积的五分之一以上，远远高于全国占12%和四川省占2.54%的水平；西北部山地面积占全市土地总面积的33.2%。三是土地垦殖指数高。土地肥沃，土层深厚，气候温和，灌溉方便，可利用面积的比重可达94.2%；全市平均土地垦殖指数达38.22%，其中平原地区高达60%以上，远远高于全国10.4%和四川省11.5%的水平。

气候资源 成都市位于川西北高原向四川盆地过渡的交接地带，具有自己特有的气候资源：一是东西两部分之间气候不同。因为成都市东、西高低悬殊，热量随海拔高度急增而锐减，所以出现东暖西凉两种气候类型并存的格局，而且，在西部盆周山地，山上山下同一时间的气温可以相差好几度，甚至由下而上呈现出暖温带、温带、寒温带、亚寒带、寒带等多种气候类型。这种热量的垂直变化，为成都市发展农业特别是多种经营创造了条件。二是冬暖、春早、无霜期长，四季分明，热量丰富。年平均气温在16.4℃左右，≥10℃的年平均活动积温为4700～5300℃，全年无霜期大于337天，冬季最冷月(1月)平均气温为5℃左右，0℃以下天气很少，比同纬度的长江中下游地区高2～3℃，提前一个月入春。三是冬春雨少，夏秋多雨，雨量充沛，年平均降水量为1124.6毫米，而且降水的年际变化不大，最大年降水量与最小年降水量的比值为2:1左右。四是光、热、水基本同季，气候资源的组合合理，很有利于生物繁衍。五是风速小，广大平原、丘陵地区风速为1～1.5米/秒；晴天少，日照率在24～32%之间，年平均日照时数为1042～1412小时，年平均太阳辐射总量为83.0～94.9千米/平方厘米。

水资源 成都市降水丰沛，年均水资源总量为304.72亿立方米，其中地下水31.58亿立方米，过境水184.17亿立方米，基本上能满足成都市人民生活和生产建设用水的需要。主要特点：一是河网密度大。成都市有岷江、沱江等12条干流及几十条支流，河流纵横，沟渠交错，河网密度高达1.22公里/平方公里；加上驰名中外的都江堰水利工程，库、塘、堰、渠星罗棋布，现有水利设施年实际供水能力达106亿立方米，有效灌溉面积达35.54万公顷；全市水资源理论蕴藏量为161.5万千瓦，这些为充分利用成都市丰富的水资源创造了良好条件。二是水质优良。成都地处长江流域上游，河水主要由大气降水、地下潜流和融雪组成，在流入成都平原之前，河道主要在高山峡谷之间，受人为污染小，因此水质格外优良，绝大部分指标都符合国家地面水二级标准的要求。

生物资源　成都市地处亚热带湿润地区，地形地貌复杂，自然生态环境多样，因而生物资源十分丰富。据初步统计，仅动、植物资源就有11纲、200科、764属、3000余种。其中，种子植物2682种，特有和珍稀植物有银杏、珙桐、黄心树、香果树等；主要脊椎动物237种，国家重点保护的珍稀动物有大熊猫、小熊猫、金丝猴、牛羚等；中药材860多种，川芎、川郁金、乌梅、黄连等蜚声中外。

矿产资源　成都市矿产资源较为丰富。一是种类繁多，目前已探明的有铁、钛、钒、铜、铅、锌、铝、金、银、锶、稀土等金属矿产以及钙芒销、蛇纹石、石膏、方解石、石灰石、大理石、煤、天然气等非金属矿产资源60多种。二是分布相对集中。全市有大小矿产地400余处，多属矿产资源分布相对集中。煤炭探明储量1.46亿吨，主要集中在西部边沿山区的彭州市、都江堰市、崇州市和大邑县；天然气探明储量16.77亿立方米，远景储量为42.21亿立方米，主要集中于蒲江、邛崃、大邑、都江堰和金堂一带；钙芒硝储量全国第一，高达98.62亿吨，主要集中于新津和双流县；多种金属矿产资源则相对集中于彭州市。三是共生矿多。因而多属矿可以综合回收利用，一矿变多矿，提高矿产使用价值。

旅游资源　成都市名胜古迹蜚声中外，加上自然风光绮丽多姿，因而旅游资源得天独厚，并具有鲜明的成都特色：一是人文景观多。全市现有人文景观172处，具有类型多、规模大、分布广、价值高的特点。全市19个区(市)县，都有自己特有的人文景观。其中，尤以二王庙、文君井、武侯祠、杜甫草堂、文殊院、宝光寺、王建墓、东汉墓等最具特色；观音寺的壁画、塑像和花置寺的摩岩造像等也有很高的艺术观赏价值；举世闻名的都江堰水利工程，更是具有极高的科学研究价值。二是自然景观全。成都地形地貌复杂多样，山景、洞景、水景、生景、气景俱全。其中山景具有高、险、奇、秀、幽的特色，如有"天下幽"的青城山、雄奇多姿的九峰山、奇峰挺拔的雾中山、景色秀美的玉垒山等；水景中有汹涌湍急的溪流、清澈明亮的水潭、飞珠溅玉的瀑布。秀美如画的湖泊、千姿百态的泉眼等等。十分迷人的成都生景中，有少见的桂花林、箭竹林、杜鹃林等植物群落和大熊猫、小熊猫、蝴蝶群等珍稀动物。丰富多彩的成都气景中，有壮观的日出、多变的云海、神奇的佛光和奇特的"神灯"等等。三是旅游资源分布相对集中。现已形成以成都市区为核心的、组合不同、风格各异的都江堰、青城山、宝光寺等8个国家、省、市级风景片区。四是旅游地理位置十分优越。成都正处在由剑门蜀道、九寨沟、成都、峨嵋山、长江三峡等旅游胜地组成的四川旅游环和由北京、西安、成都、昆明、桂林、广州等旅游中心组成的全国旅游环的联结点上，还是内地前往西藏的主要通道，这些都为开发利用丰富的成都旅游资源创造了良好的条件。

劳动力资源　1997年，成都市人口总数为 989 万人，占四川省总人数的11.7%，占全国总人数的0.8%。其特点：一是人口密度大。平均每平方公里为798人，特别是平原地区人口密度多在每平方公里1000人以上，比全国人口密度较高的长江三角州和珠江三角洲的人口密度还高出约一倍。二是社会劳动者人数比重大。全市社会劳动者占全市总人数的77.1%，远高于全国和四川省的水平。三是具有大专以上教育程度的劳动者人数比重大。据第四次人口普查资料，成都市每千人中具有大专以上教育程度人数为32人、高中93人、初中263人、小学403人。由此可见，成都市劳动力资源不仅数量众多，而且文化素质较高。

三、人口和行政区划

人口 1997年末，成都市总人口为989万人，在全国特大城市中，仅次于北京、上海、重庆，居第四位。其中，市区人口322万人，县(市)人口667万人；女性人口484万人，男性人口505万人；农业人口671万人，非农业人口318万人。全市共300万户，其中，市区为100万户，县(市)为200万户。全市平均每户3.3人，其中，市区平均每户3.2人。全市人口密度为每平方公里798人，其中，市区人口稠密，平均每平方公里达2181人。

行政区划 建国后，成都市行政辖区几经调整扩大，面积由29.9平方公里扩大到1.23万平方公里。1952年撤消成都县，部分划归成都市郊区。1953年后，相继建立了东城区、西城区、金牛区、青白江区、龙泉驿区和一个区级办事处(黄田坝)。1976年将温江地区的双流县、金堂县划入成都市管辖。1983年5月，实行市领导县体制，温江地区10个县并入成都市。1990年9月，经国务院批准，成都市进行区划调整，五区划为七区。目前，成都市辖7区4市(县级市)8县，即：锦江区、青羊区、金牛区、武候区、成华区、龙泉驿区、青白江区、都江堰市、彭州市、邛崃市、崇州市、金堂县、双流县、温江县、郫县、新都县、大邑县、蒲江县、新津县。

四、经济社会发展概况

成都市的国民经济和各项社会事业经过解放后48年，特别是改革开放以来19年的发展，城市综合实力显著增强，社会全面进步，人民生活极大改善，使成都市在全省、西南、全国的地位明显提高。

1984年1月11日，国务院批准成都市城市性质为“省会，历史文化名城，重要的科学文化中心”。1993年6月29日，国务院进一步要求“充分发挥成都市作为西南地区科技中心、商贸中心、金融中心和交通通信枢纽的作用”，并先后批准成都市实行沿海开放城市政策，列入全国率先建立社会主义市场经济体制试点城市、金融对外开放城市、行政副省级城市。1993年10月，成都市在全国省会城市中，第一个被命名为国家卫生城市。城市综合实力1992年进入全国城市50强，位居第11位，投资硬环境为全国城市40优之一。并获“全国双拥模范城”和“八五”全国节水先进城市称号。

——经济总量突破千亿大关，综合实力显著增强。1997年，全市国内生产总值达到1007亿元，比1978年增长6.8倍，年均增长11.5%，提前实现本世纪末国内生产总值比1980年翻两番的战略目标。三次产业协调发展，以商品流通、交通运输、邮电通信、金融保险、房地产、技术服务、旅游等为主的第三产业迅速发展，产业结构调整成效明显，全市第一、二、三产业在国内生产总值中的比重分别为12.0%、45.3%、42.7%。

——经济体制改革逐步深化，对外开放取得成效。积极探索和深化国有企业改革，大中型企业建立现代化企业制度试点和优化资本结构试点取得阶段性成果，国有小企业改制取得突破性进展。推进和规范企业股份制改革，推荐和完善了一批上市公司，财政、税收、金融、外贸、计划、投资、价格、流通、住房、土地使用和社会保障制度等配套改革进展顺利。农村改革进一步深化，农业产业化发展势头良好。市场体系初步建立，市场在资源配置中的基础性作用日益增强。对外开放取得成效。利用外资和进出口贸易逐步增长，一批世界著名大公司、大集团相继来蓉投资，10余家外资金融机构在蓉设立办事机构。调整和完善了成都高新技术产业开发区管理体制和发展规划。开发区建设成效明显，成为对外开放的重要基地和窗口。对内开放进一步拓展，加强了与川西片区、西南六省区市、沿海城市和长江流域城市之间的经济交流与合作。

——基础设施建设不断加强，城市面貌发生重大变化。坚持以规划为龙头，以道路建设带动旧城改造和城市基础设施建设。相继完成了一、二环路、内环路、府南河综合整治城区段工程和天府广场一期工程，城市面貌和生态环境明显改善，城市特色更加突出。实施了蜀都大道、羊市街西延线，东城根街南北延线等多条城区道路的改造建设，城市立体交通发展迅速，兴建立交桥12座。建成成温邛、成彭、唐巴、成仁、新蒲快速通道和成绵、成渝高速公路，规划、开工成乐、成雅和城区三环路、外环高速公路。完成自来水六厂、西郊天然气储罐站、成都污水处理厂和成都长途电话枢纽工程等若干重点项目，城市供电、供气、供水和通信能力逐步增强，城区天然气气化率达96.9%。城市管理、城市园林绿化、环境保护、市容环卫等工作成效明显，被评为国家卫生城市和环境综合整治优秀城市。郊区（市）县城镇和省、市小城镇建设步伐加快，城镇体系建设取得新的进展。

——城乡居民收入增长较快，生活水平不断提高。1997年，城镇居民人均可支配收入达到6019元，农民人均纯收入2427元，城乡居民储蓄存款年均增长38.8%，市区居民人均居住面积达9.7平方米，农村居民人均住房面积达27.1平方米，城乡居民生活质量明显改善。全市已有15个区（市）县、90%的乡（镇）、88.7 %的村基本实现小康。

——科教卫生体育稳步发展，社会事业全面进步。实施“科教兴市”战略，加快了科技成果转化。全市有科技人员42.1万人，居大城市前列。科技对经济增长的贡献率达到43.7%。教育改革取得可喜进展，教育结构日趋合理。全市有普通高校20所，在校生8.6万人，普通中学在校生35.5万人，小学在校生79.4万人，学龄儿童入学率达99.9%。巩固了农村扫除青壮年文盲成果，提前实现“普九”目标。卫生、体育事业发展较快，初级卫生保健规划胜利实现，全民健身活动广泛开展，全市平均每万人拥有卫生技术人员55人，医院病床33张。计划生育工作成效显著，人口自然增长率控制在4.5‰以内。新闻、出版、文化、广播、影视事业蓬勃发展，一批重要文化基础设施相继建成，川剧《三杠爷》等荣获“五个一工程”奖。大力发展各具特色的企业文化、乡村文化、校园文化和社区文化，丰富了群众文化生活。

1997年成都市国民经济和社会发展统计公报

成都市统计局

1997年，在市委、市政府的领导下，全市人民以邓小平理论为指导，认真贯彻党的十五大精神，稳中求进，积极推进“两个根本性转变”，加大改革力度，加强两个文明建设。全市经济实现了“高增长、低通胀”，各项社会事业稳步发展。

综　　合　1997年，全市经济保持持续、稳定、健康的良好发展态势。国内外贸易同步增长；城乡经济协调发展；市场物价平稳；人民生活继续得到改善；城市综合经济实力进一步增强。全年实现国内生产总值1007.0亿元，比上年增长11.5%。其中第一产业增加值完成120.6亿元，增长3.2%；第二产业增加值完成456.4亿元，增长13.5%；第三产业增加值完成430.0亿元，增长11.7%。人均国内生产总值首次突破万元大关，达到10224元。

市场物价涨势得到有效抑制，呈现涨幅低、波动小的特征。全年居民消费价格上涨5.7%，比上年回落4个百分点；商品零售物价上涨2.9%，回落3.6个百分点。

社会保障制度不断完善。全市国有和城镇集体企业社会养老保险覆盖面达90%以上。国有企业基本养老保险参保率和保险金收缴率均在90%以上。全市有87万职工参加了失业保险。建立了15个再就业服务中心，共安置下岗待业职工4.2万人。富余下岗职工分流安置率达46%。

经济体制改革步伐加快，按照“总体推进、重点突破”的原则，已完成了9个扩张型集团公司资产重组和43个企业的破产结案工作；选择了13个企业进行现代企业制度试点；已完成和正在进行兼并的企业有67个，到年底已有671个国有小型企业完成了改革。年内共有6家股份制公司在上海、深圳交易所挂牌上市，融回资金10亿元。

当前我市社会经济发展中存在的主要问题是：农业基础薄弱；产业结构不尽合理；科技投入不足；部份企业生产经营困难，下岗职工多，就业压力大。

农　　业　1997年，我市坚持把农业和农村工作放在经济工作首位，大力发展高产、优质、高效农业，走农业产业化经营道路，实现了“粮增产、钱增收”的目标。全年建设“三高”农业项目12个，改造中低产田土27.8万亩，修复江河堤防工程18.3公里。

全年粮食总产量达402.1万吨，比上年增长0.4%，再创历史最高水平。畜牧、林、果业继续保持发展势头。肉类产量为58.8万吨，比上年增长4.8%；禽蛋产量13.2万吨，增长9.4%；牛奶产量4.0万吨，增长9.7%；水果产量38.6万吨，增长13.6%；蔬菜产量307万吨，增长5.0%。居民的“菜篮子”更加丰富。

农业生产条件逐步改善，机械化水平进一步提高。年末农业机械总动力达186万千瓦，比上年末增长2.8%；大中型拖拉机1831台，增加58台；农村用电量达18.1亿千瓦小时，增长12.0%。

农村小康建设步伐加快。全市已有15个区(市)县基本实现农村小康。

工业和建筑业　工业企业加大改革力度，努力开拓市场，工业经济继续保持稳定增长的良好态势。全年实现工业增加值387.2亿元，比上年增长13.3%。其中，国有及国有控股工业完成82.4亿元，占全市工业的21.3%；大中型工业企业增加值为88.4亿元。大中型企业中，年收入在10亿元以上的企业和年利税总额在1亿元以上的企业各有5家。全市完成轻工业增加值182亿元，增长16.1%；重工业增加值205.2亿元，增长10.4%。

产品结构有所调整，技术含量高、市场需求较旺的产品增长较快，而一些市场需求不足的产品生产则继续低速增长或下降。

工业经济效益回升。全年乡及乡以上独立核算工业企业产品销售收入593.2亿元，增长10.0%；产品销售率达到95.2%；利税总额41.5亿元，增长7.4%；资金利税率5.0%；成本费用利润率1.5%；工业经济综合效益指数达81.2%。国有企业实现利税24.9亿元，增长31.0%。

改造传统产业、发展支柱产业，促进了规模经济的健康高效发展。1997年全市医药、食品、电子信息、机械四大支柱产业共计完成工业增加值87.0亿元，占乡及乡以上工业的48.0%；实现利税25.0亿元，占乡及乡以上工业的56.7%。

全市建筑施工企业外抓市场、内抓管理，生产经营稳步增长。全年完成建筑业增加值72.0亿元，比上年增长14.6%。实现利税9.8亿元，增长26.2%。房屋建筑优良品率33.2%，提高2.4个百分点。国有建筑施工企业施工产值131.1亿元，增长13.3%，竣工产值98.0亿元，增长9.8%。

固定资产投资　1997年，我市投资总量平稳增长。全年全社会固定资产投资总额310.1亿元，比上年增长19.8%。新增固定资产229.0亿元，交付使用率为73.8%。全市施工面积3178万平方米，竣工率60.9%。其中，住宅施工面积1950万平方米，竣工率72.2%。

在固定资产投资中，基本建设投资120.0亿元，比上年增长32.0%；更新改造投资34.8亿元，增长36.8%。在全市投资总额中，国有经济投资148.0亿元，增长24.1%。

房地产开发投资平稳发展。全年全市房地产开发完成投资73.0亿元，增长6.7%。商品房销售面积292万平方米，其中住宅263万平方米。商品房销售额44.2亿元，增长36.0%。商品房空置(待售)面积171万平方米。

通过基本建设和更新改造投资，改善了我市交通、能源的"瓶颈"状况。全年建成投产项目501个，大中型及重点建设项目投资32.2亿元，比上年增长6.1%。全年完成的主要重点项目有：双流国际机场扩建项目已完成新建站坪、机坪及调度联络道等基础工程；邛名路新增改建公路25.5公里；达成铁路年内建成通车；年内投资新建15个电话分局，新增市内电话交换机容量41万门，长途电话终端6万个，改善了市话分局的网点分布；年内投资新建了彭州凤鸣桥电站、金堂调峰电站、崇州岩峰电站、邛崃宝珠山电站、大邑新源火电厂等，新增发电装机容量5.4万千瓦。

交通和邮电业　交通、邮电业继续保持较快增长，全年完成交通运输、邮电通信业增加值59.2亿元，比上年增长12.7%。

交通运输事业全面发展。年末拥有各种机动车辆45万辆，比上年增长28.2%。全年货物周转量199.6亿吨公里，增长4.0%；旅客周转量209.7亿人公里，增长6.0%。其中，铁路货物周转量147.4亿吨公里，旅客周转量43.3亿人公里；公路货物周转量50.0亿吨公里，旅客周转量75.8亿人公里；航空货物周转量2.2亿吨公里，旅客周转量90.6亿人公里。

邮电通信事业加速发展，服务领域不断拓展。全年邮电业务总量19.7亿元，比上年增长22.2%。年末市内电话交换机总容量140万门；农村电话交换机总容量10.9万门。全市电话用户达71.7万户，比上年增长44.6%，其中住宅电话用户52万户，增长56.7%。新增移动电话用户7.4万户，年末用户达19.0万户。城市电话普及率达到31.6部/百人。新增长话业务电路5824条。计算机互联网用户6428户，增长12倍.全市已通电话的村达2906个，占总村数的63.0%。

国内贸易 流通体制改革速度加快，市场建设取得显著成效。全市社会消费品零售总额410.0亿元，增长18.1%，其中国有经济零售额64.5亿元，增长4.2%；非国有经济零售额345.6亿元，增长21.1%。

市场建设稳步发展，改扩建及新建了城隍庙电子市场、东华电脑市场、西南食品城、荷花池市场国际交易区、西南建材市场等69个。年末共有商品交易市场783个，比上年增加38个。其中，消费品交易市场666个，生产资料和生产要素交易市场117个。全年商品交易市场成交额379.8亿元，增长7.5%。年成交额上亿元的商品交易市场达25个，比上年增加8个。

对外经济 对外开放取得新的进展。全年新批外商直接投资项目129个，协议外资额2.8亿美元，比上年增长16.6%。实际利用外资1.4亿美元，其中外商实际到位资金1.1亿美元。项目平均协议外资额由上年的151万美元增加到217万美元。年末注册“三资”企业2152家。全年外贸进出口总额4.9亿美元，比上年增长9.1%，其中出口3.5亿美元，增长8.7%。全年外贸顺差2.1亿美元。

国际、国内旅游快速发展。全年共接待境外来蓉旅游、参观、访问和从事各项交流活动的外国人、华侨、港澳台同胞18万人次，比上年增长49.0%，接待国内游客2000万人次，增长11.1%。国际旅游创汇收入6206万美元，国内旅游收入60.6亿元。

金融和保险业 金融秩序稳定。1997年末，全市共有国内金融机构1582个，外资金融机构在蓉办事处10个。全社会金融机构存款余额891.9亿元，比上年末增长18.0%，其中国家银行存款余额668.0亿元，增长20.0%。金融机构贷款余额702.2亿元，增长17.2%，其中国家银行贷款余额557.1亿元，增长19.2%；短期贷款余额472.7亿元，增长17.2%。银行现金收支状况良好，全年银行现金收入1506.3亿元，比上年增长16.6%；银行现金支出1366.2亿元，增长15.3%。

证券业平稳发展，年末市人行监管的证券机构达29个，全年证券市场累计成交额832.0亿元，增长58.3%。

保险业务快速发展，年末共有保险机构43个，保费收入15.8亿元，增长80.5%，保险赔款支出3.9亿元，增长0.3%。

科学技术和教育 全面实施科教兴市战略，全年实施火炬、攻关、星火等科技计划项目269项；年内新上科技项目达168项，其中国家级15项，省级55项，共投入44730万元。全年开发新产品1000个，获市以上科技成果奖117项。加速科技成果向生产力的转化，全年共完成科技成果推广、科技攻关及火炬计划44项。科技开发及获奖科技成果实现产值50.6亿元，利税10.6亿元。

教育事业稳步发展。年末，全市中小学校达3377所，在校学生114.9万人，专任教师6.6万人。学龄儿童入学率99.9%，小学毕业生升学率98.0%。高等教育结构进一步趋于合理。全市共有各类大中专学校75所，在校学生14.8万人，专任教师1.5万人。各类成人学校在校学生19.6万人。

文化、卫生和体育 文化事业继续发展。1997年，我市成功举办了'97国际熊猫节、第五届中国艺术节、国际友好城市民间艺术博览会等大型国际文化交流活动。年末,全市共有市级及以下艺术表演团体机构 20 个。全年演出 2577 场次,观众 146 万人次。全市共有公共图书馆 17 个,群众艺术馆 5 个,文化馆 14 个,博物馆 9 个。市少儿艺术宫工程封顶,市川剧艺术中心一期工程开工。

卫生事业继续稳步发展,全市共有卫生机构 1533 个,卫生技术人员 5.4 万人,其中医生2.6 万人。各类卫生机构总床位达 3.9 万张,其中医院床位 3.31 万张。全年总诊疗人次数达 2479 万人次。农村村设医疗点覆盖率达 90.2%,全年共完成农村卫生"三项建设"项目 38 个,竣工面积 3.9 万平方米,投资总额 2000 万元。社会卫生、预防保健工作继续加强,全年传染病发病率控制在 2.5 ‰以内。

体育水平继续提高。全市共承担国际级比赛 1 场、国家级比赛 6 场,连续 14 次获得全国体育竞赛最佳赛区。我市运动员在国际比赛中荣获第一名 3 个,全国比赛中荣获第一名 10 个。认真贯彻《全民健身计划纲要》,群众体育运动蓬勃发展。全市各类学校均施行了《国家体育锻炼标准》,其中有 1340 所中心校以上的学校达标率为 96.8%,有 2110 所村小达标率为 89.9%。

城市建设、公用事业和环境保护　城市基础设施建设取得新成绩。府南河中心段的综合整治和天府广场工程顺利完成,二环路成温跨线桥提前通车,青龙桥立交桥建成通车,浆洗街扩建道路已形成主体通车能力。污水处理厂二期工程已开工,自来水六厂四期工程已进入筹建阶段。双流县岷江水厂建成投产,龙泉驿区 10 万吨供水工程建设进展顺利。

公用事业建设迅速发展。市区新开公交营运线路 5 条,年末累计共有营运线路 97 条。营运线路总长度达 2004 公里,新增 179 公里。全市拥有公交营运汽车 1618 辆,出租汽车 6093 辆。全年公交客运量 2.9 亿人次。全年城区天然气输供气 13.3 亿立方米,年末天然气用气人口 176 万人,城市气化率达 96.9%。全年自来水供水 4.6 亿吨,日供水能力达到 151 万吨。

环境污染综合整治取得新的进展。年末我市环境保护系统人员达 982 人,其中环保科技人员 492 人。环境监测站 21 个。大气中二氧化硫年日平均值 66 微克/立方米,总悬浮微粒年日平均值 283 微克/立方米,氮氧化物年日平均值 56 微克/立方米。交通干线噪声平均值 68 分贝,降低 2.2%。饮用水源水质达标率 98.6%。全年污染治理项目 100 项,比上年增加 11 项,治理项目投资 2159 万元,新增废水处理能力 5 万吨/日。区(市)县实现全面绿化达标,市区林木覆盖率达 36.7%,人均绿地 14.9 平方米。全市共创造三级园林式单位 1603 个,占全市有绿化条件单位总数的 54.4%,创建市级绿化站(镇)141 个,已建成 2 个省级自然保护区、10 个风景名胜区和 6 个森林公园,全市自然保护区覆盖率已达 16.8%。

人民生活　城乡居民生活水平进一步改善。1997 年,全市职工工资总额 110.5 亿元,比上年增长 10.0%,职工平均工资 6938 元,实际增长 4.1%。全年城市居民人均可支配收入 6019 元,实际略有增长;人均消费性支出 4959 元。农民人均纯收入 2427 元,实际增长 18.3%;农民人均生活费支出 2135 元。市区居民人均居住面积 9.7 平方米,农村居民人均住房面积 27.1 平方米。年末城乡居民储蓄存款余额 515.1 亿元,增长 18.7%。

每百户城镇居民家庭高档耐用消费品拥有量:组合音响 26 台;彩色电视机 118 台;家用电脑 3 台;电风扇 216 台;电冰箱 91 台;影碟机 14 台;照相机 50 架;空调 9 台;微波炉 5 台;洗衣机 99 台。每百户农村居民家庭主要耐用品拥有量:彩色电视机 35 台;摩托车 22 辆;洗衣机 31 台;电冰箱 8 台;大型成套家具 998 件;电风扇 138 台;自行车 174 辆。

社会福利事业日益发展。年末,全市共有福利机构 344 个,拥有床位 10341 万张,收养老幼残及精神病人7801人。全市19个区(市)县和高新区有291个乡镇、3471个村开展了社会养老保险工作,新增参保农民7.9万人,全年共收保险费2500万元,累计86万农民投保,积累基金1.3亿元。

人　口　年末全市总人口989.2万人,比上年增加8.5万人。其中非农业人口318.5万人;市区人口321.9万人。全年人口出生率9.0‰,死亡率5.8‰,自然增长率3.1‰。

1

综　合
GENERAL SURVEY

简要说明：

一、主要内容

本部分包括行政区划、自然状况、国民经济综合资料、国民经济核算资料、国有资产经营状况及历届成都市人大代表和成都市政协会代表人数等内容。

二、资料来源

气象资料由成都市气象局整理提供。

行政区划、乡(镇)名录来自成都市民政局。

企业资产负债、盈余及行政事业单位资产情况来自成都市国有资产管理局。

其他资料主要依据成都市统计局综合统计年报和各专业统计年报及相关部门的资料整理而得。

三、其他需要说明的问题

国内生产总值、工业总产值、农业总产值总量与结构指标按当年价格计算，速度指标按可比价格计算。国内支出总额 1995 年以后不含计算误差，故与国内生产总值数不等。

自 然 地 理

位置：

成都，简称蓉。地处东经102度54分至104度53分与北纬30度05分至31度26分之间，位于四川省中部，东北与德阳市，东南与资阳地区毗邻，西南与雅安地区，西北与阿坝藏族羌族自治州接壤，南面与眉山地区相连。境内海拔最高5364米，最低387米。

面积：

全市面积12390平方公里，东西长192公里，南北宽166公里，平原面积占36.4%，丘陵面积占30.4%，山区面积占33.2%。

河流：

境内河网稠密，西南部为岷江水系，东北部为沱江水系，全市有大小河流40余条，水域面积700多平方公里。

气候：

成都属于亚热带湿润季风气候区，热量丰富、雨量充沛、四季分明。年平均气温在16.4℃左右，全年无霜期大于337天，年平均降水量900—1300毫米，年平均日照百分率一般在24—32%之间，日照时数为1042—1412小时，年平均太阳辐射总量为83.0—94.9千卡/平方厘米。

1—1 全 市 气 象 情 况

(1997年)

	平均气温（摄氏度）	日照时数（小时）	雾 日（天）	降雨日数（天）	降雨量（毫米）	平均风速（米/秒）
全 年	**16.7**	**938.9**	**26**	**135**	**783.2**	**1.2**
一 月	7.0	41.8	5	3	3.4	1.0
二 月	8.0	8.1	2	17	24.9	1.2
三 月	13.3	39.8	1	15	35.0	1.3
四 月	16.6	89.0	1	16	60.1	1.4
五 月	22.2	134.1		13	70.6	1.1
六 月	23.1	85.8	1	14	172.0	1.2
七 月	25.8	114.6	1	17	156.9	1.3
八 月	26.8	175.2		13	195.0	1.4
九 月	21.6	117.0	2	9	32.5	1.5
十 月	17.6	77.7		6	18.5	1.1
十一月	12.0	37.8	6	6	11.3	1.0
十二月	6.8	18.0	7	6	3.0	0.8

1—2　全市行政区划

(1997年末)

单位:个

	乡政府	镇政府	街道办事处	居民委员会	村民委员会
全　市	**129**	**187**	**89**	**1252**	**4582**
锦江区	2		20	183	25
青羊区	2		16	185	28
金牛区	4		21	172	48
武侯区	4	2	16	101	43
成华区	4		16	119	48
龙泉驿区	6	13		30	171
青白江区	5	9		25	178
金堂县	5	19		44	461
双流县	9	17		70	466
温江县		10		11	182
郫　县	3	13		28	261
新都县	4	13		44	300
大邑县	7	13		18	345
蒲江县	10	9		14	194
新津县	4	10		14	183
都江堰市	16	12		77	332
彭州市	12	16		54	460
邛崃市	17	16		26	485
崇州市	15	15		37	372

注:高新区所辖乡(镇)、街道包含在武侯区中。

1—3 成都市乡(镇)名录

区(市)县	乡 (镇)
锦江区	琉璃乡、三圣乡
青羊区	文家乡、苏坡乡
金牛区	营门口乡、洞子口乡、金牛乡、天回乡
武侯区	石羊场乡、桂溪乡、永丰乡、簇桥乡、机投镇、金花镇
成华区	圣灯乡、保和乡、青龙乡、龙潭乡
龙泉驿区	龙泉乡、平安乡、长安乡、万兴乡、清水乡、山泉乡、龙泉镇、大面镇、洛带镇、西河镇、柏合镇、洪河镇、同安镇、十陵镇、茶店镇、文安镇、义和镇、黄土镇、西平镇
青白江区	玉虹乡、龙王乡、福洪乡、人和乡、云顶乡、城厢镇、大湾镇、弥牟镇、清泉镇、大同镇、祥福镇、姚渡镇、日新镇、合兴镇
金堂县	栖贤乡、云绣乡、黄家乡、平桥乡、又新乡、赵镇、淮口镇、竹篙镇、土桥镇、五凤镇、云合镇、广兴镇、高板镇、福兴镇、赵家镇、金龙镇、白果镇、三星镇、官仓镇、清江镇、隆盛镇、九龙镇、三溪镇、转龙镇
双流县	万安乡、新兴乡、白沙乡、合江乡、三星乡、公兴乡、黄甲乡、胜利乡、兴隆乡、东升镇、大林镇、煎茶镇、永安镇、白家镇、九江镇、黄水镇、籍田镇、正兴镇、彭镇、太平镇、永兴镇、华阳镇、中和镇、文星镇、金桥镇、黄龙溪镇
温江县	柳城镇、和盛镇、通平镇、天府镇、金马镇、公平镇、万春镇、永盛镇、永宁镇、涌泉镇
郫县	清河乡、友爱乡、红兴乡、郫筒镇、安靖镇、红光镇、合作镇、唐昌镇、安德镇、团结镇、犀浦镇、花园镇、德源镇、新民场镇、两路口镇、三道堰镇
新都县	军屯乡、木兰乡、龙安乡、竹友乡、新都镇、马家镇、新民镇、三河镇、泰兴镇、利济镇、清流镇、龙虎镇、新繁镇、大丰镇、龙桥镇、斑竹园镇、石板滩镇
大邑县	沙渠乡、高山乡、青霞乡、金星乡、鹤鸣乡、三坝乡、雾山乡、晋原镇、安仁镇、悦来镇、新场镇、唐场镇、西岭镇、斜源镇、董场镇、韩场镇、王泗镇、三岔镇、天宫庙镇、出江镇
蒲江县	成佳乡、复兴乡、西南乡、光明乡、白云乡、寿民乡、长秋乡、松华乡、敦厚乡、高桥乡、鹤山镇、寿安镇、大塘镇、天华镇、西来镇、大兴镇、甘溪镇、五星镇、朝阳湖镇
新津县	兴乐乡、文井乡、黄渡乡、龙马乡、五津镇、花桥镇、金华镇、兴义镇、安西镇、新平镇、永商镇、邓双镇、普兴镇、花源镇
都江堰市	胥家乡、驾虹乡、金凤乡、向峨乡、土桥乡、安龙乡、大乐乡、徐渡乡、沿江乡、民兴乡、青城乡、大观乡、两河乡、白沙乡、麻溪乡、虹口乡、灌口镇、蒲阳镇、石羊镇、玉堂镇、幸福镇、中兴镇、柳街镇、聚源镇、天马镇、崇义镇、龙池镇、青城山镇
彭州市	小渔洞乡、白鹿乡、庆兴乡、北君平乡、红岩乡、万年乡、利安乡、致和乡、太清乡、西郊乡、升平乡、竹瓦乡、天彭镇、通济镇、九陇镇、隆丰镇、敖平镇、磁峰镇、桂花镇、楠杨镇、军乐镇、三界镇、大宝镇、新兴镇、丽春镇、九尺镇、濛阳镇、三邑镇
邛崃市	泉水乡、战斗乡、南君平乡、宝林乡、茶园乡、卧龙乡、孔明乡、下坝乡、石头乡、道佐乡、太和乡、天台乡、油榨乡、银杏乡、南宝乡、大同乡、马湖乡、临邛镇、固驿镇、羊安镇、牟礼镇、桑园镇、平乐镇、夹关镇、火井镇、水口镇、冉义镇、回龙镇、高埂镇、前进镇、高何镇、石坡镇、临济镇
崇州市	听江乡、安阜乡、大划乡、梓潼乡、锦江乡、公议乡、上元乡、荀家乡、何家乡、西山乡、东关乡、济协乡、崇德乡、桤泉乡、集贤乡、崇阳镇、怀远镇、元通镇、隆兴镇、羊马镇、三江镇、道明镇、王场镇、三郎镇、江源镇、白头镇、廖家镇、街子镇、万家镇、观胜镇

1—4 国民经济和社会发

	单位	1978年	1980年	1990年	1995年
一、人口与就业					
人　口					
年末总人口	万人	806.06	822.54	919.50	971.60
＃市区人口	万人	228.80	238.31	280.81	307.86
＃非农业人口	万人	179.46	192.04	250.99	300.86
就　业					
从业人员数	万人	372.30	393.12	546.24	583.64
＃职工人数	万人	109.99	115.90	152.71	161.52
＃乡村劳动力	万人	262.11	276.57	386.04	403.19
二、宏观经济					
国民核算					
国内生产总值	亿元	35.94	46.30	194.09	713.67
第一产业	亿元	11.45	12.60	40.56	104.29
第二产业	亿元	16.97	22.98	77.07	309.36
第三产业	亿元	7.52	10.72	76.46	300.02
国内支出总额	亿元	35.94	46.30	194.09	711.69
＃最终消费	亿元	17.62	26.15	116.37	346.75
居民消费	亿元	13.22	19.68	92.04	279.47
政府消费	亿元	4.40	6.47	24.33	67.28
资本形成总额	亿元	12.76	11.80	72.08	314.59
固定资本形成	亿元	2.96	5.62	40.40	235.13
存货增加	亿元	9.80	6.18	31.68	79.46
农　业					
耕地面积	万公顷	49.56	49.00	46.54	44.90
农林牧渔业从业人员	万人	241.36	258.45	305.13	282.60
农林牧渔业总产值	亿元	16.02	17.15	60.19	150.45

展总量与速度指标

1996年	1997年	1997年为下列年度(%)				
		1978年	1980年	1990年	1995年	1996年
980.74	989.19	122.7	120.3	107.6	101.8	100.9
317.12	321.92	140.7	135.1	114.6	104.6	101.5
310.15	318.50	177.8	165.9	126.9	105.9	102.7
583.78	585.29	157.2	148.9	107.1	100.3	100.3
161.06	158.88	144.5	137.1	104.0	98.4	98.6
399.77	400.71	152.9	144.9	103.8	99.4	100.2
869.34	1007.03	7.8倍	6.2倍	2.6倍	124.5	111.5
116.53	120.61	2.3倍	2.1倍	130.8	107.8	103.2
385.18	456.37	11倍	8.4倍	3.2倍	128.3	113.5
367.63	430.05	11倍	8.0倍	2.8倍	125.4	111.7
866.76	1004.21					
409.01	473.22					
326.52	375.55					
82.49	97.67					
392.73	448.43					
292.46	350.94					
100.27	97.49					
44.68	44.54	89.9	90.9	95.7	99.2	99.7
272.37	268.29	111.2	103.8	87.9	94.9	98.5
168.38	181.56	2.6倍	2.4倍	140.7	109.4	104.7

1—4　续表1

	单　位	1978年	1980年	1990年	1995年
主要农产品、畜产品产量					
粮　食	万吨	294.85	305.14	381.70	398.97
油菜籽	万吨	10.82	13.70	19.85	18.30
蔬　菜	万吨		106.00	222.80	283.87
水　果	万吨	2.66	4.21	11.17	28.53
肉　类	万吨	14.16	18.60	38.53	53.68
#猪　肉	万吨	12.95	17.14	33.79	41.81
牛　奶	万吨	1.17	1.30	3.17	3.70
禽　蛋	万吨	1.38	1.41	5.97	11.17
水产品	万吨	0.23	0.27	2.39	3.44
工　业					
工业总产值	亿元	43.03	54.40	201.28	738.85
#轻工业	亿元	18.87	25.70	93.31	370.50
#独立核算工业	亿元	38.01	48.51	144.86	470.30
主要工业产品产量					
生　铁	万吨	3.05	4.99	12.32	29.76
钢　材	万吨	35.55	40.86	86.32	141.67
发电量	亿千瓦小时	10.36	7.06	23.60	44.02
原　煤	万吨	174.72	183.09	310.98	437.92
水　泥	万吨	25.37	37.46	112.87	226.23
布	万米	11550	12241	8772	10200

1996年	1997年	1997年为下列年度(%)				
		1978年	1980年	1990年	1995年	1996年
400.61	402.10	136.4	131.8	105.3	100.8	100.4
15.68	14.11	130.4	103.0	71.1	77.1	90.0
292.47	307.00		2.9倍	137.8	108.2	105.0
33.98	38.59	15倍	9.2倍	3.5倍	135.3	113.6
56.09	58.80	4.2倍	3.2倍	152.6	109.5	104.8
43.00	44.19	3.4倍	2.6倍	130.8	105.7	102.8
3.61	3.96	3.4倍	3.0倍	124.9	107.0	109.7
12.06	13.19	9.6倍	9.4倍	2.2倍	118.1	109.4
3.73	4.06	18倍	15倍	169.9	118.0	108.9
936.85	1101.68	23倍	18倍	5.2倍	148.5	122.0
474.88	583.06	27倍	20倍	6.3倍	158.4	127.9
545.34	609.07			3.0倍	127.7	113.7
37.00	40.72	13倍	8.2倍	3.3倍	136.8	110.1
108.73	125.91	3.5倍	3.1倍	145.9	88.9	115.8
45.61	50.11	4.8倍	7.1倍	2.1倍	113.8	109.9
346.86	312.97	179.1	170.9	100.6	71.5	90.2
253.73	235.41	9.3倍	6.3倍	2.1倍	104.1	92.8
12012	8075	69.9	66.0	92.1	79.2	67.2

1—4　续表 2

	单　位	1978 年	1980 年	1990 年	1995 年
饮料酒(混合量)	万吨	1.28	2.77	11.34	68.99
卷　烟	万箱	11.19	12.60	22.01	28.10
固定资产投资					
全社会固定资产投资总额	亿元	2.94	5.57	40.12	215.63
#国有单位投资	亿元	2.83	5.20	28.20	108.20
#市及市以下投资	亿元	0.98	2.48	28.92	168.05
#基本建设投资	亿元	2.75	4.67	12.94	75.42
更新改造投资	亿元		0.53	11.77	22.42
房地产投资	亿元			2.99	54.54
运输业					
货物运输量	万吨	2874	4295	10139	11659
货物周转量	亿吨公里	81.29	86.68	147.83	182.44
旅客运输量	万人	2635	4586	12894	19931
客运周转量	亿人公里	27.16	38.43	98.42	187.41
邮电通信业					
邮电业务总量	亿元	0.14	0.31	1.55	11.09
电话交换机总容量	万门	1.74	2.17	8.42	83.70
#市内电话交换机容量	万门	1.25	1.65	7.35	79.98
电话机	万部	2.79	3.10	13.78	49.66
#市内电话	万部	2.52	2.79	13.13	47.97
能　源					
能源生产总量	万吨标准煤			265.69	480.82
能源消费总量	万吨标准煤			818.41	1267.44

1996年	1997年	1997年为下列年度(%)				
		1978年	1980年	1990年	1995年	1996年
44.28	43.89	34倍	16倍	3.9倍	63.6	99.1
30.00	30.00	2.7倍	2.4倍	136.3	106.8	100.0
258.85	310.08	105倍	56倍	7.7倍	143.8	119.8
119.25	148.00	52倍	28倍	5.2倍	136.8	124.1
194.34	242.49	247倍	98倍	8.4倍	144.3	124.8
90.87	119.96	44倍	26倍	9.3倍	159.1	132.0
25.43	34.79		66倍	3.0倍	155.2	136.8
68.44	73.01			24倍	133.9	106.7
13074	14342	5.0倍	3.3倍	141.5	123.0	109.7
191.87	199.61	2.5倍	2.3倍	135.0	109.3	104.0
24668	29092	11倍	6.3倍	2.3倍	146.0	117.9
198.11	209.68	7.7倍	5.5倍	2.1倍	111.9	105.8
16.11	19.69	141倍	64倍	13倍	177.6	122.2
107.75	150.75	87倍	69倍	18倍	180.1	139.9
102.55	139.87	112倍	85倍	19倍	174.9	136.4
66.17	85.03	30倍	27倍	6.2倍	171.2	128.5
63.61	79.25	31倍	28倍	6.0倍	165.2	124.6
347.98	303.67			114.3	63.2	82.3
1382.16	1451.14			177.3	114.5	105.0

1—4 续表 3

	单 位	1978 年	1980 年	1990 年	1995 年
国内贸易与旅游					
社会消费品零售总额	亿元	13.81	20.51	85.69	285.97
#农民对非农业居民	亿元	0.37	0.95	8.08	54.67
旅游总收入	亿元				38.00
物价指数					
居民消费价格指数	%	101.1	106.6	103.5	117.5
商品零售价格指数	%	101.1	107.1	102.9	114.5
#食品类	%	101.1	110.6	102.5	124.2
服务项目价格指数	%	100.9	100.7	108.5	120.5
对外贸易					
进出口总额(海关口径)	亿美元				15.05
#出 口	亿美元				10.92
进出口总额(外贸口径)	亿美元			1.14	6.47
#出 口	亿美元			0.94	3.83
外贸收购总值	亿元	0.68	1.40	5.57	21.73
财政与金融					
财政收入	亿元	7.39	7.57	20.40	52.89
财政支出	亿元	2.96	3.34	11.92	35.21
国家银行存款余额	亿元	23.80	22.13	129.65	432.20
国家银行贷款余额	亿元	22.53	23.28	137.66	386.65
国家银行现金收入	亿元	14.40	23.04	175.11	1018.94
国家银行现金支出	亿元	13.90	22.48	161.70	946.79

注:物价指数以上年为基期。

1996年	1997年	1997年为下列年度(%)				
		1978年	1980年	1990年	1995年	1996年
347.08	409.99	30倍	20倍	4.8倍	143.4	118.1
68.53	71.41	193倍	75倍	8.8倍	130.6	104.2
52.16	65.69				137.3	125.9
109.7	105.7	525.9	483.8	232.8	116.0	105.7
106.5	102.9	457.8	418.6	202.3	109.6	102.9
109.4	104.1	731.3	632.1	274.6	113.9	104.1
108.9	112.7	594.4	587.3	285.6	122.5	112.7
16.10	12.24				81.3	76.0
8.64	8.63				79.0	99.9
4.51	4.92			4.3倍	76.1	109.1
3.23	3.51			3.7倍	91.7	108.7
17.24	18.19	27倍	13倍	3.3倍	83.7	105.5
65.42	77.25	10倍	10倍	3.8倍	146.1	118.1
44.40	52.83	18倍	16倍	4.4倍	150.1	119.0
556.69	668.04	28倍	30倍	5.2倍	154.6	120.0
467.36	557.08	25倍	24倍	4.0倍	144.1	119.2
1291.96	1506.33	105倍	65倍	8.6倍	147.8	116.6
1184.92	1366.18	98倍	61倍	8.4倍	144.3	115.3

1—4　续表 4

	单　位	1978 年	1980 年	1990 年	1995 年
三、教育　文化					
教　育					
专任教师数					
普通高等学校	万人	0.69	0.74	1.07	1.07
中等专业学校	万人	0.22	0.26	0.33	0.35
普通中学	万人	2.74	2.53	2.49	2.70
小　　学	万人	3.98	4.14	4.05	3.70
在校学生数					
普通高等学校	万人	1.96	2.88	5.69	7.75
中等专业学校	万人	1.50	1.73	2.80	5.12
普通中学	万人	56.89	42.95	34.70	37.32
小　　学	万人	117.00	119.61	67.07	72.56
文　化					
出版数量					
图　　书	万册			21152	15438
杂　　志	万册			3222	3944
报　　纸	万份			78813	121579
广播节目制作时间	小时			6200	31624
电视节目制作时间	小时			1183	4094
四、人民生活及其他					
家　庭					
总户数	万户	185.56	192.24	262.61	289.51
城镇居民平均每户家庭人口	人	4.19	3.84	3.15	2.96
农村居民平均每户家庭人口	人	5.55	5.17	4.20	3.80

注：广播、电视节目制作时间 1990 年及以前年份未含区(市)县级广播、电视节目制作时间。

1996年	1997年	1997年为下列年度(%)				
		1978年	1980年	1990年	1995年	1996年
1.11	1.09	158.0	147.3	101.9	101.9	98.2
0.36	0.36	163.6	138.5	109.0	102.9	100.0
2.76	2.80	102.2	110.7	112.4	103.7	101.4
3.73	3.77	94.7	91.1	93.1	101.9	101.1
8.11	8.57	4.4倍	3.0倍	150.6	110.6	105.7
5.74	6.19	4.1倍	3.6倍	2.2倍	120.9	107.8
37.30	35.46	62.3	82.6	102.2	95.0	95.1
76.07	79.44	67.9	66.4	118.4	109.5	104.4
27974	33140			156.7	2.1倍	118.5
4268	4311			133.8	109.3	101.0
85950	105056			133.3	86.4	122.2
54374	46284			7.5倍	146.4	85.1
6133	8732			7.4倍	2.1倍	142.4
295.50	300.08	161.7	156.1	114.3	103.7	101.5
2.97	2.99	71.4	77.9	94.9	101.0	100.7
3.70	3.60	64.9	69.6	85.7	94.7	97.3

1—4 续表5

	单 位	1978年	1980年	1990年	1995年
婚 姻					
结婚数	万对			9.64	9.38
离婚数	万对			1.55	1.88
居 住					
市区居民人均居住面积	平方米	3.5	3.9	7.5	8.7
农村居民人均住房面积	平方米	9.6	10.0	20.6	23.1
居民收支					
城市居民人均可支配收入	元	340	395	1858	5047
城市居民人均消费性支出	元	328	391	1681	4502
农村居民人均纯收入	元	140	223	773	1649
农村居民人均生活消费支出	元	117	186	693	1644
城乡居民储蓄余额	亿元	1.94	4.28	79.15	341.38
全部职工平均工资	元	584	771	2189	5592
卫 生					
医院数	个	556	556	516	567
医生数	万人		1.43	2.32	2.47
医院床位数	万张		2.17	3.04	3.30
市政建设					
全市用电量	亿千瓦小时	19.70	23.68	35.61	59.44
自来水供应量	亿吨	0.76	0.91	4.10	5.43
天然气供气量	亿立方米			10.87	12.83
公共交通营运车辆	辆	369	508	942	1526
出租汽车	辆			1585	4665
铺装道路长度	公里	292	309	631	698
园林绿地面积	公顷	746	746	1896	2287

注:城镇居民人均可支配收入1978年、1980年为生活费收入。自来水供应量1996年起未含纯工业用水。

1996 年	1997 年	1997 年为下列年度(%)				
		1978 年	1980 年	1990 年	1995 年	1996 年
9.41	9.00			93.4	95.9	95.6
1.91	1.93			124.5	102.7	101.0
9.2	9.7	2.8 倍	2.5 倍	129.3	111.5	105.4
27.6	27.1	2.8 倍	2.7 倍	131.6	117.3	98.1
5669	6019			3.2 倍	119.3	106.2
4925	4959	15 倍	13 倍	3.0 倍	110.2	100.7
2051	2427	17 倍	11 倍	3.1 倍	147.2	118.3
1878	2135	18 倍	11 倍	3.1 倍	129.9	113.7
433.95	515.10	268 倍	120 倍	6.5 倍	150.9	118.7
6258	6938	12 倍	9.0 倍	3.2 倍	124.1	110.9
568	562	101.1	101.1	108.9	99.1	98.9
2.48	2.57		179.7	110.8	104.0	103.6
3.27	3.31		152.5	108.9	100.3	101.2
64.74	67.81	3.4 倍	2.9 倍	190.4	114.1	104.8
4.08	4.62	6.1 倍	5.1 倍	112.7	85.1	113.2
11.92	13.32			122.5	103.8	111.8
1512	1618	4.4 倍	3.2 倍	171.8	106.0	107.0
5400	6093			3.8 倍	130.6	112.8
807	884	3.0 倍	2.9 倍	140.0	126.7	110.0
2308	3328	4.5 倍	4.5 倍	1.8 倍	145.5	144.2

1—5 国民经济和社会发展结构指标

单位：%

	1978年	1980年	1990年	1995年	1996年	1997年
一、人口与就业						
人　口						
农业与非农业结构						
农　业	77.7	76.7	72.7	69.0	68.4	67.8
非农业	22.3	23.3	27.3	31.0	31.6	32.2
性别结构						
男　性	50.9	50.9	51.2	51.1	51.1	51.1
女　性	49.1	49.1	48.8	48.9	48.9	48.9
地域结构						
市　区	28.4	29.0	30.5	31.7	32.3	32.6
县(市)	71.6	71.0	69.5	68.3	67.7	67.4
就　业						
从业人员产业结构						
第一产业	63.3	63.3	55.1	48.6	46.8	46.0
第二产业	16.2	16.1	25.0	29.0	28.5	28.3
第三产业	20.5	20.6	19.9	22.4	24.7	25.7
从业人员经济类型结构						
#国有经济	22.4	22.8	21.8	21.4	21.2	21.1
集体经济	7.2	6.7	6.1	5.2	5.2	4.8
城镇个体及私营	0.1	0.2	1.4	2.9	3.5	3.8
乡村劳动力	70.4	70.3	70.7	69.1	68.5	68.5
二、宏观经济						
国民经济核算						
国内生产总值结构						
第一产业	31.8	27.2	20.9	14.6	13.4	12.0
第二产业	47.2	49.6	39.7	43.4	44.3	45.3
第三产业	21.0	23.2	39.4	42.0	42.3	42.7

1—5　续表1

单位:%

	1978年	1980年	1990年	1995年	1996年	1997年
国内支出结构						
最终消费	49.0	56.5	60.0	48.7	47.2	47.1
居民消费	36.8	42.5	47.4	39.3	37.7	37.4
政府消费	12.2	14.0	12.6	9.4	9.5	9.7
资本形成总额	35.5	25.5	37.1	44.2	45.3	44.7
固定资产总额	8.2	12.1	20.8	33.0	33.7	35.0
存货增加	27.3	13.4	16.3	11.2	11.6	9.7
货物服务净出口	15.5	18.0	2.9	7.1	7.5	8.2
农　业						
农林牧渔业总产值结构						
农　业	76.6	73.6	62.3	59.8	60.6	59.3
林　业	3.0	3.0	1.9	1.2	1.3	1.1
牧　业	20.2	23.2	34.1	37.4	36.4	37.8
渔　业	0.2	0.2	1.7	1.6	1.7	1.8
工　业						
经济类型结构						
#国有经济			52.7	27.4	25.9	22.5
集体经济			21.8	26.3	23.4	19.3
城乡个体私营					23.2	22.2
“三资”企业			0.4	5.3	4.5	6.6
轻重工业结构						
轻工业	43.9	47.3	46.4	50.1	50.7	52.9
重工业	56.1	52.7	53.6	49.9	49.3	47.1
企业规模结构						
大中型企业			40.5	37.2	29.5	27.5
小型企业			59.5	62.8	70.5	72.5

1—5　续表 2　　　　单位：%

	1978年	1980年	1990年	1995年	1996年	1997年
固定资产投资						
投资经济类型结构						
#国有单位	96.4	93.3	70.3	50.2	46.1	47.7
集体单位	3.6	6.7	11.4	25.5	21.9	20.2
城乡个体			18.3	10.1	11.9	10.7
投资种类结构						
#基本建设	93.4	83.8	32.3	35.0	35.1	38.7
更新改造		9.6	29.3	10.4	9.8	11.2
房地产			7.4	25.3	26.4	23.5
运输业						
货运量结构						
#铁　路	45.9	32.5	15.7	14.7	14.2	12.2
公　路	53.0	66.9	83.8	84.9	85.2	87.5
客运量结构						
#铁　路	58.5	41.3	13.4	8.5	5.7	5.1
公　路	40.9	58.4	85.7	90.2	93.2	93.7
能　源						
能源生产总量结构						
#原　煤			83.6	79.9	79.7	73.6
电　力			16.4	20.1	20.3	26.4
能源消费总量结构						
#原　煤			48.3	41.4	30.5	30.3
天然气			18.3	22.9	26.0	29.5
电　力			22.5	25.7	32.4	30.5
国内贸易						
社会消费品零售总额						
经济类型结构						
国有经济	72.0	62.8	39.4	22.5	17.8	15.7
集体经济	27.9	36.9	34.2	24.5	24.8	24.9

1—5　续表 3　　　　单位:%

	1978年	1980年	1990年	1995年	1996年	1997年
股份制经济				7.0	6.3	6.1
三资经济			1.1	1.7	2.1	2.2
个体、私营经济	0.1	0.3	25.3	24.4	27.2	30.5
其他经济				19.9	21.8	20.6
行业结构						
批发零售贸易业	90.0	85.2	75.4	56.6	59.2	56.9
餐饮业	5.9	5.8	8.2	9.1	10.5	13.3
制造业	3.3	7.0	10.6	10.0	9.5	8.3
其　他	0.8	2.0	5.8	24.3	20.8	21.5
隶属关系结构						
市的零售额	47.4	48.0	65.9	75.5	66.5	65.3
县及县以下零售额	52.6	52.0	34.1	24.5	33.5	34.7
财　政						
财政收入结构						
#工商税收	50.7	53.9	84.7	83.8	78.6	76.3
农业税收	5.3	6.1	5.8	4.7	5.4	4.8
企业收入	43.7	39.9	3.1	3.5	5.0	6.2
专款收入			2.4	2.4	2.4	2.1
财政支出结构						
#生产性支出	27.0	20.7	13.9	18.2	20.8	22.4
专款支出			11.8	11.7	13.6	13.5
价格补贴支出			7.9	3.6	3.4	2.1
支农支出	8.2	10.4	7.8	6.7	6.1	5.9
文化、教育、卫生支出	27.9	28.8	31.8	26.4	24.9	22.8

1—5 续表 4 单位:%

	1978年	1980年	1990年	1995年	1996年	1997年
行政支出	9.7	10.3	10.1	9.9	9.2	9.0
公检法支出			5.0	6.2	6.9	6.7
三、人民生活及其他						
居民生活消费						
城镇居民人均生活消费结构						
#食品类	57.6	57.8	51.4	50.5	50.3	50.4
衣着类	17.1	15.4	14.6	13.9	13.1	12.1
居　住	1.7	1.4	0.8	6.6	7.3	6.8
交通通讯	1.2	1.1	1.3	3.9	4.3	5.1
医疗保健费	0.4	0.4	0.3	2.7	3.5	3.2
农村居民人均生活消费结构						
#食品类		71.1	63.6	59.8	63.5	57.9
衣着类		10.1	6.7	6.7	7.1	7.2
居　住		5.0	16.6	16.0	11.3	12.7
交通及通讯		0.7	1.6	2.3	2.7	4.5
医疗保健费		0.5	2.4	2.3	3.0	3.0
卫　生						
卫生技术人员结构						
#医　生		47.3	47.3	47.3	46.8	47.5
#西医生		36.0	36.5	36.5	36.0	36.2
护　士			11.8	10.1	10.7	10.7
药剂人员			10.6	10.6	10.4	9.8

1—6 国民经济和社会发展比例和效益指标

	单位	1978年	1980年	1990年	1995年	1996年	1997年
一、人口							
出生率	‰	10.3	11.2	13.1	10.8	10.2	9.0
死亡率	‰	6.0	6.1	6.4	6.3	6.2	5.8
自然增长率	‰	4.3	5.1	6.7	4.5	4.0	3.2
二、宏观经济							
全社会劳动生产率	**元/人**	**965**	**1178**	**3553**	**12228**	**14892**	**17206**
第一产业	元/人	485	507	1347	3678	4264	4480
第二产业	元/人	2817	3620	5641	18269	23163	27592
第三产业	元/人	986	1326	7043	22940	25488	28535
农　业							
每一农业人口占耕地	亩	1.2	1.2	1.0	1.0	1.0	1.0
每一乡村劳动力占耕地	亩	2.8	2.6	1.8	1.6	1.6	1.6
每公顷耕地农业机械总动力	千瓦	0.81	1.37	2.90	3.92	4.04	4.17
每公顷耕地用电量	千瓦小时	243	350	1665	3311	3609	4054
每公顷耕地生产的农业产值	元	3232	3501	12932	33507	37683	40767
农业从业者人均提供农产品产量							
粮　食	千克	1222	1181	1251	1412	1471	1499
油菜籽	千克	45	53	65	65	58	53
肉　类	千克	59	72	126	190	206	219
水产品	千克	1.0	1.0	7.8	12.2	13.7	15.1
每公顷播种面积农产品产量							
粮　食	千克	4010	4245	5433	5708	5698	5696
油菜籽	千克	1680	1807	1924	2040	1843	1770
蔬　菜	吨		37	28	26	26	27

1—6 续表1

	单 位	1978年	1980年	1990年	1995年	1996年	1997年
工 业							
独立核算工业企业效益							
综合经济效益指数	%				85.1	81.3	81.2
总资产贡献率	%				8.7	7.8	7.4
资本保值率	%				141.0	109.9	110.3
资产负债率	%				66.4	65.2	65.3
流动资产周转率	次				1.3	1.3	1.3
成本利润率	%				1.6	1.6	1.5
劳动生产率	元/人				14210	15680	18067
产品销售率	%				94.9	95.1	95.2
建筑业							
技术装备率	元/人				2927	3295	4034
产值利税率	%				3.89	3.96	4.27
全员劳动生产率	元/人			12790	42048	37406	45482
固定资产投资							
固定资产投资率	%	8.2	12.0	20.7	30.2	29.8	30.8
房屋建设面积竣工率	%	52.6	53.9	73.8	52.8	59.1	60.9
基本建设固定资产交付使用率	%	120.0	90.7	78.6	61.9	68.3	75.4
基本建设项目竣工率	%	23.7	33.1	42.5	39.8	44.1	36.6
能 源							
每万元国内生产总值消耗能源	吨标准煤			4.22	1.78	1.59	1.45
财 政							
财政收入相当于国内生产总值比例	%	20.6	16.4	10.5	7.4	7.5	7.7
财政支出相当于国内生产总值比例	%	8.3	7.2	6.1	4.9	5.1	5.2

1—6　续表 2

	单　位	1978 年	1980 年	1990 年	1995 年	1996 年	1997 年
三、教　育							
学龄儿童入学率	%			99.5	99.9	99.9	99.9
小学升学率	%			68.3	98.1	98.2	98.0
初中升学率	%			51.2	58.6	57.4	58.7
每一教师负担学生数							
普通高等学校	人	2.8	3.9	5.3	7.3	7.3	7.9
中等专业学校	人	6.7	6.6	8.6	14.6	16.1	17.1
普通中学	人	20.7	17.0	13.9	13.8	13.5	12.7
小　学	人	29.4	28.9	16.6	19.6	20.4	21.1
四、人民生活及其他							
家　庭							
城市居民家庭							
平均每户就业面	%	41.53	51.30	56.83	57.77	59.26	59.20
每一就业者负担人数	人	2.41	1.95	1.76	1.73	1.69	1.69
农村居民家庭							
平均每一劳动力赡养人口	人	2.2	2.0	1.7	1.8	1.4	1.4
卫　生							
每万人医院数	个		0.68	0.57	0.59	0.58	0.57
每万人医生数	人		18	22	26	25	26
每万人医院床位数	张		27	27	34	33	33

1—7　平均每天主要社会经济活动指标

	单　位	1978年	1980年	1990年	1995年	1996年	1997年
国内生产总值	**万元**	**985**	**1268**	**5317**	**19553**	**23817**	**27589**
第一产业	万元	314	345	1111	2857	3192	3304
第二产业	万元	465	629	2111	8476	10553	12503
第三产业	万元	206	294	2095	8220	10072	11782
工农业总产值	**万元**	**1618**	**1960**	**7164**	**24364**	**30280**	**35157**
农业总产值	万元	439	470	1649	4122	4613	4974
工业总产值	万元	1179	1490	5515	20242	25667	30183
轻工业	万元	517	704	2557	10150	13011	15974
重工业	万元	662	786	2958	10092	12656	14209
财政收入	**万元**	**202**	**207**	**559**	**1449**	**1792**	**2117**
主要农产品产量							
粮　食	吨	8078	8360	10458	10931	10976	11016
油菜籽	吨	297	375	544	501	469	386
蔬　菜	吨		2904	6104	7777	8013	8411
猪　肉	吨	355	478	926	1145	1178	1211
禽　蛋	吨	38	39	163	306	331	361
水　果	吨	73	116	306	782	931	1057
牛　奶	吨	32	36	87	101	99	108
水产品	吨		7	65	94	102	111
主要工业产品产量							
生　铁	吨	84	137	338	815	1014	1116
钢　材	吨	974	1119	2365	3881	2979	3450
发电量	万千瓦小时	284	193	647	1206	1249	1373
原　煤	吨	4787	5016	8520	11998	9503	8575
水　泥	吨	695	1026	3092	6198	6952	6450
布	万米	32	34	24	28	33	22
卷　烟	箱	307	345	603	770	822	822
饮料酒	吨	35	76	311	1890	1213	1202

1—7 续表

	单位	1978年	1980年	1990年	1995年	1996年	1997年
批发零售贸易业							
消费品零售总额	万元	378	562	2348	7835	9509	11233
运输、邮电							
货物运输量	万吨	7.9	11.8	27.8	31.9	35.8	39.3
旅客发送量	万人	7.2	12.6	35.3	54.6	67.6	79.7
函　件	万件	8.0	10.0	20.5	32.7	31.5	25.4
电　报	万份	0.3	0.4	1.0	0.5	0.3	0.2
固定资产投资总额	**万元**	**81**	**153**	**1099**	**5909**	**7092**	**8495**
#住宅投资	万元	13	51	331	1843	2280	2252
城市公用事业							
市内公共车辆乘客数	万人次	54.6		88.8	71.3	71.9	80.4
自来水供水量	万吨			112.2	148.7	111.8	126.6
#生活用水	万吨			38.0	54.1	56.1	59.1
天然气供气量	万立方米			297.8	351.6	326.7	365.1
#生活用气	万立方米			21.6	36.8	41.6	48.0
用电量	万千瓦小时	540	649	976	1629	1774	1858
#市政生活用量	万千瓦小时	39	50	174	446	542	621
人口变动与婚姻							
出生人口	人	226	251	327	286	272	242
死亡人口	人	132	136	160	167	165	158
结婚人数	人			528	514	516	493
离婚人数	人			85	103	104	106

1—8 社会经济主要指标人均水平

	单 位	1978年	1980年	1990年	1995年	1996年	1997年
国内生产总值	**元**	**449**	**565**	**2123**	**7388**	**8906**	**10224**
第一产业	元	143	154	444	1080	1194	1225
第二产业	元	212	280	843	3202	3946	4633
第三产业	元	94	131	836	3106	3766	4366
工农业总产值	**元**	**736**	**873**	**2861**	**9206**	**11322**	**13028**
农业总产值	元	200	209	659	1557	1725	1843
工业总产值	元	536	664	2202	7649	9597	11185
轻工业	元	235	314	1021	3835	4865	5920
重工业	元	301	350	1181	3814	4732	5265
财政收入	**元**	**92**	**94**	**223**	**548**	**670**	**784**
主要农产品产量							
粮 食	千克	367	372	418	413	410	408
油菜籽	千克	13.4	16.7	21.7	18.9	16.1	14.3
棉 花	千克	0.8	0.4	0.2	0.2	0.3	0.2
蔬 菜	千克		129	244	294	300	312
猪 肉	千克	16.1	20.9	37.0	43.3	44.0	44.9
禽 蛋	千克		1.7	6.5	11.6	12.4	13.4
水 果	千克	3.3	5.1	12.2	29.5	34.8	39.2
牛 奶	千克	1.5	1.6	3.5	3.8	3.7	4.0
水产品	千克		0.3	2.6	3.6	3.2	4.1

1—8 续表

	单位	1978年	1980年	1990年	1995年	1996年	1997年
主要工业品产量							
生 铁	千克	3.8	6.1	13.5	30.8	37.9	41.4
钢 材	千克	44	50	94	147	111	128
发电量	千瓦小时	129	86	258	456	467	509
原 煤	千克	218	224	340	453	355	318
水 泥	千克	32	46	123	234	260	239
布	米	14.4	14.9	9.6	10.6	12.3	8.2
饮料酒	千克	1.6	3.4	12.4	71.4	45.4	44.6
卷 烟	条	0.34	0.37	0.58	0.70	0.74	0.73
人民生活							
职工平均工资	元	588	777	2205	5638	6308	6938
#国有经济	元	648	824	2347	5926	6666	7445
集体经济	元	406	616	1687	3835	4316	4621
城市居民人均可支配收入	元	340	395	1858	5047	5669	6019
城市居民人均消费性支出	元	328	391	1681	4502	4925	4959
农村居民人均纯收入	元	140	223	773	1649	2051	2427
农村居民人均生活							
消费支出	元	117	186	693	1644	1878	2135
城乡居民人均储蓄存款	元	24	52	856	3534	4445	5230

注:1978年、1980年城市居民人均可支配收入为生活费收入。

1—9 各计划时期主要经济指标

	国内生产总值	#第三产业	农业总产值	工业总产值
绝 对 额(万元)				
"一五"时期	368457	88474	256771	142301
"二五"时期	514945	130878	244702	432423
"三五"时期	790493	188349	418517	666486
"四五"时期	1157720	276585	525690	1202217
"五五"时期	1744957	391182	739669	2050573
"六五"时期	3248877	791947	1186825	3730842
"七五"时期	7152380	2428560	2323160	7927131
"八五"时期	22282666	9591767	5047138	22893743
1996—1997 年	18763616	7976821	3499384	20385318
平均发展速度(%)				
"一五"时期	108.7	119.1	104.9	118.8
"二五"时期	93.9	96.7	91.7	106.7
"三五"时期	107.7	107.3	103.5	116.2
"四五"时期	103.0	103.3	102.6	104.0
"五五"时期	111.1	113.2	104.4	113.9
"六五"时期	111.0	113.1	107.0	113.5
"七五"时期	107.4	109.4	104.2	113.3
"八五"时期	116.0	117.2	105.2	128.4
1996—1997 年	111.5	111.9	104.9	121.8

注：各计划时期对应年份为："一五"1953－1957 年；"二五"1958－1962 年；"三五"1966－1970 年；"四五"1971－1975 年；"五五"1976－1980 年；"六五"1981－1985 年；"七五"1986－1990 年；"八五"1991－1995 年。

1—9　续表 1

	全社会固定资产投资	#国有投资	#基建投资	#市及以下投资
绝　对　额(万元)				
"一五"时期	40015	40015	40015	4950
"二五"时期	160951	160951	160951	54308
"三五"时期	90452	90452	90452	18475
"四五"时期	94543	94438	94438	32141
"五五"时期	172013	165078	154064	71679
"六五"时期	664091	509488	326613	358034
"七五"时期	1658168	1152112	614920	793674
"八五"时期	6641191	3622461	2289623	4818218
1996—1997 年	5689248	2672505	2108289	4368349
平均发展速度(%)				
"一五"时期	165.4	165.4	165.4	120.7
"二五"时期	92.0	92.0	92.0	86.1
"三五"时期	89.6	89.6	89.6	105.2
"四五"时期	98.6	98.5	98.5	100.7
"五五"时期	126.4	124.8	122.1	130.4
"六五"时期	134.1	127.2	119.6	141.9
"七五"时期	110.6	110.2	102.6	115.2
"八五"时期	140.0	130.8	142.3	142.3
1996—1997 年	119.9	116.9	126.1	120.1

1—9 续表 2

	社会消费品零售总额	财政收入	财政支出	期末总人口（万人）
绝 对 额(万元)				
“一五”时期	207625	57018	18356	594.19
“二五”时期	333196	161920	69952	551.34
“三五”时期	403241	99998	55061	695.21
“四五”时期	527512	172247	87762	781.97
“五五”时期	744140	313698	138959	822.54
“六五”时期	1461678	443001	201391	862.68
“七五”时期	3433422	835209	445687	919.50
“八五”时期	8876968	1798984	1194544	971.60
1996—1997 年	7570743	1426719	972347	989.19
平均发展速度(%)				
“一五”时期	114.9	180.4	128.5	103.0
“二五”时期	104.9	98.7	100.3	98.5
“三五”时期	103.5	104.8	104.3	102.7
“四五”时期	106.3	108.2	106.3	102.4
“五五”时期	111.8	113.1	111.9	101.0
“六五”时期	114.4	132.3	112.3	101.0
“七五”时期	116.4	111.9	114.8	101.3
“八五”时期	127.3	121.0	124.2	101.1
1996—1997 年	119.7	120.9	122.5	100.4

1—10 成都在全国、全省的地位

(1997年)

	单　位	全　国	全　省	成　都	占全国比　重(%)	占全省比　重(%)
国内生产总值	亿元	74772	3320	1007	1.3	30.3
第一产业	亿元	13674	919	121	0.9	13.2
第二产业	亿元	36770	1385	456	1.2	32.9
#工　业	亿元	31752	1175	387	1.2	32.9
第三产业	亿元	24328	1015	430	1.8	42.4
全社会固定资产投资	亿元	25300	940	310	1.2	33.0
社会消费品零售总额	亿元	26843	1221	410	1.5	33.6
外贸进出口总额	亿美元	3251	27.10	4.92	0.2	18.2
#出　口	亿美元	1827	16.4	3.51	0.19	21.4
实际利用外资	亿美元	640	8.8	1.37	0.2	15.6
国际旅游创汇收入	亿美元	121	0.79	0.62	0.51	78.5
城乡居民储蓄存款余额	亿元	46280	1642	515	1.1	31.3
城乡居民人均可支配收入	元	5160	4763	6019		
农村居民人均纯收入	元	2090	1681	2427		
全部职工平均工资	元		5800	6938		
年末总人口	万人	123626	8430	989	0.8	11.7

1—11 历年国内生产总值

年　份	国　内 生产总值 (万元)	第一产业	第二产业	第三产业	人均国内 生产总值 (元)
1949	39953	29315	3867	6771	77
1950	42058	30634	4041	7383	79
1951	45902	32471	5371	8060	83
1952	51090	35388	6510	9192	100
1953	62510	39415	9241	13854	120
1954	66230	41708	9384	15138	125
1955	69748	42413	10646	16689	128
1956	79610	44961	14538	20111	141
1957	90359	48206	19471	22682	154
1958	103925	49357	29659	24909	174
1959	125501	40997	53922	30582	210
1960	128171	30519	67266	30386	220
1961	79866	28874	26435	24557	229
1962	77482	35064	21974	20444	140
1963	84932	42271	23191	19470	151
1964	104283	50382	31250	22651	180
1965	136371	59250	45569	31552	227
1966	167303	63481	65756	38066	272
1967	146728	64966	44858	36904	232
1968	119505	60438	26949	32118	183
1969	151898	62810	53191	35897	227
1970	205059	68416	91279	45364	300
1971	232066	72740	105637	53689	329
1972	223627	72340	95511	55776	307

1—11　续表1

年　份	国内生产总值（万元）	第一产业	第二产业	第三产业	人均国内生产总值（元）
1973	231546	78786	95797	56963	311
1974	222283	83198	82927	56158	293
1975	248198	83355	110844	53999	321
1976	221926	81344	87763	52810	282
1977	287141	90442	131807	64892	363
1978	359356	114449	169748	75159	449
1979	413577	126351	196055	91171	509
1980	462957	126040	229767	107150	565
1981	490129	130146	239291	120692	592
1982	554095	163066	272797	118232	660
1983	627673	173242	315517	138914	743
1984	712035	189588	343487	178960	836
1985	864945	209288	420508	235149	1008
1986	948905	224929	437115	286861	1092
1987	1158644	273588	516883	368173	1315
1988	1464911	322463	687197	455251	1641
1989	1639063	344174	741164	553725	1814
1990	1940857	405650	770657	764550	2123
1991	2369453	421400	880691	1067362	2565
1992	3006712	491941	1125977	1388794	3225
1993	4186250	584141	1777416	1824693	4444
1994	5583533	826293	2446543	2310697	5880
1995	7136718	1042908	3093589	3000221	7388
1996	8693356	1165253	3851785	3676318	8906
1997	10070260	1206037	4563720	4300503	10224

1—12 历年国内生产总值构成及增长速度

年份	三次产业构成(%)			增长速度±(%)			
	第一产业	第二产业	第三产业	国内生产总值	第一产业	第二产业	第三产业
1949	73.4	9.7	16.9				
1950	72.8	9.6	17.6	5.0	4.5	4.5	8.9
1951	70.7	11.7	17.6	8.0	6.0	32.8	8.9
1952	69.3	12.7	18.0	10.5	9.0	21.1	13.7
1953	63.0	14.8	22.2	14.0	4.9	41.9	50.0
1954	63.0	14.2	22.8	5.5	5.3	1.5	8.7
1955	60.8	15.3	23.9	4.1	1.7	13.4	8.5
1956	56.5	18.3	25.2	11.7	5.6	36.6	20.2
1957	53.3	21.6	25.1	8.5	2.3	33.9	12.6
1958	47.5	28.5	24.0	12.0	2.4	52.3	9.8
1959	32.7	43.0	24.3	11.0	−20.5	81.8	22.5
1960	23.8	52.5	23.7	−2.6	−26.8	23.8	−0.9
1961	36.2	33.1	30.7	−38.1	−14.8	−61.0	−23.9
1962	45.2	28.4	26.4	−2.4	17.2	−16.9	−16.8
1963	49.8	27.3	22.9	10.4	20.0	5.5	−4.8
1964	48.3	30.0	21.7	21.6	19.2	34.7	13.5
1965	43.5	33.4	23.1	29.1	17.6	45.6	38.8
1966	38.0	39.3	22.7	20.6	7.1	43.3	20.6
1967	44.3	30.6	25.1	−10.8	2.3	−32.0	−3.1
1968	50.6	22.5	26.9	−17.5	−7.0	−40.4	−14.0
1969	41.4	35.0	23.6	23.6	3.9	96.5	11.8
1970	33.4	44.5	22.1	31.8	8.9	71.4	26.3
1971	31.4	45.5	23.1	11.6	4.0	15.7	18.3
1972	32.3	42.7	25.0	−4.1	−2.6	−9.6	3.9

注：增长速度以上年为基期，按可比价格计算。

1—12 续表

年份	三次产业比重(%)			增长速度±(%)			
	第一产业	第二产业	第三产业	国内生产总值	第一产业	第二产业	第三产业
1973	34.0	41.4	24.6	3.5	8.9	−0.1	1.0
1974	37.4	37.3	25.3	−4.6	2.1	−13.6	−1.4
1975	33.6	44.7	21.7	9.7	−1.8	33.5	−3.8
1976	36.7	39.5	23.8	−10.6	−4.1	−20.8	−2.3
1977	31.8	46.0	22.0	26.0	8.8	48.8	19.9
1978	31.8	47.2	21.0	19.2	10.2	28.7	14.6
1979	30.6	47.4	22.0	13.8	8.3	14.6	20.2
1980	27.2	49.6	23.2	10.9	−1.7	17.1	15.1
1981	26.6	48.8	24.6	4.1	2.9	3.1	7.7
1982	29.4	49.2	21.4	10.3	15.4	13.8	−2.4
1983	27.6	50.3	22.1	11.2	6.0	14.3	10.9
1984	26.6	48.2	25.2	11.4	6.2	8.5	25.2
1985	24.2	48.6	27.2	18.4	3.0	22.4	26.5
1986	23.7	46.1	30.2	5.2	3.7	3.6	9.8
1987	23.6	44.6	31.8	12.0	6.2	16.3	8.5
1988	22.0	46.9	31.1	12.7	−0.9	20.2	8.2
1989	21.0	45.2	33.8	2.7	3.1	0.9	6.5
1990	20.9	39.7	39.4	4.8	4.6	0.8	13.9
1991	17.8	37.2	45.0	14.3	2.6	10.6	25.0
1992	16.4	37.4	46.2	17.6	5.8	19.8	21.2
1993	14.0	42.5	43.5	20.6	4.4	34.3	14.9
1994	14.8	43.8	41.4	15.2	3.1	21.2	13.4
1995	14.6	43.4	42.0	12.5	3.9	15.6	11.8
1996	13.4	44.3	42.3	11.6	4.4	13.0	12.2
1997	12.0	45.3	42.7	11.5	3.2	13.5	11.7

1—13 历年支出法国内生产总值

年　份	支出法国内生产总值（万元）	#最终消费	#资　本形成总额	最终消费率（%）	资本形成率（%）
1978	359356	176191	127592	49.0	35.5
1979	413577	216821	121843	52.4	29.4
1980	462957	261533	117987	56.4	25.4
1981	490129	299286	155797	61.1	31.7
1982	554095	318275	197324	57.4	35.6
1983	627673	353433	150048	56.3	23.9
1984	712035	435219	185694	61.1	26.1
1985	864945	536671	296827	62.0	34.3
1986	948905	613554	327956	64.6	34.6
1987	1158644	733678	391155	63.3	33.8
1988	1464911	982722	517952	67.0	35.4
1989	1639063	1049823	580491	64.0	35.4
1990	1940857	1163711	720769	60.0	37.1
1991	2369453	1338317	763970	56.5	32.2
1992	3006712	1566148	1122936	52.1	37.3
1993	4186250	1959302	1841377	46.8	44.0
1994	5583533	2725518	2460524	48.8	44.1
1995	7116877	3467477	3145852	48.7	44.2
1996	8667592	4090088	3927276	47.2	45.3
1997	10042063	4732201	4484344	47.1	44.7

1—14 历年支出法国内生产总值结构

年份	最终消费				资本形成总额			
	绝对额(亿元)		比重(%)		绝对额(亿元)		比重(%)	
	居民消费	政府消费	居民消费	政府消费	固定资产总额	存货增加	固定资产总额	存货增加
1978	13.22	4.40	75.0	25.0	2.96	9.80	23.2	76.8
1979	16.10	5.58	74.3	25.7	5.10	7.08	41.9	58.1
1980	19.68	6.47	75.3	24.7	5.62	6.18	47.6	52.4
1981	22.47	7.46	75.1	24.9	7.38	8.20	47.4	52.6
1982	23.55	8.28	73.9	26.1	9.60	10.14	48.6	51.4
1983	26.06	9.28	73.7	26.3	10.81	4.20	72.0	28.0
1984	32.18	11.35	73.9	26.1	14.74	3.83	79.4	20.6
1985	40.26	13.41	75.0	25.0	24.37	5.32	82.1	17.9
1986	46.27	15.09	75.4	24.6	25.07	7.73	76.4	23.6
1987	55.30	18.07	75.4	24.6	28.88	10.24	73.8	26.2
1988	73.46	24.82	74.8	25.2	36.74	15.05	70.9	29.1
1989	83.77	21.21	79.8	20.2	35.92	22.13	61.9	38.1
1990	92.04	24.33	79.1	20.9	40.40	31.68	56.1	43.9
1991	104.50	29.33	78.1	21.9	48.85	27.55	63.9	36.1
1992	126.53	30.08	80.8	19.2	79.31	32.99	70.6	29.4
1993	156.70	39.23	80.0	20.0	142.38	41.76	77.3	22.7
1994	217.36	55.19	79.7	20.3	185.51	60.55	75.4	24.6
1995	279.47	67.28	80.6	19.4	235.13	79.46	74.7	25.3
1996	326.52	82.49	79.8	20.2	292.46	100.27	74.5	25.5
1997	375.55	97.67	79.4	20.6	350.94	97.49	78.3	21.7

1—15 分产业国内生产总值及构成

	1980年	1990年	1995年	1996年	1997年
绝对额(万元)					
国内生产总值	**462957**	**1940857**	**7136718**	**8693356**	**10070260**
第一产业	126040	405650	1042908	1165253	1206307
第二产业	229767	770657	3093589	3851785	4563720
工 业	215974	679216	2643437	3264802	3867559
建筑业	13793	91441	450152	586983	696161
第三产业	107150	764550	3000221	3676318	4300503
农、林、牧、渔服务业	869	3090	13115	15227	18546
地质勘探业、水利管理业	2640	11700	39026	46250	49507
交通运输、仓储、邮电通讯业	20503	145882	413769	508488	592201
批发和零售贸易、餐饮业	28876	246656	1192987	1399096	1597614
金融保险业	13807	178796	683149	861132	1042043
房地产业	2548	28369	122381	184401	229556
社会服务业	9752	35408	167502	215022	260822
卫生、体育、社会福利事业	4483	23251	61573	79742	89072
教育、文艺、广播电影电视事业	11860	48124	150779	178269	198133
科学研究和综合技术服务业	4179	12633	40709	50009	56923
国家政党机关、社会团体	6389	26389	98303	116896	141795
其 他	1244	4252	16928	21786	24291
构 成(%)					
国内生产总值	**100**	**100**	**100**	**100**	**100**
第一产业	27.2	20.9	14.6	13.4	12.0
第二产业	49.6	39.7	43.4	44.3	45.3
工 业	46.6	35.0	37.1	37.6	38.4
建筑业	3.0	4.7	6.3	6.7	6.9
第三产业	23.2	39.4	42.0	42.3	42.7
农、林、牧、渔服务业	0.2	0.2	0.2	0.2	0.2
地质勘探业、水利管理业	0.6	0.6	0.5	0.5	0.5
交通运输、仓储、邮电通讯业	4.4	7.5	5.8	5.8	5.9
批发和零售贸易、餐饮业	6.2	12.7	16.7	16.1	15.9
金融保险业	3.0	9.2	9.6	9.9	10.3
房地产业	0.5	1.4	1.7	2.1	2.3
社会服务业	2.1	1.8	2.3	2.5	2.6
卫生、体育、社会福利事业	1.0	1.2	0.9	0.9	0.9
教育、文艺、广播电影电视事业	2.6	2.5	2.1	2.1	2.0
科学研究和综合技术服务业	0.9	0.7	0.6	0.6	0.5
国家政党机关、社会团体	1.4	1.4	1.4	1.3	1.4
其 他	0.3	0.2	0.2	0.3	0.2

1—16 企业类国有资产及负债状况

(1997年)

单位:亿元

	全市		市本级		区(市)县级	
	年初	年末	年初	年末	年初	年末
资产合计	**526.9**	**578.6**	**421.0**	**466.8**	**105.9**	**111.8**
流动资产	270.7	291.2	209.3	227.0	61.4	64.3
长期投资	30.0	46.8	27.1	42.5	2.9	4.3
固定资产原价	243.2	260.3	200.9	214.9	42.3	45.3
固定资产净值	178.6	187.0	145.6	152.1	33.0	34.9
无形资产	4.0	5.4	3.4	4.6	0.6	0.8
递延资产	4.5	5.5	3.8	4.5	0.8	0.9
其他资产	3.5	2.8	1.7	1.7	1.8	1.0
负债合计	**373.0**	**400.2**	**287.4**	**306.8**	**85.6**	**93.5**
流动负债	291.2	315.1	220.8	236.8	70.4	78.3
长期负债	81.8	85.1	6.6	69.9	15.1	15.3
所有者权益	**153.8**	**178.4**	**133.5**	**160.2**	**20.3**	**18.2**
#实收资本	90.9	110.6	74.7	92.9	16.2	17.7
#国家资本(国家股)	78.2	97.8	63.1	81.1	15.2	16.7
资本公积	66.6	82.0	57.3	71.9	9.2	10.0
盈余公积	18.3	19.3	15.6	16.3	2.7	2.9

1—17 企业类国有资产盈余状况

(1997年)

单位:亿元

	全市	市本级	区(市)县级
销售收入	261.1	207.2	53.9
销售利润	26.7	23.3	3.4
其他业务利润	3.5	3.1	0.4
营业利润	−9.4	−4.3	−5.1
投资收益	2.3	2.2	0.1
利润总额	−5.8	−1.7	−4.1
实际上交利润总额	10.1	8.8	1.3
注册资本	104.8	85.2	19.6

1—18　非经营性行政事业单位资产总量情况

（1997年末）　　　　单位：万元

	全　市	市本级	区(市)县级
资产占用	**1506829**	**554884**	**951945**
＃固定资产原价	833327	273673	559654
各项存款	189499	93307	96192
缴存公积金	5340	2009	3331
现　金	1974	184	1790
有价证券	4259	1243	3016
经费及其他暂付款	297270	123768	173502
借出款	41672	6733	34939
拨出经费	13081	1734	11347
拨出专项资金	31809	22546	9263
资金来源	**1506829**	**554884**	**951945**
＃负债及视同负债	501917	189006	312911
＃经费及其他暂存款	275627	87975	187652
合同预收款	93819	47439	46380
个人住房资金	9174	2157	7017
经费包干结余	1138	442	696
专用资金收支结余	14578	9163	5415
国有资产总额	1004912	365878	639034
＃固定资产基金	826656	271607	555049
拨入经费	23180	10991	12189
经费包干结余	11035	1252	9783
专用基金收支结余	35940	25539	10401
拨入专项资金	39707	29383	10324
住房基金结余	12569	5995	6574
下级上交收入	1446	900	546
事业专项周转金	3630	496	3134
事业储备周转金	4923	2155	2768

1—19 非经营性行政事业单位固定资产变动情况

(1997年)　　单位:万元

	全　市	市本级	区(市)县级
年初固定资产	**735998**	**225938**	**510060**
本年增加固定资产	**139574**	**52983**	**86591**
#自　　制	6697	635	6062
购　　建	118374	48187	70187
无偿调入	4903	2433	2470
其　　他	5756	457	5299
本年减少固定资产	**42245**	**5248**	**36997**
#有偿转让	3904	784	3120
无偿调出	2658	369	2289
报废报损	3184	1254	1930
其　　他	32278	2676	29602
年末固定资产	**833327**	**273673**	**559654**
按经济用途分			
房屋和购建物	558749	156275	402474
#职工住宅及福利设施	87505	18001	69504
专用设备	171919	85527	86392
一般设备	64819	20115	44704
其　　他	37840	11756	26084
按使用情况分			
在用固定资产	830242	272462	557780
闲置固定资产	3085	1211	1874

1—20　市区国民经济和社会发展主要指标

	单　位	1996年	1997年	1997年为1996年（%）
年末总人口	万人	317.12	321.92	101.5
＃非农业人口	万人	205.05	209.49	102.2
年末总户数	万户	96.95	99.93	103.1
年末全部从业人员数	万人	174.16	168.43	96.7
＃全部职工人数	万人	114.82	113.44	98.8
＃城镇个体劳动者	万人	10.45	10.47	100.2
城镇待业人员年末数	人	23443	62679	267.4
土地面积	平方公里	1418	1418	100.0
＃建城区土地面积	平方公里	138	144	104.3
国内生产总值	万元	4353435	5365443	120.0
第一产业	万元	273587	278308	102.5
第二产业	万元	1786549	2346481	132.7
＃工　业	万元	1427882	1907124	121.4
第三产业	万元	2293299	2740654	112.4
年末邮电局(所)数	所	507	511	100.8
邮电业务总量(1990年不变价)	万元	127176	149811	117.8
年末电话机数	部	634204	662826	104.5
每百人拥有电话	部	20.30	20.74	102.2
全年用电量	万千瓦小时	302808	317039	104.7
＃城乡居民用电	万千瓦小时	25152	31210	124.1
全社会固定资产投资	万元	1805651	1803292	99.9
房地产开发投资	万元	615622	681479	110.7
＃商品住宅	万元	325856	326245	100.1
商品房销售额	万元	297995	400399	134.4
批发零售贸易商品销售总额	万元	4410709	5012889	113.7
社会消费品零售总额	万元	2459988	2822068	114.7
地方财政预算内收入(含市本级)	万元	256683	315107	122.8
＃工商税收	万元	170543	200544	117.6
地方财政预算内支出	万元	283327	344440	121.6

注:市区指青羊区、锦江区、金牛区、武侯区、成华区、青白江区、龙泉驿区和高新技术开发区。

1—20　续表

	单　位	1996 年	1997 年	1997 年为 1996 年 (%)
城市居民人均可支配收入	元	5669	6019	106.2
城乡居民储蓄年末余额	万元	2798963	3289968	117.5
年末金融机构各项贷款余额	万元	3986812	4729007	118.6
保险承保额	万元	9429309	9593167	101.7
学校数	个	755	830	109.9
高等学校	个	18	18	100.0
中等专业学校	个	34	34	100.0
普通中学	个	158	159	100.6
小　　学	个	545	619	113.6
专任教师数	万人	3.55	3.55	100.0
在校学生数	万人	47.42	47.86	100.9
成人高等教育学校在校学生数	万人	6.35	5.52	86.9
成人中等教育学校在校学生数	万人	12.01	11.64	96.9
专业技术人员数	万人	28.42	28.13	99.0
公园数	个	34	36	105.9
剧场、影剧院数	个	9	9	100.0
公共图书馆总藏量	万册、件	615	636	103.4
医　　院	个	198	190	96.0
医院床位数	万张	2.00	1.77	88.5
医　　生	万人	1.57	1.68	107.0
社会福利院数	个	199	200	100.5
社会福利院床位数	万张	0.63	0.63	100.0
交通事故件数	件	169	209	123.7
桥梁数	座	202	204	101.0
#立交桥	座	10	12	120.0
年末实有铺装道路长度	公里	807	884	109.5
居住人口	万人	206.34	210.47	102.0
人均居住面积	平方米	9.15	9.74	106.4
自来水普及率	%	99.06	99.05	99.99
气化率	%	92.09	96.90	105.2
人均公共绿地面积	平方米	2.16	2.96	137.0

1—21　成都高新技术产业开发区主要指标

	单　位	1996年	1997年
土地面积	平方公里	47	47
#建成区面积	平方公里	23	23
年末总人口	万人	10.49	11.14
#非农业人口	万人	4.43	5.00
社会从业人员	万人	5.40	5.82
第一产业	万人	1.60	1.46
第二产业	万人	1.80	2.32
第三产业	万人	2.00	2.04
国内生产总值	亿元	18.94	22.20
第一产业	亿元	1.08	1.13
第二产业	亿元	12.71	14.20
第三产业	亿元	5.15	6.87
技工贸总收入	亿元	37.50	43.00
农林牧渔业总产值	亿元	1.75	1.92
农民人均纯收入	元	2678	2788
乡镇企业单位数	个		1485
乡镇企业总产值	亿元		14.84
乡镇企业增加值	亿元		2.97
乡镇企业营业收入	亿元		1.53
乡镇企业利税总额	亿元		0.86

1—21　续表

	单　　位	1996 年	1997 年
全部工业总产值	亿元	34.40	40.00
轻工业	亿元	20.60	22.20
重工业	亿元	13.80	17.80
工业增加值	亿元	12.00	13.80
工业利税	亿元	5.67	6.25
工业产品产销率	%	93.0	91.1
全社会固定资产投资总额	亿元	4.18	5.80
社会消费品零售总额	亿元	3.73	5.16
利用外资签订协议(合同)数	个	21	28
#外商直接投资	个	21	28
利用外资协议金额	万美元	1470	2742
实际利用外资金额	万美元		2600
出口创汇	万美元	1200	1500
财政收入	万元	9338	25310
#工商税收	万元	2800	7050
#上交中央两税	万元	4161	8358
地方财政收入	万元	5178	16952
财政支出	万元	5929	20153
职工平均工资	元	5490	9202

1—22　历届市人民代表大会代表人数

	代表总数（人）	在总数中：		在总数中：	
		女性代表	占代表总数（%）	少数民族代表	占代表总数（%）
一届（1954年）	300	49	16.3	7	2.3
二届（1956年）	339	71	20.9	6	1.8
三届（1958年）	341	73	21.4	7	2.1
四届（1961年）	361	76	21.1	6	1.7
五届（1963年）	437	110	25.2	6	1.4
六届（1968年）	439	111	25.3	7	1.6
七届（革委会）	95				
八届（1978年）	801	171	21.4	12	1.5
九届（1982年）	599	159	26.5	14	2.3
十届（1983年）	796	171	21.5	18	2.3
十一届（1988年）	527	95	18.0	14	2.7
十二届（1993年）	571	140	24.5	14	2.5

注：1968年5月～1978年5月市革命委员会取代市人代会，作为市人民代表大会的第七届，代表人数为革委会委员数。

1—23　历届市政协会代表人数

	代表总数（人）	在总数中：		在总数中：	
		女性代表	占代表总数（%）	少数民族代表	占代表总数（%）
一　届	140	29	20.7	18	12.7
二　届	235	58	24.7	34	14.5
三　届	311	108	34.7	46	14.8
四　届	311	102	32.8	46	14.8
五　届	329	111	33.7	44	13.4
六　届	546	243	44.5	102	19.1
七　届	629	252	40.1	117	18.6
八　届	700	255	36.6	144	20.6
九　届	604	236	39.1	146	24.2
十　届	610	230	37.7	139	22.9

主要统计指标解释

市 是指经国家批准成立"市"建制的城市。

镇 是指经省、自治区、直辖市批准的镇。1963年以前为常住人口在2000人以上,非农业人口占50%以上的。1964年起改为常住人口在3000人以上,非农业人口占70%以上,或常住人口在2500人以上,不满3000人,非农业人口占85%以上的。1984年后又调整为:凡县级地方国家机关所在地;或总人口在20000人以下的乡,乡政府驻地非农业人口超过2000人的;或总人口在20000人以上的乡,乡政府驻地非农业人口占全乡人口10%以上;或少数民族地区、人口稀少的边远地区、山区和小型工矿区、小港口、风景旅游、边境口岸等地,非农业人口虽不足2000人,都可建镇。

国内生产总值 是按市场价格计算的国内生产总值的简称。它是一个国家(地区)所有常住单位在一定时期内生产活动的最终成果。国内生产总值有三种表现形态,即价值形态、收入形态和产品形态。从价值形态看,它是所有常住单位在一定时期内所生产的全部货物和服务价值超过同期投入的全部非固定资产货物和服务价值的差额,即所有常住单位的增加值之和;从收入形态看,它是所有常住单位在一定时期内所创造并分配给常住单位和非常住单位的初次分配收入之和;从产品形态看,它是最终使用的货物和服务减去进口货物和服务。在实际核算中,国内生产总值的三种表现形态表现为三种计算方法,即生产法、收入法和支出法。三种方法分别从不同的方面反映国内生产总值及其构成。

国民生产总值 是按市场价格计算的国民生产总值的简称。它是一个国家所有常住单位在一定时期内收入初次分配的最终成果。一国常住单位从事生产活动所创造的增加值在初次分配过程中主要分配给该国的常住单位,但也有一部分以生产税及进口税(扣除生产和进口补贴)、劳动者报酬和财产收入等形式分配给该国的非常住单位,同时,国外生产所创造的增加值也有一部分以生产税及进口税(扣除生产和进口补贴)、劳动者报酬和财产收入等形式分配给该国的常住单位。从而产生了国民生产总值概念,它等于国内生产总值加上来自国外的生产税及进口税(扣除生产和进口补贴)、劳动者报酬和财产收入减去付给国外的生产税及进口税(扣除生产和进口补贴)、劳动者报酬和财产收入。与国内生产总值不同,国内生产总值是一个生产概念,而国民生产总值则是个收入概念。

国民生产总值同社会总产值、国民收入的区别,从核算范围看,社会总产值和国民收入都只计算物质生产部门的劳动成果,而国民生产总值除计算物质生产部门劳动成果外,还计算非物质生产部门的劳动成果。从这三个指标的价值构成看,社会总产值计算了社会产品的全部价值;国民生产总值计算在生产产品和提供劳务过程中增加的价值,即增加值,不计算中间产品和中间劳务投入的价值;而国民收入除了不计算中间产品价值外,还不包括固定资产折旧价值,即只计算净产值。

第一产业:农业(包括农业、林业、牧业和渔业)。

第二产业:工业(包括采掘工业、制造业、自来水、电力、蒸气、热水、煤气)和建筑业。

第三产业:除第一、第二产业以外的其他各业。由于第三产业包括的行业多、范围广,根据我国的实际情况,第三产业可分为两大部分;一是流通部门,二是服务部门。具体又可分为四个层次:

第一层次:流通部门,包括交通运输业、邮电通讯业、商业、饮食业、物资供销和仓储业。

第二层次:为生产和生活服务的部门,包括金融、保险业、地质普查业,房地产、公用事业,居民服务业,咨询服务业和综合技术服务业,农、林、牧、渔、水利服务业和水利业,公路、内河(湖)航道养护业等。

第三层次:为提高科学文化水平和居民素质服务的部门,包括教育、文化、广播电视,科学研究、卫生、体育和社会福利事业等。

卫生、体育和社会福利事业等。

第四层次：为社会公共需要服务的部门，包括国家机关、政党机关、社会团体，以及军队和警察等。

支出法国内生产总值 指一个国家（或地区）所有常住单位在一定时期内用于最终消费、资本形成总额，以及货物和服务的净出口总额，它反映本期生产的国内生产总值的使用构成。

最终消费 指常住单位在一定时期内对于货物和服务的全部最终消费支出，也就是常住单位为满足物质、文化和精神生活的需要，从本国经济领土和国外购买的货物和服务的支出。它不包括非常住单位在本国经济领土内的消费支出。最终消费分为居民消费和政府消费。

资本形成总额 指常住单位在一定时期内获得减去处置的固定资产和存货的净额，包括固定资产形成总额和存货增加两项。

国有经济单位 指生产资料归国家所有的各种企业、事业单位，以及各级国家机关、人民团体等单位。

集体经济单位 指生产资料归公民集体所有的各种企业、事业单位。包括农村各种经济组织经营的农、林、牧、渔业、乡、村经营的企业、事业单位；城市、县、镇以及街道举办的集体经济性质的企业、事业单位。

私营经济单位 指生产资料归公民私人所有的单位。包括私营独资企业、私营合伙企业和私营有限责任公司。

联营经济单位 指不同所有制性质的企业之间或者企业、事业单位之间共同投资组成新的经济实体。包括紧密型联营企业，半紧密型联营企业和松散型联营企业。

股份制经济单位 指全部注册资本由全体股东共同出资，并以股份形成投资举办企业。主要包括股份有限公司和有限责任公司。

外商投资经济单位 指外国投资者根据中华人民共和国有关涉外经济的法律、法规，以合资、合作或独资的形式在中国大陆境内开办企业。包括中外合资经营企业、中外合作经营企业和外资企业。

港、澳、台投资经济单位 指港、澳、台地区投资者参照中华人民共和国有关涉外经济的法律、法规，以合资、合作或独资的形式在大陆举办企业。包括合资经营企业、合作经营企业和独资企业。

2

人口及劳动力

POPULATION AND LABOUR FORCE

简要说明：

一、主要内容

本部份反映了全市人口总量、构成及变动情况，计划生育情况，劳动力资源配置，从业人员构成，职工工资总额及平均工资等基本情况。

二、资料来源

人口及变动资料来源于成都市公安局。

婚姻状况资料来源于成都市民政局。

计划生育资料来源于成都市计划生育委员会。

城镇登记失业资料及职业介绍机构资料来源于成都市就业局。

劳动力资源配置、从业人员构成、职工工资等数据取自成都市统计局人口与就业统计处有关年报。

2—1 历年全市年末总户数、总人口

年 份	总户数（万户）	市区	郊县	总人口（万人）	市区	郊县	在总人口中：男	女
1950	109.24	24.51	84.73	504.80	112.43	392.37	258.71	246.09
1951	111.39	26.10	85.29	507.07	109.67	397.40	258.90	248.17
1952	115.56	27.25	88.31	511.96	113.18	398.78	260.03	251.93
1953	118.02	27.84	90.18	523.51	117.68	405.83	265.89	257.62
1954	124.56	31.11	93.45	535.98	130.23	405.75	274.83	261.15
1955	126.30	32.14	94.16	549.77	136.22	413.55	281.21	268.56
1956	129.59	34.66	94.93	577.00	155.11	421.89	299.38	277.62
1957	132.10	36.41	95.69	594.19	162.69	431.50	305.46	288.73
1958	131.47	35.91	95.56	597.06	167.22	429.84	308.46	288.60
1959	131.51	38.11	93.40	595.79	180.41	415.38	311.51	284.28
1960	127.34	35.30	92.04	570.11	179.94	390.17	297.64	272.50
1961	129.27	36.56	92.71	552.59	174.85	377.74	284.32	268.27
1962	132.84	37.13	95.71	551.34	171.65	379.69	282.06	269.28
1963	134.17	38.07	96.10	572.14	178.56	393.58	292.06	280.08
1964	137.65	39.85	97.80	588.15	181.51	406.64	302.29	285.86
1965	138.74	40.38	98.36	609.38	188.83	420.55	311.45	297.93
1966	140.88	41.50	99.38	626.22	191.54	434.68	320.60	305.62
1967	142.91	42.29	100.62	641.81	195.60	446.21	329.52	312.29
1968	146.05	43.56	102.49	663.32	200.42	462.90	340.07	323.25
1969	151.85	45.10	106.75	676.44	199.14	477.30	344.94	331.50
1970	155.95	46.95	109.00	695.21	202.84	492.37	355.77	339.44
1971	159.29	47.47	111.82	719.81	207.57	512.24	368.47	351.34
1972	161.92	48.37	113.55	735.78	210.69	525.09	375.90	359.88

2—1 续表1

年份	总户数（万户）	市区	郊县	总人口（万人）	市区	郊县	在总人口中：男	女
1973	165.76	49.40	116.36	752.25	214.24	538.01	384.26	367.99
1974	170.24	50.85	119.39	766.04	216.94	549.10	391.14	374.90
1975	175.16	52.03	123.13	781.97	218.71	563.26	398.20	383.77
1976	180.27	53.25	127.02	789.92	220.44	569.48	402.39	387.53
1977	184.15	54.38	129.77	798.60	223.06	575.54	406.66	391.94
1978	185.56	55.46	130.10	806.06	228.80	577.26	410.51	395.55
1979	188.15	56.70	131.45	815.81	234.90	580.91	415.43	400.38
1980	192.24	58.01	134.23	822.54	238.31	584.23	418.95	403.59
1981	200.00	61.39	138.61	833.41	242.77	590.64	421.56	408.85
1982	203.94	63.44	140.50	843.25	247.25	596.00	429.91	413.34
1983	208.06	65.02	143.04	848.85	250.54	598.31	432.94	415.91
1984	212.47	67.23	145.24	854.00	253.96	600.04	435.70	418.30
1985	218.24	69.08	149.16	862.68	258.31	604.37	440.43	422.25
1986	224.18	71.15	153.03	874.73	264.24	610.49	447.02	427.71
1987	233.36	73.76	159.60	887.30	269.43	617.87	453.80	433.50
1988	244.41	76.25	168.16	898.57	273.65	624.92	459.70	438.87
1989	254.37	79.20	175.18	908.59	277.62	630.97	465.21	443.38
1990	262.61	81.12	181.49	919.50	280.81	638.69	471.00	448.50
1991	268.15	82.69	185.46	927.73	284.18	643.55	475.11	452.62
1992	274.56	84.93	189.63	936.86	288.28	648.58	479.67	457.19
1993	278.42	86.55	191.87	947.30	293.35	653.95	485.09	462.21
1994	285.05	89.83	195.22	960.39	301.47	658.92	491.01	469.38
1995	289.51	92.62	196.89	971.60	307.86	663.74	496.78	474.82
1996	295.50	96.95	198.55	980.74	317.12	663.62	501.16	479.58
1997	300.08	99.93	200.15	989.19	321.92	667.27	505.50	483.69

2—1 续表 2

年份	在总人口中：		出生		死亡		自然增长	
	农业人口（万人）	非农业人口（万人）	人数（人）	出生率（‰）	人数（人）	死亡率（‰）	人数（人）	增长率（‰）
1950	404.11	100.69	136426	27.1	65826	13.1	70600	14.0
1951	410.72	96.36	149622	29.6	77248	15.3	72374	14.3
1952	417.73	94.23	153469	30.1	73919	14.5	79550	15.6
1953	427.82	95.69	164276	31.7	67181	13.0	97095	18.7
1954	427.51	107.46	169748	32.1	58411	11.1	111337	21.0
1955	436.71	113.06	164417	30.3	62931	11.6	101486	18.7
1956	447.93	129.07	167416	29.7	58275	10.3	109141	19.4
1957	455.79	138.39	184963	31.6	74356	12.8	110607	18.8
1958	445.36	151.71	168719	28.3	115344	19.5	53375	8.8
1959	424.82	170.97	104306	17.5	230527	38.7	—126221	—21.2
1960	398.65	171.49	73974	12.7	307248	52.7	—233274	—40.0
1961	391.59	161.00	71568	12.8	151448	27.0	—79880	—14.2
1962	402.63	148.71	155735	28.2	76576	13.9	79159	14.3
1963	418.06	154.08	285634	50.9	57550	10.3	228084	40.6
1964	433.65	154.50	225550	38.9	52393	9.0	173157	29.9
1965	446.21	163.18	220307	36.8	52840	8.8	167467	28.0
1966	462.83	163.39	217252	35.3	45189	7.3	172063	27.9
1967	476.23	165.58	201477	31.8	42980	6.8	158497	25.0
1968	492.82	170.50	236703	36.3	46239	7.1	190464	29.2
1969	512.04	164.40	239366	35.8	46560	7.0	192806	28.8
1970	530.09	105.12	245224	35.9	45844	6.7	199380	29.2
1971	553.70	166.11	251582	35.7	57740	8.2	193842	27.5
1972	567.16	168.62	214835	29.5	58511	8.0	156324	21.5

2—1 续表3

年 份	在总人口中:		出 生		死 亡		自然增长	
	农业人口（万人）	非农业人口（万人）	人 数（人）	出生率（‰）	人 数（人）	死亡率（‰）	人 数（人）	增长率（‰）
1973	581.72	170.54	190465	25.6	51523	6.9	138942	18.7
1974	594.98	171.06	183811	24.2	5571	7.3	128240	16.9
1975	611.03	170.94	175745	22.7	54341	7.0	121404	15.7
1976	619.27	170.64	143973	18.3	53190	6.8	90783	11.5
1977	625.44	173.16	114031	14.4	54087	6.8	59944	7.6
1978	626.60	179.46	82372	10.3	48141	6.0	34231	4.3
1979	627.99	187.82	94811	11.7	49048	6.1	45763	5.6
1980	630.50	192.04	91450	11.2	49604	6.1	41846	5.1
1981	635.67	197.74	99299	12.0	40714	4.9	58585	7.1
1982	639.51	203.74	102489	12.2	41856	5.0	60633	7.2
1983	639.99	208.86	88709	10.5	51015	6.0	37694	4.5
1984	628.50	225.50	81265	9.5	51675	6.1	29590	3.4
1985	627.75	220.89	102427	11.9	51485	6.0	50942	5.9
1986	647.49	227.25	138763	15.9	51408	5.9	87355	10.0
1987	654.09	233.21	139874	15.9	52454	6.0	87420	9.9
1988	658.41	210.16	120285	13.5	57256	6.4	63029	7.1
1989	663.26	245.34	110200	13.2	56848	6.3	62352	6.9
1990	668.51	250.99	119446	13.1	58223	6.4	61223	6.7
1991	671.69	256.04	110067	11.9	58447	6.3	51620	5.6
1992	670.12	266.74	107086	11.5	61394	6.6	45692	4.9
1993	671.16	276.14	109881	11.7	58918	6.3	50963	5.4
1994	669.41	290.98	106333	11.2	58300	6.1	48033	5.1
1995	670.74	300.86	104362	10.8	61084	6.3	43278	4.5
1996	670.59	310.15	99279	10.2	60043	6.2	39236	4.0
1997	670.69	318.50	88460	9.0	57551	5.8	30909	3.1

2—2 人口构成及变动

(1997年)

	单　位	全　市	市　区	县（市）
总人口	人	**9891885**	**3219184**	**6672701**
人口构成				
按性别分				
男　性	人	5054967	1646162	3408805
女　性	人	4836918	1573022	3263896
性比例(以女性为100)		105	105	104
按农业、非农业人口分				
农业人口	人	6706850	1124326	5582524
非农业人口	人	3185035	2094858	1090177
人口自然变动				
出生人口	人	88460	25967	62493
死亡人口	人	57551	16288	41263
出生率	‰	8.98	8.13	9.39
死亡率	‰	5.84	5.10	6.20
自然增长率	‰	3.14	3.03	3.19
人口机械变动				
迁入人口	人	170791	77269	93522
迁出人口	人	119202	42549	76653
迁入率	‰	17.34	24.18	14.05
迁出率	‰	12.10	13.32	11.52
机械变动增长率	‰	5.24	10.86	2.53
附:总户数	户	**3000835**	**999331**	**2001504**

2—3 婚姻登记和离婚情况

	单 位	1990年	1995年	1996年	1997年
准予登记结婚	对	96368	93807	94119	90025
#初 婚	人	179959	172893	173763	164120
再 婚	人	12777	14721	14475	15930
#涉外婚姻	对	125	307	311	345
结婚率	%	2.11	1.94	1.93	1.82
离 婚	对	15461	18786	19070	19320
离婚率	%	0.34	0.39	0.39	0.39

2—4 计 划 生 育 情 况

(1997年)

	单 位	全 市	市 区	县 (市)
计划生育率	%	97.77	98.70	97.39
一 孩 率	%	93.80	95.11	93.28
独生子女领证率	%	60.63	61.82	60.14
育龄妇女人数	人	2727156	823129	1904027
#已婚育龄妇女人数	人	2235946	659294	1576652
已婚育龄妇女占育龄妇女比例	%	81.99	80.10	82.81
出生婴儿性别比(以女性为100)		107.23	105.10	108.08
节 育 率	%	91.55	88.75	92.71

2—5 城乡劳动力资源配置情况

(1997年)

单位:万人

	城乡合计	城　镇	乡　村
劳动力资源总数	**762.84**	**279.30**	**483.54**
#当年新增加的劳动力资源	5.47	1.59	3.88
#16岁以上全部人数	762.17	280.34	481.83
#不计入劳动力资源的人数	20.27	6.20	14.07
机械变动差额跨地区调整数(+、-)	20.94	5.16	15.78
经济活动人口	**589.01**	**188.31**	**400.70**
从业人员	585.29	184.59	400.70
按就业身份分组			
全部职工	158.88	158.88	
再就业的离退休人员	3.29	3.29	
私营业主	2.17	1.58	0.59
个体户主	26.68	8.68	18.00
私营企业和个体从业人员	26.15	12.16	13.99
乡镇企业从业人员	108.29		108.29
农村从业人员	259.83		259.83
其　　他			
按经济类型分组			
国有经济	123.41	123.41	
集体经济	136.53	28.24	108.29
私营经济	11.69	7.70	3.99
个体经济	303.14	14.72	288.42
联营经济	0.11	0.11	
股份制经济	7.72	7.72	
外商投资经济	1.93	1.93	

2—5 续表

单位:万人

	城乡合计	城　镇	乡　村
港、澳、台投资经济	0.74	0.74	
其他经济	0.02	0.02	
按国民经济行业分组			
农、林、牧、渔业	236.68	0.89	235.79
采掘业	1.66	1.63	0.03
制造业	116.53	63.63	52.90
电力、煤气及水的生产和供应业	2.07	2.07	
建筑业	51.90	21.74	30.16
地质勘查业、水利管理业	1.85	1.85	
交通运输、仓储及邮电通信业	20.73	8.95	11.78
批发和零售贸易、餐饮业	73.35	32.62	40.73
金融、保险业	3.20	3.20	
房地产业	0.74	0.74	
社会服务业	13.68	9.49	4.19
卫生、体育和社会福利业	5.96	5.96	
教育、文化艺术和广播电影电视业	15.56	15.56	
科学研究和综合技术服务业	5.61	5.61	
国家机关、政党机关和社会团体	9.95	9.95	
其他行业	25.82	0.70	25.12
失业人员	3.72	3.72	
非经济活动人口	**176.88**	**95.71**	**81.17**
#16岁以上在校学生	34.41	24.14	10.27
家务劳动者	52.01	15.89	36.12

2—6 历年全市年末从业人员情况

（按产业分）

年 份	从业人员（人）	第一产业	第二产业	第三产业	从业人员构成(%) 第一产业	第二产业	第三产业
1978	3722994	2358518	602615	761861	63.4	16.2	20.4
1980	3931217	2488349	634664	808204	63.3	16.1	20.6
1983	4465414	2866943	785303	813168	64.2	17.6	18.2
1985	4795116	2736616	1232800	825700	57.1	25.7	17.2
1986	4940969	2780993	1263888	896088	56.3	25.6	18.1
1987	5118392	2884365	1268527	965500	56.4	24.8	18.8
1988	5232013	2877430	1321440	1033143	54.9	25.4	19.7
1989	5352008	2966603	1346302	1039103	55.4	25.2	19.4
1990	5462431	3010955	1366076	1085400	55.1	25.0	19.9
1991	5635666	3046286	1435390	1153990	54.1	25.4	20.5
1992	5758985	3039578	1487425	1231982	52.8	25.8	21.4
1993	5774780	3019385	1419600	1335795	52.3	24.6	23.1
1994	5831656	2878742	1612695	1340219	49.4	27.7	22.9
1995	5836411	2835200	1693340	1307871	48.6	29.0	22.4
1996	5837795	2732497	1662930	1442368	46.8	28.5	24.7
1997	5852911	2691771	1654007	1507133	45.9	28.3	25.8

2—7 历年全市年末从业人员情况

（按经济类型分）

单位：人

年 份	从业人员合 计	城 镇					农 村
			国有经济	集体经济	其他经济	私营与个体	
1978	3722994	1101925	832123	267769		2033	2621069
1979		1126661	862966	261680		2015	
1980	3931217	1165499	896191	262787		6521	2765718
1981		1211397	934221	277176			
1982		1225954	971687	284267			
1983	4465414	1292205	982389	284893		24923	3173209
1984	4607406	1333017	981600	319406	1256	30755	3274389
1985	4795116	1383259	1017857	328212	1518	35672	3411857
1986	4940969	1428803	1056750	330413	1104	40536	3512166
1987	5118392	1485193	1099618	329053	2042	54480	3633199
1988	5232012	1529723	1133013	327634	2738	66338	3702289
1989	5352008	1545518	1157857	315211	3659	68791	3806490
1990	5462431	1601995	1188123	334923	4068	74881	3860436
1991	5635666	1673366	1240718	339265	8077	85306	3962300
1992	5758985	1712250	1268306	340176	10198	93570	4046735
1993	5774780	1742175	1245842	334379	57645	104309	4032605
1994	5831656	1778956	1246100	309200	74656	149000	4052700
1995	5836411	1804559	1246900	305100	84840	167719	4031852
1996	5837795	1840098	1239409	301505	96371	202813	3997697
1997	5852911	1845810	1234089	282361	105178	224182	4007101

2—8 全市年末从业人员情况

(按行业分)

单位:人

	1990年	1995年	1996年	1997年
总　　计	**5462431**	**5836411**	**5837795**	**5852911**
农、林、牧、渔业	2934144	2835014	2731876	2691771
采掘业	22339	20080	18059	16276
制造业	989867	1045064	1111543	1099066
电力煤气及水的生产和供应业	10755	18862	20189	20726
建筑业	321282	474300	503323	517939
地质勘查业、水利管理业	13632	19752	19197	18419
交通运输、仓储和邮电通信业	128753	179802	176424	183182
批发零售贸易和餐饮业	359553	485856	525096	545132
金融、保险业	20048	29672	31203	31957
房地产业	3477	6890	7070	7429
社会服务业	78756	84845	127910	94919
卫生、体育和社会福利业	59673	55437	56407	59532
教育、文化、艺术、广播电影电视业	154750	152391	154347	155627
科学研究和综合技术服务业	67873	58290	57291	56059
国家机关、政党机关、社会团体	96469	95192	98239	99455
其他行业	201060	274964	199621	255422

2—9 历年全市年末职工人数及构成

（按经济类型分）

年份	全部职工人数	国有经济单位	城镇集体经济单位	其他各种经济类型单位
绝对数（人）				
1978	1099892	832123	267769	
1979	1124646	862966	261680	
1980	1158978	896191	262787	
1981	1211397	934221	277176	
1982	1255954	971687	284267	
1983	1267282	982389	284893	
1984	1302262	981600	319406	1256
1985	1347588	1017858	328212	1518
1986	1388267	1056750	330413	1104
1987	1430713	1099618	329053	2042
1988	1463385	1133013	327634	2738
1989	1476727	1157857	315211	3659
1990	1527114	1188123	334923	4068
1991	1588060	1240718	339265	8077
1992	1618676	1268306	340172	10198
1993	1610430	1225842	334379	50209
1994	1594135	1217480	302369	74286
1995	1615166	1230768	300071	84327
1996	1610644	1217119	297905	95620
1997	1588760	1204975	279200	104585
构　成（%）				
1978	100	75.7	24.3	
1979	100	76.7	23.3	
1980	100	77.3	22.7	
1981	100	77.1	22.9	
1982	100	77.4	22.6	
1983	100	77.5	22.5	
1984	100	75.4	24.5	0.1
1985	100	75.5	24.4	0.1
1986	100	76.1	23.8	0.1
1987	100	76.9	22.9	0.2
1988	100	77.4	22.4	0.2
1989	100	78.4	21.3	0.3
1990	100	77.8	21.9	0.3
1991	100	78.1	21.4	0.5
1992	100	78.4	21.0	0.6
1993	100	76.1	20.8	3.1
1994	100	76.4	18.9	4.7
1995	100	76.2	18.6	5.2
1996	100	75.6	18.5	5.9
1997	100	75.8	17.6	6.6

2—10 企业、事业、机关单位数

（1997年末） 单位：个

	合　计	国有经济单　位	城镇集体经济单位	其他各种经济类型单位
总　　计	**14342**	**8594**	**5332**	**416**
按企业、事业、机关分组				
企　　业	7862	2762	4684	416
事　　业	4540	3942	598	
机　　关	1940	1890	50	
按三次产业分组				
第一产业	351	140	209	2
第二产业	2655	824	1516	315
第三产业	11336	7630	3607	99
按国民经济行业分组				
农、林、牧、渔业	351	140	209	2
采掘业	28	28		
制造业	2224	589	1341	294
电力、煤气及水的生产和供应业	118	101	4	13
建筑业	285	106	171	8
地质勘查业、水利管理业	100	92		8
交通运输、仓储及邮电通信业	251	208	40	3
批发和零售贸易、餐饮业	3845	1220	2593	32
金融、保险业	483	210	264	9
房地产业	171	142	6	23
社会服务业	675	428	224	23
卫生、体育和社会福利业	715	321	394	
教育、文化艺术和广播电影电视业	2652	2634	18	
科学研究和综合技术服务业	388	386	2	
国家机关、政党机关和社会团体	2016	1962	54	
其他行业	40	27	12	1

2—11 企事业、机关及分行业年末职工人数

单位：人

	1978年	1985年	1990年	1995年	1996年	1997年
总　　计	**1099892**	**1347588**	**1527114**	**1615166**	**1610644**	**1588760**
按企事业和机关分组						
企　业	907070	1056116	1148196	1212776	1200952	1175705
事　业	150508	226974	294228	307307	311035	312993
机　关	42314	64498	84690	95083	98657	100062
按三次产业分组						
第一产业	12310	11883	12046	8288	8472	8543
第二产业	467348	755309	832304	864485	854574	842568
第三产业	620234	580396	682764	742393	747598	737649
按国民经济行业分组						
农、林、牧、渔业	12310	11883	12046	8288	8472	8543
采掘业		32134	22339	17694	17759	15983
制造业	526542	567362	636686	614037	620671	604086
电力、煤气及水的生产和供应业		9450	10755	18780	20082	20630
建筑业	157081	146363	162524	213974	196062	201869
地质勘查业、水利管理业		12829	13632	19639	19028	18299
交通运输、仓储及邮电通信业	59260	71318	75608	84799	80370	81661
批发和零售贸易、餐饮业	145908	166084	189288	187541	186212	173097
金融、保险业	5969	12181	18278	29578	31017	28534
房地产业		3315	3477	6770	6871	7324
社会服务业	12690	35080	45577	62397	64878	64742
卫生、体育和社会福利业	33267	45148	51399	54544	55433	57853
教育、文化艺术和广播电影电视业	83018	112665	134771	143594	148330	150776
科学研究和综合技术服务业	21533	57278	66044	57602	56511	55019
国家机关、政党机关和社会团体	42314	64498	84690	94546	97341	98655
其他行业				1383	1607	1689

2—12 分行业职工人数

(1997年末)　　单位:人

	全部职工人数	国有经济单位	城镇集体经济单位	其他经济单位
总计	**1588760**	**1204975**	**279200**	**104585**
按企事业和机关分组				
企业	1175705	806315	264805	104585
事业	312993	299425	13568	
机关	100062	99235	827	
按三次产业分组				
第一产业	8543	7003	1449	91
第二产业	842568	573266	184545	84757
第三产业	737649	624706	93206	19737
按国民经济行业分组				
农、林、牧、渔业	8543	7003	1449	91
采掘业	15983	15983		
制造业	604086	399766	121317	83003
电力、煤气及水的生产和供应业	20630	19041	77	1512
建筑业	201869	138476	63151	242
地质勘查业、水利管理业	18299	18031		268
交通运输、仓储及邮电通信业	81661	74070	7545	46
批发和零售贸易、餐饮业	173097	99012	60694	13391
金融、保险业	28534	22294	5406	834
房地产业	7324	6431	178	715
社会服务业	64742	52888	7410	4444
卫生、体育和社会福利业	57853	47482	10371	
教育、文化艺术和广播电影电视业	150776	150289	487	
科学研究和综合技术服务业	55019	54871	148	
国家机关、政党机关和社会团体	98655	97871	784	
其他行业	1689	1467	183	39

2—13 全部女职工人数

(1997年末)

单位:人

	合计	国有经济单位	集体经济单位	其他经济单位
总计	**633042**	**465572**	**121634**	**45836**
按企事业和机关分组				
企业	460451	300290	114325	45836
事业	142435	135451	6984	
机关	30156	29831	325	
按三次产业分组				
第一产业	2823	2520	283	20
第二产业	308727	200605	73242	34880
第三产业	321492	262447	48109	10936
按国民经济行业分组				
农、林、牧、渔业	2823	2520	283	20
采掘业	3724	3724		
制造业	255645	162773	58534	34338
电力、煤气及水的生产和供应业	7559	7017	39	503
建筑业	41799	27091	14669	39
地质勘查业、水利管理业	6151	6059		92
交通运输、仓储和邮电通信业	27087	24533	2518	36
批发和零售贸易、餐饮业	84279	44497	32165	7617
金融、保险业	13450	10564	2446	440
房地产业	2816	2456	88	272
社会服务业	34245	27276	4503	2466
卫生、体育和社会福利业	34299	28620	5679	
教育、文化、艺术、广播电影电视业	69543	69269	274	
科学研究和综合技术服务业	19285	19223	62	
国家机关、政党机关、社会团体	29890	29561	329	
其他行业	447	389	45	13

2—14 年末离休、退休、退职人员数

单位：人

	1990年	1995年	1996年	1997年
总　　计	**299252**	**434171**	**462195**	**461987**
国有经济单位	**226744**	**338017**	**352726**	**358009**
离休人员	16059	18201	17990	17452
退休人员	207150	314418	329543	334737
退职人员	3535	5398	5193	5820
城镇集体经济单位	**72303**	**72213**	**77144**	**71527**
离休人员	294	358	384	381
退休人员	70441	70172	74985	69534
退职人员	1568	1683	1775	1612
其他各种经济类型单位	**205**	**23941**	**32325**	**32451**
离休人员	19	597	771	771
退休人员	179	22948	30971	31117
退职人员	7	396	583	563

注：退职人员为领取定期生活费的退职人员。

2—15 离休、退休、退职人员数与在职职工人数的比例

（年末数）

年　份	离休、退休退职人数（万人）	在职职工人　数（万人）	离休、退休、退职人员数与在职职工人数的比例（以在职职工为1）
1990	29.93	152.71	0.19∶1
1991	32.54	158.81	0.20∶1
1992	33.99	161.87	0.20∶1
1993	38.05	161.04	0.23∶1
1994	30.81	159.41	0.19∶1
1995	43.42	161.52	0.26∶1
1996	46.22	161.06	0.28∶1
1997	46.20	158.88	0.29∶1

2—16 城镇登记失业人员基本情况

(1997年)

单位:人

	合 计	#女 性		合 计	#女 性
总 计	**36473**	**18232**	**按文化程度分**		
按年龄分			大专及以上	3142	1565
16—25岁	20209	11011	中专和高中	16413	8270
26岁及以上	16264	7221	初中及以下	16918	8397
按失业时间分					
6个月以下	18577	8482			
6个月以上	17896	9750			

2—17 职业介绍机构及工作情况

(1997年)

	单 位	1997年		单 位	1997年
年末职业介绍机构	个	**169**	**求职登记总数**	人次	**134789**
劳动部门办	个	76	#农村劳动力	人次	22525
地市级	个	1	**用人登记总数**	人次	**126729**
县、区级	个	21	#介绍成功人数	人次	98313
乡(镇)街道	个	54	#失业人员	人次	8400
非劳动部门办	个	93	#农村劳动力	人次	19813
企事业机关	个	53			
私 人	个	40			

2—18 历年职工工资总额和指数

年　份	工资总额（万元）	国　有经济单位	城镇集体经济单位	其　他经济单位	工资总额指数（上年为100）	#国有经济单　位
1978	61400	50584	10816			
1979	71984	59031	12953		117.2	116.7
1980	88395	72170	16225		122.8	122.3
1981	92129	74542	17587		104.2	103.3
1982	97816	79145	18671		106.2	106.2
1983	103159	83740	19419		105.5	105.8
1984	127873	101440	26345	88	124.0	121.1
1985	149045	119033	29892	120	116.6	117.3
1986	177609	144392	33108	109	119.2	121.3
1987	201047	164701	36130	216	113.2	114.1
1988	243740	201446	41842	452	121.2	122.3
1989	284793	238527	45556	710	116.8	118.4
1990	328585	273879	53891	815	115.4	114.8
1991	359676	295343	62559	1774	109.5	107.8
1992	439675	367603	69359	2713	122.2	124.5
1993	549777	449782	80444	19551	125.0	122.4
1994	780236	618509	120742	40985	141.9	137.5
1995	893039	724678	115025	53336	114.5	117.2
1996	1005061	812199	126252	66610	112.5	112.1
1997	1104865	901641	127929	75295	119.9	111.0

2—19 历年职工平均工资

单位：元/人

年　份	全部职工平均工资	国　有经济单位	城镇集体经济单位	其　他经济单位
1978	584	648	406	
1979	652	706	494	
1980	771	824	616	
1981	772	819	640	
1982	789	831	668	
1983	817	888	626	
1984	993	1049	849	727
1985	1092	1161	908	821
1986	1297	1395	1025	1041
1987	1435	1536	1140	1143
1988	1696	1821	1321	1589
1989	1949	2097	1476	1191
1990	2189	2347	1687	2037
1991	2412	2571	1909	2594
1992	2752	2943	2123	2953
1993	3451	3684	2434	4583
1994	4821	5103	3412	6147
1995	5592	5926	3835	6313
1996	6258	6666	4316	7001
1997	6938	7445	4621	7194

2—20 分行业职工平均工资

单位:元/人

	1978年	1980年	1990年	1995年	1996年	1997年
总　　计	**584**	**771**	**2189**	**5592**	**6258**	**6938**
按经济类型分组						
国有经济单位	648	824	2347	5926	6666	7445
城镇集体经济单位	406	616	1687	3835	4316	4621
其他经济单位			2037	6313	7001	7194
按国民经济行业分组						
农、林、牧、渔业	585	726	1744	4410	5108	5353
采掘业			2165	4184	4330	4262
制造业	584	789	2225	5350	5696	6071
电力、煤气及水的生产和供应业			2629	7137	8477	10331
建筑业	694	869	2341	6230	7222	7737
地质勘查业、水利管理业			2457	6053	6617	7335
交通运输、仓储和邮电通信业	730	883	2583	6516	7790	9784
批发和零售贸易和餐饮业	539	718	1861	4538	4965	5325
金融、保险业	643	770	2083	7720	8632	11795
房地产业			2129	6001	7047	7672
社会服务业	621	769	2004	5405	6331	6509
卫生、体育和社会福利业	609	806	2344	6623	7713	8585
教育、文化、艺术、广播电影电视业			2100	5520	5993	6596
科学研究和综合技术服务业	656	857	2467	6750	7790	8834
国家机关、政党机关、社会团体	742	923	2247	6026	6790	8240
其他行业				8753	9666	10648

注:1978、1980两年行业分类仅为十大类,与现行行业分类不一致。

2—21 全部职工工资总额

(1997年)

单位:万元

	全部职工工资总额	国有经济单位	城镇集体经济单位	其他经济单位
总计	**1104865**	**901641**	**127929**	**75295**
按企业、事业、机关分				
企业	793764	598963	119506	75295
事业	230100	222360	7740	
机关	81001	80318	683	
按三次产业分				
第一产业	4596	3976	578	42
第二产业	557346	411518	85214	60614
第三产业	542923	486147	42137	14639
按国民经济行业分				
农、林、牧、渔业	4596	3976	578	42
采掘业	7041	7041		
制造业	371123	258398	53543	59182
电力、煤气及水的生产和供应业	21206	19913	49	1244
建筑业	157977	126166	31623	188
地质勘查业、水利管理业	13626	13537		89
交通运输、仓储及邮电通信业	78259	74452	3777	30
批发和零售贸易、餐饮业	91715	59180	23635	8900
金融、保险业	33441	27601	3894	1946
房地产业	5551	4932	88	531
社会服务业	41859	35391	3396	3072
卫生、体育和社会福利业	49066	42869	6197	
教育、文化艺术和广播电影电视业	98501	98245	256	
科学研究和综合技术服务业	49104	49012	92	
国家机关、政党机关和社会团体	79979	79359	620	
其他行业	1821	1568	182	71

2—22 职工平均工资

(1997年)

单位:元/人

	全部职工平均工资	国有经济单位	城镇集体经济单位	其他经济单位
总计	**6938**	**7445**	**4621**	**7194**
按企业、事业、机关分				
企业	6711	7345	4550	7194
事业	7394	7467	5772	
机关	8217	8218	8159	
按三次产业分				
第一产业	5353	5643	3990	4615
第二产业	6538	7034	4668	7132
第三产业	7422	7853	4537	7474
按国民经济行业分				
农、林、牧、渔业	5353	5643	3990	4615
采掘业	4262	4262		
制造业	6071	6360	4397	7114
电力、煤气及水的生产和供应业	10331	10512	6228	8262
建筑业	7737	8811	5210	6457
地质勘查业、水利管理业	7335	7394		3306
交通运输、仓储及邮电通信业	9784	10254	5154	6522
批发和零售贸易、餐饮业	5325	6019	3871	6933
金融、保险业	11795	12462	7223	24000
房地产业	7672	7646	6746	8107
社会服务业	6509	6766	4805	6228
卫生、体育和社会福利业	8585	9143	6036	
教育、文化艺术和广播电影电视业	6596	6603	5195	
科学研究和综合技术服务业	8834	8842	5879	
国家机关、政党机关和社会团体	8240	8244	7784	
其他行业	10648	10523	9956	19801

主要统计指标解释

人口数 指一定时点、一定地区范围内的有生命的个人的总和。

年度统计的年末人口数是指每年12月31日24时的人口数。

出生率 指在一定时期内(通常为一年)平均每千人所出生的人数的比率,一般用千分率表示。计算公式:

$$出生率=\frac{年出生人数}{年平均人数}\times 1000‰$$

死亡率 指在一定时期内(通常为一年)一定地区的死亡人数与同期平均人数(或期中人数)之比,一般用千分率表示。计算公式:

$$死亡率=\frac{年死亡人数}{年平均人数}\times 1000‰$$

人口自然增长率 指在一定时期内(通常为一年)人口自然增加数(出生人数减死亡人数)与该时期内平均人数(或期中人数)之比,一般用千分率表示。计算公式:

$$人口自然增长率=\frac{本年出生人数-本年死亡人数}{年平均人数}\times 1000‰$$

$$人口自然增长率=人口出生率-人口死亡率$$

从业人员 指从事一定社会劳动并取得劳动报酬或经营收入的人员。包括:

(1)全部职工

(2)再就业的离退休人员

(3)私营业主

(4)个体户主

(5)私营和个体从业人员

(6)乡镇企业从业人员

(7)农村从业人员

(8)其他从业人员(包括民办教师、宗教职业者、现役军人等)

这一指标反映了一定时期内全部劳动力资源的实际利用情况,是研究我国基本国情国力的重要指标。

各单位的从业人员是指在各级国家机关、政党机关、社会团体及企业、事业单位中工作,并取得劳动报酬的全部人员。包括职工、再就业的离退休人员、民办教师以及在各单位中工作的外方人员和港、澳、台方人员。

各单位的从业人员反映了各单位实际参加生产或工作的全部劳动力。

经济活动人口 指在16岁以上,有劳动能力,参加或要求参加社会经济活动的人口。包括:从业人员和失业人员。

国有经济单位职工 指在国有经济单位及其附属机构工作,并由其支付工资的各类人员,国有经济单位职工不包括:返聘的离退休人员、民办教师、在国有经济单位工作的外方人员和港、澳、台人员。

城镇私营和个体从业人员 城镇私营从业人员指在工商管理部门注册登记,其经营地址设在县城关镇(含城关镇)以上的私营企业从业人员。包括:私营企业投资者和雇工。城镇个体从业人员指在工商管理部门注册登记,并持有城镇户口或在城镇长期居住,经批准从事个体工商经营的从业人员。包括:个体经营者和在个体工商户劳动的家庭帮工和雇工。

城镇登记失业人员及失业率 指有非农业户口，在一定的劳动年龄内，有劳动能力，无业而要求就业，并在当地就业服务机构进行求职登记的人员。城镇登记失业率指城镇登记失业人数同城镇从业人数与城镇登记失业人数之和的比。计算公式为：

$$城镇登记失业率=\frac{城镇登记失业人数}{城镇从业人数+城镇登记失业人数}\times 100\%$$

职工 指在国有经济、城镇集体经济、联营经济、股份制经济、外商和港、澳、台投资经济、其他经济单位及其附属机构工作，并由其支付工资的各类人员。

职工工资总额 指各单位在一定时期内直接支付给本单位全部职工的劳动报酬总额。

工资总额的计算原则应以直接支付给职工的全部劳动报酬为根据。各单位支付给职工的劳动报酬以及其他根据有关规定支付的工资，不论是计入成本的还是不计入成本的，不论是按国家规定列入计征奖金税项目的，还是未列入计征奖金税项目的，不论是以货币形式支付的还是以实物形式支付的，均包括在工资总额内。

职工平均工资 指企业、事业、机关单位的职工在一定时期内平均每人所得的货币工资额。它表明一定时期职工工资收入的高低程度，是反映职工工资水平的主要指标。计算公式为：

$$职工平均工资=\frac{报告期实际支付的全部职工工资总额}{报告期全部职工平均人数}$$

职工平均实际工资 指扣除物价变动因素后的职工平均工资。计算公式为：

$$职工平均实际工资=\frac{报告期职工平均工资}{报告期城镇居民消费价格指数}$$

计件超额工资 是计件工资的一部分，指计件工人超额完成定额任务后所得的工资。即计件工人实得的全部计件工资减去应得的计件标准工资后的数额。某些企业的工人由于从事生产的工作物等级高于本人工资等级，因而其计件标准工资高于本人标准工资，其计件超额工资也应是全部工资减去应得的计件标准工资后的数额。

奖金 指支付给职工的超额劳动报酬和增收节支的劳动报酬。

津贴和补贴 指为了补偿职工特殊或额外的劳动消耗和因其他特殊原因支付给职工的津贴，以及为了保证职工工资水平不受物价影响支付给职工的物价补贴。

3

农　业
AGRICULTURE

简要说明：

一、主要内容

本部份资料反映全市农村基层组织，农业生产条件，农业生产现代化情况，农、林、牧、渔业产值及其主要产品产量，乡镇企业等基本情况。

二、资料来源

农林牧渔业产值、产量及有关资料来源于成都市统计局农村经济统计处有关年报。

农业机械资料来源于成都市农机局。

农村用电有关数据来源于成都市水电局。

林业生产数据来源于成都市林业局。

乡镇企业数据来源于成都市乡镇企业局。

3—1 农村基层组织及农业生产条件

	单 位	1978年	1980年	1990年	1995年	1996年	1997年
农村基层组织							
乡镇数	个	394	395	408	309	309	316
#镇政府	个			78	174	177	187
村民委员会	个	4575	4639	4651	4611	4587	4582
乡村户数、人口							
乡村户数	户	1445797	1473951	1977835	2044067	2059620	2049446
乡村人口	人	6348345	6376564	6918256	6873099	6848234	6864367
乡村劳动力	**人**	**2635876**	**2774188**	**3916699**	**4210072**	**4189493**	**4224117**
#转移出省的劳动力	人			13904	57801	61266	68084
按性别分							
男劳动力	人		1388855	2028586	2162395	2157096	2174173
女劳动力	人		1385333	1888113	2047677	2032397	2049944
按行业分							
农、林、牧、渔业	人	2413646	2584538	3051316	2826002	2723731	2682900
工 业	人	87706	105547	348459	462941	463542	462689
建筑业	人	40133		158749	266302	293610	300571
交通运输和邮电业	人	6126		52632	90609	91517	93584
批发零售贸易、饮食业及仓储业	人	9452		110166	190176	208201	218947
其他非农业	人	78813		193577	374042	408892	465426
#外出合同工、临时工	人			59871	178230	191796	217016
农村社会基础设施							
自来水受益村数	个				1275	1351	1412
通汽车村数	个				4445	4511	4580
通电话村数	个				1650	2025	2906
农业主要能源及物质消耗							
乡、村办水电站数	个	810	691	345	366	357	356
发电能力	千瓦	31353	50863	122062	217489	216609	223084
农村用电量	万千瓦小时	12033	17173	77482	148686	161258	180553
农用化肥施用量(折纯)	万吨	15.59	13.22	15.78	18.49	19.16	19.16

注:1980年乡村劳动力按行业分组因报表制度变化,建筑业及第三产业各行业劳动力数据未统计。

3—1 续表

	单 位	1978年	1980年	1990年	1995年	1996年	1997年
氮 肥	万吨	11.50	9.24	11.67	10.15	10.13	9.81
磷 肥	万吨	4.09	3.88	2.99	3.71	3.84	3.89
钾 肥	万吨		0.06	0.38	0.92	1.09	1.17
复合肥	万吨		0.04	0.74	3.71	4.10	4.29
农用塑料薄膜使用量	吨			1131	2846	3649	4307
#地膜使用量	吨				1775	2136	2734
地膜覆盖面积	万公顷				1.75	1.95	1.90
农用柴油	万吨				3.26	3.23	3.46
农药使用量	吨			4080	5599	6132	6582
机耕地面积(负担面积)	公顷	155467	207375	260460	264026	261886	260388
机耕地占耕地面积比重	%	31.37	42.32	55.96	58.80	58.61	58.47

3—2 非农行业总产值

单位:万元

	1978年	1980年	1990年	1997年
非农行业总产值	**47400**	**43600**	**972275**	**6190377**
农村工业	32800	19700	688242	4329782
农村建筑业	4600	9000	107864	734473
农村运输业	2000	4700	75786	331250
农村商业、饮食业	8000	10200	100383	794872

3—3 历年农林牧渔业总产值

单位：万元

年 份	农林牧渔业总产值	农 业	林 业	牧 业	渔 业
1950	35140	30850	1070	3192	28
1951	37231	32527	1116	3557	31
1952	40583	35315	1269	3967	32
1953	46049	39992	1526	4489	42
1954	49264	41788	2105	5327	44
1955	50101	42344	2249	5458	50
1956	53498	44926	2428	6089	55
1957	57859	48160	2681	6950	68
1958	67215	54521	5265	7338	91
1959	52465	42641	4281	5471	72
1960	42184	35224	3340	3546	74
1961	36998	31938	1997	2971	92
1962	45840	39385	2041	4345	69
1963	55284	45216	2336	7642	90
1964	65290	51599	3026	10573	92
1965	76227	60247	3053	12829	98
1966	83034	65507	3151	14293	83
1967	84823	66425	3038	15264	96
1968	77963	60731	2856	14293	83
1969	81898	64835	2868	14111	84
1970	90799	73016	2893	14792	98
1971	97206	77463	2989	16658	96
1972	97890	75476	3211	19096	107

3—3 续表

单位:万元

年 份	农林牧渔业总产值	农 业	林 业	牧 业	渔 业
1973	105872	81759	3636	20366	111
1974	110799	86075	3801	20795	128
1975	113923	88472	3807	21503	141
1976	113083	87941	3887	21064	191
1977	124834	98381	4059	22121	273
1978	160172	122713	4818	32349	292
1979	173161	132675	5308	34852	326
1980	171518	126158	5175	39849	336
1981	177416	128085	4975	43949	407
1982	219738	166598	5527	47001	612
1983	235703	175684	5777	53386	856
1984	262666	193216	8339	59181	1930
1985	291302	203466	8756	75686	3394
1986	324607	219259	8041	92244	5063
1987	395987	255562	7935	125554	6936
1988	479787	284690	9386	176896	8815
1989	520868	312455	9886	188248	10279
1990	601911	375241	11248	204964	10458
1991	639613	401953	11361	214502	11797
1992	739631	462607	14415	249449	13160
1993	884061	544490	14837	307831	16903
1994	1279351	750677	16651	491217	20806
1995	1504482	899164	18877	562630	23811
1996	1683751	1020560	21279	612394	29518
1997	1815633	1076200	20612	685333	33488

3—4 历年农林牧渔业总产值发展速度

单位：%

年 份	农林牧渔业总产值	农 业	林 业	牧 业	渔 业
1950	100.0	100.0	100.0	100.0	100.0
1951	106.0	105.5	104.3	111.5	109.6
1952	109.0	108.6	113.7	111.5	105.3
1953	106.9	106.1	112.7	111.8	121.7
1954	106.4	104.5	138.0	112.6	104.1
1955	101.7	101.4	106.9	102.5	114.5
1956	106.4	105.7	107.6	111.2	108.0
1957	103.2	102.2	105.3	108.9	119.1
1958	105.8	103.1	178.9	96.2	122.3
1959	82.1	82.2	85.5	78.4	83.2
1960	79.0	81.2	76.7	63.7	100.9
1961	79.0	81.7	53.9	75.5	111.3
1962	119.5	119.0	98.6	140.8	72.7
1963	120.6	114.8	114.4	175.8	131.2
1964	118.1	114.1	129.6	138.5	101.6
1965	116.2	116.2	100.4	120.8	105.6
1966	108.8	108.7	103.1	110.9	101.5
1967	102.2	101.4	96.4	107.2	96.2
1968	91.9	91.4	94.0	93.6	86.7
1969	105.0	106.8	100.4	98.7	101.8
1970	110.9	112.6	100.9	104.8	115.9
1971	104.7	103.7	101.0	110.1	96.2
1972	98.6	95.4	105.2	112.3	108.7

注：发展速度以上年为基期，按可比价格计算。

3—4 续表 单位:%

年 份	农林牧渔业总产值	农 业	林 业	牧 业	渔 业
1973	108.1	108.3	113.2	106.6	104.4
1974	101.8	102.4	101.7	99.4	111.9
1975	100.2	100.2	97.6	100.8	107.5
1976	97.6	97.7	100.4	96.3	133.1
1977	108.1	109.5	102.2	102.8	139.3
1978	109.6	108.6	101.4	115.5	91.5
1979	108.2	106.1	110.2	116.5	111.6
1980	99.0	95.0	97.4	114.3	103.1
1981	102.3	100.4	95.1	109.0	119.6
1982	113.3	119.0	101.6	97.8	117.6
1983	108.5	106.7	105.8	114.9	141.6
1984	106.2	104.6	121.6	109.1	167.0
1985	105.1	101.9	106.4	114.0	149.9
1986	105.7	104.0	90.6	111.0	144.8
1987	106.5	105.3	96.0	110.6	108.6
1988	100.6	96.8	104.3	109.4	114.0
1989	105.4	108.5	96.9	98.7	111.1
1990	103.0	103.0	97.9	103.3	99.4
1991	104.8	104.0	95.9	106.6	107.2
1992	105.1	103.5	118.8	107.5	105.5
1993	104.8	103.8	98.8	106.5	116.1
1994	105.5	103.5	99.2	109.1	107.2
1995	105.5	105.1	97.0	106.4	110.2
1996	104.6	103.7	106.7	105.2	116.8
1997	104.7	103.5	93.0	106.7	110.0

3—5　农林牧渔业总产值

	绝对额(万元)		构　成(%)	
	1996年	1997年	1996年	1997年
农林牧渔业总产值	**1683751**	**1815633**	**100.0**	**100.0**
农业产值	**1020560**	**1076200**	**60.6**	**59.3**
种植业	939164	975446	55.8	53.7
主产品	903393	939328	53.7	51.7
粮食作物	528030	534853	31.4	29.5
#谷　物	485966	492377	28.9	27.1
油　料	45690	43355	2.7	2.4
蔬菜、瓜类	193866	216733	11.5	11.9
茶、桑、果	68996	69345	4.1	3.8
副产品	35771	36118	2.1	2.0
粮食作物副产品	34001	34723	2.0	1.9
#谷物副产品	30921	31740	1.8	1.8
其他副产品	1770	1395	0.1	0.1
其他农业	81396	100754	4.8	5.6
林业产值	**21279**	**20612**	**1.3**	**1.1**
林木生长	3620	3703	0.2	0.2
林产品	2844	2852	0.2	0.2
竹木采伐	14815	14057	0.9	0.8
牧业产值	**612394**	**685333**	**36.4**	**37.8**
牲畜繁殖、增长、增重	375576	422556	22.3	23.3
家禽饲养	125661	146443	7.5	8.1
活的畜禽产品	93946	98859	5.6	5.5
捕　猎	96	84		
其它动物饲养	17115	17391	1.0	1.0
渔业产值	**29518**	**33488**	**1.7**	**1.8**
#养　殖	28416	32328	1.7	1.8

3—6 农林牧渔业商品产值和商品率

	1990 年	1995 年	1996 年	1997 年
商品产值(万元)	**357188**	**956753**	**1092255**	**1216918**
农 业	170961	446434	526410	575479
种 植 业	140161	384459	449551	478822
其他农业	30800	61975	76859	96657
林 业	4654	10949	12416	12499
牧 业	172738	478244	526973	599507
#猪	125539	301102	323216	366509
家 禽	17118	86995	104882	127048
渔 业	8835	21126	26456	29433
商品产值率(%)	**59.3**	**63.6**	**64.9**	**67.0**
农 业	45.6	49.7	51.6	53.5
种 植 业	41.2	46.2	47.9	49.1
其他农业	88.1	92.7	94.4	95.9
林 业	41.4	58.0	58.4	60.6
牧 业	84.3	85.0	86.1	87.5
#猪	87.0	87.4	88.2	88.7
家 禽	75.4	81.2	83.5	86.8
渔 业	84.5	88.7	89.6	87.9

3—7 农林牧渔业增加值

(1997 年)

单位:万元

	总产值	中间消耗	#物质消耗	增加值
农林牧渔业增加值	**1815633**	**656740**	**622954**	**1158893**
农 业	1076200	245992	219931	830208
种 植 业	975446	206832	182764	768614
其他农业	100754	39160	37167	61594
#农民家庭兼营商品性工业	95312	39160	37167	56152
林 业	20612	3143	2859	17469
牧 业	685333	394043	387281	291290
渔 业	33488	13562	12883	19926

3—8 耕地面积及人均占有量

	单 位	1978年	1980年	1990年	1997年
年末实有耕地面积	公顷	495593	489979	465439	445372
水 田	公顷	363848	362961	350539	332998
旱 地	公顷	131745	127018	114900	112374
平均每一农业人口占耕地	亩/人	1.2	1.2	1.0	1.0
平均每一乡村劳动力占耕地	亩/人	2.8	2.6	1.8	1.6

3—9 耕 地 面 积 情 况

单位:公顷

	1978年	1980年	1990年	1997年
年初实有耕地面积	**497790**	**493385**	**466538**	**446817**
当年增加的耕地面积	**1714**	**710**	**360**	**2168**
#新开荒地	391	220	216	69
当年减少的耕地面积	**3911**	**4116**	**1459**	**3613**
#国家基建占地	588	289	272	1778
#扩修公路占地			47	747
乡村集体占地	909		74	698
农民个人建房占地			491	116
年末实有耕地面积	**495593**	**489979**	**465439**	**445372**
田	363848	362961	350539	332998
土	131745	127018	114900	112374

3—10 历年农业机械拥有量

年 份	农业机械总动力（千瓦）	农用大中型拖拉机		农用排灌动力机械		农用载重汽车（辆）
		台	千瓦	台	千瓦	
1978	401045	3130	86634	9437	90139	150
1979	547861	3830	108568	11903	115810	355
1980	668943	4132	117947	12096	110984	663
1981	751754	4323	144493	12261	120805	864
1982	810771	4337	125921	13921	136008	944
1983	880933	4307	125918	13266	131190	1359
1984	916337	4033	118510	12364	125120	2177
1985	1001914	4162	123521	12091	124118	2821
1986	1060317	4209	125978	12651	122034	3288
1987	1103871	4196	127139	13885	133852	3346
1988	1221017	4115	126475	13397	130678	3925
1989	1251611	3790	117789	13464	133430	4265
1990	1348769	3376	106235	14990	157097	4329
1991	1394756	2730	86817	14090	153435	4517
1992	1451580	2334	74572	14414	156764	4829
1993	1557072	2153	69849	14672	160099	4942
1994	1623060	2100	68988	16234	167906	5459
1995	1759407	1912	63316	16445	174122	6018
1996	1803993	1773	58770	16329	168709	6292
1997	1856009	1831	59375	17003	173272	6485

3—11 历年农村小水电、用电量、有效灌溉面积及化肥施用量情况

年 份	农村小型水电站		农村用电量（万千瓦小时）	有效灌溉面积（公顷）	化肥施用量（折纯：吨）
	个数(个)	发电能力(千瓦)			
1978	810	31353	12033	402333	155921
1979	759	39689	21018	403127	149627
1980	691	50863	17173	403533	132170
1981	642	55287	22619	404133	145630
1982	522	58658	25529	403533	145480
1983	455	60827	28262	403200	147081
1984	444	70526	34179	402333	132185
1985	375	73949	38963	399640	119625
1986	370	84002	50939	398120	143128
1987	374	92351	55167	396933	134453
1988	385	95334	59329	396667	136772
1989	386	110390	68113	394636	152904
1990	345	122062	77482	395513	157815
1991	333	125445	79777	394547	176083
1992	339	140066	91325	391293	168497
1993	354	182809	104562	388913	165078
1994	355	193921	117276	386400	172344
1995	366	217489	148686	384000	184865
1996	357	216609	161258	381628	191553
1997	356	223084	180553	355354	191557

3—12 农 业 机 械

	单位	1978年	1980年	1990年	1995年	1996年	1997年
农业机械总动力	万千瓦	40.10	66.89	134.88	175.94	180.40	185.60
农用大中型拖拉机	台	3130	4132	3376	1912	1773	1831
	万千瓦	8.66	11.79	10.62	6.33	5.88	5.94
小型(手扶)拖拉机	台	8183	19547	42563	40444	39282	37755
	万千瓦	7.12	17.40	43.58	43.20	42.02	40.65
农用排灌动力机械	台	9437	12096	14990	16445	16329	17003
	万千瓦	9.01	11.10	15.71	17.41	16.87	17.33
农用载重汽车	辆	150	663	4329	6018	6292	6485
	万千瓦	0.91	4.44	31.08	49.28	51.41	53.12
大中型拖拉机配套农具	部	6522	8376	3228	1531	1449	1798
小型拖拉机配套农具	部	15859	34711	56787	50543	47714	19537
农用水泵	台	8522	11366	14701	15589	15664	16143
喷灌机械	套	3033	4643	596	339	389	1019
机动喷雾器	台	1176	4244	7672	7939	7827	7882
机动脱粒机	台	6065	15738	6243	17946	22990	28890
碾米机	部	18323	23944	13738	14492	14552	14806
磨面机	部			11133	11151	10878	11254
榨油机	部	662	792	588	847	954	1053
饲料粉碎机	台	7193	8555	9243	10401	10669	10896
农业机械总值(原值)	万元			44135	84033	92054	93738

注:1978年、1980年碾米机数包括磨面机。

3—13 历年粮食和油菜籽产量

单位:万吨

年份	粮食	#小麦	#稻谷	油菜籽
1949	127.34	7.68	98.11	4.05
1950	137.02	8.52	105.37	4.47
1951	143.02	9.84	109.99	4.73
1952	154.45	9.20	119.70	5.66
1953	163.26	9.66	125.88	5.48
1954	169.58	9.27	130.93	6.46
1955	176.55	10.52	134.34	6.92
1956	188.06	13.24	136.13	6.56
1957	186.74	13.96	134.68	6.10
1958	192.05	14.59	130.91	5.00
1959	150.14	13.78	109.79	4.81
1960	125.22	13.39	88.81	2.58
1961	105.49	8.50	78.08	1.86
1962	137.22	12.65	98.33	2.11
1963	148.10	10.19	112.46	2.46
1964	160.18	12.25	122.27	5.24
1965	181.87	16.09	136.68	7.00
1966	200.47	23.35	148.96	6.85
1967	199.11	24.74	146.11	8.36
1968	176.86	23.10	126.26	7.18
1969	199.09	20.79	145.18	6.51
1970	224.62	27.27	161.31	7.80
1971	231.23	32.48	163.07	8.90
1972	214.73	35.78	147.17	9.18

3—13 续表 单位:万吨

年份	粮食	#小麦	#稻谷	油菜籽
1973	242.20	36.70	167.15	9.09
1974	237.68	43.53	157.34	9.67
1975	244.89	40.27	166.33	8.76
1976	237.85	45.82	148.39	6.75
1977	266.63	43.82	176.23	6.78
1978	294.85	60.64	182.83	10.82
1979	300.60	63.57	188.80	11.73
1980	305.14	62.26	189.78	13.70
1981	301.08	63.65	192.35	16.91
1982	352.66	76.45	228.31	21.56
1983	371.22	92.20	230.32	18.69
1984	359.36	84.33	226.70	17.89
1985	344.74	76.49	219.74	22.96
1986	357.70	80.65	231.30	22.32
1987	353.90	85.12	224.30	23.61
1988	329.60	74.04	211.03	18.46
1989	356.80	77.75	230.70	18.08
1990	381.70	90.14	243.10	19.85
1991	392.26	96.24	248.22	19.92
1992	399.05	92.21	255.14	17.88
1993	397.53	93.70	250.99	13.05
1994	397.29	99.11	245.79	14.38
1995	398.97	97.54	246.23	18.30
1996	400.61	92.68	250.88	15.68
1997	402.10	90.29	252.92	14.11

3—14 农 作 物 播 种 面 积

单位:公顷

	1978年	1980年	1990年	1995年	1996年	1997年
农作物总播种面积	**997341**	**958152**	**990944**	**999204**	**995636**	**1001714**
粮食作物	735222	718830	702559	698923	703009	705979
谷 物	624324	620069	607380	580750	585377	587013
稻 谷	353555	341394	332677	313955	313233	311272
小 麦	185990	199017	203745	202402	206696	209972
玉 米	77444	70373	65201	62980	63474	64364
高 粱	650	421	376	134	121	111
其他谷物	6685	8864	5381	1279	1853	1294
豆 类	36169	32884	26116	26264	25065	26106
#大豆	2853	5069	9509	9846	9664	10180
薯 类	74729	65877	69063	91909	92567	92860
#马铃薯	29157	17830	13301	22300	23214	24102
油 料	67388	79690	108210	96578	91974	87067
#花 生	2976	3834	5059	6851	6894	7360
油菜籽	64408	75803	103146	89724	85079	79703
棉 花	14414	12736	3532	2918	3341	3346
麻 类	5950	2829	172	20	16	9
糖 类	2544	1339	1261	1259	1273	1156
#甘 蔗	2544	1339	1261	1259	1273	1156
烟 叶	3507	1940	2070	1662	1609	1642
药材类	3028	3102	3194	3334	3300	3259
蔬菜、瓜类	34357	28606	79823	110576	112417	115220
蔬 菜	34357	28606	78384	108843	111169	114009
瓜 类			1439	1733	1248	1211
其他作物	130931	109080	90123	83934	78697	84036
#青饲料	82425	69264	63383	62142	57709	58131

3—15 主要农产品产量

单位:吨

	1978年	1980年	1990年	1995年	1996年	1997年
主要农产品产量						
粮食总产量	2948539	3051394	3817016	3989688	4006090	4020984
谷物	2720127	2851054	3606758	3690489	3699998	3716807
稻谷	1828295	1897841	2430986	2462261	2508846	2529190
小麦	606425	622579	901383	975409	926776	902858
玉米	257943	296121	251793	240575	252198	275598
高粱	1445	1010	1294	382	343	296
其他谷物	26019	33503	21302	11862	11835	8865
豆类	42580	36937	44997	58059	58717	62161
#大豆	6944	8940	18213	21022	21372	23201
薯类	185832	163403	165261	241140	247375	242016
#马铃薯	47224	32480	28163	62542	62776	70239
油料	112545	142658	207283	197534	171267	156938
#花生	4306	5557	8784	14490	14437	15875
油菜籽	108238	137023	198492	183042	156829	141060
棉花	6316	3055	2142	2097	2566	2014
麻类	10600	3364	261	26	23	11
糖类	106952	52592	74088	77708	77417	72860
#甘蔗	106952	52592	74088	77708	77417	72860
烟叶	4276	2128	3791	3376	3798	3616
蔬菜		1060000	2227982	2838731	2924748	3069964

3—16 历年畜牧业生产情况

年 份	牛年末数（万头）	生猪存栏数（万头）	生猪出栏数（万头）	猪肉产量（万吨）	牛 奶（吨）
1949	17.92	80.22	28.42	1.42	15
1950	18.50	82.23	30.14	1.52	15
1951	19.73	92.63	35.10	1.77	15
1952	21.02	100.45	41.06	2.06	48
1953	21.68	116.30	47.40	2.36	58
1954	21.66	129.85	56.91	2.91	78
1955	22.30	123.72	58.80	3.10	139
1956	22.96	133.16	65.75	3.36	173
1957	23.08	172.84	73.17	3.76	2537
1958	22.01	203.03	60.54	2.88	2988
1959	21.12	155.31	50.24	2.36	3933
1960	19.43	93.32	20.24	0.94	4044
1961	18.27	64.91	10.23	0.46	2912
1962	18.57	97.22	21.72	1.05	4103
1963	19.77	159.98	56.48	2.76	5737
1964	20.98	202.35	91.65	4.75	8575
1965	22.66	265.83	120.28	6.03	10073
1966	24.00	310.79	138.83	6.87	9845
1967	24.55	312.18	147.51	7.76	9555
1968	24.92	293.16	147.25	7.27	7867
1969	25.52	279.79	144.92	7.05	8539
1970	25.94	302.05	145.74	7.18	9498
1971	25.75	410.84	160.41	7.98	10455
1972	24.68	459.93	191.71	9.46	10283

3—16 续表

年 份	牛年末数（万头）	生猪存栏数（万头）	生猪出栏数（万头）	猪肉产量（万吨）	牛 奶（吨）
1973	24.54	441.36	198.91	9.89	9121
1974	24.03	432.67	193.09	9.52	8668
1975	23.22	441.99	208.50	10.33	8340
1976	21.73	428.61	195.97	9.52	8276
1977	20.70	416.45	193.84	9.80	9587
1978	20.88	459.01	238.88	12.95	11717
1979	20.09	526.30	292.12	14.13	11698
1980	18.68	542.20	334.40	17.14	12997
1981	17.99	502.65	362.28	18.52	12515
1982	17.73	483.09	349.18	17.98	11707
1983	18.04	488.83	350.59	20.77	14237
1984	17.62	527.43	369.98	22.17	15708
1985	16.48	540.27	436.32	26.74	18492
1986	15.85	543.70	468.99	29.43	21678
1987	16.40	540.67	479.00	30.81	27000
1988	16.52	547.43	520.81	34.27	28610
1989	16.20	525.92	521.32	33.01	31449
1990	16.14	532.93	533.52	33.79	31700
1991	16.47	535.05	552.52	34.76	31995
1992	16.61	529.51	567.12	35.87	35530
1993	20.22	520.52	581.67	37.40	37740
1994	22.80	532.87	617.94	39.49	39420
1995	22.48	525.45	637.94	41.81	37011
1996	20.05	521.58	655.07	43.00	36103
1997	16.03	502.56	670.65	44.19	39568

3—17 主要畜牧产品产量

	单 位	1978年	1980年	1990年	1995年	1996年	1997年
出栏肥猪头数	头	2388755	3344023	5335220	6379439	6550694	6706541
出售和自宰肉用牛	头	12277	18049	11954	63411	46300	43869
出售和自宰肉用羊	只	39171	61435	58083	195601	258458	318975
肉类总产量	万吨	14.16	18.60	38.53	53.68	56.09	58.80
#猪 肉	万吨	12.95	17.14	33.79	41.81	43.00	44.19
牛、羊肉	万吨	0.17	0.25	0.22	1.28	1.12	1.11
禽 肉	万吨	1.04	1.21	4.14	9.90	11.16	12.55
奶类产量	吨	11717	12997	31759	37053	36114	39568
#牛 奶	吨	11717	12997	31700	37011	36103	39568
禽蛋产量	吨	13791	14058	59660	111693	120648	131936
蜂蜜产量	吨			5575	4985	5115	4990

注:1978年、1980年禽肉产量含兔肉。

3—18 渔业生产情况

	单 位	1978年	1980年	1990年	1995年	1996年	1997年
水产品总产量	吨	2300	2673	23885	34405	37281	40558
#养殖产量	吨	1926	2223	23253	33786	36625	39940
#池 塘	吨	1350	1830	16682	27719	29641	32802
稻 田	吨	469	302	5797	4500	5101	4990
鱼 苗	万尾		24625	154286	141259	158709	162679
养殖水面	公顷	4473	4285	8386	9008	9084	9013
#池 塘	公顷	3413	3280	7099	7741	7739	7662
稻田养鱼	公顷		4313	19516	15477	17332	15093

3—19 蚕茧、茶叶和水果生产情况

	单 位	1978年	1980年	1990年	1995年	1996年	1997年
蚕茧产量	吨	564	1112	766	3423	1895	1616
茶叶产量	吨	1067	914	1917	2387	2545	2879
水果产量	吨	26644	42097	111714	285301	339787	385907
#苹 果	吨	4013	3890	2606	3778	4091	4505
柑 桔	吨	11136	21837	74473	163163	163227	225087
茶园面积	公顷	4108	4020	5022	3821	3905	3850
果园面积	公顷	6702	7361	23477	28406	29233	30869
#柑桔园	公顷	4853	4642	14420	17143	17146	18150

3—20 林 业 生 产 情 况

	单 位	1978年	1980年	1990年	1995年	1996年	1997年
造林面积	公顷	6724	6827	3958	6033	5984	6780
#用材林	公顷			2879	3071	2346	2992
经济林	公顷			312	9469	3457	3432
迹地更新面积	公顷			11	46	123	65
幼林抚育面积	公顷			10205	12036	11504	11109
成林抚育面积	公顷			987	2115	2290	1081
育苗面积	公顷			197	108	121	150
四旁植树	万株			1935	1257	1353	1090
油桐籽产量	吨			267	376	339	356
棕片产量	吨			625	803	646	511

3—21 乡镇企业基本情况

(1997年)

	单位	合计	集体企业	私营企业
乡镇企业数	个	**67108**	**7869**	**59239**
农业企业	个	296	220	76
工业企业	个	23228	6063	17165
交通运输企业	个	7586	91	7495
商品流通企业	个	22419	683	21736
施工企业	个	2480	546	1934
其它企业	个	11099	266	10833
乡镇企业职工人数	人	**843484**	**533220**	**310264**
农业企业	人	3949	3702	247
工业企业	人	483442	310417	173025
交通运输企业	人	31912	12802	19110
商品流通企业	人	66942	10236	56706
施工企业	人	213244	187723	25521
其它企业	人	43995	8340	35655
乡镇企业总产值	万元	**7299526**	**3746216**	**3553310**
增加值	万元	**1401579**	**753527**	**648052**
营业收入	万元	**6116132**	**3216945**	**2899187**
利税总额	万元	**276177**	**151567**	**124610**

注:企业数和企业人数中的“其它企业”含旅游服务业。

主要统计指标解释

农林牧渔业总产值 是以货币表现的农、林、牧、渔业全部产品的总量，它反映一定时期(通常为一年)内农业生产总规模和总成果。

农、林、牧、渔业的统计范围包括国有经济的各种专业农(农、林、牧、渔)场以及国家各级机关团体学校、部队、集体所有制的乡、镇、村各级办农场；工矿企业经营的农、林、牧、渔业，农村各种经济组织和农户经营的农林牧渔业和农民家庭兼营的商品性工业等。

粮食产量 指全社会的产量。包括国有经济经营的、集体统一经营的和农民家庭经营的粮食产量，还包括工矿企业办的农场和其他农业生产单位的产量。粮食除包括稻谷、小麦、玉米、高粱、谷子及其他杂粮外，还包括薯类和豆类。其产量计算方法，豆类按去豆荚后的干豆计算；薯类(包括甘薯和马铃薯，不包括芋头和木薯)1963 年以前按每 4 公斤鲜薯折 1 公斤粮食计算，从 1964 年开始及以后改为按 5 公斤鲜薯折 1 公斤粮食计算。城市郊区作为蔬菜的薯类(如：马铃薯等)按鲜品计算，并且不做为粮食统计。其他粮食一律按脱粒后的原粮计算。

油料产量 指全部油料作物的生产量。包括花生、油菜籽、芝麻、向日葵籽、胡麻籽(亚麻籽)和其他油料。不包括大豆，也不包括木本油料和野生油料。花生以带壳干花生计算。

水产品产量 指人工养殖的水产品和天然生长的水产品的捕捞量。包括海水的鱼类、虾蟹类、贝类和藻类以及内陆水域的鱼类、虾蟹类和贝类，不包括淡水生植物。

猪、牛、羊肉产量 指当年出栏并已屠宰后除去头蹄下水后带骨肉(即胴体重)的重量。

耕地面积 指年初可以用来种植农作物、经常进行耕锄的田地，除包括熟地、当年新开荒地、连续撂荒未满三年的耕地和当年的休闲地(轮歇地)外，还包括以种植农作物为主并附带种植桑树、茶树、果树和其他林木的土地，以及沿海、沿湖地区已围垦利用的“海涂”、“湖田”等面积。但不包括属于专业性的桑园、茶园、果园、果木苗圃、林地、芦苇地、天然或人工草地面积。

农作物播种面积 指实际播种或移植有农作物的面积。凡是实际种植有农作物的面积，不论种植在耕地上还是种植在非耕地上，均包括在农作物播种面积中。在播种季节基本结束后，因遭灾而重新改种和补种的农作物面积，也包括在内。

有效灌溉面积 指具有一定的水源，地块比较平整，灌溉工程或设备已经配套，在一般年景下当年能够进行正常灌溉的耕地面积。

农用化肥施用量 指本年内实际用于农业生产的化肥数量。包括氮肥、磷肥、钾肥和复合肥。化肥施用量要求按折纯量计算数量。折纯法化肥施用量是把氮肥、磷肥和钾肥分别按含氮、含五氧化二磷、含氧化钾的百分之一百成份折算后的数量。复合肥按其所含主要成分折算。

农业机械总动力 指主要用于农、林、牧、渔业的各种动力机械的动力总和。包括耕作机械、排灌机械、收获机械、农用运输机械、植物保护机械、牧业机械、林业机械、渔业机械和其他农业机械(内燃机按引擎马力折成瓦(特)计算，电动机按功率折成瓦(特)计算)。不包括专门用于乡、镇、村、组办工业、基本建设、非农业运输、科学试验和教学等非农业生产方面用的动力机械与作业机械。

农林牧渔业劳动力 指直接参加农林牧渔业生产劳动的劳动力。

农业增加值 是指各种经济类型的农业生产单位和农户从事农业生产经营活动所提供的社会最终产品的货币表现。增加值的计算方法有两种：一是生产法：农林牧渔业增加值＝农林牧渔业总产出－农林牧渔业中间消耗；二是分配法：农林牧渔业增加值＝固定资产折旧＋劳动者报酬＋生产税－生产补贴＋营业盈余。

4

工 业
INDUSTRY

简要说明：

一、主要内容

本部份包括全市全部工业企业个数、工业总产值及其构成，乡及乡以上工业企业个数及产值，全部独立核算工业企业主要经济指标，大中型工业企业主要指标等基本情况。

二、资料来源

全部资料来源于成都市统计局工业交通统计处有关年报。

三、其他需要说明的问题

为了保证历史资料的可比性，本年鉴按 1997 年计算方法及统计口径对工业总产值及相关资料的历史数据作了调整。

4—1 全部工业企业单位数

单位:个

	1978年	1980年	1990年	1996年	1997年
总 计	**5016**	**6719**	**73034**	**42522**	**38966**
#轻工业			57620	29485	27361
重工业			15414	13037	11605
#独立核算工业企业	3879	4733	4739	4350	3904
乡及以上工业	**4804**	**5254**	**5883**	**5230**	**4582**
国有企业	743	761	955	746	589
集体企业	4061	4490	4853	4029	3350
私营企业				35	116
联营企业			60	102	59
股份制企业				114	233
“三资”企业			12	198	222
其他企业		3	3	6	13
村及村以下工业	**212**	**1465**	**67151**	**37292**	**34384**
城镇联营工业			75	135	184
农村村办工业			8618	4972	3940
农村联营工业			2006	935	810
城乡个体工业	212	1465	56452	31250	29450

4—2 历年全部工业总产值及发展速度

年　份	总　计 （万元）	轻工业	重工业	发展速度 （%）	轻工业	重工业
1949	9733	8272	1461			
1950	10035	8540	1495	103.1	103.1	103.1
1951	13251	11330	1921	132.1	132.6	128.5
1952	15864	13309	2555	119.2	117.0	135.6
1953	22342	17874	4468	140.8	132.5	193.9
1954	23263	18379	4884	104.1	104.1	104.1
1955	26621	19700	6921	114.3	107.2	145.7
1956	32451	23787	8664	121.9	120.8	125.4
1957	37624	27353	10271	115.9	114.8	119.3
1958	61592	32705	28887	163.7	119.6	295.0
1959	110366	48010	62356	179.2	146.7	218.4
1960	142291	60189	82102	125.8	122.5	128.5
1961	64810	31562	33248	45.6	52.4	40.3
1962	53364	30951	22413	82.2	98.0	66.3
1963	54537	28523	26014	102.2	92.1	117.2
1964	68389	32759	35630	125.4	118.3	133.7
1965	99514	43090	56424	145.5	127.9	163.7
1966	149188	63322	85866	148.0	145.5	149.9
1967	104267	57216	47051	69.0	88.8	53.1
1968	64742	28913	35829	59.6	49.1	73.8
1969	132041	63680	68361	210.0	225.9	196.2
1970	216248	86331	129917	165.6	136.6	194.7
1971	254669	103175	151494	117.9	119.8	116.5

注：发展速度以上年为基期，按可比价格计算。

4—2 续表

年 份	总 计 (万元)	轻工业	重工业	发展速度 (%)	轻工业	重工业
1972	228486	108570	119916	89.1	104.4	78.0
1973	233118	113463	119655	101.3	103.9	98.7
1974	205558	105899	99659	87.2	92.4	81.9
1975	280386	132986	147400	131.1	121.6	142.1
1976	233447	127372	106075	86.4	90.8	82.1
1977	348108	156834	191274	144.9	126.8	164.5
1978	430284	188732	241552	119.1	121.3	117.2
1979	494719	216728	277991	116.3	115.3	117.1
1980	544015	257049	286966	110.4	118.4	103.7
1981	566918	309338	257580	103.4	118.4	88.8
1982	630819	326386	304433	110.4	106.2	115.9
1983	742263	371491	370772	116.1	112.6	120.3
1984	817270	404430	412840	115.7	113.7	118.0
1985	973572	454658	518914	122.7	118.8	126.9
1986	1037550	481704	555846	105.6	106.0	105.2
1987	1255953	590742	665211	114.1	113.7	114.4
1988	1681055	775519	905536	123.4	118.4	128.4
1989	1939776	869728	1070048	105.3	103.6	106.9
1990	2012797	933052	1079745	119.5	109.8	128.2
1991	2428067	1144504	1283563	118.7	120.1	117.5
1992	2736355	1231252	1505103	128.8	126.6	130.6
1993	4218591	1847910	2370681	151.9	157.6	147.5
1994	6122260	2951811	3170449	130.8	143.7	120.3
1995	7388470	3704971	3683499	114.8	115.7	113.9
1996	9368535	4748800	4619735	121.7	123.9	119.6
1997	11016783	5830648	5186135	122.0	127.9	116.0

4—3 全部工业总产值

	1996年		1997年		工业总产值发展速度（%）
	工业总产值（万元）	构成（%）	工业总产值（万元）	构成（%）	
总计	**9368535**	**100**	**11016783**	**100**	**122.0**
乡及乡以上	5757524	61.5	6400792	58.1	112.9
#国有经济	2427657	25.9	2474122	22.5	103.8
集体经济	2188590	23.4	2131364	19.3	96.9
私营经济	94459	1.0	177570	1.6	166.2
联营经济	111733	1.2	45341	0.4	39.2
股份制经济	511015	5.5	821884	7.5	169.6
外商投资经济	248343	2.6	532056	4.8	204.2
港澳台投资经济	172336	1.8	196329	1.8	124.2
其它经济	3391	0.1	22128	0.2	399.2
#轻工业	2384555	25.5	2741117	24.9	116.2
重工业	3372969	36.0	3659676	33.2	110.5
#大型企业	2006557	21.4	2200710	20.0	112.5
中型企业	756661	8.1	830999	7.5	115.1
小型企业	2994306	32.0	3369083	30.6	112.6
村及村以下	3611011	38.5	4615991	41.9	137.4
#轻工业	2364245	25.2	3089531	28.0	140.5
重工业	1246766	13.3	1526460	13.9	131.6
#农村村办工业	1377975	14.7	2081584	18.9	162.4
农村联营工业	51292	0.5	69846	0.6	146.4
城镇联营工业	4411	0.1	16861	0.2	410.8
城乡个体工业	2177333	23.2	2447700	22.2	120.8

注：发展速度以上年为基期，按可比价格计算。

4—4 乡及乡以上工业企业单位数

单位：个

	1990 年	1995 年	1996 年	1997 年
总　　计	**5883**	**5309**	**5230**	**4582**
按经济类型分				
国有工业企业	955	769	746	589
集体工业企业	4853	4094	4029	3350
其他经济类型企业	75	446	455	643
#股份制工业企业		123	114	233
“三资”企业	12	234	198	222
按轻重工业分				
轻工业	3275	2633	2550	2252
以农产品为原料	2390	1910	1727	1546
以非农产品为原料	885	723	823	706
重工业	2608	2676	2680	2330
采掘工业	125	148	146	121
原料工业	505	558	563	508
加工工业	1978	1970	1971	1701
按企业规模分				
大型工业	64	88	96	100
中型工业	119	153	148	162
小型工业	5700	5068	4986	4320
按工业行业分				
煤炭采选业	64	58	71	63
有色金属矿采选业	1	3	1	1
黑色金属矿采选业		4	3	
非金属矿采选业	55	74	62	49
木材及竹材采运业	6	11	9	5
食品加工业	72	441	397	344
食品制造业	833	186	177	148
饮料制造业	339	260	230	228

4—4　续表　　　　单位:个

	1990年	1995年	1996年	1997年
烟草加工业	1	3	3	1
纺织业	126	122	116	101
服装及其他纤维制品制造业	195	138	133	99
皮革、毛皮、羽绒及其制品业	84	106	99	88
木材加工及竹、藤、棕草制品业	99	105	101	91
家具制造业	152	105	80	56
造纸及纸制品业	142	126	133	125
印刷业、记录媒介的复制	339	308	319	278
文教体育用品制造业	65	42	40	34
石油加工及炼焦业	7	11	11	9
化学原料及化学制品制造业	236	281	261	260
医药制造业	72	80	85	73
化学纤维制造业	7	5	4	6
橡胶制品业	63	53	46	45
塑料制品业	190	207	200	178
非金属矿物制品业	648	595	601	504
黑色金属冶炼及压延加工业	70	85	85	70
有色金属冶炼及压延加工业	33	58	60	49
金属制品业	359	335	347	325
普通机械制造业	522	340	355	292
专用设备制造业		175	180	160
交通运输设备制造业	267	287	271	245
电气机械及器材制造业	208	244	245	213
电子及通信设备制造业	94	106	120	109
仪器仪表及文化办公用机械制造业	69	53	57	44
其他制造业	140	106	104	85
电力、蒸汽、热水生产供应业	186	154	186	161
煤气生产供应业	112	5	7	8
自来水生产和供应业	27	37	31	35

4—5　乡及乡以上工业总产值

单位：万元

	1990 年	1995 年	1996 年	1997 年
总　　计	**1519522**	**4890277**	**5757524**	**6400792**
按经济类型分				
国有工业企业	1058654	2021112	2427657	2474122
集体工业企业	439457	1940343	2188590	2131364
其他经济类型企业	21411	928822	1141277	1795306
#股份制工业企业		415917	511015	821884
“三资”企业	7558	388668	420679	728385
按轻重工业分				
轻工业	636462	1959933	2384555	2741117
以农产品为原料	455264	1470995	1751694	2031856
以非农产品为原料	181198	488938	632861	709261
重工业	883060	2930344	3372969	3659675
采掘工业	11465	52250	61509	60195
原料工业	389105	1236907	1287336	922677
加工工业	482490	1641187	2024124	2676803
按企业规模分				
大型工业	516135	1706451	2006557	2200710
中型工业	298588	936182	756661	830999
小型工业	704799	2247644	2994306	3369083

4—6　主要工业产品产量

	单　位	1978年	1980年	1990年	1996年	1997年
钢	万吨	32.73	32.29	79.96	128.45	156.37
生　铁	万吨	3.05	4.99	12.32	37.00	40.72
钢　材	万吨	35.55	40.86	86.32	108.73	125.91
焦　炭	万吨	16.82	15.49	23.49	9.29	13.02
原　煤	万吨	174.72	183.09	310.98	346.86	312.97
锯　材	万立方米		19.46	11.75	49.62	14.86
发电量	万千瓦小时	103645	70621	235977	456060	501146
#水　电	万千瓦小时			107810	174612	198255
化学纤维	吨	2013	2487	10363	17760	21050
纱	吨			25260	18980	22283
布总计	万米	11550	12241	8772	12012	8075
#棉　布	万米		12241	4529	3715	4968
印染布	万米	10632	11845	11351	12937	13945
机制纸及纸板	万吨		47.12	12.70	18.03	21.48
合成洗涤剂	万吨			6.53	9.31	10.10
肥　皂	万吨		10.14	1.52	0.62	0.51
保温瓶及瓶胆	万个		60.40	264.02	376.96	344.99
卷　烟	万箱	11.19	12.60	22.01	30.00	30.00
饮料酒(混合量)	万吨	1.28	2.77	11.34	44.28	43.89
#白　酒(商品量)	万吨			8.53	34.55	30.78
啤　酒	万吨			2.47	8.86	12.99
软饮料	万吨				5.30	9.04
配混合饲料	万吨			24.34	150.30	103.43
食用植物油	万吨			7.49	7.63	12.60

4—6 续表

	单　位	1978年	1980年	1990年	1996年	1997年
化学原料药	吨				2366	5459
化学药品制剂	亿支(片粒)				62.70	55.64
中成药	吨			2137	8022	9801
生物制品	亿元				2.61	4.26
皮　鞋	万双	156.30	255.50	412.86	2793.79	1809.56
服　装	万件			2500	4622	2279
鞣制皮革(折合牛皮)	万张			90.14	172.38	113.64
家　俱	万件			248.18	495.77	574.43
塑料制品	万吨			3.10	18.04	9.84
硫　酸	万吨	14.05	14.60	12.01	9.03	17.53
合成氨	万吨	61.44	61.99	55.58	107.09	63.69
氮　肥	万吨			35.53	45.66	42.16
磷　肥	万吨			1.28	3.83	1.76
水　泥	万吨	25.37	37.46	112.87	253.73	235.41
平板玻璃	万重量箱			145.87	157.15	343.10
#浮法玻璃	万重量箱					179.63
交流电动机	万千瓦			8.31	35.04	24.97
变压器	万千伏安			18.71	113.64	124.58
汽　车	辆	641	966	5230	23513	22629
改装汽车	辆		1565	7431	13731	4249
摩托车	辆			1735	8652	5460
汽车仪器仪表	万台				8.79	12.14
医疗仪器设备	亿元				3.55	2.13
起重设备	万吨			0.43	0.95	1.82
金属切削机床	台	2265	2845	1033	1300	348
#高精度机床	台			20	35	20
数控机床	台			15	11	30
燃气用具	万台				51.13	51.53
内燃机	万台				3.11	2.57
环保设备	台				226	302
通讯电缆	万对公里			3.53	258.70	443.33
光通信设备	部					1552

4—7 全部独立核算工业企业主要经济指标

单位:万元

	1978 年	1980 年	1990 年	1996 年	1997 年
企业单位数(个)	3879	4733	4739	4350	3904
#亏损企业	237	395	1047	1239	1415
工业总产值(当年价)	380069	485067	1448560	5453414	6090690
工业总产值(1990 年不变价)			1517294	4589400	5217101
工业增加值				1507253	1686364
年末固定资产原值	390162	432486	1261884	4950994	5569168
#生产用			1015491	3706654	4349883
年末固定资产净值		295468	815515	3555081	3787018
固定资产净值年平均余额				3023464	3612047
流动资产年平均余额				4094483	4628364
产品销售收入		444379	1684551	5394707	5931842
#产品销售税金及附加				106551	132827
盈利企业的利润总额	60248	78977	108303	216849	232879
亏损企业的亏损总额	1854	2664	24988	133004	148010
盈亏相抵的利润总额	58394	76313	83315	83845	84869
利税总额			209210	386406	415151
职工平均人数(人)			778730	808966	799538

4—8 独立核算国有及国有控股工业企业主要经济指标

单位:万元

	1978年	1980年	1990年	1996年	1997年
企业单位数(个)	578	584	668	639	547
#亏损企业	66	49	147	280	267
工业总产值(当年价)	311404	386869	1027828	2703000	2807726
工业总产值(1990年不变价)			1043376	2161500	2359087
工业增加值				785600	824416
年末固定资产原值	364552	390963	1015486	3599000	4061206
#生产用			802700	2691600	3087058
年末固定资产净值		263498	645570	2431510	2656043
固定资产净值年平均余额				2122400	2512357
流动资产年平均余额				2703200	2897195
产品销售收入		362937	1205105	2794900	2886751
#产品销售税金及附加				75204	100064
盈利企业的利润总额	51977	69396	82981	118527	146438
亏损企业的亏损总额	1739	2277	16860	81527	96288
盈亏相抵的利润总额	50238	67119	66121	37000	50150
利税总额			164991	238200	283353
职工平均人数(人)			491039	486800	476798

4—9 独立核算集体工业企业主要经济指标

单位:万元

	1978年	1980年	1990年	1996年	1997年
企业单位数(个)	3301	4136	4006	3324	2786
#亏损企业	171	333	888	820	939
工业总产值(当年价)	68665	98178	400702	1967926	1921871
工业总产值(1990年不变价)			456839	1700246	1650295
工业增加值				535465	481864
年末固定资产原值	25610	41477	234209	798158	751808
#生产用			201763	622259	611509
年末固定资产净值		31926	160443	590682	532500
固定资产净值年平均余额				563338	499842
流动资产年平均金额				956208	915526
产品销售收入		81425	458687	1735928	1803010
#产品销售税金及附加				21557	19583
盈利企业的利润总额	8271	9573	22909	61365	29258
亏损企业的亏损总额	115	387	7754	31352	20234
盈亏相抵的利润总额	8156	9186	15155	30013	9024
利税总额			41236	101528	56048
职工平均人数(人)			281274	264404	235167

4—10 独立核算"三资"工业企业主要经济指标

单位：万元

	1990年	1996年	1997年
企业单位数(个)	10	177	211
#亏损企业	2	72	97
工业总产值(当年价)	8268	404201	716352
工业总产值(1990年不变价)	9020	375337	662462
工业增加值		123518	211573
年末固定资产原值	4923	263358	431561
#生产用	4522	206897	372344
年末固定资产净值	3956	197293	343935
固定资产净值年平均余额		199659	356544
流动资金年平均金额	7449	276918	451351
产品销售收入	6939	363414	627675
#产品销售税金及附加		4418	8700
盈利企业的利润总额	1493	22436	35879
亏损企业的亏损总额	276	11795	29535
盈亏相抵的利润总额	1217	10641	6344
利税总额	1610	24898	34052
职工平均人数(人)	1751	25443	34882

4—11 全部独立核算工业企业主要经济效益指标

	单位	1994 年	1995 年	1996 年	1997 年
综合经济效益指数	%	**102.8**	**85.1**	**81.3**	**81.2**
#国有及国有控股	%	101.6	79.0	76.4	77.0
集体经济	%	108.2	87.7	93.6	79.2
三资企业	%	157.8	126.3	106.7	105.7
总资产贡献率	%	**10.1**	**8.7**	**7.8**	**7.4**
#国有及国有控股	%	9.1	7.6	7.2	7.3
集体经济	%	12.7	10.4	11.0	6.9
三资企业	%	14.1	10.3	6.3	6.9
资本保值率	%	**220.9**	**141.0**	**109.9**	**110.3**
#国有及国有控股	%	247.5	139.0	120.9	105.9
集体经济	%	182.9	94.0	114.3	92.2
三资企业	%	299.8	211.8	124.3	126.1
资产负债率	%	**67.9**	**66.4**	**65.2**	**65.3**
#国有及国有控股	%	70.8	67.6	65.6	66.0
集体经济	%	65.7	67.8	67.1	67.6
三资企业	%	51.2	53.2	53.1	61.8
流动资产周转率	次	**1.4**	**1.3**	**1.3**	**1.3**
#国有及国有控股	次	1.1	1.0	1.0	1.0
集体经济	次	2.1	1.8	1.8	2.0
三资企业	次	1.3	1.5	1.3	1.4
成本费用利润率	%	**3.0**	**1.6**	**1.6**	**1.5**
#国有及国有控股	%	3.3	1.7	1.5	1.8
集体经济	%	2.5	1.6	1.8	0.5
三资企业	%	8.3	3.3	3.0	1.1
劳动生产率	元/人	**11774**	**14210**	**15680**	**18067**
#国有及国有控股	元/人	10856	11797	12905	14528
集体经济	元/人	11977	15769	17497	17595
三资企业	元/人	32993	40626	45080	56091
产品销售率	%	**94.8**	**94.9**	**95.1**	**95.2**
#国有及国有控股	%	97.4	98.0	95.9	99.3
集体经济	%	91.7	91.5	94.3	89.3
三资企业	%	93.2	93.0	93.0	94.5

4—12 全部独立核算工业企业主要经济指标

(1997年)

单位:万元

	企业单位数(个)	#亏损企业	工业总产值	工业增加值
总计	**3904**	**1415**	**6090690**	**1686364**
按经济类型分				
国有经济	513	256	2398904	735717
集体经济	2786	939	1921871	481863
私营经济	101	26	173777	40267
联营经济	56	30	44274	12812
股份制经济	224	63	813385	197470
外商投资经济	119	47	525016	143711
港澳台投资经济	92	50	191335	67861
其他经济	13	4	22128	6663
按轻重工业分				
轻工业	1817	653	2539536	769268
以农产品为原料	1235	434	1871769	586989
以非农产品为原料	582	219	667767	182279
重工业	2087	762	3551154	917096
采掘工业	109	39	52143	13597
原料工业	463	183	908922	219098
加工工业	1515	540	2590089	684401
按企业规模分				
大型企业	100	33	2200710	671355
中型企业	162	71	830999	212965
小型企业	3642	1311	3058981	802044
按工业行业分				
煤炭采选业	62	23	34348	12310
有色金属矿采选业	1	1	993	-50
非金属矿采选业	47	16	23577	3503
木材及竹材采运业	2		1661	231
食品加工业	276	111	495304	116019
食品制造业	122	49	117046	39670
饮料制造业	199	47	333649	105545

4—12　续表1　　　　单位:万元

	企业单位数(个)	#亏损企业	工业总产值	工业增加值
烟草加工业	1		144701	98072
纺织业	90	42	116367	21131
服装及其他纤维制品制造业	83	36	44569	9706
皮革、毛皮、羽绒及其制品业	81	27	73439	14838
木材加工及竹、藤、棕、草制品业	78	24	50228	12433
家具制造业	43	13	38715	8288
造纸及纸制品业	117	37	116753	28600
印刷业、记录媒介的复制	163	58	117398	39551
文教体育用品制造业	22	9	8569	2696
石油加工及炼焦业	9	3	11307	3097
化学原料及化学制品制造业	230	85	480591	148837
医药制造业	66	19	385330	129346
化学纤维制造业	5	2	30758	4445
橡胶制品业	30	13	14527	4119
塑料制品业	140	59	99220	27430
非金属矿物制品业	454	170	407549	91515
黑色金属冶炼及压延加工业	68	27	586014	98294
有色金属冶炼及压延加工业	42	14	89163	17558
金属制品业	289	94	242160	60782
普通机械制造业	265	112	314895	82446
专用设备制造业	146	57	222365	53880
交通运输设备制造业	208	70	585718	173611
电气机械及器材制造业	185	46	360786	98874
电子及通信设备制造业	90	38	271766	66314
仪器仪表及文化、办公用机械制造业	37	12	31297	9636
其他制造业	70	26	48389	13433
电力、蒸汽、热水的生产和供应业	141	51	162804	76904
煤气生产和供应业	7	5	7951	5516
自来水的生产和供应业	35	19	20783	7784

4—12　续表 2　　　　单位：万元

	资本金合计	资产总计	流动资产年平均余额	固定资产原值合计	固定资产净值年平均余额
总　计	**2362508**	**9835375**	**4628364**	**5569168**	**3612047**
按经济类型分					
国有经济	1075537	5584410	2400566	3586331	2221512
集体经济	393775	1525100	915526	751808	499842
私营经济	45855	132094	120189	47123	35281
联营经济	19338	55300	20568	34102	25815
股份制经济	378256	1476511	705856	711498	468596
外商投资经济	289006	693319	293834	295963	225466
港澳台投资经济	146934	341106	157517	135598	131079
其他经济	13807	27535	14308	6745	4456
按轻重工业分					
轻工业	871369	3499797	1754484	1721266	1270356
以农产品为原料	579217	2342076	1254438	1169171	881000
以非农产品为原料	292152	1157721	500046	552095	389356
重工业	1491139	6335578	2873880	3847902	2341691
采掘工业	19117	59301	21120	48899	30064
原料工业	400200	1829917	787355	1360145	816598
加工工业	1071822	4446360	2065405	2438858	1495029
按企业规模分					
大型企业	965679	5081669	2216041	3115297	1849920
中型企业	309701	1382030	615117	759284	524212
小型企业	1087128	3371676	1797206	1694587	1237915
按工业行业分					
煤炭采选业	14530	45796	14646	39249	23743
有色金属矿采选业	1178	6364	2075	3335	2053
非金属矿采选业	3239	6671	4581	6044	3988
木材及竹材采运业	21	133	450	55	23
食品加工业	80700	295299	188018	153533	113685
食品制造业	60096	142105	68381	85717	62888
饮料制造业	63149	381866	300728	182945	128501

4—12　续表 3　　　　　　　　　　　　　　单位:万元

	资本金合计	资产总计	流动资产年平均余额	固定资产原值合计	固定资产净值年平均余额
烟草加工业	3409	186733	118746	65477	54633
纺织业	59343	268605	117595	169927	115039
服装及其他纤维制品制造业	30362	86031	41148	34082	20570
皮革、毛皮、羽绒及其制品业	21663	67129	49997	34853	24497
木材加工及竹、藤、棕、草制品业	27464	79918	33852	45389	39859
家具制造业	17413	55403	26140	24617	19389
造纸及纸制品业	48545	209687	74696	120714	86841
印刷业、记录媒介的复制	107179	220197	76091	157203	120931
文教体育用品制造业	3008	6305	5461	2985	1921
石油加工及炼焦业	1197	11325	7906	5615	4095
化学原料及化学制品制造业	192488	660036	262674	507320	265201
医药制造业	95531	593448	268696	167414	134119
化学纤维制造业	14585	50382	25151	30317	19634
橡胶制品业	4689	17979	8091	9586	7016
塑料制品业	48602	122876	54994	78165	50218
非金属矿物制品业	129217	486593	207864	285706	196391
黑色金属冶炼及压延加工业	156670	875986	413002	693198	348668
有色金属冶炼及压延加工业	19774	78253	44186	43876	31188
金属制品业	85740	300638	165161	154692	101483
普通机械制造业	165252	592393	297456	311419	190031
专用设备制造业	93969	378173	203686	152652	91528
交通运输设备制造业	298353	1306957	545725	687192	454890
电气机械及器材制造业	165377	621445	331952	250428	170892
电子及通信设备制造业	131275	752004	348013	407920	260192
仪器仪表及文化、办公用机械制造业	21338	101778	41639	29668	17980
其他制造业	13767	58786	33024	23934	17308
电力、蒸汽、热水的生产和供应业	125924	496506	162920	404984	290438
煤气生产和供应业	14292	119398	59747	58142	40465
自来水的生产和供应业	43169	152177	23872	140815	101749

4—12　续表 4　　　　单位：万元

	负　债 合　计	流动负 债合计	长期负 债合计	所有者权 益合计	产品销 售收入
总　　计	**6421384**	**4662962**	**1539042**	**3413991**	**5931842**
按经济类型分					
国有经济	3804436	2703239	1048790	1779974	2459910
集体经济	1031473	824204	134428	493627	1803010
私营经济	77552	52634	21995	54542	144293
联营经济	36741	23718	12226	18559	39929
股份制经济	810139	602413	186323	666372	835788
外商投资经济	410934	278902	77402	282385	485146
港澳台投资经济	228802	157696	57244	112304	142529
其他经济	21307	20156	634	6228	21237
按轻重工业分					
轻工业	2243893	1673188	489507	1255905	2396832
以农产品为原料	1529523	1165085	308469	812554	1785948
以非农产品为原料	714370	508103	181038	443351	610884
重工业	4177491	2989774	1049535	2158086	3535010
采掘工业	37665	29984	6593	21636	61641
原料工业	1230240	916695	287260	599677	956395
加工工业	2909586	2043095	755682	1536773	2516974
按企业规模分					
大型企业	3235052	2250232	957087	1846617	2256521
中型企业	915958	688166	198081	466072	806529
小型企业	2270374	1724564	383874	1101302	2868792
按工业行业分					
煤炭采选业	29165	23307	5221	16630	42126
有色金属矿采选业	3998	3109	860	2365	1040
非金属矿采选业	4362	3564	364	2309	21970
木材及竹材采运业	145	87	43	—12	1321
食品加工业	238111	192911	34187	57189	440946
食品制造业	83300	68011	11008	58805	110521
饮料制造业	268477	207120	51364	113389	363111

4—12　续表 5　　单位:万元

	负　债 合　计	流动负 债合计	长期负 债合计	所有者权 益合计	产品销 售收入
烟草加工业	130672	112471	17172	56061	144725
纺织业	224102	157301	59162	44503	111150
服装及其他纤维制品制造业	56572	37496	15685	29459	41536
皮革、毛皮、羽绒及其制品业	50613	43223	4407	16516	66947
木材加工及竹、藤、棕、草制品业	53910	35750	15367	26008	46013
家具制造业	25666	23610	1086	29738	40850
造纸及纸制品业	154582	106805	44528	55105	111610
印刷业、记录媒介的复制	96932	62887	31827	123265	121300
文教体育用品制造业	4569	3929	308	1736	6057
石油加工及炼焦业	7593	6308	1117	3733	11519
化学原料及化学制品制造业	374919	279111	85303	285116	429150
医药制造业	254413	201180	42978	339036	352772
化学纤维制造业	33298	21115	11334	17085	31398
橡胶制品业	16963	11691	4251	1016	13648
塑料制品业	78291	55179	18724	44585	87688
非金属矿物制品业	322953	202431	106836	163640	408449
黑色金属冶炼及压延加工业	616093	492513	113366	259893	565643
有色金属冶炼及压延加工业	54443	47654	4646	23810	89922
金属制品业	215132	160240	47236	85506	238249
普通机械制造业	353228	280224	62720	239166	309958
专用设备制造业	264799	198841	60731	113374	234022
交通运输设备制造业	887309	625920	243542	419647	570909
电气机械及器材制造业	349637	280808	58713	271809	343042
电子及通信设备制造业	625032	379446	193564	126972	236444
仪器仪表及文化、办公用机械制造业	62308	41781	19143	39471	33719
其他制造业	41924	36106	4638	16858	50490
电力、蒸汽、热水的生产和供应业	291851	185201	99165	204654	206139
煤气生产和供应业	74512	49805	23815	44886	26729
自来水的生产和供应业	71510	25827	44631	80668	20729

4—12　续表 6　　　　单位:万元

	产品销售成本	利润总额	利税总额	应交所得税	应交增值税
总　　计	**4614353**	**84869**	**415151**	**48259**	**197455**
按经济类型分					
国有经济	1803353	39114	248842	27382	113284
集体经济	1452497	9024	56048	7394	27440
私营经济	121828	5385	7627	508	1681
联营经济	33482	—788	950	41	1529
股份制经济	679218	26011	67459	8668	34183
外商投资经济	393883	8207	29410	3635	13298
港澳台投资经济	113373	—1863	4642	620	5710
其他经济	16719	—221	173	11	330
按轻重工业分					
轻工业	1731212	89859	283656	27207	93192
以农产品为原料	1284582	77636	242353	21268	71777
以非农产品为原料	446630	12223	41303	5939	21415
重工业	2883141	—4990	131495	21052	104263
采掘工业	47092	—306	2144	25	1951
原料工业	804881	870	48216	2164	37200
加工工业	2031168	—5554	81135	18863	65112
按企业规模分					
大型企业	1674786	71965	263208	33320	94647
中型企业	630150	11213	53429	8608	33822
小型企业	2309417	1691	98514	6331	68986
按工业行业分					
煤炭采选业	33273	—40	2107	18	1729
有色金属矿采选业	959	—92	—77		14
非金属矿采选业	16871	—174	104	5	193
木材及竹材采运业	799	1	15		
食品加工业	399512	—2844	678	1415	2192
食品制造业	83272	5178	8730	62	3239
饮料制造业	245940	27318	64909	8071	16142

4—12 续表 7　　　　单位:万元

	产品销售成本	利润总额	利税总额	应交所得税	应交增值税
烟草加工业	5578	9323	88099	3020	15138
纺织业	99283	—5739	—72	415	5161
服装及其他纤维制品制造业	33058	201	1543	530	1143
皮革、毛皮、羽绒及其制品业	59378	—1294	367	176	1433
木材加工及竹、藤、棕、草制品业	37758	—449	867	58	1141
家具制造业	31510	277	1621	62	1120
造纸及纸制品业	88852	95	5339	63	4588
印刷业、记录媒介的复制	75886	10367	18681	3286	7395
文教体育用品制造业	4970	10	392	13	328
石油加工及炼焦业	10037	4	353	2	308
化学原料及化学制品制造业	344635	16478	34460	4547	14954
医药制造业	226519	40099	65083	6836	17269
化学纤维制造业	26917	1548	2447	253	802
橡胶制品业	11151	—1245	—701	2	463
塑料制品业	71428	—59	3928	574	2970
非金属矿物制品业	332723	6216	23986	3837	13126
黑色金属冶炼及压延加工业	506340	8918	19876	3017	8229
有色金属冶炼及压延加工业	79483	—43	1029	249	973
金属制品业	198352	—1965	4898	367	4014
普通机械制造业	235345	—4910	6755	1945	9479
专用设备制造业	186219	4360	12247	1988	6829
交通运输设备制造业	452174	—9430	9325	2014	13986
电气机械及器材制造业	268488	8744	22119	2959	10318
电子及通信设备制造业	201016	—32522	—23276	974	8395
仪器仪表及文化、办公用机械制造业	22187	2444	4977	454	2205
其他制造业	35540	1998	4232	516	2021
电力、蒸汽、热水的生产和供应业	146018	2958	26316	494	15867
煤气生产和供应业	27674	—118	3202		3190
自来水的生产和供应业	15208	—744	592	37	1101

4—13 独立核算国有及国有控股工业企业主要经济指标

（1997年）　　　　单元：万元

	企业单位数（个）	#亏损企业	工业总产值	工业增加值
总　计	**547**	**267**	**2807726**	**824416**
#中央企业	80	31	859065	360009
#国有控股工业	34	11	408822	88700
按轻重工业分				
轻工业	249	114	902407	328234
以农产品为原料	171	79	677895	270183
以非农产品为原料	78	35	224512	58051
重工业	298	153	1905319	496182
采掘工业	15	8	19814	7813
原料工业	66	25	555814	126094
加工工业	217	120	1329691	362275
按企业规模分				
大型企业	93	32	1877139	572437
中型企业	107	55	550809	137250
小型企业	347	180	379778	114729
按工业行业分				
煤炭采选业	12	6	18321	7488
有色金属矿采选业	1	1	993	−50
非金属矿采选业	2	2	424	105
食品加工业	44	24	76639	15426
食品制造业	35	15	24609	9317
饮料制造业	17	4	113391	46744
烟草加工业	1		144701	98072
纺织业	14	12	51608	9433
服装及其他纤维制品制造业	7	7	11487	1396
皮革、毛皮、羽绒及其制品业	5	4	2157	−432

4—13　续表1　　　　单位:万元

	企业单位数(个)	#亏损企业	工业总产值	工业增加值
木材加工及竹、藤、棕草制品业	4	2	6684	1261
家具制造业				
造纸及纸制品业	9	4	31035	8655
印刷业、记录媒介的复制	30	7	79638	30623
文教体育用品制造业	2	1	595	200
石油加工及炼焦业	1		6120	2037
化学原料及化学制品制造业	31	15	222880	63801
医药制造业	20	6	196355	68718
化学纤维制造业	2	1	29101	4148
橡胶制品业	4	3	6566	1693
塑料制品业	9	6	6071	1195
非金属矿物制品业	35	15	163314	30231
黑色金属冶炼及压延加工业	8	4	355564	49461
有色金属冶炼及压延加工业	4	1	33942	5961
金属制品业	19	10	55031	12659
普通机械制造业	44	24	150956	38778
专用设备制造业	25	15	129620	34250
交通运输设备制造业	43	23	429368	137695
电气机械及器材制造业	22	8	124378	29594
电子及通信设备制造业	35	21	185802	43456
仪器仪表及文化办公用机械制造业	11	5	22049	7789
其他制造业	7	6	4668	961
电力、蒸汽、热水生产供应业	23	4	97126	51202
电气生产供应业	5	3	7416	5488
自来水的生产和供应业	16	8	19117	7061

4—13　续表2　　单位:万元

	资本金合计	资产总计	流动资产年平均余额	固定资产原值合计	固定资产净值年平均余额
总　计	**1329129**	**6577997**	**2897195**	**4061206**	**2512357**
#中央企业	395286	1944071	857264	1093146	742074
#国有控股工业	253592	993586	496629	474875	290845
按轻重工业分					
轻工业	385071	1896215	847156	1040791	749785
以农产品为原料	243257	1265387	608971	681947	498299
以非农产品为原料	141814	630828	238185	358844	251486
重工业	944058	4681782	2050039	3020415	1762572
采掘工业	14885	49836	15923	41570	24862
原料工业	242422	1367436	589423	1067021	606141
加工工业	686751	3264510	1444693	1911824	1131569
按企业规模分					
大型企业	923326	4792794	2101944	3022343	1783645
中型企业	186600	996334	437741	570354	404438
小型企业	219203	788869	357510	468509	324274
按工业行业分					
煤炭采选业	12637	40985	13058	35657	21278
有色金属矿采选业	1178	6364	2075	3335	2053
非金属矿采选业	918	2269	453	2763	1730
食品加工业	25325	78750	42047	54762	35500
食品制造业	17379	48365	24582	39507	26154
饮料制造业	21878	229282	131779	104276	73374
烟草加工业	3409	186733	118746	65477	54633
纺织业	33451	182591	69265	120178	84450
服装及其他纤维制品制造业	14742	30959	13542	17864	8643
皮革、毛皮、羽绒及其制品业	2480	13751	5714	10832	8822

4—13　续表3

单位:万元

	资本金合计	资产总计	流动资产年平均余额	固定资产原值合计	固定资产净值年平均余额
木材加工及竹、藤、棕草制品业	8649	30133	10600	22097	17408
造纸及纸制品业	11203	97513	24627	65307	50651
印刷业、记录媒介的复制	89801	170211	56742	131539	102265
文教体育用品制造业	334	1127	627	940	735
石油加工及炼焦业	899	8324	4829	4470	3200
化学原料及化学制品制造业	105389	422940	157608	382835	170479
医药制造业	45055	301604	172868	105060	67974
化学纤维制造业	13999	47150	24238	27048	16848
橡胶制品业	1934	11851	4774	5788	4538
塑料制品业	9651	21450	5676	14483	6590
非金属矿物制品业	70344	292046	88742	177344	124657
黑色金属冶炼及压延加工业	118530	719570	330617	614525	296383
有色金属冶炼及压延加工业	4252	26410	14566	16428	11635
金属制品业	24623	143642	74689	73645	45882
普通机械制造业	97953	402432	205148	212589	128745
专用设备制造业	56531	284484	145259	119832	70110
交通运输设备制造业	197873	1083548	448683	604954	397993
电气机械及器材制造业	92027	349322	176555	150898	101816
电子及通信设备制造业	97770	615857	275458	368124	225368
仪器仪表及文化办公用机械制造业	16080	89270	34062	24323	14149
其他制造业	3890	17610	8683	9905	8692
电力、蒸汽、热水生产供应业	72325	353623	128192	277686	190155
煤气生产供应业	14222	118288	59160	57404	39797
自来水的生产和供应业	42398	149543	23531	139331	99650

4—13　续表4

单位：万元

	负债合计	所有者权益合计	产品销售收入	利润总额	利税总额
总　计	**4342509**	**2235488**	**2886751**	**50150**	**283353**
#中央企业	1178097	765974	841198	41485	159455
#国有控股工业	538073	455515	426841	11037	34511
按轻重工业分					
轻工业	1236806	659409	962713	67565	215611
以农产品为原料	835888	429499	743391	60333	194041
以非农产品为原料	400918	229910	219322	7232	21570
重工业	3105703	1576079	1924038	－17415	67742
采掘工业	31307	18530	25857	－252	1437
原料工业	922373	445063	595315	－856	30592
加工工业	2152023	1112486	1302866	－16307	35713
按企业规模分					
大型企业	3129046	1663748	1948110	52136	232942
中型企业	676382	319952	533758	2742	32045
小型企业	537081	251788	404883	－4728	18366
按工业行业分					
煤炭采选业	25475	15510	23903	－9	1602
有色金属矿采选业	3998	2365	1040	－92	－77
非金属矿采选业	1779	490	390	－159	－132
食品加工业	64587	14163	76991	－3478	－2223
食品制造业	31171	17193	23118	－1097	337
饮料制造业	162902	66381	184179	25929	55322
烟草加工业	130672	56061	144725	9323	88099
纺织业	150252	32339	51530	－1077	2206
服装及其他纤维品制造业	18740	12218	13560	－1798	－1754
皮革、毛皮、羽绒及其制品业	13933	－182	3061	－1394	－1236

4—13　续表 5　　　　单位:万元

	负债合计	所有者权益合计	产品销售收入	利润总额	利税总额
木材加工及竹、藤、棕、草制品业	14789	15344	8151	24	439
造纸及纸制品业	82109	15404	29741	—1565	405
印刷业、记录媒介的复制	69229	100982	83952	10270	17189
文教体育用品制造业	845	282	595	—32	35
石油加工及炼焦业	4998	3326	6264	4	299
化学原料及化学制品制造业	245584	177356	207417	12229	21761
医药制造业	140157	161447	173498	30197	43923
化学纤维制造业	28494	18656	29918	1804	2698
橡胶制品业	12828	—977	5697	—1166	—948
塑料制品业	13164	8286	5050	—494	—233
非金属矿物制品业	177261	114785	179103	8614	18832
黑色金属冶炼及压延加工业	522669	196901	346084	—946	6640
有色金属冶炼及压延加工业	15347	11063	31843	610	817
金属制品业	103198	40444	55297	—1559	549
普通机械制造业	241573	160859	153137	—5172	2010
专用设备制造业	203280	81204	127977	1619	7071
交通运输设备制造业	754733	328815	413857	—7058	6115
电气机械及器材制造业	176295	173027	126652	2071	8070
电子及通信设备制造业	518672	97184	173662	—26804	—19710
仪器仪表及文化、办公用机械制造业	54306	34965	23371	2449	4474
其他制造业	17497	115	4958	—933	—761
电力、蒸汽、热水的生产和供应业	199374	154249	132775	705	17844
煤气生产和供应业	73194	45094	26166	—115	3159
自来水的生产和供应业	69404	80139	19089	—750	533

4—14 独立核算集体工业企业主要经济指标

(1997 年)　　　　单位:万元

	企业单位数(个)	#亏损企业	工业总产值	工业增加值
总　　计	**2786**	**939**	**1921871**	**481864**
#乡属企业	1332	361	957872	201635
按轻重工业分				
轻工业	1273	433	806282	209884
以农产品为原料	840	276	524336	132148
以非农产品为原料	433	157	281946	77736
重工业	1513	506	1115589	271980
采掘工业	92	30	30984	5509
原料工业	316	124	243366	53931
加工工业	1105	352	841239	212540
按企业规模分				
大型企业	4	1	203853	50343
中型企业	29	9	105865	27082
小型企业	2753	929	1612153	404439
按工业行业分				
煤炭采选业	50	17	15885	4729
非金属矿采选业	42	13	21872	3207
木材及竹材采运业	2		1661	231
食品加工业	170	61	164960	47220
食品制造业	63	24	32898	6865
饮料制造业	144	38	93811	24228
纺织业	62	23	41573	10992
服装及其他纤维制品制造业	64	24	24200	5439

4—14　续表1　　　　单位：万元

	企业单位数（个）	#亏损企业	工业总产值	工业增加值
皮革、毛皮、羽绒及其制品业	66	20	61368	12647
木材加工及竹、藤、棕草制品业	54	14	19767	4316
家具制造业	35	12	17653	5339
造纸及纸制品业	93	29	50530	10755
印刷业、记录媒介的复制	121	45	23217	5074
文教体育用品制造业	18	7	7661	2424
石油加工及炼焦业	5	1	3831	911
化学原料及化学制品制造业	158	53	142155	35715
医药制造业	25	6	42699	16925
化学纤维制造业	3	1	1657	297
橡胶制品业	23	7	6692	2031
塑料制品业	107	41	50344	13231
非金属矿物制品业	362	133	204901	49806
黑色金属冶炼及压延加工业	47	16	211559	43183
有色金属冶炼及压延加工业	33	11	44758	9758
金属制品业	233	73	136679	34819
普通机械制造业	196	76	141541	38650
专用设备制造业	98	33	42231	12883
交通运输设备制造业	141	41	94053	23196
电气机械及器材制造业	134	32	140883	41174
电子及通信设备制造业	37	11	11663	875
仪器仪表及文化办公用机械制造业	25	7	7992	1778
其他制造业	56	18	24709	4727
电力、蒸汽、热水生产供应业	100	40	34769	7848
煤气生产供应业	1	1	257	73
自来水的生产和供应业	18	11	1442	518

4—14　续表 2　　　　单位:万元

	资本金合计	资产总计	流动资产年平均余额	固定资产原值期末余额	固定资产净值平均余额
总　　计	**393775**	**1525099**	**915526**	**751808**	**499842**
#乡属企业	130583	497533	350414	259342	177247
按轻重工业分					
轻工业	144679	614291	413919	264052	177948
以农产品为原料	86682	313891	255022	153979	103250
以非农产品为原料	57997	300400	158897	110073	74698
重工业	249096	910808	501607	487756	321894
采掘工业	4013	9276	5333	6579	4605
原料工业	74960	258301	125173	162808	108142
加工工业	170123	643231	371101	318369	209147
按企业规模分					
大型企业	15836	195643	70699	57199	37620
中型企业	46131	160263	74152	88004	49570
小型企业	331808	1169193	770675	606605	412652
按工业行业分					
煤炭采选业	2824	5851	2170	3755	2613
黑色金属矿采选业					
非金属矿采选业	1149	3130	3655	2343	1495
其他矿采选业					
木材及竹材采运业	21	133	450	55	23
食品加工业	11919	60414	48931	26269	19816
食品制造业	4322	17823	12348	7356	5542
饮料制造业	7720	47766	78802	15444	11725
纺织业	13518	51260	28401	32745	19145
服装及其他纤维制品制造业	8641	26236	15542	11706	8509

4—14　续表 3　　单位:万元

	资本金合计	资产总计	流动资产年平均余额	固定资产原值期末余额	固定资产净值平均余额
皮革、毛皮、羽绒及其制品业	15040	42664	29864	20502	13179
木材加工及竹、藤、棕、草制品业	6088	13298	6825	7538	5995
家具制造业	7491	21953	16337	8525	6362
造纸及纸制品业	11897	33993	18728	24003	13555
印刷业、记录媒介的复制	6868	19797	12020	12157	7634
文教体育用品制造业	2127	4270	4169	1856	1078
石油加工及炼焦业	211	1457	1434	338	207
化学原料及化学制品制造业	22335	87783	51323	43685	31909
医药制造业	8494	120421	26826	20934	15033
化学纤维制造业	587	3233	912	3269	2786
橡胶制品业	1809	4296	2437	2749	1660
塑料制品业	15992	49331	22201	37805	22390
非金属矿物制品业	37910	137126	95196	73337	47721
黑色金属冶炼及压延加工业	26497	132711	70579	68625	44438
有色金属冶炼及压延加工业	12184	41149	23787	22714	15730
金属制品业	28169	96629	60851	49722	30012
普通机械制造业	34104	136309	73713	69203	44812
专用设备制造业	13720	42884	26512	19824	13180
交通运输设备制造业	30532	106408	56489	47316	32909
电气机械及器材制造业	27865	131364	85249	49830	33644
电子及通信设备制造业	4436	12473	9142	4366	3087
仪器仪表及文化办公用机械制造业	4959	11750	6945	5164	3728
其他制造业	5072	15579	10657	8799	5707
电力、蒸汽、热水生产供应业	18552	43980	12296	48506	33079
煤气生产供应业	40	855	540	521	466
自来水的生产和供应业	682	773	195	847	673

4—14　续表 4　　　　单位:万元

	负债总额	所有者权益	产品销售收入	利润总额	利税总额
总　　计	**1031473**	**493627**	**1803010**	**9024**	**56048**
#乡属企业	386029	111504	958474	—3257	14406
按轻重工业分					
轻工业	416947	197344	705406	—167	18301
以农产品为原料	249770	64121	449140	—2680	8272
以非农产品为原料	167177	133223	256266	2513	10029
重工业	614526	296283	1097604	9191	37747
采掘工业	6106	3170	34408	—12	714
原料工业	180166	78136	258814	—440	7237
加工工业	428254	214977	804382	9643	29796
按企业规模分					
大型企业	69876	125767	181806	13326	15626
中型企业	96742	63521	98916	680	4544
小型企业	864855	304339	1522288	—4982	35878
按工业行业分					
煤炭采选业	3900	1951	18044	—32	485
黑色金属矿采选业					
有色金属矿采选业					
非金属矿采选业	2100	1030	20305	26	262
其他矿采选业					
木材及竹材采运业	145	—12	1321	1	15
食品加工业	57667	2747	125782	—1853	—463
食品制造业	15441	2383	32106	115	772
饮料制造业	43431	4335	79068	—429	2171
纺织业	49443	1817	35945	—2043	—592
服装及其他纤维制品制造业	15800	10436	20880	1988	3162

4—14 续表5 单位:万元

	负债总额	所有者权益	产品销售收入	利润总额	利税总额
皮革、毛皮、羽绒及其制品业	28811	13854	53606	142	1335
木材加工及竹、藤、棕草制品业	7676	5622	21607	29	543
家具制造业	11580	10373	20783	113	664
造纸及纸制品业	24769	9224	47158	−710	585
印刷业、记录媒介的复制	12669	7128	23280	70	892
文教体育用品制造业	2646	1625	5214	84	375
石油加工及炼焦业	1261	196	3711	3	55
化学原料及化学制品制造业	68410	19373	132372	−1704	1504
医药制造业	34351	86071	31233	2171	2826
化学纤维制造业	4804	−1571	1480	−256	−251
橡胶制品业	2405	1891	7149	14	232
塑料制品业	32617	16713	51188	−545	639
非金属矿物制品业	101933	35193	194661	173	6062
黑色金属冶炼及压延加工业	76907	55804	205385	10013	12978
有色金属冶炼及压延加工业	31842	9307	49646	−598	69
金属制品业	65476	31154	137347	172	3601
普通机械制造业	89176	47133	135791	2103	5842
专用设备制造业	30372	12512	42116	−189	1051
交通运输设备制造业	74374	32034	95653	−972	2793
电气机械及器材制造业	85674	45690	119291	1788	5839
电子及通信设备制造业	9487	2986	12173	30	567
仪器仪表及文化办公用机械制造业	7517	4233	9007	−17	481
其他制造业	9483	6093	26954	−634	−23
电力、蒸汽、热水生产供应业	27988	15992	41147	−27	1515
煤气生产供应业	1014	−159	235	−1	43
自来水的生产和供应业	304	469	1372	−1	19

4—15 独立核算"三资"工业企业主要经济指标

(1997 年)

单位:万元

	企业单位数(个)	#亏损企业	工业总产值	工业增加值
总计	**211**	**97**	**716352**	**211573**
按轻重工业分				
轻工业	116	55	405720	123755
以农产品为原料	84	40	314296	97883
以非农产品为原料	32	15	91424	25872
重工业	95	42	310632	87818
采掘工业	2	2	391	130
原料工业	24	13	37542	13121
加工工业	69	27	272699	74567
按企业规模分				
大型企业	3	1	111186	42844
中型企业	10	3	33864	11807
小型企业	198	93	571302	156922
按工业行业分				
煤炭采选业	1	1	176	101
非金属矿采选业	1	1	215	30
食品加工业	17	13	113857	24111
食品制造业	8	4	36139	16589
饮料制造业	4	1	28032	5938
纺织业	12	6	21828	413
服装及其他纤维制品制造业	7	4	1807	644
皮革、毛皮、羽绒及其制品业	7	3	8328	2174
木材加工及竹、藤、棕、草制品业	11	6	14511	5117
家具制造业	2	1	1914	347
造纸及纸制品业	7		23735	7556
印刷业、记录媒介的复制	5	2	18863	6216
文教体育用品制造业	1		182	16
石油加工及炼焦业	1		610	136
化学原料及化学制品制造业	14	8	52831	31329
医药制造业	12	4	109622	31898
橡胶制品业	1	1	189	37
塑料制品业	13	8	38994	12236
非金属矿物制品业	11	8	9628	1916
黑色金属冶炼及压延加工业	3	3	629	−16
有色金属冶炼及压延加工业	3	1	8091	1674
金属制品业	11	2	19258	5433
普通机械制造业	7	4	31767	2913
专用设备制造业	5	1	14913	4616
交通输设备制造业	11	4	24713	8692
电气机械及器材制造业	13	3	23835	5655
电子及通信设备制造业	16	7	89343	25358
仪器仪表及文化办公用机械制造业	2		2086	524
其他制造业	2		14490	6552
电力、蒸汽、热水的生产和供应业	3	1	5766	3368

4—15　续表1　　单位:万元

	年末资产总计	年末负债总计	年末所有者权益	资本金合计
总　计	**1034425**	**639736**	**394689**	**435940**
按轻重工业分				
轻工业	544750	345451	199299	236602
以农产品为原料	381144	237348	143796	152668
以非农产品为原料	163606	108103	55503	83934
重工业	489675	294285	195390	199338
采掘工业	1235	444	791	1186
原料工业	92058	55277	36781	39418
加工工业	396382	238564	157818	158734
按企业规模分				
大型工业	103838	58171	45666	33819
中型工业	64098	45081	19018	33254
小型工业	866489	536484	330005	368867
按工业行业分				
煤炭采选业	103	41	62	86
非金属矿采选业	1132	403	729	1100
食品加工业	88998	72636	16362	25812
食品制造业	48193	23741	24452	25715
饮料制造业	30089	14948	15141	11069
纺织业	33505	23451	10054	11971
服装及其他纤维制品制造业	3814	4583	—769	1099
皮革、毛皮、羽绒及其制品业	9708	7511	2197	3735
木材加工及竹、藤、棕草制品业	28571	25707	2864	11548
家具制造业	2934	978	1955	2017
造纸及纸制品业	58451	35441	23010	20068
印刷业、记录媒介的复制	33128	17712	15417	12230
文教体育用品制造业	482	426	56	378
石油加工及炼焦业	709	567	142	71
化学原料及化学制品制造业	63324	16528	46795	45554
医药制造业	93735	51687	42048	27266
橡胶制品业	682	860	—178	482
塑料制品业	48003	29129	18874	21218
非金属矿物制品业	19982	15266	4716	9567
黑色金属冶炼及压延加工业	3587	3435	151	1623
有色金属冶炼及压延加工业	8256	4832	3424	2455
金属制品业	40413	32387	8027	26809
普通机械制造业	96801	55848	40953	43640
交通运输设备制造业	87192	37878	49313	62448
专用设备制造业	15021	6955	8066	5171
电气机械及器材制造业	40019	30925	9093	14005
电子及通信设备制造业	129306	98712	30593	33145
仪器仪表及文化办公用机械制造业	2274	1333	942	587
其他制造业	9694	2538	7158	1758
电力、蒸汽、热水的生产和供应业	36319	23278	13042	13313

4—15 续表 2

单位:万元

	产品销售收入	利税总额	应交所得税	本年应交增值税
总计	**627675**	**34052**	**4255**	**19008**
按轻重工业分				
轻工业	350347	23970	1804	12303
以农产品为原料	271607	15580	1094	7032
以非农产品为原料	78740	8390	710	5271
重工业	277328	10082	2451	6705
采掘工业	376	—15		28
原料工业	31776	3636	521	2300
加工工业	245176	6461	1930	4377
按企业规模分				
大型企业	110744	5872	828	527
中型企业	29257	4300	930	1952
小型企业	487674	23880	2497	16529
按工业行业分				
煤炭采选业	229	19		19
非金属矿采选业	148	—34		9
食品加工业	111218	775	834	233
食品制造业	31471	3538		1088
饮料制造业	21667	726		366
纺织业	22684	—1608	42	917
服装及其他纤维制品制造业	1467	—33	1	42
皮革、毛皮、羽绒及其制品业	8654	220	36	269
木材加工及竹、藤、棕、草制品业	8884	—306	20	189
家具制造业	1241	81		21
造纸及纸制品业	24772	4051	44	1303
印刷业、记录媒介的复制	16330	1594		487
文教体育用品制造业	115	5		4
石油加工及炼焦业	1016	2		1
化学原料及化学制品制造业	29146	4551	24	1819
医药制造业	118198	11978	1148	2530
橡胶制品业	149	—36		2
塑料制品业	26916	3096	519	1609
非金属矿物制品业	7798	—1228	17	211
黑色金属冶炼及压延加工业	391	—47		2
有色金属冶炼及压延加工业	6389	165	4	166
金属制品业	14497	292	87	721
普通机械制造业	29686	—3802	34	610
专用设备制造业	11975	3495	717	581
交通运输设备制造业	25046	2862		1344
电气机械及器材制造业	19548	—280	7	370
电子及通信设备制造业	65599	—2271	218	2086
仪器仪表及文化办公用机械制造业	2574	87	15	22
其他制造业	14194	5234	483	1221
电力、蒸汽、热水的生产和供应水	5677	926	2	754

4—16　大中型工业企业主要经济指标

单位:万元

	1990年		1996年		1997年	
	总　计	占全市工业的比重(%)	总　计	占全市工业的比重(%)	总　计	占全市工业的比重(%)
企业单位数(个)	184	3.9	245	5.7	262	6.7
#亏损企业	39	3.7	94	7.6	104	7.4
工业总产值(现价)	814723	57.3	2763218	50.7	3031709	49.8
工业增加值			740563	49.1	884320	52.4
年末固定资产原值	836243	66.3	3350332	67.7	3874581	69.6
#生产用	663883	64.8	2584425	69.7	2985445	68.6
年末固定资产净值			2241187	64.3	2515430	66.4
固定资产净值年平均余额			1954012	64.6	2374132	65.7
流动资产年平均余额			2626666	64.2	2831158	61.2
资产总计			5738513	64.6	6463699	65.7
负债总计			3566712	61.6	4151010	64.6
产品销售收入	976456	58.0	3000809	55.6	3063050	51.6
#产品销售税金及附加			80220	75.3	104989	85.5
盈利企业的利润总额	65179	60.2	139709	64.4	169088	72.6
亏损企业的亏损总额	7882	31.5	64031	48.1	85910	58.0
盈亏相抵的利润总额	57297	68.8	75678	90.3	83178	98.0
利税总额	145616	69.6	268883	69.6	316637	76.3
职工平均人数(人)	371676	47.7	409626	50.6	419487	52.5

注:“占全市工业的比重(%)”系指大中型工业企业占全市乡及乡以上独立核算工业企业比重。

4—17 大中型工业企业技术开发基本情况

	单位	1990年	1996年	1997年
企业技术开发人员	人	23701	47724	50633
#科学家和工程师	人	12250	14640	13516
技术开发机构中的人数	人		11139	13771
#科学家和工程师	人		4084	4015
技术开发经费筹集额	万元	41870	79920	76558
#政府拨款	万元	3118	29713	24057
企业自筹	万元	25545	36976	43848
技术开发经费支出额	万元	37841	69481	71773
#开发新产品	万元	17800	47652	42342
技术开发经费支出占产品销售收入的比重	%	3.10	2.2	2.3
技术开发项目数	项	825	1442	1192

4—18 城乡联营工业和城乡个体工业主要指标

(1997年)

	户　数 (个)	从业人数 (人)	工业总产值 (万元)	上交税金 (万元)	自有资金 (万元)
城镇联营工业	184	2330	16861	924	3207
轻工业	141	1213	10716	458	2191
重工业	43	1117	6145	466	1016
农村联营工业	810	10293	69846	1474	15225
轻工业	559	5607	42360	809	8972
重工业	251	4686	27486	665	6253
城镇个体工业	4379	15478	554536	4971	208717
轻工业	3658	11844	340999	3102	120866
重工业	721	3634	213537	1869	87851
农村个体工业	25071	153253	1893165	19094	414768
轻工业	18917	108821	1367177	13445	277897
重工业	6154	44432	525988	5649	136871

4—19 村办工业企业

	企业单位数（个）	工业总产值（万元）	年末全部从业人数（人）
总　计	**3940**	**2081584**	**168300**
按轻重工业分			
轻工业	1834	1328279	63795
重工业	2106	753305	104505
按工业行业大类分			
煤炭采选业	153	12008	10816
非金属矿采选业	91	63562	5801
食品加工业	296	211579	8500
食品制造业	172	101752	3651
饮料制造业	209	119564	4759
纺织业	35	33533	2450
服装及其他纤维制品制造业	70	24064	7799
皮革、毛皮、羽绒及其制品业	56	86696	3022
木材加工及竹、藤、棕、草制品业	116	41531	3939
家具制造业	139	83523	6061
造纸及纸制品业	57	7707	2100
印刷业、记录媒介的复制	59	17210	1222
文教体育用品制造业	5	157	73
石油加工及炼焦业	14	3447	237
化学原料及化学制品制造业	142	94090	5499
医药制造业	14	9774	934
化学纤维制造业	6	3143	715
橡胶制品业	30	9981	1009
塑料制品业	94	80055	4853
非金属矿物制品业	716	141084	44083
黑色金属冶炼及压延加工业	65	28719	2491
有色金属冶炼及压延加工业	68	26431	2079
金属制品业	257	173674	9158
普通机械制造业	359	277216	12469
专用设备制造业	20	22454	1432
交通运输设备制造业	134	86845	4847
电气机械及器材制造业	103	110004	4883
电子及通信设备制造业	24	10483	1197
仪器仪表及文化、办公用机械制造业	8	764	320
其他制造业	377	196387	10574
电力、蒸汽、热水的生产和供应业	36	3181	1099
煤气生产和供应业	13	938	211
自来水的生产和供应业	2	28	17

主要经济指标（1997年）

产品销售收入（万元）	产品销售税金及附加（万元）	应交增值税（万元）	应交所得税（万元）	利润总额（万元）	固定资产原值年末数（万元）	流动资产年末数（万元）
1927972	**13310**	**35764**	**12698**	**66477**	**667589**	**931921**
1273134	5835	17030	6772	37660	273131	422275
654838	7475	18734	5926	28817	394458	509646
13454	373	645	50	−531	8292	4271
49185	814	3267	104	2018	19564	38796
183060	1022	2958	960	6475	56845	66128
80519	265	824	389	2248	17460	17078
108357	1155	1667	249	1386	20292	24572
32409	137	578	175	1194	11610	27433
22158	199	620	109	691	11946	16234
88580	447	1131	701	4002	10681	20985
42520	207	610	232	894	9965	10120
76045	271	1137	279	2148	19731	24752
7221	32	238	34	120	2551	3197
17519	100	254	131	558	5174	5029
152	15	6	2	1	99	276
3248	29	117	18	80	902	761
92718	436	1345	646	4224	47156	37941
8676	41	162	39	194	2134	2979
2756	15	148	5	87	796	3506
10994	89	285	68	530	8361	7989
69012	1112	1475	570	3370	32752	31178
119538	1237	2481	501	1893	48946	72966
20053	476	611	34	159	9212	9591
17221	62	260	57	194	5844	8901
169480	651	2902	1380	5003	69910	105609
275146	1239	5634	3276	12508	88692	151303
18913	50	251	27	562	5881	6507
87797	1595	1487	638	3245	52637	102834
110075	612	2130	917	4060	35152	45066
9426	49	181	57	305	3162	3037
744	3	18	2	16	737	837
186694	541	2154	1032	8764	44651	65838
3247	28	114	8	−52	9853	15238
1029	8	74	8	67	6255	590
26				64	346	379

4—20 成都工业企业五十强名单

(1997年)

序号	企业名称	序号	企业名称
1	成都卷烟厂	26	四川国栋建设股份公司
2	中科院成都地奥制药公司	27	成都工程机械集团公司
3	四川省成都全兴酒厂	28	四川旅行车制造厂
4	中国中医研究中汇制药公司	29	孔圣酒业股份有限公司
5	川化集团有限责任公司	30	成都宏声电子实业总公司
6	成都金佰利舒而美卫生用品有限公司	31	成都旭光电子股份有限公司
7	兴成酒业有限责任公司	32	成都光明器材厂
8	四川新兴集团公司	33	成都药业有限责任公司
9	四川托普集团科技发展有限公司	34	四川电器股份有限公司
10	成都天邑通讯设备有限公司	35	四川宁江机械厂
11	四川蜀阳企业集团有限公司	36	成都三益冶金联合公司炼钢厂
12	成都华西医科大学制药厂	37	国营成都旭光仪器厂
13	成都蓝风(集团)股份有限公司	38	四川建筑机械厂
14	成都新都啤酒厂	39	四川省印刷制版中心
15	成都宝洁有限公司	40	四川光大制药有限公司
16	成都前锋电子股份有限公司	41	成都信达实业股份有限公司
17	成都彩虹电器(集团)股份有限公司	42	成都飞机工业公司
18	成都双流高频集团公司	43	四川制药股份有限公司
19	四川锦丰纸业有限公司	44	成都银河动力配件股份有限公司
20	四川华美制药有限公司	45	成都天兴仪表(集团)有限公司
21	成都三强重工集团公司	46	成都八一家具股份有限公司
22	成都华川电装品总厂	47	成都通力集团股份有限公司
23	成都迈普电器有限公司	48	四川东华机械厂
24	华川·雅马哈摩托部品制造有限公司	49	成都铁塔厂
25	卫生部成都生物制品研究所	50	成都虹波实业股份有限公司

主要统计指标解释

工业总产值　是指工业企业在一定时期内生产的已出售或可供出售的以货币表现的工业产品总量，它反映一定时间内工业生产的总规模和总水平。它包括：在本企业内不再进行加工，经检验、包装入库(规定不需包装的产品除外)的成品价值、对外加工费收入、自制半成品在产品期末期初差额价值。工业总产值采用“工厂法”计算，即以工业企业作为一个整体，按企业工业生产活动的最终成果来计算，企业内部不允许重复计算，不能把企业内部各个车间(分厂)生产的成果相加。但在企业之间、行业之间、地区之间存在着重复计算。

工业增加值　是指工业企业在报告期内以货币表现的工业生产活动的最终成果。

资本金　指企业在工商行政管理部门登记的注册资金合计。企业资本金按投资主体可分为国家资本金、法人资本金、个人资本金和外商资本金、集体资本金等。资本金合计应包括企业各种投资主体投入的全部资本金。

资产总计　资产指企业拥有或控制的能以货币计量的经济资源，包括各种财产、债权和其他权利。资产按其流动性(即资产的变现能力和支付能力)划分为流动资产、长期投资、固定资产、无形资产、递延资产和其他资产。

负债合计　指企业在报告期期末所承担的能以货币计量，将以资产或劳务偿付的债务之和。负债一般按偿还期长短分为流动负债和长期负债。

所有者权益合计　指企业投资人对企业净资产的所有权，企业净资产等于企业全部资产减去全部负债后的余额，包括企业投资人对企业的最初投入的实际到位的资产以及资本公积金、盈余公积金和未分配利润。

利税总额　指企业利润总额、产品销售税金及附加和应交增值税之和。

资金利税率　指在一定时期内已实现的利润、税金总额与同期的资产(固定资产净值和流动资产)之比。计算公式为：

$$资产利税率=\frac{报告期累计实现利税总额}{固定资产净值平均余额+流动资产平均余额}\times 100\%$$

工业成本费用利润率　反映工业投入的生产成本及费用的经济效益，同时也反映企业降低成本所取得的经济效益。计算公式为：

$$工业成本费用利润率=\frac{利润总额}{成本费用总额}\times 100\%$$

工业成本费用总额包括产品销售成本、产品销售费用、管理费用、财务费用之和。

工业增加值率　指在一定时期内工业增加值与同期工业总产值之比，反映企业中间消耗的经济效益。计算公式为：

$$工业增加值率=\frac{工业增加值(现价)}{工业总产值(现价)+销项税额}\times 100\%$$

流动资产周转率　指在一定时期内流动资产完成的周转次数，反映投入工业企业流动资金的周转速度。计算公式为：

$$流动资产周转率=\frac{产品销售收入}{全部流动资产平均余额}\times\frac{12}{累计月数}$$

产品销售率　该指标反映工业产品已实现销售的程度，是分析工业产销衔接情况，研究工业产品满足社会需求的指标。计算公式为：

$$工业产品销售率=\frac{工业销售产值}{现价工业总产值}\times 100\%$$

工　业

资产负债率　该指标既反映企业经营风险的大小，也反映企业利用债权人提供资金从事经营活动的能力。计算公式为：

$$资产负债率=\frac{负债总额}{资产总额}\times 100\%$$

资产及负债均为报告期末数。

资本保值增值率　该指标反映企业净资产的变动状况，是企业发展能力的集中体现。计算公式为：

$$资本保值增值率=\frac{报告期期末所有者权益}{上年同期期末所有者权益}\times 100\%$$

所有者权益等于资产总计减负债总计。

总资产贡献率　该指标反映企业全部资产的获利能力，是企业经营业绩和管理水平的集中体现，是评价和考核企业盈利能力的核心指标。计算公式为：

$$总资产贡献率=\frac{(利润总额+税金总额+利息支出)}{平均资产总额}\times\frac{12}{累计月数}$$

其中：税金总额为产品销售税金及附加与应交增值税之和；平均资产总额为期初期末资产总计的算术平均值。

全员劳动生产率　该指标反映企业的生产效率和劳动投入的经济效益。计算公式为：

$$全员劳动生产率=\frac{工业增加值}{全部职工平均人数}\times\frac{12}{累计月数}。$$

5

运输、邮电
TRANSPORTATION, POST AND TELECOMMUNICATIONS SERVICES

简要说明:

一、主要内容

本部份资料反映货物和旅客运输以及邮电通信发展基本情况。

二、资料来源

铁路客、货运资料来源于铁道部成都铁路分局和四川省地方铁路局。

民用航空资料来源西南航空公司、四川航空公司。

水运和公路运输资料来源于成都市交通局。

邮政通信资料来源于成都市邮政局、成都市电信局。

三、其他需要说明的问题

铁路客、货运输按成都站和四川省地方铁路局成都辖区部分发出量统计;民用航空运输按成都港发出量统计;水运、公路运输按辖区全社会口径统计。

5—1 历年货物运输量

单位:万吨

年份	总计	# 交通部门	铁路	民用航空	水运	公路	# 交通部门
1949	0.6					0.6	
1950	1.6	0.9				1.6	0.9
1951	25.0	23.3				25.0	23.3
1952	76.0	72.0			8.4	67.6	64.4
1953	276.8	269.5	106.2		8.0	162.6	157.8
1954	242.6	234.0	83.9		9.8	148.9	143.5
1955	209.5	199.7	31.8		9.8	167.9	162.4
1956	513.9	496.1	200.4		24.3	289.2	283.3
1957	718.4	707.2	301.8		48.3	368.3	357.1
1958	690.9	636.4	184.5	0.1	49.6	456.7	402.2
1959	1370.7	1323.4	586.7	0.2	50.9	732.9	685.6
1960	1178.4	1087.3	269.1	0.3	61.3	847.7	756.6
1961	808.2	751.7	358.2	0.2	26.7	423.1	366.6
1962	915.9	890.5	472.8	0.1	23.5	419.5	394.1
1963	789.3	753.6	388.9	0.1	27.9	372.4	352.7
1964	992.2	950.3	507.2	0.1	29.6	455.3	428.1
1965	1248.9	1191.7	682.2	0.2	44.2	522.3	490.9
1966	1422.5	1353.1	758.7	0.2	44.6	619.0	576.1
1967	1113.4	1081.7	552.4	0.2	55.0	505.8	464.2
1968	813.2	758.0	400.9	0.2	25.9	386.2	345.5
1969	1143.3	1088.7	609.5	0.2	26.4	507.2	465.6
1970	1622.1	1445.8	864.4	0.2	30.8	726.7	566.4
1971	1874.7	1661.7	989.0	0.2	38.8	846.7	654.5
1972	1934.5	1697.6	995.7	0.2	43.2	895.4	684.7

5—1 续表

单位:万吨

年 份	总 计	# 交通部门	铁 路	民用航空	水 运	公 路	# 交通部门
1973	1905.0	1632.1	967.7	0.2	33.6	903.5	648.7
1974	1793.9	1470.7	846.2	0.1	26.5	921.1	611.1
1975	2126.2	1758.9	1060.6	0.2	30.8	1034.6	684.0
1976	1985.3	1541.0	899.1	0.2	33.5	1052.5	628.8
1977	2494.9	1912.3	1134.5	0.2	34.0	1326.2	764.0
1978	2873.6	2122.3	1319.1	0.3	31.4	1522.8	791.7
1979	3723.7	2130.7	1395.2	0.3	24.8	2303.4	726.7
1980	4295.0	2093.4	1395.7	0.4	23.5	2875.4	689.9
1981	4546.2	2000.3	1317.4	0.4	19.1	3209.3	676.9
1982	4813.0	2118.0	1360.9	0.4	16.4	3435.3	752.0
1983	6013.4	2170.8	1414.7	0.4	19.9	4578.4	753.9
1984	6732.3	2245.2	1494.2	0.7	11.9	5225.5	749.4
1985	7467.8	2215.3	1484.3	1.0	15.9	5966.6	730.0
1986	7810.6	2227.3	1536.0	1.0	31.8	6241.8	690.3
1987	8437.4	2275.4	1574.8	1.5	34.1	6827.0	699.1
1988	9308.4	2340.0	1622.0	1.5	45.0	7639.9	716.5
1989	10006.0	2349.0	1669.0	2.0	45.0	8290.0	678.0
1990	10139.0	2239.0	1594.0	2.0	43.0	8500.0	643.0
1991	10719.0	2270.0	1608.0	2.0	43.0	9066.0	660.0
1992	10505.2	2410.0	1715.0	2.2	44.0	8744.0	692.0
1993	11073.8	2420.0	1801.0	2.8	45.0	9225.0	616.0
1994	11191.5	2311.0	1764.0	3.5	46.0	9378.0	543.0
1995	11659.3	2219.0	1714.0	4.3	48.0	9893.0	501.0
1996	13073.9	2407.0	1861.0	4.9	75.0	11133.0	541.0
1997	14341.9	2336.0	1753.0	5.9	32.0	12551.0	577.0

5—2 历 年 货 物 周 转 量

单位：万吨公里

年 份	总 计	# 交通部门	铁 路	民用航空	水 运	公 路	# 交通部门
1949	26					26	
1950	259	228				259	228
1951	1249	1030			144	1105	1030
1952	2164	1961			489	1675	1557
1953	62652	62269	59366		357	2929	2768
1954	52948	52444	46900		570	5478	5299
1955	24491	23904	17776		536	6179	5967
1956	122732	121981	112024		889	9819	9606
1957	180608	180445	168706		988	10914	10751
1958	112023	110961	103136	181	1304	7402	6340
1959	243218	242230	227965	336	1742	13175	12187
1960	168470	167097	150427	466	2452	15125	13752
1961	209017	208231	200234	430	1481	6872	6086
1962	279720	279170	264295	191	970	14264	13714
1963	227139	226473	217395	193	683	8868	8444
1964	293117	292258	283525	202	758	8632	8031
1965	396158	395060	381350	279	932	13597	12826
1966	445525	444413	424113	402	786	20224	19392
1967	328912	327706	308792	430	777	18913	18035
1968	237527	236405	224103	325	592	12507	11570
1969	358461	357299	340711	372	598	16780	15757
1970	530710	528352	505686	391	689	23944	21780
1971	579008	575916	551386	338	546	26738	23778
1972	580811	577801	553059	449	581	26722	23886

5—2 续表 单位:万吨公里

年 份	总 计	# 交通部门	铁 路	民用航空	水 运	公 路	# 交通部门
1973	560459	556836	532104	330	619	27406	23929
1974	491860	487102	462396	387	483	28594	23973
1975	632240	624833	597437	544	379	33880	26597
1976	534872	526288	501721	691	486	31974	23516
1977	693385	6825252	652497	750	449	39689	28988
1978	812941	798866	765995	793	496	45657	31733
1979	818572	768031	736246	910	294	81122	30686
1980	866799	812545	782111	897	259	83532	29358
1981	775434	708635	678534	978	223	95699	28979
1982	811892	739838	704655	1049	195	105993	33993
1983	897339	791046	751125	1004	123	145087	38882
1984	1059673	933907	891346	1864	59	166404	40680
1985	1164952	1014321	973843	2844	55	188210	37634
1986	1269569	1103810	1063715	4669	111	201074	35426
1987	1436309	1228716	1185030	5797	119	245363	37889
1988	1556123	1291571	1245801	4538	157	305627	41232
1989	1562690	1292257	1247164	5480	158	309888	39613
1990	1478332	1224802	1183150	6459	149	288574	35193
1991	1579549	1281529	1240720	6049	150	332630	34760
1992	1616289	1299823	1256236	7545	153	352355	36042
1993	1690540	1355483	1317584	10561	160	362235	27338
1994	1815262	1431354	1394032	13518	162	407550	23804
1995	1824422	1413922	1377400	16147	170	430705	20375
1996	1918702	1500228	1459543	18747	231	440181	21938
1997	1996079	1521061	1474000	22245	64	499770	24816

5—3 历年旅客运输量

单位：万人

年份	总计	# 交通部门	铁路	民用航空	水运	公路	# 交通部门
1949	7.9					7.9	
1950	9.9	1.8				9.9	1.8
1951	14.9	6.5				14.9	6.5
1952	29.2	16.9				29.2	16.9
1953	95.9	80.2	45.3			50.6	34.9
1954	107.1	88.4	41.1			66.0	48.3
1955	145.0	121.8	64.9			80.1	56.9
1956	231.6	231.6	113.4	0.2		118.0	118.0
1957	300.0	300.0	149.3	0.3		150.4	150.4
1958	254.7	154.7	158.8	0.8		95.1	95.1
1959	366.4	366.4	200.4	1.0		165.0	165.0
1960	414.9	414.9	276.6	1.3		137.0	137.0
1961	505.7	505.7	414.4	1.5		89.8	89.8
1962	777.3	777.3	455.3	1.1		320.9	320.9
1963	548.3	548.3	274.0	1.0		273.3	273.3
1964	604.1	604.1	218.1	1.7		384.3	384.3
1965	1001.5	1001.5	578.7	2.3		420.5	420.5
1966	1244.9	1244.9	723.5	1.9		519.5	519.5
1967	1510.2	1510.2	1020.6	2.3		487.3	487.3
1968	1530.2	1530.2	1133.9	2.3		394.0	394.0
1969	1919.7	1919.7	1400.0	2.2		517.5	517.5
1970	1960.7	1960.7	1432.8	2.2	4.8	520.9	520.9
1971	2009.3	2009.3	1367.4	2.6	5.0	634.3	634.3
1972	2405.6	2405.6	1560.6	3.3	7.4	834.3	834.3

5—3 续表 单位:万人

年 份	总 计	# 交通部门	铁 路	民用航空	水 运	公 路	# 交通部门
1973	2489.5	2489.5	1700.4	3.4	7.4	778.3	778.3
1974	2255.8	2255.8	1493.3	4.1	9.3	749.1	749.1
1975	2155.7	2155.7	1415.5	5.8	8.9	725.5	725.5
1976	2114.0	2114.0	1413.9	7.3	9.7	683.1	683.1
1977	2281.0	2281.0	1495.8	8.5	5.3	771.4	771.4
1978	2634.6	2634.6	1541.4	11.3	3.9	1078.0	1078.0
1979	3224.8	3224.8	1740.7	14.2	3.5	1466.4	1466.4
1980	4586.4	4269.3	1894.3	14.6	1.2	2676.3	2359.2
1981	5122.2	4748.4	1785.9	16.3	2.0	3318.0	2944.2
1982	5793.8	5336.3	1830.7	16.0	1.4	3945.7	3488.2
1983	6682.5	6023.4	1916.2	11.8	5.0	4749.5	4090.4
1984	8149.5	7172.1	2112.6	22.5	12.0	6002.4	5037.0
1985	9384.2	8383.0	2141.6	31.4	10.2	7201.0	6210.0
1986	9861.7	8759.4	2119.0	43.3	12.3	7687.1	6597.1
1987	11088.8	9538.9	2303.0	55.2	34.2	8696.4	7180.7
1988	11512.4	9560.4	2476.0	52.8	42.5	8941.1	7031.6
1989	12484.0	9908.0	2208.0	61.0	44.0	10171.0	7639.0
1990	12894.0	9986.0	1729.0	71.0	46.0	11048.0	8186.0
1991	14003.0	10950.0	1838.0	96.0	49.0	12020.0	9051.0
1992	14728.0	11389.0	1968.0	110.0	50.0	12600.0	9311.0
1993	13942.0	10371.0	2028.0	139.0	51.0	11724.0	8204.0
1994	14769.0	10770.0	1998.0	169.0	57.0	12545.0	8602.0
1995	19931.0	10890.0	1703.0	200.0	60.0	17968.0	8987.0
1996	24668.0	11081.0	1408.0	205.0	55.0	23000.0	9468.0
1997	29092.0	12954.0	1473.0	207.0	151.0	27261.0	11273.0

5—4 历年旅客周转量

单位：万人公里

年份	总计	# 交通部门	铁路	民用航空	水运	公路	# 交通部门
1949	14220					14220	
1950	15689	1029				15689	1029
1951	16346	1205				16346	1205
1952	23990	1921				23990	1921
1953	38444	10094	6116			32328	3978
1954	42608	10705	5549			37059	5156
1955	55573	13722	8762			46811	4960
1956	22561	22561	15309	166		7086	7086
1957	29895	29895	20156	305		9434	9434
1958	27294	27294	21438	913		4943	4943
1959	39479	39479	27054	1119		11306	11306
1960	47142	47142	37341	1470		8331	8331
1961	63589	63589	55944	1952		5693	5693
1962	79986	79986	61466	1150		17370	17370
1963	51745	51745	36990	1142		13613	13613
1964	53540	53540	29444	1895		22201	22201
1965	108661	108661	78125	2478		28058	28058
1966	131822	131822	97673	2116		32033	32033
1967	167960	167960	137781	2547		27632	27632
1968	176058	176058	153076	2504		20478	20478
1969	224763	224763	189000	2476		33287	33287
1970	227179	227179	193424	2150	89	31516	31516
1971	217262	217262	184604	3136	94	29428	29428
1972	252518	252518	210681	8705	151	32981	32981

5—4 续表

单位:万人公里

年份	总计	# 交通部门	铁路	民用航空	水运	公路	# 交通部门
1973	273320	273320	229551	8624	169	34976	34976
1974	247593	247593	201598	11466	213	34316	34316
1975	239669	239669	191087	15516	198	32868	32686
1976	240981	240981	190871	17724	199	32187	32187
1977	255573	255573	201930	19822	75	33746	33746
1978	271649	271649	206262	23826	55	41506	41506
1979	316515	316515	236050	30612	46	49807	49807
1980	384271	368421	267253	32251	25	84742	68892
1981	383510	364072	245020	34060	42	104388	84950
1982	431061	404526	269390	36262	29	125380	98845
1983	477603	439376	291645	31226	40	154692	116465
1984	590417	534372	335040	58460	52	196865	140872
1985	738637	681109	409835	92383	50	236369	178891
1986	794146	735065	443206	101884	31	249025	189975
1987	949921	883144	526262	134960	86	288613	229122
1988	1021681	939153	579028	126224	106	316323	233901
1989	1041080	935422	529545	141300	110	370125	264577
1990	984166	869570	436419	173439	116	374192	259712
1991	1180397	1066084	472902	288575	123	418797	304607
1992	1318135	1195420	506818	379124	135	432058	309478
1993	1485535	1359168	544638	545355	126	395416	269175
1994	1688276	1528237	569102	683796	140	435238	275340
1995	1874098	1656207	530012	835187	147	508752	291007
1996	1981118	1667990	460279	885593	134	635112	322118
1997	2096806	1709734	433000	905962	254	757590	370772

5—5 航空及公路运输情况

	单　位	1990 年	1996 年	1997 年
航空运输				
民用航空线路条数	条		183	240
飞机架数	架		51	50
旅客吞吐量	万人		430.55	437.63
#旅客发出量	万人		205.40	207.20
货邮吞吐量	吨		99867	102232
#货邮发出量	吨		49751	49932
公路运输				
公路通车里程	公里	5221	5341	6009
#晴雨通车里程	公里	4610	4790	5345
#有路面里程	公里	4576	4792	5505
#高级次高级	公里	2603	3552	3984
#国家级干线	公里	305	341	341
省级干线	公里	493	494	522
县公路	公里	1777	1787	1843
专用公路	公里	335	338	396
乡公路	公里	2311	2381	2907
全社会各种机动车辆	**万辆**	**13.04**	**35.28**	**45.22**
载货汽车	万辆	2.98	5.48	6.34
#大型货车	万辆	1.69	1.95	2.14
载客汽车	万辆	1.94	11.26	13.82
#小型载客汽车	万辆			13.22
其他机动车	万辆	8.12	18.54	25.06
自行车	**万辆**	**442**	**532**	**545**
市　区	万辆	219	242	284
县（市）	万辆	223	290	261

5—6 邮电业务基本情况

年份	邮电业务总量（万元）	函件（万件）	电报（万份）	长途电话（万次）	市内电话用户（户）	农村电话用户（户）
1952	381	439	13	20	1906	489
1957	1233	1888	14	27	3027	888
1962	2963	2943	69	103	5668	2616
1965	1827	2644	59	133	6626	1757
1970	1723	2455	75	89	6738	1649
1975	2412	2782	126	160	8301	1922
1978	1418	2936	127	203	9396	2069
1980	3066	3642	145	207	11140	2232
1983	4566	4223	196	260	14844	2418
1985	6057	5791	272	370	19584	2973
1990	15520	7480	379	946	50562	3686
1991	20137	7415	385	1556	67287	4105
1992	31160	8488	405	2844	105098	4914
1993	48535	10070	337	5176	144867	5879
1994	72166	11430	233	8884	246681	8776
1995	110949	11939	173	14970	353470	13774
1996	161132	11480	118	21706	477250	21020
1997	196900	9256	62	18829	663758	53361

5—6 续表

年份	邮电局（所）	邮路及投递路线总长度（公里）	市内电话交换机总容量（门）	农村电话交换机总容量（门）	市内电话机（部）	农村电话机（部）
1952	398	481	2884	507		
1957	384	3354	5840	1312	5640	1026
1962	371	7519	8040	4380	15970	3517
1965	394	9513	9120	5346	15966	2216
1970	440	10383	9210	4241	18336	1826
1975	384	12170	10150	4522	20705	2376
1978	396	15726	12510	4850	25185	2741
1980	406	13688	16460	5280	27897	3144
1983	401	14193	24280	6000	48644	3667
1985	420	14576	29850	7700	59091	4723
1990	448	72846	73510	10676	131268	6559
1991	452	72343	79900	10184	160467	6350
1992	452	72347	154830	10043	207434	7067
1993	466	77064	199654	18174	270776	7490
1994	786	75602	442240	24412	391341	11069
1995	779	75125	799755	37214	479708	16854
1996	841	79574	1025549	51906	636073	25614
1997	851	114271	1398668	108819	792473	57822

5—7 邮电通信业务量

（1997 年）

	单位	1997 年		单位	1997 年
邮电业务总量(90 价)	万元	196900	互联网络用户(CHIN)	户	6428
#邮政业务总量	万元	12725	无线寻呼用户到达数	户	317027
长途电信业务总量	万元	61457	移动电话用户到达数	户	189669
数据通信业务总量	万元	2306	#数字移动电话	户	78721
本地电话业务总量	万元	42489	B 网用户	户	57269
移动通信业务总量	万元	68188	移动电话通话量	万次	29041
无线寻呼业务总量	万元	7814	移动电话通话量	万小时	832
国内函件	万件	9192	160 电话信息服务量	万次	976
国际函件	万件	64	160 电话信息服务量	小时	387875
国内包裹	万件	185	168 电话信息服务量	万次	793
国际包裹	件	7544	168 电话信息服务量	小时	107065
国内汇票	万张	272	其他电话信息服务量	次	6561
邮政快件	万件	413	本地包月制电话到达数	户	18888
国内特快专递	万件	110	国际电话	小时	64775
订销报纸期发份数	万份	93	港澳台电话	小时	59645
订销报纸累计份数	万份	15574	长途电话信出租及其他	万元	3193
订销杂志期发份数	万份	119	#数据通信业务收入	万元	2305
报刊流转额	万元	9954	城市住宅电话用户	户	482219
邮政储蓄收储余额	万元	141586	乡村住宅电话用户	户	34468
邮政储蓄平均余额	万元	121887	DID 入网用户数	户	1691
集邮业务	万枚	4104	本地计次制电话通话量	万次	234179
国内公众电报	份	621571	本地计次制电话通话量	万小时	105489
国内用户电报	次	22485	公用电话部数	部	34385
国际用户电报	次	14956	磁卡公用电话	部	759
国内传真	份	77647	IC 卡公用电话	部	159
国内长途电话	万次	18617	代办公用电话	部	30802
国际电话	万次	100	专线用户期末数	户	3202
港澳台电话	万次	112	国内长途电话	万小时	1089

主要统计指标解释

货物(旅客)运输量 指在一定时期内，各种运输工具实际运送的货物(旅客)数量。是反映运输业为国民经济和人民生活服务的数量指标，也是制定和检查运输生产计划，研究运输发展规模和速度的重要指标。货运量按吨计算，客运量按人计算。货物不论运输距离长短，货物类别，均按实际重量统计；旅客不论行程远近或票价多少，均按一人一次作为客运量统计。半价票、小孩票也按一人统计。

货物(旅客)周转量 指在一定时期内，由各种运输工具运送的货物(旅客)数量与其相应运输距离的乘积之总和，是反映运输业生产总成果的重要指标，也是编制和检查运输生产计划，计算运输效率、劳动生产率以及核算运输单位成本的主要基础资料。通常以吨公里和人公里为计算单位。计算货物周转量通常按发出站与到达站之间的最短距离，也就是计费距离计算。

邮电业务总量 指以货币表现的邮电部门用于传递信息和提供其他邮电服务的总数量。它综合反映了一定时期邮电工作的总成果，是研究邮电业务量构成和发展趋势的重要指标。根据邮电管理体制不同，分为中央国营业务总量和地方国营业务总量。它用各种邮电分类业务量，如函件件数、电报份数、长话张数、市内电话和农村电话的年均户数、订销报刊累计份数等，分别乘以相应的平均单价(不变价)，加总后再加上出租电路和设备的收入、代用户维护电话交换机和线路等设备的收入、其他业务收入求得。

市内电话 指接入县城(包括个别城镇)及县以上城市的市内电话网上，并按市内电话进行经营管理的电话。按计费办法分为包月制和计次制两种。

(1)住宅电话 指话机装在居民住宅里的电话。它包括私人付费、公费和免费三部分。

(2)私人付费电话 指住宅居民自费安装并自己缴纳通话费的电话。

无线寻呼电话用户 指携带小型寻呼机，接收市话用户通过无线寻呼中心，在规定范围内向其发出声音、数字或文字显示信息的用户。目前在邮电部门办理登记手续的无线寻呼电话用户，每一部寻呼机按一户计算。

移动电话用户 指在邮电部门登记，通过移动电话交换机进入移动电话网、占有移动电话号码的电话用户。用户数量以实际办理登记手续进入邮电部门移动电话网的户数进行计算，一部或一台移动电话统计为一户。

6

固定资产投资、建筑业

INVESTMENT IN FIXED ASSETS AND CONSTRUCTION

简要说明：

一、主要内容

1. 固定资产投资包括：全社会范围内的固定资产投资总额、发展速度及构成；基本建设、更新改造投资额及构成情况、资金状况；房地产开发投资情况等。

2. 建筑业包括：全市建筑施工企业生产情况、财务状况及其他主要指标。

二、资料来源

固定资产投资和建筑业资料来源于成都市统计局固定资产投资处有关年报。

6—1 历年全社会固定资产投资

（按经济类型分）

单位：万元

年份	总计	#国有经济	#集体经济	#个体经济	在总计中：住宅
1950	58	58			5
1951	440	440			57
1952	1303	1303			157
1953	3913	3913			512
1954	4395	4395			691
1955	4308	4308			903
1956	11275	11275			2724
1957	16124	16124			2180
1958	22197	22197			1003
1959	47190	47190			2207
1960	62127	62127			2124
1961	18784	18784			1050
1962	10653	10653			604
1963	13547	13547			1276
1964	20305	20305			2161
1965	32112	32112			1731
1966	31220	31220			1036
1967	14482	14482			794
1968	11917	11917			479
1969	14293	14293			827
1970	18540	18540			970
1971	19306	19306			1158
1972	23895	23895			1620
1973	20349	20349			1741
1974	13692	13692			1433
1975	17301	17196	105		1474
1976	16504	16403	101		1180
1977	19668	19468	200		2938

6—1 续表

单位:万元

年 份	总 计	#国有经济	#集体经济	#个体经济	在总计中:住 宅
1978	29391	28334	1057		4738
1979	50706	48851	1855		13022
1980	55744	52022	3722		18516
1981	73229	61295	6800	5134	27456
1982	95271	81874	7100	6297	32273
1983	107318	89160	7723	10435	38566
1984	146399	103594	16667	26138	40609
1985	241874	173565	44316	23993	62835
1986	248741	185426	29631	33684	60259
1987	286695	199733	38558	48404	80648
1988	364892	241474	46717	76701	103857
1989	356684	243455	44230	68999	105130
1990	401156	282024	45853	73279	120688
1991	485147	349698	56475	78794	131234
1992	788038	523473	150423	114142	225462
1993	1413826	757296	340030	126496	380789
1994	1797908	910033	406660	188132	511760
1995	2156272	1081961	550455	217100	672640
1996	2588457	1192478	568105	308000	832200
1997	3100791	1480027	627493	332443	821886

6—2 历年全社会固定资产投资构成

(按经济类型分)

单位:%

年　份	总　计	#国有经济	#集体经济	#个体经济	在总计中:住　宅
1978	100.0	96.4	3.6		16.1
1979	100.0	96.3	3.7		25.7
1980	100.0	93.3	6.7		33.2
1981	100.0	83.7	9.3	7.0	37.5
1982	100.0	85.9	7.5	6.6	33.9
1983	100.0	83.1	7.2	9.7	35.9
1984	100.0	70.8	11.4	17.8	27.7
1985	100.0	71.8	18.3	9.9	26.0
1986	100.0	74.5	11.9	13.6	24.2
1987	100.0	69.7	13.4	16.9	28.1
1988	100.0	66.2	12.8	21.0	28.5
1989	100.0	68.3	12.4	19.3	29.5
1990	100.0	70.3	11.4	18.3	30.1
1991	100.0	72.1	11.6	16.3	27.1
1992	100.0	66.4	19.1	14.5	28.6
1993	100.0	53.6	24.0	8.9	27.0
1994	100.0	50.6	22.6	10.5	28.5
1995	100.0	50.2	25.5	10.1	31.2
1996	100.0	46.1	21.9	11.9	32.2
1997	100.0	47.7	20.2	10.7	26.5

6—3 历年全社会固定资产投资发展速度

（按经济类型分）

单位：%

年份	总计	#国有经济	#集体经济	#个体经济	在总计中：住宅
1978	149.4	145.5	528.5		161.3
1979	172.5	172.4	175.5		274.8
1980	109.9	106.5	200.0		142.2
1981	131.4	117.8	182.7		148.3
1982	130.1	133.6	104.4	122.7	117.5
1983	112.6	108.9	108.8	165.7	119.5
1984	136.4	116.2	215.8	250.5	105.3
1985	165.2	167.5	265.9	91.8	154.7
1986	102.8	106.8	66.9	140.4	95.9
1987	115.3	107.7	130.1	143.7	133.8
1988	127.3	120.9	121.2	158.5	128.8
1989	97.8	100.8	94.7	110.0	101.2
1990	112.5	115.8	103.7	106.2	114.8
1991	120.9	124.0	123.2	107.5	108.7
1992	162.4	149.7	266.3	144.9	171.8
1993	179.4	144.7	226.0	110.8	168.9
1994	127.2	120.2	119.6	148.7	134.4
1995	119.9	118.9	135.4	115.4	131.4
1996	120.0	110.2	103.2	141.9	123.7
1997	119.8	124.1	110.5	107.9	101.2

注：发展速度以上年为基期。

6—4 历年全社会固定资产投资

（按种类和构成分）

单位：万元

年份	总计	按管理渠道分			按构成分		
		#基建投资	#更改投资	#房地产投资	建筑安装工程	设备工器具购置	其他费用
1978	29391	27461			16670	10602	2119
1979	50706	44684	4167		31002	15770	3934
1980	55744	46686	5336		39649	12617	3478
1981	73229	35295	26000		52427	15634	5168
1982	95271	51874	30000		63219	22659	9393
1983	107318	61509	27651		75420	21700	10198
1984	146399	63838	35723		96268	35330	14801
1985	241874	114097	56004		149299	67021	25554
1986	248741	113860	67889		149833	69875	29033
1987	286695	113392	85352		185231	72314	29150
1988	364892	128933	107003		225847	101739	37306
1989	356684	129297	109019		212140	102570	41974
1990	401156	129438	117733	29883	253113	109338	38705
1991	485147	210967	95843	31021	305714	126972	52461
1992	788038	269816	151885	94446	545039	182227	60772
1993	1413826	440521	202886	207310	939120	281104	193602
1994	1797908	614111	308087	337506	1184909	409941	203058
1995	2156272	754208	224222	545376	1482024	369660	304588
1996	2588457	908735	254270	684379	1950825	304328	333304
1997	3100791	1199554	347932	730147	2074831	635973	389987

6—5 历年全社会固定资产投资构成

(按种类和构成分)

单位:%

年 份	按管理渠道分			按构成分		
	#基建投资	#更改投资	#房地产投资	建设安装工程	设备工器具购置	其他费用
1978	93.4			56.7	36.1	7.2
1979	88.1	8.2		61.1	31.1	7.8
1980	83.8	9.6		71.1	22.6	6.3
1981	48.2	35.5		71.6	21.3	7.1
1982	54.4	31.5		66.4	23.8	9.8
1983	57.3	25.8		70.3	20.2	9.5
1984	43.6	24.4		65.8	24.1	10.1
1985	47.2	23.2		61.7	27.7	10.6
1986	45.8	27.3		60.2	28.1	11.7
1987	39.6	29.8		64.6	25.2	10.2
1988	35.3	29.3		61.9	27.9	10.2
1989	36.2	30.6		59.5	28.8	11.7
1990	32.3	29.3	7.4	63.1	27.3	9.6
1991	43.5	19.8	6.4	63.0	26.2	10.8
1992	34.2	19.3	12.0	69.2	23.1	7.7
1993	31.2	14.4	14.7	66.4	19.9	13.7
1994	34.2	17.1	18.8	65.9	22.8	11.3
1995	35.0	10.4	25.3	68.7	17.1	14.2
1996	35.1	9.8	26.4	75.4	11.8	12.8
1997	38.7	11.2	23.5	67.3	20.1	12.6

6—6 历年全社会固定资产投资发展速度

（按种类分）

单位：%

年 份	总 计	#基建投资	#更改投资	#房地产投资
1978	149.4	141.1		
1979	172.5	162.7		
1980	109.9	104.5	128.1	
1981	131.4	75.6	487.3	
1982	130.1	147.0	115.4	
1983	112.6	118.6	92.0	
1984	136.4	103.9	129.2	
1985	165.2	178.7	156.8	
1986	102.8	99.8	121.2	
1987	115.3	99.6	125.7	
1988	127.3	113.7	125.4	
1989	97.7	100.3	101.9	
1990	112.5	100.1	108.0	
1991	120.9	163.0	118.6	103.8
1992	162.4	127.9	158.5	304.5
1993	179.4	163.3	133.6	219.5
1994	127.2	139.4	151.8	162.8
1995	120.0	122.8	72.8	161.6
1996	120.0	120.5	113.4	125.5
1997	119.8	132.0	136.8	106.7

注：发展速度以上年为基期。

6—7 历年全社会固定资产投资效果主要指标

年 份	施工项目（个）	全部建成投产项目（个）	建设项目投产率（%）	新增固定资产（万元）	固定资产交付使用率（%）	房屋面积竣工率（%）	住宅面积竣工率（%）
1978	693	171	24.6	29345	99.8	52.6	56.9
1979	1067	323	30.3	38966	76.8	49.4	50.7
1980	1228	535	43.6	49430	88.7	53.9	53.0
1981	1289	548	42.5	64474	87.8	68.1	70.1
1982	1633	750	45.9	71030	74.6	66.4	69.3
1983	2427	1482	61.1	82754	77.1	76.2	83.5
1984	1708	863	50.5	116641	79.7	76.7	86.8
1985	2386	1290	54.1	170909	70.7	72.1	79.7
1986	1861	929	49.9	201450	80.9	74.2	82.9
1987	1940	788	40.6	217055	75.7	71.8	80.9
1988	1855	881	47.5	271395	74.4	74.7	85.6
1989	1328	640	48.2	268313	75.2	76.2	86.8
1990	1654	736	44.5	330572	82.4	73.8	78.3
1991	2476	1431	57.8	383200	78.9	73.9	79.3
1992	3822	2089	54.7	519400	65.9	58.8	66.7
1993	4493	2639	58.7	836800	59.2	57.5	63.8
1994	3516	2305	65.6	1230700	68.5	58.1	67.2
1995	3553	2438	68.6	1379900	63.9	52.8	63.5
1996	3161	2156	68.2	1768600	68.3	59.1	68.9
1997	2948	1937	65.7	2289851	73.8	60.9	72.2

6—8 历年国有经济单位固定资产投资

单位：万元

年　份	总　计	在总计中： #基建投资	#更改投资	#房地产投资
1978	28334	27461		
1979	48851	44684	4167	
1980	52022	46686	5336	
1981	61295	35295	26000	
1982	81874	51874	30000	
1983	89160	61509	27651	
1984	103594	63838	35723	
1985	173565	114097	56004	
1986	185426	113860	67889	
1987	199733	113392	85352	
1988	241474	128933	107003	
1989	243455	129297	109019	
1990	282024	129438	117733	29883
1991	349698	210967	95843	31021
1992	523473	269816	151885	94446
1993	757296	440521	202886	106647
1994	910033	507497	270687	125555
1995	1081961	673204	211501	191869
1996	1192478	764703	189582	231519
1997	1480027	1043977	273403	162647

6—8 续表

单位:万元

年 份	在总计中: #新 建	#改扩建	#单纯购置	在总计中: 住 宅
1978	4744	11633	1171	4706
1979	12627	20886	1290	12895
1980	11632	19787	829	18198
1981	5346	28878	4130	21722
1982	7529	42486	5616	26020
1983	9971	36798	4482	28034
1984	17103	35616	5515	22963
1985	37128	66589	8170	38995
1986	46252	79137	9108	32100
1987	38160	82715	2929	36557
1988	46515	79758	4095	35276
1989	34151	89447	17149	42230
1990	40353	189294	2591	52012
1991	62442	233107	4600	60897
1992	62022	303292	10488	128486
1993	89725	438765	15173	195111
1994	107822	527258	18233	209795
1995	128192	626871	21678	304617
1996	418588	647987	51965	324655
1997	524860	540954	193589	253833

6—9 历年国有经济单位固定资产投资效果主要指标

年 份	施工项目（个）	全部建成投产项目（个）	建设项目投产率（%）	新增固定资产（万元）	固定资产交付使用率（%）	房屋面积竣工率（%）	住宅面积竣工率（%）
1978	667	158	23.7	28365	100.1	49.0	53.2
1979	1026	314	30.6	37637	77.0	48.9	50.6
1980	1135	484	42.6	45634	87.7	50.2	52.2
1981	1202	513	42.7	51242	83.6	53.6	50.8
1982	1541	710	46.1	57503	70.2	49.0	49.7
1983	2234	1356	60.7	65508	73.5	57.1	66.5
1984	1405	671	47.8	78120	75.4	49.2	60.7
1985	1969	1009	51.2	108007	62.2	46.9	52.8
1986	1532	792	51.7	141620	76.4	48.1	56.5
1987	1647	742	45.1	137999	69.1	43.1	44.4
1988	1855	881	47.5	157657	65.3	41.6	69.4
1989	1328	640	48.2	173883	71.4	46.2	54.2
1990	1488	685	46.0	202219	80.2	43.5	46.6
1991	1553	723	46.6	226324	71.0	44.8	47.1
1992	1397	542	38.8	331491	63.3	31.0	30.2
1993	1672	477	28.5	416878	55.0	39.1	40.7
1994	1070	424	39.6	656545	72.1	40.1	43.2
1995	990	437	49.1	714788	66.1	41.0	45.8
1996	1057	533	50.4	894062	75.0	44.4	54.8
1997	940	393	41.8	1147845	77.6	45.5	54.3

6—10 历 年 基 本

年 份	总 计	按隶属关系分		按建设性质分	
		中央、省	市及市以下	#新 建	#改扩建
1978	27461	19578	7883	4744	21546
1979	44684	28383	16301	12481	31208
1980	46686	30983	15703	11444	34763
1981	35295	23534	11761	4306	28059
1982	51874	31635	20239	6329	41229
1983	61509	42623	18886	8657	41697
1984	63838	47704	16134	15820	37500
1985	114097	82087	32010	35112	60392
1986	113860	79102	34758	45402	51887
1987	113392	81138	32254	37546	65670
1988	128933	84121	44812	45711	76120
1989	129297	85020	44277	33879	72925
1990	129438	76721	52717	38398	71553
1991	210967	130035	80932	60168	120590
1992	269816	127368	142448	58383	159132
1993	440521	184218	256303	112791	254247
1994	614111	290406	323705	210700	288804
1995	754208	337648	416560	249075	372410
1996	908735	332456	576279	290734	509662
1997	1199554	517783	681771	309353	723236

建 设 投 资 情 况

单位：万元

#单纯购置	按构成分			在总计中：住宅
	建筑安装工程	设备工器具购置	其他费用	
1171	15089	10326	2046	4351
995	29169	12064	3451	12660
479	35929	7897	2860	17939
2930	30432	2544	2319	17722
4316	37923	7841	6110	22020
2182	46179	8333	6997	24348
2147	42251	10889	10698	18773
2562	75473	21366	17258	34064
2780	72608	19429	21823	26042
164	82642	14692	16058	27668
1199	83886	26583	18464	25357
14785	77562	22858	28877	35172
455	90306	21836	17296	22748
132	127167	58328	25472	28875
351	177072	45527	47217	46936
256	339660	48538	52323	89869
180	454877	97128	62106	102803
409	568007	77349	108852	172543
2360	649348	113503	145884	148599
80149	843668	205701	150185	143795

6—11 历 年 基 本 建

年 份	总 计	按隶属关系分		按建设性质分	
		中央、省	市及市以下	#新 建	#改扩建
1978	100	71.3	28.7	17.3	78.5
1979	100	63.5	36.5	27.9	69.8
1980	100	66.4	33.6	24.5	74.5
1981	100	66.7	33.3	12.2	79.5
1982	100	61.0	39.0	12.2	79.5
1983	100	69.3	30.7	14.1	67.8
1984	100	74.7	25.3	24.8	58.7
1985	100	71.9	28.1	30.8	52.9
1986	100	69.5	30.5	39.9	45.6
1987	100	71.6	28.4	33.1	57.9
1988	100	65.2	34.8	35.5	59.0
1989	100	65.8	34.2	26.2	56.4
1990	100	59.3	40.7	29.7	54.8
1991	100	61.6	38.4	28.5	57.2
1992	100	47.2	52.8	21.6	59.0
1993	100	41.8	58.2	25.6	57.7
1994	100	47.3	52.7	34.3	47.0
1995	100	44.8	55.2	33.0	49.4
1996	100	36.6	63.4	32.0	56.1
1997	100	43.2	56.8	25.8	60.3

设 投 资 构 成

单位:%

#单纯购置	按构成分			在总计中:住　宅
	建筑安装工程	设备工器具购置	其他费用	
4.2	54.9	37.6	7.5	15.8
2.3	65.3	27.0	7.7	28.3
1.0	77.0	16.9	6.1	38.4
8.3	86.2	7.2	6.6	50.2
8.3	73.1	15.1	11.8	42.4
3.5	75.1	13.5	11.4	39.6
3.4	66.2	17.0	16.8	29.4
2.2	66.1	18.7	15.2	29.9
2.4	63.8	17.0	19.2	22.9
0.1	72.9	13.0	14.1	24.4
0.9	65.1	20.6	14.3	19.7
11.4	60.0	17.7	22.3	27.2
0.3	69.8	16.9	13.3	17.6
0.1	60.3	27.6	12.1	13.7
0.1	65.6	16.9	17.5	17.4
0.1	77.1	11.0	11.9	20.4
	74.1	15.8	10.1	16.7
0.5	75.3	10.3	14.4	22.9
0.3	71.5	12.5	16.0	16.4
6.7	70.3	17.2	12.5	12.0

6—12 历年基本建设投资资金来源

单位:万元

年份	总计	#国家预算内资金	#国内贷款	#利用外资	#自筹资金	#其他资金
1978	27461	20572			6889	
1979	44684	29140	46		15498	
1980	46686	22743	1464	32	22447	
1981	35295	14847	2116	28	18304	
1982	51874	16927	1741	4801	25729	2676
1983	61509	24587	2365	4036	29509	1012
1984	63838	29975	4678	283	25146	3736
1985	114097	49848	13065		44623	6561
1986	113860	42582	17577		42039	11497
1987	114213	45279	13916		47469	7549
1988	131160	35119	25348	177	56852	6264
1989	141196	29352	23931	11743	60482	12163
1990	153562	28054	25080	30233	60674	4519
1991	284734	42430	48183	26860	95996	5710
1992	274872	48738	86710	1993	128219	9212
1993	443309	54743	112848	2190	227407	31194
1994	572310	55648	132642	24528	298296	52548
1995	749469	52162	164330	52768	370592	100367
1996	904586	47601	113683	45759	582707	102652
1997	1027699	50663	141203	34899	676260	119272

6—13 历年基本建设投资资金来源构成

单位：%

年份	总计	#国家预算内资金	#国内贷款	#利用外资	#自筹资金	#其他资金
1978	100	74.9			25.1	
1979	100	65.2			34.7	
1980	100	48.7	3.1		48.1	
1981	100	42.1	6.0		51.9	
1982	100	32.6	3.4	9.3	49.6	5.1
1983	100	40.0	3.8	6.5	48.0	1.6
1984	100	47.0	7.3	0.4	39.4	5.9
1985	100	43.7	11.5		39.0	5.8
1986	100	37.4	15.4		36.9	10.1
1987	100	39.6	12.2		41.6	6.6
1988	100	26.8	19.3	0.1	43.3	4.8
1989	100	20.8	16.9	8.3	42.8	8.6
1990	100	18.3	16.3	19.7	39.5	2.9
1991	100	14.9	16.9	9.4	33.7	2.0
1992	100	17.7	31.5	0.7	46.6	3.4
1993	100	12.3	25.5	0.5	51.3	7.0
1994	100	9.7	23.2	4.3	52.1	9.2
1995	100	7.0	21.9	7.0	49.4	13.4
1996	100	5.3	12.6	5.1	64.4	11.3
1997	100	4.9	13.7	3.4	65.8	11.6

6—14 历年基本建设经济效益主要指标

年 份	项目竣工率（%）	施工项目（个）	固定资产交付使用率（%）	新增固定资产（万元）	房屋竣工率（%）	竣工房屋面积（万平方米）	住宅竣工率（%）	住宅竣工房屋面积（万平方米）
1978	23.7	667	120.0	28011	48.5	89.21	52.5	43.03
1979	26.2	736	79.7	35616	49.4	167.41	50.6	103.76
1980	33.1	845	90.7	42357	49.9	211.69	51.8	136.38
1981	38.0	923	88.5	31242	54.1	191.81	51.9	132.61
1982	42.3	1025	72.3	37503	47.4	212.00	48.1	156.72
1983	66.4	1033	74.9	46080	58.9	250.47	67.4	184.28
1984	44.3	774	69.5	44383	49.5	196.00	59.1	127.00
1985	48.5	968	58.8	67123	42.1	242.00	49.9	160.31
1986	57.8	809	74.2	84432	47.4	244.81	57.2	148.07
1987	46.2	741	68.2	77360	41.8	226.24	43.6	102.07
1988	44.1	743	65.3	84223	39.5	197.10	49.8	99.28
1989	50.7	745	81.9	105947	44.0	182.50	55.1	97.30
1990	42.5	857	78.6	101676	41.0	184.32	44.7	86.69
1991	47.7	938	69.4	146446	42.8	184.72	46.8	90.58
1992	36.5	792	78.9	212823	32.7	198.65	34.4	93.22
1993	40.6	793	53.1	233711	38.5	263.61	43.1	143.32
1994	39.3	781	68.6	421005	38.5	314.20	44.6	164.64
1995	39.8	788	61.9	466833	39.1	339.37	48.0	196.21
1996	44.1	833	68.3	620177	41.1	362.72	55.8	206.82
1997	36.6	747	75.4	904700	39.0	315.04	52.5	174.36

6—15 分行业基本建设投资完成情况

单位:万元

	1978年	1980年	1990年	1995年	1996年	1997年
总　　计	**27461**	**46686**	**129438**	**754208**	**908735**	**1199554**
农、林、牧、渔业	1524	1180	332	1924	2711	2297
采掘业	106	45	688	2059	363	
制造业	14505	17723	39636	157848	162548	144003
电力、煤气及自来水生产和供应业	37	843	18041	65238	84531	70526
#电　力	37	843	14706	35874	47081	36792
建筑业	1553	3027	2562	8843	11832	15155
地质勘查业、水利管理业	1256	2297	1966	4885	5212	6912
#水利管理业	378	408	1610	1518	2710	3942
交通运输、仓储及邮电通信业	1631	1474	4468	81202	122760	309121
#邮电通信业	230	380	2761	19696	12369	18881
交通运输业	1401	1094	1707	61506	109726	289540
批发和零售贸易、餐饮业	1275	3971	8563	53389	51955	34129
金融、保险业	30	164	905	46047	44864	41607
房地产业			2698	18024	26074	17767
社会服务业	1196	2618	7272	120252	200571	235440
卫生、体育和社会福利业	918	1511	5486	7815	9992	19901
教育、文化、艺术和广播电影电视业	1462	3954	20390	65051	92855	88343
科学研究和综合技术服务业	888	2697	8502	24192	22803	43964
国家机关、政党机关和社会团体	1080	5182	6608	83016	63987	87871
其他行业			1321	14423	5677	82518

6—16 历 年 更 新 改

年 份	总 计	按隶属关系分		按用途分	
		中央、省	市及以下	#增 产	#节 能
1978					
1979	4167		4167	1555	16
1980	5336		5336	2742	23
1981	26000	13000	13000	8800	1200
1982	30000	14700	15300	10120	1380
1983	27651	14123	13528	9240	1260
1984	35723	15865	19858	11884	1707
1985	56004	20786	35218	14029	2493
1986	67889	23475	44414	20956	3612
1987	85352	34418	50934	25084	3203
1988	107003	24961	82042	31792	3729
1989	109019	34151	74868	45711	17425
1990	117733	25595	92138	31428	9505
1991	95843	27247	68596	34108	2959
1992	151885	43220	108665	50070	3611
1993	202886	43677	159209	72799	5206
1994	308087	172056	136031	118724	3785
1995	224222	103032	121190	116147	6801
1996	254270	71119	183151	146894	8707
1997	347932	95523	252409	252378	2549

造　投　资　情　况

单位:万元

#增加品种	#提高质量	按构成分		
		建筑安装工程	设备工器具购置	其他费用
326	280	583	3117	467
	391	1238	3500	598
2000	1600	13000	10400	2600
2300	1840	15000	12000	3000
2100	1680	13850	11080	2721
2585	2269	17900	14878	2945
7216	3932	23286	25376	7342
11865	4927	27658	35152	5079
12398	6978	36733	37388	11231
18948	9471	45953	45344	15706
8636	7504	41919	58060	9040
39599	10722	41122	66058	10553
21222	7446	40551	46000	9292
43144	25749	53672	81679	16534
40318	14235	90506	98234	14146
40792	54966	97124	190099	20864
34092	9639	72491	135272	16459
36551	11174	74821	148709	30740
24226	12954	100919	222942	24071

6—17 历年更新改

年份	总计	按隶属关系		按用途分	
		中央、省	市及以下	#增产	#节能
1978	100				
1979	100		100	37.3	0.4
1980	100		100	51.4	0.4
1981	100	50.0	50.0	33.8	4.6
1982	100	49.0	51.0	33.7	4.6
1983	100	51.1	48.9	33.4	4.6
1984	100	44.3	55.7	33.3	4.7
1985	100	37.1	62.9	25.0	4.5
1986	100	34.6	65.4	30.9	5.3
1987	100	40.3	59.7	29.4	3.8
1988	100	23.3	76.7	29.7	3.5
1989	100	31.3	68.7	41.9	15.9
1990	100	21.7	78.3	26.7	8.1
1991	100	28.5	71.5	35.6	3.1
1992	100	28.5	71.5	32.9	2.4
1993	100	21.5	78.5	35.9	2.5
1994	100	55.8	44.2	38.5	1.2
1995	100	46.0	54.0	51.8	3.0
1996	100	28.0	72.0	57.8	3.4
1997	100	27.5	72.5	59.5	0.7

造　投　资　构　成

单位：%

		按构成分		
#增加品种	#提高质量	建筑安装工程	设备工器具购置	其他费用
7.8	6.7	14.0	74.8	11.2
	7.3	23.2	65.6	11.2
7.7	6.1	50.0	40.0	10.0
7.7	6.1	50.0	40.0	10.0
7.6	6.1	50.1	40.1	9.8
7.2	6.4	50.1	41.6	8.3
12.9	7.0	41.6	45.3	13.1
17.5	7.3	40.7	51.8	7.5
14.5	8.2	43.0	43.8	13.2
17.7	8.8	42.9	42.4	14.7
7.9	6.9	38.5	53.3	8.2
33.6	9.1	34.9	56.1	9.0
22.1	7.8	42.3	47.9	9.8
28.4	16.9	35.3	53.8	10.9
19.9	7.0	44.6	48.4	7.0
13.2	17.8	31.5	61.7	6.8
15.2	4.2	32.3	60.3	77.4
14.4	4.4	29.4	58.5	12.1
6.9	3.7	29.0	64.1	6.9

6—18 历年更新改造投资资金来源情况

单位:万元

年份	总计	#国家预算内资金	#国内贷款	#利用外资	#自筹资金	#其他资金
1978						
1979	4167	612	624		2733	198
1980	5336	500	2000		2836	
1981	26000	2000	5000		17480	1520
1982	30000	2000	7000	300	18837	1863
1983	27651	1890	6495		18946	320
1984	35723	3016	10076	410	20833	1388
1985	56004	4003	15939	177	32655	3230
1986	67889	4073	24448	234	35282	3852
1987	87950	5271	29923	1601	44498	5238
1988	109334	3812	32137	3236	58954	11195
1989	98853	1085	30569	12716	50475	4008
1990	132356	841	54677	12023	61650	3165
1991	130875	678	59296	9620	57847	3434
1992	159697	2769	76969	3571	72176	4212
1993	206824	663	75125	589	112834	16129
1994	295427	2943	93976	25927	153916	18315
1995	224227	980	57365	18437	127089	20356
1996	282475	408	71125	19158	175668	16116
1997	363442	290	80797	26166	236442	17191

6—19 历年更新改造投资资金来源构成

单位:%

年份	总计	#国家预算内资金	#国内贷款	#利用外资	#自筹资金	#其他资金
1978	100					
1979	100	14.7	14.9		65.6	4.8
1980	100	9.4	37.5		53.1	
1981	100	7.7	19.2		67.3	5.8
1982	100	6.7	23.3	1.0	62.8	6.2
1983	100	6.8	23.5		68.5	1.2
1984	100	8.4	28.2	1.1	58.4	3.9
1985	100	7.1	28.5	0.3	58.3	5.8
1986	100	6.0	36.0	0.3	51.9	5.7
1987	100	6.0	34.0	1.8	50.6	6.0
1988	100	3.5	29.4	3.0	53.9	10.2
1989	100	1.1	30.9	12.8	51.1	4.1
1990	100	0.6	41.3	9.1	46.6	2.4
1991	100	0.5	45.3	7.4	44.2	2.6
1992	100	1.7	48.2	2.2	45.3	2.6
1993	100	0.3	36.3	0.3	54.6	7.8
1994	100	1.0	31.8	8.8	52.1	6.3
1995	100	0.4	25.6	8.2	56.7	9.1
1996	100	0.1	25.2	6.8	62.2	5.7
1997	100	0.1	22.2	7.2	65.1	4.7

6—20 分行业更新改造投资完成情况

单位:万元

	1980年	1990年	1995年	1996年	1997年
总　　计	**5336**	**117733**	**224222**	**254270**	**347932**
农、林、牧、渔业	24	106			
采掘业		962		151	96
制造业	4215	90612	124571	112698	154932
电力、煤气及水生产和供应业		4893	26930	51186	79538
#电　力		3104	24553	46715	70429
建筑业		1470	8008	4826	9925
地质勘查业、水利管理业		78	103		
#水利管理业					
交通运输、仓储及邮电通信业		3774	46890	56302	88989
#邮电通信业		1831	42234	46779	75130
交通运输业		1943	4656	9523	13159
批发和零售贸易、餐饮业	360	861	1544	17044	592
金融、保险业		60	432		
房地产业		502	3198	1577	1871
社会服务业	379	13023	10354	3034	11339
卫生、体育和社会福利业	100		585	2529	
教育、文化、艺术和广播电影电视业	258	60	62	2737	60
科学研究和综合技术服务业		1033	1433	2136	590
国家机关、政党机关和社会团体		177	112	50	
其他行业		122			

6—21 历年市及市以下固定资产投资情况

单位：万元

年份	总　计	在总计中：			在总计中：			在总计中：住宅投资
		#国有经济	#集体经济	#个体经济	#基建投资	#更改投资	#房地产投资	
1978	9813	8756	1057		7883			1600
1979	22323	20468	1855		16301	4167		6455
1980	24761	21039	3722		15703	5336		6895
1981	38746	24761	6800	5134	11761	13000		8179
1982	50100	35539	7100	6297	20239	15300		12635
1983	51823	32414	7723	10435	18886	13528		10933
1984	82830	40025	16667	26138	16134	19858		10124
1985	142377	70672	44316	23993	32010	35218		19843
1986	154182	82849	29631	33684	34758	44414		16141
1987	181954	84177	38558	48404	32254	50934		16504
1988	263637	131235	46286	76701	44812	82042		18059
1989	247025	120828	44230	68999	44277	74868		22365
1990	289200	170113	45767	73279	52717	92138	24403	37041
1991	241935	185609	56326	78794	80932	68595	25272	42781
1992	637847	340589	150223	114142	142448	108665	84830	194332
1993	1017088	542521	325551	126496	284568	160845	107523	260734
1994	1240816	507611	399651	188132	305543	136031	268622	408201
1995	1680532	643704	542426	217100	416560	122801	509766	584518
1996	1943400	747600	545813	308000	576300	183200	649700	765500
1997	2424949	852287	592978	324055	681771	252409	683755	712747

6—22 历年全社会房屋建筑情况

单位:万平方米

年　份	施工面积	# 住宅	# 市区	竣工面积	# 住宅	# 市区
1978	192.63	83.61		101.35	47.54	
1979	362.77	212.07		179.27	107.54	
1980	448.85	275.03		242.15	145.77	
1981	647.35	498.82		440.98	349.49	
1982	827.20	607.12		548.85	421.02	
1983	982.43	649.33		748.67	542.22	
1984	1143.56	730.29		877.53	634.37	
1985	1375.25	860.68		990.97	686.02	
1986	1331.19	800.09		988.15	663.62	
1987	1490.86	911.27		1070.43	737.40	
1988	1503.38	998.10		1123.70	846.20	
1989	1305.19	870.37		994.42	755.68	
1990	1430.50	1031.50		1056.22	807.44	
1991	1436.46	993.20		1061.68	788.02	
1992	1717.90	1180.60		1010.14	787.97	
1993	2348.62	1262.79		1350.48	806.04	
1994	2936.40	1572.49		1706.14	1056.89	
1995	3177.41	1682.58		1677.18	1068.87	
1996	3274.28	1916.11	877.60	1936.29	1320.17	427.80
1997	3177.66	1950.47	918.00	1937.89	1408.19	455.40

注:市区资料未含农村集体、农村私人数据。

6—23 全社会固定资产投资主要指标

（1997年）

	单 位	合 计	#国有经济	#基本建设	#更新改造	#房地产开发
建设项目个数						
施工项目	个	2948	940	667	273	
#大中型项目	个	16	16	16		
限额以上项目	个	8	8		8	
全部建成投产项目	个	1937	393	245	148	
#大中型项目	个					
限额以上项目	个		1		1	
建成项目投产率	%	65.7	41.8	36.7	54.2	
投资完成额	**万元**	**3100791**	**1480027**	**1043977**	**273403**	**162647**
按构成分						
建筑工程	万元	1912567	882760	707914	61687	113159
安装工程	万元	162264	76680	50884	19579	6217
设备、工具、器具购置	万元	635973	329900	157219	172617	64
其他费用	万元	389987	190687	127960	19520	43207
按工程用途分						
#农林牧渔业用	万元	2190	2190	2190		
工业、建筑业用	万元	399886	233789	77853	155936	
商业、运输邮电业用	万元	442004	193989	105085	88904	
住 宅	万元	821886	253833	138472	6618	108743
本年新增固定资产	**万元**	**2289851**	**1147845**	**817570**	**196258**	**134017**
固定资产交付使用率	%	73.8	77.6	73.2	71.8	82.4
年末未完工程累计投资	**万元**	**2103892**	**1046973**	**803772**	**138718**	**104483**
未完工程占用率	%	51.8	45.4	48.6	38.2	36.4
房屋建筑面积						
施工面积	万平方米	3177.66	1021.10	698.80	38.50	283.80
#住 宅	万平方米	1950.47	579.40	319.10	18.21	242.09
竣工面积	万平方米	1937.89	465.00	281.40	26.10	157.50
#住 宅	万平方米	1408.09	314.90	163.20	12.20	139.50
房屋竣工率	%	60.9	45.5	40.3	67.8	55.5
#住 宅	%	72.2	54.3	51.1	67.0	57.6

6—24 分行业全社会固定资产投资

(1997 年)

单位:万元

	投资完成额	#基本建设	#更新改造	#房地产开发	#城镇集体	#农村集体
总计	**3100791**	**1199554**	**347932**	**730147**	**43353**	**455750**
农、林、牧、渔业	5259	2297				2962
采掘业	6124		96			6028
制造业	663999	144003	154932		6699	358365
电力、煤气及水生产和供应业	155793	70526	79538		120	5609
#电力	121481	45513	70429			5539
建筑业	35394	15155	9925		919	9395
地质勘查业、水利管理业	8071	6912				1159
#水利管理业	5101	3942				1159
交通运输、仓储及邮电通信业	402534	309121	88989		70	4354
#邮电通信业	94011	18881	75130			
交通运输业	308453	290240	13859			4354
批发和零售贸易、餐饮业	84188	34129	592		27238	22229
金融、保险业	42569	41607			962	
房地产业	35723	17767	1871		2010	14075
社会服务业	260492	235440	11339		852	12861
卫生、体育和社会福利业	24589	19901			4088	600
教育、文化、艺术和广播电影电视业	88693	88343	60			290
科学研究和综合技术服务业	44554	43964	590			
国家机关、政党机关和社会团体	88171	87871			300	
其他行业	100436	82518			95	17823

注:房地产开发投资完成额未按行业分类汇总。

6—25 基本建设施工项目个数和投资完成额

	1996年		1997年	
	施工项目（个）	投资完成额（万元）	施工项目（个）	投资完成额（万元）
总　　计	**833**	**908735**	**747**	**1199554**
按隶属关系分				
中　央	113	180821	105	202996
省　属	97	151635	88	314787
市　属	133	321931	119	410363
县　属	439	165721	388	190057
其　他	51	88627	47	81351
按建设性质分				
新　建	204	290734	172	309353
扩　建	310	472380	285	605945
改　建	102	37282	104	117291
单纯建造生活设施	187	52977	169	53835
迁　建	30	53002	16	32402
单纯购置		2360		80149
按项目规模分				
大中型	16	173205	12	118738
小　型	817	733170	735	1000667
按国民经济行业分				
农、林、牧、渔业	10	2711	11	2297
采掘业	3	363		
制造业	98	162548	92	144003
电力、煤气及自来水生产和供应业	40	84531	36	70526
建筑业	28	11832	21	15155
地质勘查业、水利管理业	26	5212	18	6912
交通运输、仓储及邮电通讯业	55	122760	55	309121
批发和零售贸易、餐饮业	72	51955	59	34129
金融、保险业	37	44864	30	41607
房地产业	29	26074	16	17767
社会服务业	63	200571	86	235440
卫生、体育和社会福利业	47	9992	48	19901
教育、文化、艺术及广播电影电视业	105	92855	96	88343
科学研究和综合技术服务业	19	22803	17	43964
国家机关、政党机关和社会团体	196	63987	159	87871
其他行业	5	5677	3	82518

6—26 更新改造施工项目个数和投资完成额

	1996年		1997年	
	施工项目（个）	投资完成额（万元）	施工项目（个）	投资完成额（万元）
总　　计	**345**	**254270**	**347**	**347932**
按隶属关系分				
中　央	80	62389	91	45018
省　属	11	8730	25	50505
市　属	129	115407	139	169052
县　属	103	16117	42	37830
其　他	22	51627	50	45527
按建设性质分				
新　建	11	50128	11	9572
扩　建	131	93481	136	193685
改　建	197	85030	185	101717
单纯建造生活设施	2	1458	13	20172
迁　建	4	740	2	4099
单纯购置		23433		18687
按项目规模分				
#更改限额以上	8	49474	7	79655
按国民经济行业分				
农、林、牧、渔业				
采掘业	3	151		96
制造业	175	112698	159	154932
电力、煤气及自来水生产和供应业	39	51186	33	79538
建筑业		4826	60	9925
地质勘查业、水利管理业				
交通运输、仓储及邮电通讯业	48	56302	73	88989
批发零售贸易、餐饮业	6	17044	3	592
金融、保险业				
房地产业	5	1577	1	1871
社会服务业	6	3034	9	11339
卫生、体育和社会福利业	2	2529		
教育、文化、艺术及广播电影电视业	50	2737	1	60
科学研究和综合技术服务业	10	2136	8	590
国家、政党机关和社会团体	1	50		
其他行业				

6—27 房地产开发主要指标

	单 位	1990年	1995年	1996年	1997年
本年投资完成额	万元	29883	545376	684379	730147
建筑安装	万元	20726	375634	497252	511129
设备工具器具购置	万元	18	8660	36277	36188
其他费用	万元	9139	161082	150850	182830
#土地购置费	万元				57437
本年新增固定资产	万元	16543	212255	451813	540428
房屋施工面积	万平方米	113.00	881.50	1046.52	1103.85
#住 宅	万平方米	94.70	630.20	730.13	726.52
房屋竣工面积	万平方米	42.10	288.30	372.10	454.59
#住 宅	万平方米	34.20	235.40	314.45	359.90
商品房销售额	万元		204167	324788	441953
#住宅	万元		165370	272554	352990
商品房销售面积	万平方米	29.30	128.39	231.09	292.42
#住宅	万平方米		116.63	208.43	262.55
竣工房屋住宅套数	套		31526	43476	36361

6—28 房地产开发投资完成额

	单 位	1995年	1996年	1997年
房地产开发投资完成额	**万元**	**545376**	**684379**	**730147**
按工程用途分				
#住 宅	万元	319019	372952	349139
#别墅、公寓	万元	21400	13584	27882
安居工程	万元	20511	74394	56747
办公楼	万元	83278	85346	67504
商业营业用房	万元	85075	142558	177483
按隶属关系分				
中 央	万元	3010	910	4068
省 属	万元	32600	33692	42107
市 属	万元	156919	293524	252927
县 属	万元	154884	119704	122100
乡 属	万元	27582	36477	44910
其 他	万元	170381	200072	264035

6—29 房地产开发销售情况

	单　位	1995年	1996年	1997年
商品房实际销售面积	**万平方米**	**128.39**	**231.09**	**292.42**
#个　人	万平方米	55.04	148.40	187.71
按用途分				
住　宅	万平方米	116.63	208.43	262.55
#个　人	万平方米	50.16	143.96	180.64
#别墅、高档公寓	万平方米	5.35	2.97	11.00
安居工程	万平方米	10.28	69.87	76.01
办公楼	万平方米	4.87	5.78	10.95
商业营业用房	万平方米	6.73	16.26	17.12
其　他	万平方米	0.16	0.62	1.80
商品房实际销售额	**万元**	**204167**	**324788**	**441953**
#个　人	万元	71801	178082	242820
按用途分				
住　宅	万元	165370	272554	352990
#个　人	万元	63678	165415	222855
#别墅、高档公寓	万元	12058	8828	33414
安居工程	万元	10921	74064	68638
办公楼	万元	11706	20962	33114
商业营业用房	万元	26348	30139	54367
其　他	万元	743	1133	1482
商品房空置面积	**万平方米**	**98.52**	**105.36**	**170.87**
按用途分				
住　宅	万平方米	79.23	82.42	122.37
#别墅、高档公寓	万平方米	4.87	4.77	17.20
安居工程	万平方米	2.57	3.18	4.21
办公楼	万平方米	7.08	12.14	24.94
商业营业用房	万平方米	11.34	8.70	17.81
其　他	万平方米	0.87	2.10	5.75

6—30 房地产土地开发情况

(1997 年)　　单位:万平方米

	总计	国有	集体	其他经济
本年完成开发土地面积	129.79	63.27	20.42	46.10
正在开发的土地面积	203.36	37.37	14.53	151.46
待开发土地面积	245.27	158.15	8.52	78.60
本年购置土地面积	232.04	143.27	30.47	58.30
#直接从国家购置	101.02	72.30	5.40	23.32
本年转让土地面积	58.52	33.32	5.86	19.34
本年新开工土地开发面积	13.94	2.45	1.16	10.33

6—30 续表　　单位:万平方米

	按资质等级分				
	一级	二级	三级	四级	五级及其他
本年完成开发土地面积	41.13	14.67	50.06	6.37	17.56
正在开发的土地面积	26.79	8.35	20.98	145.86	1.38
待开发土地面积	57.49	6.32	95.01	31.21	55.24
本年购置土地面积	62.16	67.53	51.70	11.64	39.01
#直接从国家购置	62.16	16.33	18.22	4.31	
本年转让土地面积	34.08	7.51	15.98	0.95	
本年新开工土地开发面积	1.50		12.02	0.42	

6—31 房地产开发资金来源情况

(1997年)

单位:万元

	总　计	国　有	集　体	其他经济
本年资金来源合计	**1152947**	**358964**	**169998**	**623985**
上年末结余资金	**179333**	**62443**	**25500**	**91390**
本年资金来源小计	**973614**	**296521**	**144498**	**532595**
国内贷款	255653	84050	25273	146330
债　券	8278	1928	50	6300
利用外资	41694	3300		38394
#外商直接投资	38394			38394
自筹资金	264529	71042	46635	146852
#自有资金	121365	24420	20009	76936
其他资金来源	403460	136201	72540	194719
#集　资	12817	1825	754	10238
定金及预收款	299650	109212	69389	121049
本年各项应付款合计	**209695**	**76391**	**31816**	**101488**
#工程款	95461	39370	23387	32704
设备器材款	24754	210	1176	23368

6—31 续表

单位:万元

	按资质等级分				
	一级	二级	三级	四级	五级及其他
本年资金来源合计	**149484**	**202823**	**467339**	**61154**	**272147**
上年末结余资金	**49698**	**21229**	**66930**	**16653**	**24823**
本年资金来源小计	**99786**	**181594**	**400409**	**44501**	**247324**
国内贷款	22509	58883	89514	14033	70714
债 券	3411	1517	350		3000
利用外资		7623	14332	1670	18069
#外商直接投资		7623	11032	1670	18069
自筹资金	11821	43621	95021	20192	93874
#自有资金	10027	20825	41237	11983	37293
其他资金来源	62045	69950	201192	8606	61667
#集 资	125	329	8447	886	3030
定金及预收款	45127	65853	149928	5837	32905
本年各项应付款合计	**14629**	**43644**	**93408**	**8248**	**49766**
#工程款	3968	10839	45122	3110	32422
设备器材款	10	1763	19810	1488	1683

6—32 市区房地产开发情况

(1997 年)

	单　位	市区合计	#锦江区	#青羊区	#金牛区	#武侯区	#成华区
本年完成投资	万元	681479	117071	281901	142661	83151	35613
#住　宅	万元	326245	44483	155595	44920	47011	15315
#普通住宅	万元	242586	35467	106031	31294	44939	13495
别墅公寓	万元	27302	1700	2738	13626	2072	600
安居工程	万元	56357	7316	46826			1220
办公楼	万元	56977	8844	27524	11641	411	4322
商业营业用房	万元	166484	33042	62572	53906	10866	4928
房屋施工面积	万平方米	1005.18	173.70	445.46	168.58	132.60	41.65
#住　宅	万平方米	656.55	94.22	293.42	93.24	106.45	31.89
房屋竣工面积	万平方米	398.09	55.92	154.12	65.43	85.20	20.30
#住　宅	万平方米	321.04	47.60	123.45	40.54	77.14	17.86
商品房销售面积	万平方米	253.57	51.92	100.93	48.80	29.30	12.25
#住　宅	万平方米	229.72	47.65	94.83	42.32	24.80	11.89
商品房销售额	万元	400399	76871	146376	82621	56646	20240
#住　宅	万元	328390	61376	128917	64632	43970	17778
商品房空置面积	万平方米	143.89	16.08	36.45	39.28	22.22	4.67
#住　宅	万平方米	106.02	13.05	26.71	24.68	16.88	4.14

6—33 农村集体固定资产投资情况

(1997 年)

	本年施工项目(个)	本年投产项目(个)	计划总投资(万元)	本年完成投资(万元)
总计	**1767**	**1436**	**396334**	**455750**
按建设性质分				
新建	810	604	237689	199852
扩建	354	315	71012	184018
改建	475	419	62702	51032
其他	128	98	24931	20848
按国民经济行业分				
农、林、牧、渔业	39	32	2939	2962
采掘业	105	83	8037	6028
制造业	1199	985	282627	358365
电力、煤气及水的生产和供应业	23	10	7346	5609
建筑业	78	75	10069	9395
地质勘查业、水利管理业	6	5	1269	1159
交通运输、仓储及邮电通讯业	42	36	6529	4354
批发和零售贸易、餐饮业	72	59	23026	22229
金融、保险业				
房地产业	20	12	17419	14075
社会服务业	62	53	11634	12861
卫生、体育和社会福利业	2	1	680	600
教育、文化、艺术及广播电影电视业	4	2	280	290
科学研究和综合技术服务业				
国家机关、政党机关和社会团体				
其他行业	115	83	24479	17823

6—33 续表

	本年新增固定资产（万元）	本年固定资产投资资金来源（万元）	房屋建筑施工面积（万平方米）	房屋建筑竣工面积（万平方米）	住宅投资额（万元）
总　　计	**280248**	**455750**	**247.90**	**201.15**	**15583**
按建设性质分					
新　建	168134	199852	172.58	142.51	9784
扩　建	50955	184018	35.06	27.87	1457
改　建	46632	51032	27.68	20.75	3418
其　他	14527	20848	12.68	10.02	924
按国民经济行业分					
农、林、牧、渔业	2632	2962	1.58	1.41	42
采掘业	5755	6028	2.23	1.63	236
制造业	204530	358365	171.92	149.60	9615
电力、煤气及水的生产和供应业	4381	5609	1.67	0.81	70
建筑业	9217	9395	12.17	11.89	1613
地质勘查业、水利管理业	1159	1159	1.74	0.50	90
交通运输、仓储及邮电通信业	4014	4354	0.56	0.54	35
批发和零售贸易、餐饮业	19373	22229	17.94	10.93	646
金融、保险业					
房地产业	3059	14075	10.34	4.10	2100
社会服务业	10609	12861	8.60	3.39	150
卫生、体育和社会福利业	600	600	0.65	0.40	90
教育、文化、艺术及广播电影电视业	180	290	0.60	0.45	60
科学研究和综合技术服务业					
国家机关、政党机关和社会团体					
其他行业	14739	17823	17.90	15.50	836

6—34 建筑施工企业主要指标完成情况

	单　位	1995 年	1996 年	1997 年
企业个数	个	166	600	669
建筑业总产值	万元	1080921	1963802	2299019
建筑业增加值	万元	319717	533252	720405
竣工产值	万元	598004	1295363	1663803
单位工程施工个数	个	7440	13172	12825
单位工程竣工个数	个	4124	6885	7595
#优良工程个数	个	1462	2340	3376
房屋建筑施工面积	万平方米	2120.20	3413.09	3369.39
房屋建筑竣工面积	万平方米	571.20	1409.86	1458.69
#优良工程面积	万平方米	191.90	431.48	484.46
住　宅	万平方米	330.20	785.12	815.03
自有机械设备年末净值	万元	75254	172977	203897
资本金	万元	231897	469824	510181
流动资产合计	万元	712830	1208640	1433311
固定资产合计	万元	278523	475049	532972
固定资产原价合计	万元	390881	643216	772856
资产合计	万元	1050575	1798618	2117306
流动负债合计	万元	710786	1146364	1348843
长期负债合计	万元	39427	63004	74874
工程结算收入	万元	941292	1669639	1987534
工程结算成本	万元	816551	1473066	1736669
利税总额	万元	42013	77845	98209
本年应付工资	万元	163056	286614	384446

注:本表范围 1995 年为国有和城镇集体企业,1996、1997 年为资质等级四级及以上的企业。

6—35 建筑企业

	企业个数(个)	建筑业总产值(万元)	建筑工程	安装工程	房屋构筑物修理	非标准设备制造
总计	**669**	**2299019**	**1948186**	**302123**	**40854**	**7856**
#一、二级企业	209	1816751	1517789	269893	23111	5958
按经济类型分						
国有经济	108	1310799	1053871	242341	9159	5428
#中央企业	29	580953	458489	115626	3780	3058
地方企业	79	729846	595381	126714	5379	2372
集体经济	524	885329	805610	48997	28550	2172
私营经济	6	21124	18588	138	2344	54
联营经济	1	2985	1385	1600		
股份制经济	14	57050	51663	4574	611	202
#国有绝对控股	1	6180	5500	580	100	
外商投资经济	3	2506	1314	1192		
港澳台投资经济	2	4566	4396	148	22	
其他经济	11	14660	11359	3133	168	
按建筑行业分						
土木工程建筑业	573	2038315	1849785	147707	36382	4441
#房屋建筑业	506	1607847	1443848	126681	33055	4263
铁路公路遂道桥梁	27	284966	283375	711	880	
堤坝电站码头	8	110831	94434	14931	1466	
其他土木工程	32	34671	28128	5384	981	178
线路管道设备安装业	48	221446	61660	15275	4237	3374
#线路管道安装业	38	178692	54918	116163	4237	3374
设备安装业	10	427544	6742	36012		
装修装饰业	48	39258	36741	2241	235	41

生　　产　　情　　况（1997年）

竣工产值（万元）	单位工程施工个数（个）	#本年新开工个数	#投标承包个数	#本年新开工	单位工程竣工个数（个）
1663803	**12825**	**6749**	**5259**	**3146**	**7595**
1324134	8899	4355	3848	2326	4946
979721	6804	3242	2811	1646	3780
448617	3950	1962	1809	1134	2323
531104	2854	1280	1002	512	1457
617382	5181	3085	1845	1218	3279
15146	480	192	431	160	337
2485	5	2	2	2	4
33642	205	118	114	76	121
485	10	5	3	3	9
2506	33	32	3	3	31
4030	29	25	27	22	21
8891	88	53	26	19	22
1477878	10408	5687	4821	2876	6103
1171681	8019	4131	3310	1941	4398
189304	1010	457	743	286	519
91803	143	47	93	28	41
25090	1236	1052	675	621	1145
154305	1954	737	358	233	1183
108848	1550	580	274	149	875
45457	404	157	84	84	308
31620	463	325	80	37	309

6—35 续表

	竣工的优优良单位工程个数（个）	房屋建筑施工面积（万平方米）	#本年新开工面积	#投标承包面积	#本年新开工
总　　计	**3376**	**3369.39**	**1363.97**	**1608.41**	**749.88**
#一、二级企业	2888	2321.98	858.00	1264.34	551.91
按经济类型分					
国有经济	2474	1424.28	443.67	829.76	311.19
#中央企业	1854	232.80	81.74	92.05	59.00
地方企业	620	1191.48	361.93	737.71	252.19
集体经济	826	1768.48	825.66	678.61	367.43
私营经济	8	57.41	35.33	45.90	31.02
联营经济	2	2.61	1.36	1.36	1.36
股份制经济	51	100.41	46.92	47.19	33.80
#国有绝对控股	4	6.00	2.50	0.80	0.80
外商投资经济	2	1.6	0.10	0.10	0.10
港澳台投资经济	7	0.95	0.80	0.80	0.30
其他经济	6	13.65	10.13	4.49	4.68
按建筑行业分					
土木工程建筑业	2550	3313.86	1331.40	1587.88	732.48
#房屋建筑业	1371	3263.08	1309.42	1572.33	725.97
铁路公路遂道桥梁	362	21.77	8.49	14.08	5.48
堤坝电站码头	9	8.06	1.89		
其他土木工程	808	20.95	11.60	1.47	1.03
线路管道设备安装业	760	21.42	11.01	12.82	10.19
#线路管道安装业	513	16.06	6.34	8.15	5.52
设备安装业	247	5.36	4.67	4.67	4.67
装修装饰业	66	34.11	21.56	7.71	7.21

房屋建筑竣工面积（万平方米）	房屋建筑优良工程竣工面积（万平方米）	自有机械设备年末总台数（台）	自有机械设备年末总功率（万千瓦）	#施工机械功率（万千瓦）	自有机械设备净值（万元）	计算劳动生产率的平均人数（人）
1458.69	**484.45**	**116529**	**198.91**	**159.24**	**203897**	**505480**
946.61	368.97	72525	149.58	116.71	154394	363173
491.98	200.95	40551	107.16	81.82	114178	226394
79.28	39.02	20519	62.39	53.86	68814	89616
412.70	161.93	20032	44.77	27.96	45364	136778
883.60	260.92	69160	80.50	67.46	75981	253830
31.74	3.68	1022	1.30	1.09	1613	4109
2.11	1.17	138	0.64	0.61	571	917
39.82	15.34	3564	6.24	5.68	6045	14206
2.00	1.50	415	0.39	0.38	50	620
0.95	0.60	235	0.23	0.03	108	452
0.95	0.95	301	0.06	0.06	86	630
7.54	0.84	1558	2.78	2.49	5315	4942
1429.42	469.00	104089	182.98	149.22	185421	461071
1397.88	457.94	84700	115.98	90.00	105570	385152
14.08	7.52	8406	37.29	31.95	45424	43127
5.46		6766	24.60	22.48	29503	22083
12.00	3.54	4217	5.11	4.79	4925	10709
9.98	4.13	9731	11.75	6.56	17219	36957
8.34	3.29	7388	9.06	4.37	11430	31231
1.64	0.84	2343	2.69	2.19	5789	5726
19.29	11.33	2709	4.18	3.46	1257	7452

6—36 建 筑 企 业

	建筑业企业（个）	#亏损企业（个）	资本金合计	流动资产合计	#存货	#在建工程
总　　计	**669**	**85**	**510182**	**1433311**	**455037**	**258081**
按经济类型分						
国有经济	108	15	226181	903420	212715	100502
#中央企业	29	2	130637	424382	98810	38427
地方企业	79	13	95544	479038	113905	62075
集体经济	524	67	245697	471395	222395	145384
私营经济	6		3901	7277	5084	4130
联营经济	1		3229	3193	1812	1003
股份制经济	14	1	21276	24965	4278	2738
#国有绝对控股	1		1298	414	102	
外商投资经济	3		400	1882	1043	1030
港澳台投资经济	2	1	668	4795	3059	
其他经济	11	1	8830	16384	4651	3294
按建筑行业分						
土木工程建筑业	573	69	471838	1220726	395927	228447
#房屋建筑业	506	60	358890	927108	324595	186304
铁路公路隧道桥梁	27		72649	182793	48264	27746
堤坝电站码头	8	1	29282	84300	13970	7478
其他土木工程	32	8	11017	26525	9098	6919
线路管道设备安装业	48	4	29140	186019	48848	24406
#线路管道安装业	38	2	22818	151938	42748	21275
设备安装业	10	2	6321	34081	6100	3131
装修装饰业	48	12	9204	26566	10262	5228

财　务　情　况（1997 年）

单位：万元

长期投资	固定资产原值合计	#生　产经营用	累计折旧	#本年折旧	无形及递延资产合计	资产合计
60025	**772857**	**547812**	**240124**	**48499**	**18183**	**2117306**
41379	499787	336664	161457	33044	7082	1342269
28936	305925	205762	98523	18586	5127	690631
12443	193862	130902	62934	14458	1955	651638
16555	236866	179401	69125	13194	9029	683106
399	3424	2712	649	163	39	10630
	924	869	321	83	26	3823
881	22138	19087	5594	1198	1909	45318
	1405	1000	417	28	7	1409
1	331	251	166	32		2419
	152	146	53	13		4895
810	9235	8682	2759	772	98	24846
55440	700273	502216	220941	44173	15512	1833254
36694	476862	339727	148270	26853	12590	1339526
3481	136716	96491	38362	10280	1158	305916
15077	73054	56376	29784	5980	1755	150824
188	13641	9622	4525	1060	9	36988
3735	65984	41405	17531	3953	2424	250355
2822	51942	32662	13860	2961	355	200817
913	14042	8743	3671	992	2069	49538
850	6600	4191	1652	373	247	33697

6—36 续表

	流动负债合计	长期负债合计	负债合计	所有者权益合计	工程结算收入
总计	**1348843**	**74874**	**1423716**	**693590**	**1987535**
按经济类型分					
国有经济	913079	46493	959572	382697	1253131
#中央企业	453244	15834	469078	221553	576702
地方企业	459835	30659	490494	161144	676429
集体经济	392731	21556	414287	268819	660162
私营经济	4427	60	4487	6143	12986
联营经济	128		128	3695	2485
股份制经济	17467	5603	23069	22249	42877
#国有绝对控股	4	3	7	1402	6318
外商投资经济	1704	1	1705	714	2534
港澳台投资经济	4201	10	4211	684	1436
其他经济	15106	1151	16257	8589	11924
按建筑行业分					
土木工程建筑业	1144494	70608	1215102	618152	1772420
#房屋建筑业	833169	49107	882276	457250	1351829
铁路公路隧道桥梁	187131	10757	197888	108028	281859
堤坝电站码头	102393	7739	110132	40692	110028
其他土木工程	21801	3005	24806	12182	28704
线路管道设备安装业	182484	3053	185537	64818	186453
#线路管道安装业	143789	761	144550	56267	138527
设备安装业	38695	2292	40987	8551	47926
装修装饰业	21865	1213	23077	10620	28662

单位：万元

工程结算成　本	工程结算税金及附加	工程结算利　润	其他业务利　润	管理费用	劳动待业保险费
1736669	**62657**	**188209**	**9774**	**132941**	**27635**
1082664	35623	134844	7237	98390	25573
480772	17312	78618	3859	58809	13164
601892	18311	56226	3378	39581	12409
589658	24666	45838	2311	30089	2020
11409	452	1125	67	687	3
2245	85	155	1	149	
37411	1297	4169	109	2368	28
5789	213	316		291	
2079	67	388		245	
1326	42	68		79	
9877	425	1622	49	934	11
1552298	55825	164297	9192	115294	24808
1199907	45846	106076	5894	79001	16692
239725	6245	35889	2902	24648	5917
87501	2826	19701	365	9711	1788
25165	908	2631	31	1934	411
159611	5667	21175	374	15770	2815
117081	4300	17146	36	12626	2517
42530	1367	4029	338	3144	298
24760	1165	2737	208	1877	12

6—36 续表1 单位:万元

	损益及分配				工资福利费		建筑业增加值
	财务费用	营业利润	利润总额	应交所得税	本年应付工资总额	本年应付福利费总额	
总计	**11903**	**53139**	**31977**	**7831**	**384446**	**46388**	**720405**
按经济类型分							
国有经济	5104	38587	10745	3075	233536	30003	466637
#中央企业	—705	24373	4315	1386	109734	15528	239033
地方企业	5809	14214	6430	1689	123802	14475	227604
集体经济	5823	12237	18745	3966	138507	15123	229438
私营经济	66	439	477	84	1996	357	3799
联营经济	1	6	6	2	567	79	902
股份制经济	690	1220	1403	497	7150	554	13545
#国有绝对控股		25	25	8	200	4	756
外商投资经济	31	112	78	9	376	25	845
港澳台投资经济	—9	—2	—2		285	42	451
其他经济	197	540	525	228	2029	205	4788
按建筑行业分							
土木工程建筑业	11460	46735	29524	7031	341721	40006	637561
#房屋建筑业	10447	22522	22348	5663	263527	29481	465066
铁路公路隧道桥梁	257	13886	6279	1065	43526	7023	102872
堤坝电站码头	386	9969	550	156	26293	2947	56154
其他土木工程	370	358	347	147	8375	555	13469
线路管道设备安装业	134	5645	1797	665	38238	6016	74059
#线路管道安装业	131	4426	1498	516	31584	5274	60885
设备安装业	3	1219	299	149	6654	742	13174
装修装饰业	309	759	656	165	4487	366	8785

主 要 统 计 指 标 解 释

全社会固定资产投资 固定资产投资额是以货币表现的建造和购置固定资产活动的工作量，它是反映固定资产投资规模、速度、比例关系和使用方向的综合性指标。全社会固定资产投资包括国有经济单位投资、城乡集体经济单位投资、其他各种经济类型的单位投资和城乡居民个人投资。按照我国现行计划管理体制，全社会固定资产投资总额分为基本建设、更新改造、房地产开发投资和其他固定资产投资四个部分；城乡集体经济单位投资包括城镇集体所有制单位投资和农村集体所有制单位投资；其他各种经济类型单位投资包括联营经济、股份制经济、中外合资经营、中外合作经营、外资、与大陆合资经营、与大陆合作经营、港澳台独资及其他经济的单位投资。城乡居民个人投资包括城市、县城、镇、工矿区所辖范围内的个人建房和农村个人建房及购买生产性固定资产的投资。

基本建设投资 基本建设是企业、事业、行政单位以扩大生产能力或工程效益为主要目的的新建、扩建工程及有关工作。包括(1) 列入中央和各级地方本年基本建设计划的建设项目，以及虽未列入本年基本建设计划，但使用以前年度基建计划内结转投资(包括利用基建设备材料)在本年继续施工的建设项目；(2) 本年基本建设计划内投资与更新改造计划内投资结合安排的新建项目和新增生产能力(或工程效益)达到大中型项目标准的扩建项目，以及为发展生产力布局而进行的全厂性迁建项目；(3)国有单位既未列入基建计划，也未列入更新改造计划的总投资在5万元以上的新建、扩建、恢复项目和为发展生产力布局而进行的全厂性迁建项目，以及行政、事业单位增建业务用房和行政单位增建生活福利设施的项目。

更新改造投资 更新改造是指企业、事业单位对原有设施进行固定资产更新和技术改造，以及相应配套的工程和有关工作(不包括大修理和维护工程)。包括：(1) 列入中央和各级地方本年更新改造计划的项目和虽未列入本年更新改造计划，但使用上年更新改造计划内结转的投资在本年继续施工的项目；(2) 本年更新改造计划内投资与基本建设计划内投资结合安排的对企、事业单位原有设施进行技术改造或更新的项目和增建主要生产车间、分厂等其新增生产能力(或工程效益)未达到大中型项目标准的项目，以及由于城市环境保护和安全生产的需要而进行的迁建工作；(3)国有企、事业单位既未列入基建计划也未列入更新改造计划，总投资在5万元以上的属于改建或更新改造性质的项目，以及由于城市环境保护和安全生产的需要而进行的迁建工程。

房地产开发投资 包括各种经济类型的房地产开发公司、商品房建设公司及其他房地产开发单位统一开发的包括统代建、拆迁还建的住宅、厂房、仓库、饭店、宾馆、度假村、写字楼、办公楼等房屋建筑物和配套的服务设施、土地开发工程，如道路、给水、排水、供电、供热、通讯、平整场地等基础设施工程的投资。包括非房地产企业实际从事房地产开发或经营活动，不包括单纯的土地交易活动。

其他固定资产投资 全社会固定资产投资中未列入基本建设、更新改造和房地产开发投资的建造和购置固定资产的活动。包括：(1)国有单位按规定不纳入基本建设计划和更新改造计划管理，总投资在5万元以下的工程。(2) 集体经济单位固定资产投资。(3)联营经济、股份制经济、外商投资经济、港澳台投资经济及其经济类型的企、事业单位建造和购置固定资产其计划总投资在5万元以上的、未列入基本建设计划和更新改造计划的项目。(4)城镇工矿区私人建房投资和农村个人投资。农村个人固定资产投资为根据抽样调查资料推算。

施工和竣工房屋建筑面积 房屋建筑面积是从房屋外墙线算起的各层平面面积的总和，包括房屋结构(如柱、墙)占用的面积和地下室面积。多层建筑按各自然层面积总和计算，包括房屋内的楼隔层，突出墙面的眺望间、门斗、有柱雨罩的面积。不包括突出墙面结构的构件、艺术装饰等所占的面积，如台阶等。凹阳台、挑阳台按其水平投影面积一半计算建筑面积。

新增固定资产 指通过投资活动所形成的新的固定资产价值。包括已经建成投入生产或交付使用的工程价值和达到固定资产标准的设备、工具、器具的价值及有关应摊入的费用。它是以价值形式表示的固定资产投资成果的综合性指标，可以综合反映不同时期、不同部门、不同地区的固定资产投资成果。

建设项目投产率 指一定时期内全部建成投入生产项目个数占同期正式施工项目个数的比率。它是从项目建设速度的角度反映投资效果的指标。

固定资产交付使用率 指一定时期新增固定资产与同期完成投资额的比率。它是反映各个时期固定资产动用速度，衡量建设过程中投资效果的一个综合性指标。

未完工程占用率 指年末未完工程累计完成投资额占全年实际完成投资额的比率。它反映未完工程的相对规模，并可从资金占用的角度反映固定资产投资效果。由于未完工程是指已经开工，但尚未建成交付使用的工程，有个跨年度问题，因此未完工程占用率会出现大于1的情况。

建筑业总产值(即自行完成施工产值) 指建筑业企业或附营建筑施工单位自行完成的按工程进度计算的建筑安装生产总值。建筑业产值包括：

①建筑工程产值：指列入建筑工程预算内的各种工程价值。

②设备安装工程产值：指设备安装工程价值。

③房屋、构筑物修理产值：指房屋、构筑物修理所完成的价值，但不包括被修理房屋、构筑物本身的价值和生产设备的修理价值。

④非标准设备制造产值：指加工制造没有定型的、非标准的生产设备的加工费和原材料价值，不论是现场还是附属加工厂为本单位承建工程制造的非标准设备的价值，都应计算产值。

建筑业增加值 指建筑业企业在报告期内以货币表示的建筑业生产经营活动的最终成果。目前建筑业增加值采用分配法计算，即从收入的角度出发，根据生产要素在生产过程中应得的收入份额计算。具体计算公式为：

建筑业增加值＝本年提取的固定资产折旧＋应付工资＋应付福利费＋管理费用中的劳动行业保险金、税金＋工程结算税金及附加＋工程结算利润－转作奖金的利润。

房屋建筑施工面积 指在报告期内施工的全部房屋建筑面积。包括本期内新开工的、上期施工跨入本期继续施工、上期停建本期复工的房屋建筑面积；不包括上期开工后又停工，本期未施工的房屋建筑面积。

房屋建筑竣工面积 指在报告期内，按照设计所规定的工程内容全部完成，达到了设计规定的交工条件，经有关部门检查验收鉴定合格的房屋建筑面积。

工程结算收入 指企业(或单位)按工程的分部分项目自行完成的建筑产品价值并已与甲方在报告期内办理结算手续的工程价款收入，以及向甲方收取的除工程价款以外的按规定列作营业收入的各种款项，如临时设施费、劳动保险费、施工机械调迁费等以及向甲方收取的各种索赔款。

工程结算利润 指已结算工程实现的利润。如为亏损以“－”号表示。其计算公式为：

工程结算利润＝工程结算收入－工程结算成本－工程结算税金及附加

企业总收入 指与企业生产经营直接有关的各项收入，包括工程结算收入和其他业务收入，即：

企业总收入＝工程结算收入＋其他业务收入

7

能源、物资
ENERGY AND MATERIALS

简要说明：

一、主要内容

本部份主要包括能源的生产、消费与平衡；主要能源、原材料的消费量与消费总值。分行业的主要能源、原材料消费量等。

二、资料来源

全部资料来源于成都市统计局工业交通处、固定资产投资处相关年报。

三、其他需要说明的问题

统计范围为县及县以上工业、建筑业和交通运输等部门。

7—1 能源生产总量及构成

年份	能源生产总量（吨标准煤）	占能源生产总量的比重（%）	
		煤炭	电力
1990	2656918	83.6	16.4
1995	4808157	79.9	20.1
1996	3479786	79.7	20.3
1997	3036677	73.6	26.4

7—2 能源消费总量及构成

年份	能源消费总量（吨标准煤）	占能源消费总量的比重（%）			
		煤炭	石油制品	电力	天然气
1990	8184063	48.3	4.9	22.5	18.3
1995	12674388	41.4	5.3	25.7	22.9
1996	13821629	30.5	5.9	32.4	26.0
1997	14511407	30.3	4.8	30.5	29.5

7—3 综合能源平衡表

单位：万吨标准煤

	1990年	1995年	1996年	1997年
可供量	8921230	12823480	13443118	16087725
#生产量	2656918	4808157	3479786	3036677
加工转换投入(－)产出(＋)量	－522728	－1064423	－1204546	－1271484
最终消费量	8184063	11571213	11821629	14511407
物质生产部门	6597282	10116287	10371229	12442899
农、林、牧、渔、水利业	144750	362645	345066	297153
工业	6088240	8778849	9041260	10873783
建筑业	43651	267298	212179	267850
交通运输邮电业	254687	523647	558042	724885
商业、饮食、物资供销和仓储业	65954	183848	214682	279228
非物质生产部门	132171	162435	169997	187001
生活消费	1454610	1292491	1280403	1881507
平衡差额	＋18681	0	0	0

7—4 煤 炭 平 衡 表

单位:吨

	1990年	1993年	1994年	1995年	1996年
可供量	7504674	9342877	9784707	9691343	8793849
#生产量	4204295	5191000	3109800	4379185	3884018
加工转换投入(—)产出(+)量	—1883380	—1986686	—3345936	—3484394	—3750118
最终消费量	5594962	7286259	6438771	6206949	5043731
物质生产部门	4021188	5816622	5676838	5314677	4041546
农、林、牧、渔、水利业	3142	80701	8421	10742	11873
工　业	3870987	5569192	5521494	5176274	3869620
建筑业	8199	11107	32129	30747	38320
交通运输邮电业	89934	85511	61688	33187	48312
商业、饮食、物资供销和仓储业	48926	70111	53106	63727	73421
非物质生产部门	8455	21883	5897	7076	6047
生活消费	1565319	1447754	756036	885196	996138
平衡差额	+26332	+69932	0	0	0

7—5 电 力 平 衡 表

单位:万千瓦小时

	1990年	1993年	1994年	1995年	1996年
可供量	350025	36956	513412	730466	795823
#生产量	107810	177391	155000	191314	174612
加工转换投入(—)产出(+)量	+153920	+254530	—280641	+271241	+281447
最终消费量	455490	614608	761595	955211	1011036
物质生产部门	381103	491104	649392	805349	815172
农、林、牧、渔、水利业	19703	22018	22193	26632	43832
工　业	344590	442203	589089	572880	670441
建筑业	4534	8545	5772	43756	30657
交通运输邮电业	7582	10240	11045	130142	32748
商业、饮食、物资供销和仓储业	4694	8098	21293	31939	37494
非物质生产部门	23192	30709	31707	38048	40137
生活消费	51195	92795	80496	111814	155727
平衡差额	0	0	0	0	0

7—6 石 油 平 衡 表

单位:吨

	1990年	1993年	1994年	1995年	1996年
可供量	271308	353980	544304	537443	575682
#生产量					
加工转换投入(—)产出(+)量					
最终消费量	271308	353980	544304	537443	575682
物质生产部门	245565	330488	536735	527280	564411
农、林、牧、渔、水利业	43096	33443	140580	168695	109072
工　业	80386	135831	94925	52898	41378
建筑业	11195	17892	34392	45391	41244
交通运输邮电业	105993	140687	261594	254007	365433
商业、饮食、物资供销和仓储业	4895	2635	5244	6289	7284
非物质生产部门	17877	20334	1923	2308	2212
生活消费	7866	3158	5646	7855	9059
平衡差额	0	0	0	0	0

7—7 天 然 气 平 衡 表

单位:万立方米

	1990年	1993年	1994年	1995年	1996
可供量	123716	134204	142136	197079	252824
#生产量					
加工转换投入(—)产出(+)量					
最终消费量	123157	134204	142136	197079	252824
物质生产部门	113575	119313	130836	182705	241291
农、林、牧、渔、水利业					
工　业	113235	118974	130642	182557	241212
建筑业	100	108	116	88	2
交通运输邮电业	39	52	78	60	77
商业、饮食、物资供销和仓储业	201	179			
非物质生产部门	374	204			
生活消费	9208	14687	11300	14374	11533
平衡差额	0	0	0	0	0

7—8 主要能源、原材料消费量

(1997 年)

	单 位	本年消费量	#工 业	#建筑业
煤 炭	吨	4109242	3827937	33189
焦 炭	吨	441034	440633	299
汽 油	吨	70856	16452	16635
煤 油	吨	206407	8132	1006
柴 油	吨	62389	8890	21343
天然气	万立方米	253625	251485	8
电 力	万千瓦时	632914	533346	39233
生 铁	吨	374589	372885	1639
钢 材	吨	1022330	281489	726339
普通大型钢材	吨	20912	15526	5312
普通中型钢材	吨	115139	40235	74175
普通小型钢材	吨	429424	23706	405165
钢 带	吨	6267	5176	1069
线 材	吨	174333	36437	136497
中厚钢板	吨	87042	55399	31402
薄钢板	吨	46887	39027	7801
硅钢片	吨	6044	5949	69
优质型钢材	吨	21148	20032	761
无缝钢管	吨	29068	16434	12561
焊接钢管	吨	37133	9673	27056
铜	吨	10962	10816	1
铝	吨	6472	6463	9
铅	吨	2854	2852	
锌	吨	3303	3303	
锡	吨	749	747	
铜 材	吨	15524	14719	89
铝 材	吨	4576	2744	1768
硫 酸	吨	32693	32660	15
烧 碱	吨	25543	25526	
纯 碱	吨	72015	71967	
水 泥	吨	2432755	135953	2288950
平板玻璃	重量箱	127473	79679	47327
原 木	立方米	133946	31782	101008
锯 材	立方米	158128	64747	85952

7—9 能源、原材料消费总值

(1997 年)

单位:万元

	能源、原材料消费总计	#工业生产	#建筑施工	#运输邮电
总　　　计	**2262639**	**1434834**	**616649**	**199570**
#煤炭采选业	6414	6160	64	88
食品加工业	21032	21025		1
食品制造业	10825	10814		6
饮料制造业	21523	21520		2
纺织业	54284	54195	1	2
服装及其他化学纤维制造业	3418	3342		12
皮革、毛皮、羽绒及其制品业	14228	14225	3	
木材加工及竹、藤、棕、草制品业	11563	11515	46	2
家具制造业	11952	11952		
造纸及纸制品业	50502	50502		
化学原料及化学制品制造业	149469	148297	25	6
医药制造业	27616	27471	3	60
化学纤维制造业	12672	12262		
塑料制品业	12528	12522	5	1
非金属矿物制品业	60042	59416	181	45
黑色金属冶炼及压延加工业	278584	277782	518	162
有色金属冶炼及压延加工业	25675	25675		
金属制品业	85643	85596		8
普通机械制造业	99837	99338	272	57
专用设备制造业	31979	31525	300	
交通运输设备制造业	170790	168677	509	144
电气机械及器材制造业	115605	111438		
电子及通信设备制造业	63866	63512	15	4
仪器仪表及文化、办公用机械制造业	3084	3084		
其他制造业	10722	10722		
电力、蒸气、热水的生产和供应业	40138	39908	144	64
自来水的生产和供应业	7155	6759	396	

7—10 分行业主要能源、原材料消费量

(1997年)

	原　煤(吨)	洗精煤(吨)	汽　油(吨)	天然气(万立方米)
总　　计	**3647526**	**421590**	**70856**	**253625**
#煤炭采选业	330145	145796	786	
食品加工业	15737	12397	178	130
食品制造业	6846	6664	156	12
饮料制造业	40200	11939	410	7
纺织业	7794	10258	370	7951
服装及其他化学纤维制造业	508		120	
皮革、毛皮、羽绒及其制品业	4773	1284	144	
木材加工及竹、藤、棕、革制品业	3775	290	83	
家具制造业	4	44	38	
造纸及纸制品业	223407	32652	338	94
化学原料及化学制品制造业	192481	25581	2111	194396
医药制造业	3194	23174	683	108
化学纤维制造业	52133	944	213	303
塑料制品业	1861	1681	149	176
非金属矿物制品业	258805	16930	703	10261
黑色金属冶炼及压延加工业	15100	77768	2095	19492
有色金属冶炼及压延加工业	2896	9196	89	543
金属制品业	8339	727	675	676
普通机械制造业	5265	2050	1271	491
专用设备制造业	5745	721	697	54
交通运输设备制造业	33953	35053	3584	1654
电气机械及器材制造业	8161	1764	848	3295
电子及通信设备制造业	2127		1031	6238
仪器仪表及文化办公用机械制造业	135	1125	100	18
其他制造业	13386	1325	125	
电力、蒸气、热水的生产和供应业	2126768		301	3515
自来水的生产和供应业			3880	

7—10 续表

	煤　炭 （吨）	电　力 （万千瓦时）	钢　材 （吨）	原木直接消费 （立方米）
总　　计	**4109242**	**632914**	**1022330**	**77231**
#煤炭采选业	481304	5233	9197	17481
食品加工业	29983	13892	134	42
食品制造业	14852	13169		
饮料制造业	53135	2573	214	93
纺织业	18052	11762	1151	29
服装及其他化学纤维制造业	508	330	2	
皮革、毛皮、羽绒及其制品业	6057	897	83	73
木材加工及竹、藤、棕、革制品业	4065	285	201	3362
家具制造业	48	80	1382	31
造纸及纸制品业	256792	13437	418	113
化学原料及化学制品制造业	242365	117802	7618	2521
医药制造业	26368	12603	44	3
化学纤维制造业	53077	5594	112	58
塑料制品业	3542	1172	73	2
非金属矿物制品业	278360	41502	8730	49
黑色金属冶炼及压延加工业	92868	84513	14900	843
有色金属冶炼及压延加工业	12092	3421	428	
金属制品业	9066	6499	67010	3
普通机械制造业	7423	18459	69158	173
专用设备制造业	6466	5778	15675	686
交通运输设备制造业	69006	19098	52523	1656
电气机械及器材制造业	9925	8529	11221	26
电子及通信设备制造业	2127	14575	5200	234
仪器仪表及文化办公用机械制造业	1260	2391	318	
其他制造业	16648	389	7150	577
电力、蒸气、热水的生产和供应业	2126768	88665	647	
自来水的生产和供应业		10376	1098	

主 要 统 计 指 标 解 释

能源生产总量 指一定时期内全国(地区)一次能源生产量的总和，是观察全国(地区)能源生产水平、规模、构成和发展速度的总量指标。一次能源生产量包括原煤、原油、天然气、水电及其他动力能(如风能、地热能等)发电量。不包括低热值燃料生产量、生物质能、太阳能等的利用和由一次能源加工转换而成的二次能源产量。

能源消费总量 指一定时期内全国(地区)物质生产部门、非物质生产部门和生活消费的各种能源的总和，是观察能源消费水平、构成和增长速度的总量指标，能源消费总量包括原煤和原油及其制品、天然气、电力。不包括低热值燃料、生物质能和太阳能等的利用。能源消费总量分为三部分，即终端能源消费量、能源加工转换损失量和损失量。

(1)终端能源消费量 指一定时期内全国(地区)物质生产部门、非物质生产部门和生活消费的各种能源在扣除了用于加工转换二次能源消费量和损失量以后的数量。

(2)能源加工转换损失量 指一定时期内全国(地区)投入加工转换的各种能源数量之和与产出各种能源产品之和的差额。它是观察能源在加工转换过程中损失量变化的指标。

(3)能源损失量 指一定时期内能源在输送、分配、储存过程中发生的损失和由客观原因造成的各种损失量。不包括各种气体能源放空、放散量。

8

国内贸易、物价、外经、旅游
DOMESTIC TRADE, PRICE, FOREIGN TRADE AND TOURISM

简要说明：

一、主要内容

本部份资料反映国内市场和外经、旅游发展情况。

国内贸易：包括全市范围内历年社会消费品零售总额及构成；各种经济类型商业企业、物资流通企业商品销售总额；餐饮业销售总额；大中型批发零售贸易业购、销、存情况；城乡个体私营企业情况；商品交易市场情况等。

物价：包括历年城市居民消费价格指数及商品零售价格指数。

外经：包括市及市以下招商引资及外商投资企业情况。

涉外旅游：包括成都地区涉外宾馆、饭店接待人数及创汇情况。

二、资料来源

国内贸易资料来自于成都市统计局贸易外经统计处有关年报。

城乡个体、私营企业及商品交易市场资料来源于成都市工商局。

物价资料来源于成都市城市社会经济调查队物价处有关年报。

外经资料来源于成都市外经委和成都市统计局贸易外经处有关年报。

涉外旅游资料来源于成都市旅游局。

三、其他需要说明的问题

外经、旅游未包括省级部门在本市的引资数据和接待旅游人数及创汇数据。

8—12 表居民消费价格指数中，1994 年以前，“家庭设备及用品”指日用品类；“娱乐教育文化用品”指文化娱乐用品类；“医疗保健”指药及医疗用品类。

8—1 历年社会消费品零售总额及发展速度

年 份	社会消费品零售总额（万元）	社会消费品零售总额发展速度（%）	年 份	社会消费品零售总额（万元）	社会消费品零售总额发展速度（%）
1954	36113	104.5	1976	112498	95.9
1955	37545	103.9	1977	121196	107.7
1956	46902	124.9	1978	138147	113.9
1957	52521	111.9	1979	167159	121.0
1958	57508	109.4	1980	205140	122.7
1959	70510	122.6	1981	234329	114.2
1960	74193	105.2	1982	242251	103.3
1961	64280	86.6	1983	265505	109.5
1962	66705	103.7	1984	318393	119.9
1963	62154	93.1	1985	401200	126.0
1964	67159	108.0	1986	465422	116.0
1965	72601	108.1	1987	556536	119.5
1966	78777	108.5	1988	754398	135.5
1967	85721	108.8	1989	800147	106.0
1968	70838	82.6	1990	856919	107.0
1969	81556	115.1	1991	1022264	119.2
1970	86349	105.8	1992	1188406	116.2
1971	92003	106.5	1993	1601707	134.8
1972	101458	110.2	1994	2204903	137.7
1973	106568	105.0	1995	2859688	129.7
1974	110287	103.4	1996	3470809	121.4
1975	117196	106.2	1997	4099934	118.1

注：1995 社会消费品零售总额含居民购房。社会消费品零售总额发展速度以上年为基期。

8—2 历年社会消费品零售总额分类情况

单位：万元

年份	社会消费品零售总额	社会商品零售额	在总计中：国有经济	集体经济	个体、私营经济	股份制经济	三资经济	其他经济
1952	26186	24813	2442	7636	14735			
1957	52521	51379	22169	28467	743			
1962	66705	70260	40981	29279				
1965	72601	79885	46045	33365	475			
1970	86349	94643	59915	34620	108			
1975	117196	128429	91750	36316	363			
1978	138147	158142	113848	44073	221			
1979	167159	189580	131166	58157	257			
1980	205140	225640	141661	83355	624			
1981	234329	250927	154529	94331	2067			
1982	242251	259166	154896	100869	3401			
1983	265505	281272	161007	107558	12707			
1984	318393	334470	166122	140083	28265			
1985	401200	408286	176959	172449	58878			
1986	465422	472590	195937	197063	79590			
1987	556536	562004	227345	219608	114787		264	
1988	754398	756623	300273	270923	182692		2735	
1989	800147	811170	325728	283226	195505		6711	
1990	856919	859016	338499	293852	217232		9433	
1991	1022264	1028718	416455	333806	266559		11898	
1992	1188406	1180980	520126	336960	305577		18317	
1993	1601707		360384	392418	469300	124933	12813	241859
1994	2204903		497286	539405	646942	171751	17308	332211
1995	2859688		641735	701299	696770	201108	48615	570161
1996	3470809		618417	862025	941979	218771	73789	755828
1997	4099934		644606	1021204	1248082	250130	91801	844111

注：①1992 年以前按社会商品零售额分类，1992 年以后按社会消费品零售总额分类。

②社会商品零售额＝社会消费品零售总额＋对农民的农业生产资料零售额－农民对非农业居民的零售额

8—2 续表 单位:万元

年份	在总计中:				在总计中:		农民对非农业居民零售额
	批发零售贸易业	餐饮业	制造业	其 他	市	县及县以下	
1952	19875	2389	2489	60	11485	13328	2099
1957	41668	5226	4070	415	25041	26338	4346
1962	58047	8310	3531	372	39817	30443	1023
1965	69325	7053	3057	450	42952	36933	1163
1970	85731	6428	1811	673	49750	44893	1378
1975	115617	7520	4304	988	63634	64795	3936
1978	142345	9327	5276	1194	75005	83137	3674
1979	167621	11335	8708	1916	90293	99287	5246
1980	192121	13104	15795	4620	108391	117249	9490
1981	202051	14236	28545	6095	127805	123122	11923
1982	214024	14654	22858	7630	131438	127728	13728
1983	229606	15749	25585	10332	140054	141218	16840
1984	269233	17837	32913	14487	162051	172419	22398
1985	312890	23625	51532	20239	199554	208732	29835
1986	379872	29614	55385	7719	232919	239671	37664
1987	444796	42119	62662	12427	326201	235803	47444
1988	584342	60225	90735	21321	466684	289939	64133
1989	626841	66214	83975	34140	520203	290967	71844
1990	647934	70563	90992	49527	565717	293299	80781
1991	781647	82306	114482	50283	690714	338004	95057
1992	886478	93188	124076	77238	799573	381407	120107
1993	1075156	151252	150678	224621	1081611	520096	157911
1994	1360081	216486	248224	380112	1633802	571101	238232
1995	1618234	261646	284954	694854	2159480	700208	546692
1996	2054537	364366	330314	721592	2308553	1162256	685319
1997	2333547	546797	339686	879904	2678785	1421149	714089

8—3 大中型批发零售贸易业商品购进、销售、库存总额

单位:万元

	1995年	1996年	1997年
商品购进总额	**3338403**	**3150807**	**3333550**
从生产者购进	2061306	2106535	2345930
#农副产品购进	83766	84025	84046
从批发零售贸易业购进	1053012	925732	922634
进　口	195229	80256	59133
其　它	28856	38284	5853
商品销售总额	**3705011**	**3579755**	**3588018**
批发额	3160837	2968742	2945975
对生产经营者的批发	1079599	701535	738405
#农业生产资料销售	48599	21779	14817
对批发零售贸易业批发	1658444	1915660	1889797
出　口	422794	351547	317773
对居民和社会集团消费品零售额	544174	611013	642043
年末库存总额	**487143**	**441277**	**518675**

8—4 大中型批发零售贸易业财务状况

单位:万元

	1995 年	1996 年	1997 年
资本金合计	395362	408496	452141
#国家资本金	303825	288207	330422
外商资本金	35739	12283	18960
流动资产合计	1407235	1546862	1586140
#存　货	446969	499393	543128
固定资产合计	526116	609220	656037
固定资产原价	538726	603806	638119
#生产经营用	372883	395023	508496
无形及递延资产合计	47522	57639	74656
资产总计	2143254	2408489	2533588
流动负债合计	1446641	1612732	1699593
长期负债合计	111107	130949	126166
商品销售收入	3140927	3295336	3244321
商品销售收入净额	3111043	3171038	3172451
商品销售成本	2843977	2906871	2924768
经营费用	116574	127227	133031
商品销售税金及附加	6971	7246	5984
商品销售利润	143521	129694	108669
代购代销收入	1921	1474	3166
主营业务利润	145442	131169	111834
管理费用	105238	119553	120249
营业利润	－2443	－26777	－62187
利润总额	27615	－2272	－12392
本年应交增值税	14867	35368	26323

8—5 大中型批发零售贸易业商品购进、销售、库存总额

(1997年、按经济类型分)

单位:万元

	商品购进总额	从生产者购进	#农副产品	从批发零售贸易业购进	进口	其它
合计	**3333550**	**2345930**	**84046**	**922634**	**59133**	**5853**
国有经济	2261093	1589936	77383	626384	44256	517
集体经济	599537	435975	6624	143357	14874	5331
私营经济	5760	3043		2717		
联营经济	10546	8848		1698		
股份制经济	399947	267307	39	132632	3	5
外商投资经济	17307	2962		14345		
港澳台投资经济	36905	36905				
其他经济	2455	954		1501		

8—5 续表

单位:万元

	商品销售总额	批发总额	对生产经营单位批发	#对农民农业生产资料批发	对批发零售贸易业批发	出口	消费品零售总额	年末库存额
合计	**3588018**	**2945975**	**738405**	**14817**	**1889797**	**317773**	**642043**	**518675**
国有经济	2399309	2104716	594560	4680	1213579	296577	294593	398873
集体经济	645657	581540	80379	10137	501161		64117	56028
私营经济	5679	3478	3449		29		2201	164
联营经济	10616	4724	4276		448		5892	592
股份制经济	470066	251116	55741		174179	21196	218950	57128
外商投资经济	18234						18234	4048
港澳台投资经济	36116						36116	599
其他经济	2341	401			401		1940	1243

8—6 大中型批发零售贸易业商品销售、库存总额

（1997年、按国民经济行业分）

单位：万元

	商品销售总额	批发	零售	年末库存额
总计	**3588018**	**2945975**	**642043**	**518675**
批发业	**3107734**	**2843332**	**264402**	**438111**
食品、饮料、烟草批发业	745447	707415	38032	147430
棉、麻、土畜产品批发业	97246	97114	132	8759
纺织品、服装和鞋帽批发业	147834	147159	675	14323
日用百货批发业	167738	127301	40437	31527
日用杂品批发业	36918	32289	4629	7681
五金、交电、化工批发业	54644	45018	9626	11161
药品及医疗器械批发业	108074	58187	49887	34021
能源批发业	173873	170275	3598	9204
化工材料批发业	188029	187367	662	9501
木材批发业	3658	3593	65	1317
建筑材料批发业	31614	31221	393	3744
金属材料批发业	382900	356398	26502	41156
机械、电子设备批发业	103326	98208	5118	8621
汽车、摩托车及零配件批发业	363815	289275	74540	59718
再生物资回收批发业	10790	10718	72	1918
其它批发业	491828	481794	10034	48030
零售业	**480284**	**102643**	**377641**	**80564**
食品、饮料和烟草零售业	69330	17927	51403	23818
日用百货零售业	306663	57757	248906	45006
纺织品、服装和鞋帽零售业	16328	3131	13197	1453
五金、交电、化工零售业	64158	18118	46040	4294
图书报刊零售业	12947	4335	8612	3088
其它零售业	10858	1375	9483	2905

8—7 大中型批发零售贸易业分类销售总额

(1997 年)

单位:万元

	商品销售总额	批发	零售	年末库存额
合计	**3588018**	**2945975**	**642043**	**518675**
食品、饮料、烟酒类	839770	719522	120248	161575
针纺织品类	145661	108832	36829	16988
服装、鞋帽类	152160	59038	93122	15264
化妆品类	43118	24642	18476	6175
钟表、眼镜类	11847	1504	10343	2460
日用品类	96307	52830	43477	16887
五金、电工器具类	8452	4157	4295	3550
生活电器类	150811	82061	68750	19562
音像器材类	49708	20765	28943	8466
自行车、摩托车类	31687	27000	4687	5440
体育、娱乐用品类	13233	2798	10435	4007
文化、办公用品类	53433	32344	21089	9612
金银珠宝类	12381	1587	10794	3283
家具类	4197	1151	3046	139
中西药品类	113028	63237	49791	31753
书报、杂志类	122889	112849	10040	22864
汽车类	366164	297158	69006	56935
建筑材料类	27783	25945	1838	4315
木材类	8567	8501	66	3454
化工材料及制品类	430891	430003	888	24934
黑色金属材料类	296717	296659	58	36793
有色金属材料类	32208	32208		1691
机电设备及零件类	150519	134431	16088	19752
煤炭及制品类	12755	11819	936	1697
石油及制品类	162515	159393	3122	7336
种子饲料类	51287	51287		385
棉麻、土畜产品类	46915	46772	143	6022
再生资源类	11732	11651	81	728
其它类	141283	125831	15452	26608

8—8 大中型批发零售贸易业商品销售数量

(1997年)

	单位	商品销售量	批发	零售	年末库存量
粮食	万吨	33.7	17.4	16.3	33.9
食用植物油	万吨	3.5	2.5	1	0.7
猪和猪肉	万吨	3.1	2.5	0.6	0.2
食糖	万吨	3.2	3.1	0.1	0.3
棉花	万吨	1.3	1.3		0.2
布	万米	5543	5424	119	826
#棉布	万米	2504	2444	60	347
呢绒	万米	30	7	23	23
绸缎	万米	1471	1450	21	205
服装	万件	1154	810	344	188
鞋	万双	902	624	278	336
#皮鞋	万双	175	39	136	38
黄金饰品	万元	11482	1356	10126	2400
自行车	万辆	11.4	6.3	5.1	4.3
摩托车	万辆	4.0	3.3	0.7	0.8
电视机	万台	19.0	11.5	7.5	1.8
#彩色电视机	万台	15.2	8.4	6.8	1.3
录音机	万台	5.3	0.2	5.1	1.6
录像机	万台	1.3	0.4	0.9	0.9
照相机	万架	2.5	0.1	2.4	0.7
家用电风扇	万台	20.0	14.5	5.5	10.6
家用洗衣机	万台	15.1	10.3	4.8	3.4
家用电冰箱	万台	11.3	7.8	3.5	2.5
房间空调器	万台	6.3	3.8	2.5	2.0
抽油烟机	万台	2.0	0.9	1.1	0.7
化学肥料	万吨	269.4	269.4		18.5
化学农药	万吨	1.1	1.1		0.3
农用塑料薄膜	万吨	0.2	0.2		
汽车	万辆	5.0	4.2	0.8	0.8
#轿车	万辆	1.8	1.3	0.5	0.3

8—8 续表

	单 位	商 品 销售量	批 发	零 售	年 末 库存量
生 铁	万吨	9.6	9.6		0.9
钢 材	万吨	75.4	75.4		10.4
普通中型钢材	万吨	9.7	9.7		1.1
普通小型钢材	万吨	8.1	8.1		0.6
钢 带	万吨	0.1	0.1		
线 材	万吨	8.9	8.9		0.6
中厚钢板	万吨	14.7	14.7		2.2
薄钢板	万吨	9.6	9.6		1.3
硅钢片	万吨	0.3	0.3		0.2
铜	万吨	0.2	0.2		
铝	万吨	0.8	0.8		
铅	万吨	0.1	0.1		
锌	万吨	0.3	0.3		
铝 材	万吨	0.1	0.1		
硫 酸	万吨	2.4	2.4		0.1
烧 碱	万吨	1.4	1.4		
纯 碱	万吨	0.8	0.8		0.1
天然橡胶	万吨	0.3	0.3		
合成橡胶	万吨	1.5	1.5		
水 泥	万吨	39.4	39.4		5.4
平板玻璃	万重量箱	33.9	33.6	0.3	4.0
原 木	万立方米	1.9	1.9		0.2
锯 材	万立方米	0.3	0.2	0.1	
煤 炭	万吨	51.0	49.0	2.0	14.0
焦 炭	万吨	6.2	6.2		
汽 油	万吨	26.2	25.3	0.9	0.6
柴 油	万吨	20.8	20.5	0.3	0.4
煤 油	万吨	20.1	20.1		1.8

8—9 城乡个体工商业基本情况

(1997 年)

	户 数 (户)	从业人员 (人)	总产值 (万元)	销售总额或营业收入 (万元)
总　　计	**266809**	**432993**	**147521**	**883161**
按城乡分				
城　　镇	86828	147207	47686	318925
农　　村	179981	285786	99835	564236
按行业分				
农林牧渔业	152	349	357	439
采掘业	121	188	1353	
制造业	22059	47129	142640	
建筑业	188	581	3171	
交通运输仓储业	26027	28066		156951
批发零售贸易餐饮业	175074	292895		610515
#餐饮业	30095	70839		104510
社会服务业	41359	60377		111822
#日用品修理	10501	13540		19009
旅游业	469	1373		2296
娱乐服务业	3413	6993		9773
其他行业	1829	3408		3434

8—10 城乡私营企业基本情况

(1997年)

	户数(户)	投资者人数(人)	雇工人数(人)	总产值(万元)	销售总额或营业收入(万元)
总计	**8706**	**21600**	**95277**	**628038**	**280762**
按城乡分					
城镇	5881	15779	61196	146147	187735
农村	2825	5821	34081	481891	93027
按行业分					
农林牧渔业	67	169	643	3868	1512
采掘业	21	45	267	2243	
制造业	3020	5942	42122	601098	
建筑业	219	628	2991	20829	
交通运输仓储业	46	103	449		2448
批发零售贸易餐饮业	3990	11043	36607		227135
#餐饮业	121	217	1637		15370
社会服务业	961	2515	8627		29885
#日用品修理业	38	60	362		2171
旅游业	7	12	62		627
娱乐服务业	55	110	606		6503
其他行业	382	1155	3571		19782
按企业类型分					
独资企业	2495	2495	28518	145846	59138
合伙企业	762	2584	8283	58547	37884
有限责任公司	5449	16521	58476	423645	183740

8—11 商品交易市场情况

	1995年		1996年		1997年	
	合　计	#农　村	合　计	#农　村	合　计	#农　村
商品交易市场数(个)	**734**	**511**	**745**	**513**	**783**	**487**
消费品市场	661	483	669	483	666	457
#综合市场	227	200	234	201	269	225
农副产品市场	348	240	339	237	297	199
#农副产品专业市场	65	44	65	44	49	32
工业消费品市场	70	33	83	35	92	31
生产资料市场	73	28	76	30	117	30
#生产资料综合市场	16	6	12	6	19	10
工业生产资料市场	40	11	49	14	82	10
商品交易市场成交额(万元)	**2884851**	**650527**	**3531873**	**864216**	**3798375**	**1059385**
消费品市场	2294297	610833	2835686	806259	2872222	993725
#综合市场	465173	243225	572820	348675	926726	668063
农副产品市场	791095	320402	532294	287126	731203	237364
工业消费品市场	1018576	35474	1670216	112463	1201532	82724
生产资料市场	590554	39694	696187	57957	926153	65660
#综合市场	113062	11843	36401	17952	40400	21708
工业生产资料市场	442815	23901	630648	30718	819980	36965
商品交易市场成交量(万吨)						
粮　食	126	118	124	115	136	126
肉食禽蛋类	30	18	35	22	42	25
蔬　菜	87	63	86	59	108	72
钢　材	25	8	64	9	51	7

8—12 历年居民消费价格指数与商品零售价格指数

(以上年为100)

年份	居民消费价格指数	#食品类	#衣着类	#家庭设备及用品	#娱乐教育文化用品	#医疗保健	商品零售价格指数
1951	114.8	114.0	107.7	112.3	98.2	128.8	113.8
1952	110.6	112.6	96.7	97.8	80.8	93.1	110.3
1953	102.2	103.9	101.3	93.1	89.9	89.9	102.1
1954	103.2	100.8	99.3	97.3	90.8	87.3	103.1
1955	103.6	106.2	98.2	101.7	100.0	103.9	103.1
1956	104.9	107.4	96.4	100.3	103.2	102.9	103.4
1957	106.0	103.9	99.9	101.0	97.7	136.2	104.3
1958	101.0	100.5	99.8	101.0	99.7	98.5	100.1
1959	100.3	99.5	100.2	101.2	100.1	102.7	100.2
1960	100.6	101.1	100.0	98.9	102.2	98.8	100.9
1961	116.0	130.0	100.0	100.0	100.1	99.6	117.7
1962	99.8	99.0	101.4	109.1	109.4	106.3	99.5
1963	91.2	93.0	101.6	101.7	100.3	101.5	90.0
1964	94.4	94.6	99.1	92.8	96.4	88.1	93.8
1965	97.5	93.5	99.2	95.9	94.9	94.3	98.1
1966	100.7	103.0	100.5	99.9	99.7	99.0	101.2
1967	102.0	104.0	99.4	99.2	96.5	91.7	102.0
1968	100.2	100.2	100.0	100.1	98.8	100.0	100.2
1969	100.1	100.0	100.0	100.0	100.0	87.3	99.8
1970	99.5	100.2	100.0	100.0	100.0	77.7	99.5
1971	100.2	100.1	100.0	100.0	100.0	98.7	100.2
1972	100.5	100.8	100.2	99.9	99.1	97.2	100.5

8—12 续表

年　份	居民消费价格指数	#食品类	#衣着类	#家庭设备及用品	#娱乐教育文化用品	#医疗保健	商品零售价格指数
1973	100.0	99.9	100.0	99.6	97.6	99.2	99.9
1974	100.2	100.2	100.0	100.7	100.9	98.9	100.2
1975	100.3	100.1	100.0	99.9	100.3	99.6	100.3
1976	100.0	100.0	100.0	100.0	101.2	100.0	100.0
1977	100.2	99.6	100.0	100.0	100.0	100.7	100.2
1978	101.1	101.1	100.0	100.0	100.0	103.1	101.1
1979	102.0	104.6	99.4	100.4	100.5	103.7	102.1
1980	106.6	110.6	99.6	101.2	100.3	101.3	107.1
1981	102.1	101.7	100.3	100.6	100.5	103.7	102.1
1982	101.9	103.6	99.2	97.4	100.0	100.8	102.0
1983	100.3	100.7	98.8	98.8	97.0	103.8	100.0
1984	104.6	105.3	101.4	100.0	100.1	101.8	103.8
1985	111.4	115.0	102.2	102.5	102.3	106.1	111.3
1986	104.8	104.9	104.8	104.8	100.4	97.3	104.7
1987	108.8	112.4	102.6	107.4	103.4	113.2	109.4
1988	124.6	130.5	115.6	115.0	122.8	132.0	125.7
1989	116.2	113.6	125.0	113.1	111.0	125.9	116.1
1990	103.5	102.5	106.4	103.4	95.3	100.6	102.9
1991	105.2	105.8	102.6	105.0	94.3	100.9	104.7
1992	110.8	113.5	101.4	100.4	94.3	102.6	108.5
1993	115.9	118.7	107.2	108.9	102.4	115.0	115.1
1994	126.5	136.2	123.1	111.3	113.6	107.2	123.3
1995	117.5	124.2	107.4	106.4	104.3	109.3	114.5
1996	109.7	109.4	109.5	102.1	112.3	109.0	106.5
1997	105.7	104.1	102.1	103.2	100.3	105.5	102.9

8—13 居民消费价格指数

(以上年为100)

	1996年	1997年		1996年	1997年
居民消费价格指数	**109.7**	**105.7**	鲜果类	99.4	93.6
食品类	109.4	104.1	衣着类	109.5	102.1
#粮　食	111.6	103.9	家庭设备及用品	102.1	103.2
肉禽及其制品	110.7	110.0	医疗保健	109.0	105.5
菜　类	113.0	100.4	交通和通讯工具	99.9	100.3
调味品	111.0	106.7	娱乐教育文化用品	112.3	100.3
烟草类	106.4	96.6	居　住	125.4	119.8
酒和饮料	107.8	102.7	服务项目	108.9	112.7

8—14 商品零售价格指数

(以上年为100)

	1996年	1997年		1996年	1997年
商品零售价格指数	**106.5**	**102.9**	书报、杂志类	145.5	106.9
食品类	109.2	105.0	文化体育用品类	101.5	102.8
#粮　食	113.0	104.5	日用品类	103.7	104.0
饮料、烟酒类	106.5	100.3	家用电器类	99.5	97.2
服装、鞋帽类	110.1	102.6	首饰类	103.9	95.0
纺织品类	104.1	101.9	燃料类	100.6	114.6
中、西药品类	108.2	104.7	建筑装璜材料类	96.1	98.7
化妆品类	101.3	101.3	机电产品类	95.9	95.4

8—15 全社会主要食品综合平均价格

(1997年)

单位:元/千克

	规格等级	全社会综合平均价格		规格等级	全社会综合平均价格
籼　米	散装特米	2.860	青　笋	一等	1.515
黄　豆	一级	4.658	蒜　苔	一等	7.907
菜籽油	二级	8.210	干辣椒	一等	26.449
莲　白	一等	1.016	黑木耳	一等	79.236
油　菜	一等	1.634	猪　肉	一级	13.167
芹　菜	一等	2.092	牛　肉	去骨统肉	15.030
冬　瓜	一等	1.904	鸡	白条公鸡	23.517
茄　子	一等	2.888	鸡　蛋	新鲜	6.151
萝　卜	一等	1.238	鲤　鱼	上等	10.670
青　椒	一等	3.564	草　鱼	上等	12.046
豆　角	一等	3.050	苹　果	一等	5.577
大白菜	一等	1.208	梨	一等	6.485
韭　菜	一等	2.407	广　柑	一等	5.043

8—16 集市贸易价格指数

(以上年为100)

	1996年	1997年		1996年	1997年
农产品价格指数	**105.9**	**98.5**	土　豆	107.5	94.2
粮　食	109.4	99.3	干　菜	146.1	81.6
大　米	105.0	98.8	黑木耳	98.4	98.5
油脂类	91.7	101.3	肉禽蛋	107.5	104.9
鲜　菜	102.7	93.6	猪　肉	104.8	118.2
大白菜	103.2	123.2	白条鸡	126.6	96.4
莲花白	84.0	122.7	鸡　蛋	115.4	80.4
芹　菜	108.4	99.6	水产品	103.4	103.8
青　笋	93.2	104.7	鲜　果	98.0	92.4
萝　卜	126.5	106.1	干　果	113.5	106.5

8—17 外国和港澳台地区直接投资

(1997年)

	签订合同企业(项目个数)	外商协议投资额(万美元)	直接利用外资总额(万美元)	期末注册企业数(个)
总计	**129**	**15661**	**11168**	**2152**
按投资方式分				
独资经营	50	5830	2156	511
合资经营	70	6848	7038	1513
合作经营	9	2983	1974	127
按国民经济行业分				
#农、林、牧、渔业	3	54	19	29
制造业	85	8838	4966	1430
建筑业	6	1250	480	26
运输、仓储、邮电业			265	9
批发和零售贸易、餐饮业	10	583	1129	150
房地产、社会服务业	24	4799	4213	362
按国别、地区分				
#香港	38	4897	3179	1244
台湾	31	816	767	380
新加坡	11	1429	552	58
菲律宾				6
英国	2		228	16
加拿大	5	798		30
美国	20	1493	2023	214

8—18 外国和港澳台地区投资企业经营状况

(1997 年)

单位:万元

	资本金		资产合计	负债合计
	合计	#国家资本金		
总计	**917359**	**178778**	**2744095**	**1608483**
#国有企业与客商兴办的合资合作企业	482663	153364	1211321	657259
按国民经济行业分				
农、林、牧、渔业	3985		10806	7291
采掘业	86		119	36
制造业	603675	140744	1581821	824204
电力、煤气及水的生产和供应业	9895	1707	37147	23105
建筑业	5608	973	43490	28075
交通运输、仓储及邮电通信业	13539	1790	26382	5276
批发和零售贸易、餐饮业	64308	7020	181383	135505
房地产业	156724	17548	566329	364127
社会服务业	51940	8297	288920	219106
卫生、体育和社会福利业	1456		1427	168
教育、文化艺术及广播电影电视业	1360	699	2016	494
科学研究和综合技术服务业	3214		1933	87
其他行业	1569		2322	1009
按地区分				
亚　洲	711530	126987	2048241	1166895
非　洲	200		1634	952
欧　洲	97662	28706	263028	169536
拉丁美洲	2136		10239	2508
北美洲	79934	19825	326158	198788
大洋洲	17249	3260	52296	26715
其　他	8648		42499	43089

8—18 续表　　　　单位:万元

	所有者权益合计	主营业务收入净额	利润总额
总　　计	**1135612**	**812902**	**—21042**
#国有企业与客商兴办的合资合作企业	554062	455092	—13921
按国民经济行业分			
农、林、牧、渔业	3515	4088	—1070
采掘业	83	228	—5
制造业	757616	636783	7253
电力、煤气及水的生产和供应业	14042	5751	556
建筑业	15414	7557	—1227
交通运输、仓储及邮电通信业	21107	3831	—927
批发和零售贸易、餐饮业	45878	88440	—7547
房地产业	202202	36202	—2568
社会服务业	69814	28505	—15367
卫生、体育和社会福利业	1259		
教育、文化艺术及广播电影电视业	1522	241	—89
科学研究和综合技术服务业	1847	39	—7
其他行业	1313	1237	—44
按地区分			
亚　洲	881347	516613	—22859
非　洲	682	350	3
欧　洲	93492	83579	—1497
拉丁美洲	7731	13881	3997
北美洲	127370	116697	5352
大洋洲	25580	15204	—3592
其　他	—590	66578	—2446

8—19 涉外旅游基本情况

	1990年		1996年		1997年	
	数　量	构成(%)	数　量	构成(%)	数　量	构成(%)
旅游人数(人)	**131349**	**100**	**122250**	**100**	**182133**	**100**
外国人	44162	33.6	81824	66.9	100232	55.0
#日　本	11052	25.0	23229	28.4	26401	26.3
菲律宾	247	0.6	460	0.6	365	0.4
新加坡	1646	3.7	7296	8.9	11820	11.8
泰　国	892	2.0	3864	4.7	9030	9.0
印度尼西亚	165	0.4	910	1.1	1374	1.4
美　国	5679	12.9	10982	13.4	12397	12.4
加拿大	1057	2.4	1697	2.1	2311	2.3
英　国	2554	5.8	3266	4.0	4043	4.0
法　国	3575	8.1	3152	3.8	3484	3.5
德　国	3543	8.0	3998	4.9	4055	4.0
意大利	2702	6.1	1591	1.9	1670	1.7
俄罗斯联邦	185	0.4	284	0.4	657	0.7
华　侨	269	0.2	710	0.6	2666	1.5
港澳台同胞	86918	66.2	39716	32.5	79235	43.5
旅游人天数(人天)	**335002**	**100**	**284298**	**100**	**412126**	**100**
外国人	172808	51.6	198080	69.7	236251	57.3
华　侨	481	0.1	1450	0.5	3726	0.9
港澳台同胞	161713	48.3	84768	29.8	172149	41.8
旅游创汇收入(万美元)			**5443**		**6206**	

8—20 旅游涉外饭店(宾馆)、写字楼经营情况

(1997 年)

	单　位	合　计	内　资	外　资
营业收入	万元	84046	64861	19185
营业成本	万元	16783	14105	2678
营业费用	万元	31747	27361	4386
营业税金及附加	万元	4234	3240	994
经营利润	万元	31281	20154	11127
管理费用	万元	20849	14019	6830
财务费用	万元	9586	9241	345
营业利润	万元	846	－3106	3952
投资收益	万元	400	400	
营业外收支差	万元	2299	2575	－276
外资饭店经营利润	万元	318		318
利润总额	万元	3545	－131	3676
接待海外旅游者收入	万元	12330	6890	5440
客房出租率	%	48.86	48.41	53.21
客房实际平均价格	元/间天	143	121	353
写字间出租率	%	61.22	59.13	69.85
写字间实际平均价格	元/平方米	6.60	7.58	2.56
客房数	间	9669	8582	1087
客房床位数	张	18738	16998	1740
写字间总面积	平方米	6668	4177	2491
建筑总面积	万平方米	85.22	68.60	16.62
全年工资总额	万元	12827	10179	2648
#外方员工	万元	280		280
全年职工人数	人	16942	14480	2462
#外方员工	人	28		28

8—21 成都市贸易业利税五十强企业名单

(1997年)

序号	单位名称	序号	单位名称
1	成都人民商场(集团)股份有限公司	26	四川省烟草公司新都县公司
2	四川省烟草公司成都分公司	27	四川省烟草公司邛崃市公司
3	四川省卷烟销售公司	28	中国邮电器材西南公司
4	四川省烟草物资公司	29	四川省汽车工业总公司
5	卫生部成都生物制品研究所经营开发公司	30	四川省烟叶生产购销公司
6	成都蜀都大厦股份有限公司	31	四川省烟草公司彭州市公司
7	成都华联商厦股份有限公司	32	四川省烟草公司双流县公司
8	中国航空油料西南公司	33	四川省成都日用杂品总公司(站)
9	成都百货(集团)股份有限公司	34	成都市茶叶公司
10	成都百货大楼	35	四川省烟草公司大邑县公司
11	中国烟草四川进出口公司	36	四川省石油集团有限公司
12	成都市红旗商场	37	四川省烟草公司温江县公司
13	四川省棉麻土产总公司	38	四川和正百盛广场有限公司
14	四川省新华书店	39	四川省烟草公司金堂县公司
15	成都商厦太平洋百货有限公司	40	四川省汽车工业集团公司
16	四川省烟草公司成都烟草调拨站	41	四川省商业集团有限公司
17	四川省石油总公司成都采购供应站	42	成都金蓉石油产品 5701 中转库
18	成都市西部汽车城股份有限公司	43	成都车站天祥实业公司
19	四川省都江堰市烟草公司	44	四川省糖酒公司
20	成都国贸实业集团公司	45	成都市新华书店
21	中国铁路物资成都公司	46	四川省烟草公司蒲江县公司
22	四川省盐业公司成都分公司	47	四川省烟草公司新津县公司
23	成都市医药公司	48	中国物资储运成都(集团)公司
24	四川省纺织品进出口公司	49	中国金币总公司成都特约经销部
25	四川省烟草公司崇州市公司	50	成都银利实业贸易股份有限公司

8—22 成都市餐饮业销售二十强企业名单

(1997年)

序号	企业名称	序号	企业名称
1	成都肯德基有限公司	11	双流县蓄联大饭店有限责任公司
2	成都皇城老妈餐饮娱乐有限公司	12	成都南海餐饮有限公司
3	成都市银杏潮州餐饮有限公司	13	成都市青羊区旅游饮食服务公司滇味餐厅
4	四川德客士食品有限公司	14	四川省八重天餐饮娱乐购物大世界
5	成都娱乐有限公司	15	成都松林大酒家
6	狮子楼酒店	16	王府歌宴
7	四川花园餐饮娱乐有限公司	17	四川益城餐饮娱乐有限公司
8	成都五粮液大酒店	18	成都明远楼酒家
9	成都钻石娱乐城有限公司	19	成都棠湖宾馆
10	四川省蜀都餐饮有限公司	20	成都市天乐宫大酒店

8—23 成都市贸易业销售百强企业名单

(1997 年)

序号	单 位 名 称	序号	单 位 名 称
1	四川省农业生产资料总公司	26	中国铁路物资成都公司
2	四川省烟草公司成都烟草调拨站	27	四川省成都市糖酒公司
3	中国农业生产资料成都公司	28	中国农业机械西南公司
4	成都人民商场(集团)股份有限公司	29	四川省石油总公司成都采购供应站
5	四川省新华书店	30	成都市机电设备总公司
6	成都百货(集团)股份有限公司	31	四川省农资公司成都经营站
7	四川省汽车工业总公司	32	成都中业贸易(集团)有限责任公司
8	四川省烟草公司成都分公司	33	成都市医药公司
9	中国汽车贸易西南公司	34	成都蜀都大厦股份有限公司
10	四川省丝绸进出口公司	35	成都市红旗商场
11	成都市西部汽车城股份有限公司	36	四川省烟草物资公司
12	成都百货大楼	37	成都商厦太平洋百货有限公司
13	四川省机电设备总公司	38	四川省邮电器材总公司
14	中国物资储运成都(集团)公司	39	四川省服装进出口(集团)公司
15	成都华联商厦股份有限公司	40	成都市文化用品钟表总公司
16	四川省粮油食品进出口公司	41	成都市土产进出口公司
17	中国航空油料西南公司	42	卫生部成都生物制品研究所经营开发公司
18	四川省卷烟销售公司	43	成都市农业生产资料总公司
19	四川省纺织品进出口公司	44	成都市畜产进出口公司
20	四川省金属材料总公司	45	成都市果品公司
21	四川省五矿、机械进出口公司	46	中国化工供销西南公司
22	四川省畜产进出口公司	47	成都市建筑材料总公司
23	四川省石油集团有限公司	48	四川省烟叶生产购销公司
24	四川物资(集团)有限公司	49	成都金蓉石油产品 5701 中转库
25	四川省棉麻土产总公司	50	四川省化工轻工总公司

8—23 续表

序号	单位名称	序号	单位名称
51	四川省环联电器公司	76	成都医药采购供应站
52	中国邮电器材西南公司	77	四川省烟草公司双流县公司
53	金堂县物资总公司	78	四川省医药公司
54	四川省糖酒公司	79	四川省石油公司成都分公司
55	中国有色金属进出口四川公司	80	成都国贸实业集团公司
56	四川省有色金属材料总公司	81	成都市金属材料总公司
57	中国机电设备西南公司	82	中国钢铁炉料西南公司
58	邛崃市粮油总公司	83	中国航空工业供销四川公司
59	四川和正百盛广场有限公司	84	成都全兴大厦太平洋百货有限公司
60	中国石油物资成都公司	85	四川省化学工业总公司
61	四川省日用杂品总公司	86	四川省烟草公司崇州市公司
62	成都市中药材公司	87	四川省成都市交电公司
63	中国物资储运成都(集团)公司物资供应公司	88	四川省盐业公司成都分公司
64	四川亿人(集团)有限责任公司	89	成都市武侯区供销社总公司
65	四川省成都日用杂品总公司(站)	90	四川金叶实业发展公司
66	四川省牧工商总公司	91	四川西农汽车摩托车销售服务中心
67	四川省金属材料代理公司	92	中国航天工业供销西南公司
68	成都国光电子管总厂工贸公司	93	成都老福爷百货商厦
69	成都外贸大厦购物中心	94	成都市春北糖酒食品公司
70	四川省都江堰市烟草公司	95	成都市机械工业供销总公司
71	四川省商业集团有限公司	96	四川省煤炭工业供销总公司
72	成都轻工实业总公司	97	四川省民族贸易联合公司
73	成都市新华书店	98	四川省外文书店
74	中国烟草四川进出口公司	99	四川东方食品发展有限公司
75	四川省供销社综合贸易总公司	100	四川锦江友谊商务公司

主要统计指标解释

社会消费品零售总额 指各种经济类型的批发零售贸易业、餐饮业、制造业和其他行业在一定时期内，对城乡居民和社会集团的消费品零售额及农民对非农业居民零售额的总和。社会消费品零售总额包括：

(1)售给城乡居民作为生活用的商品和修建房屋用的建筑材料；(2)售给机关、团体、学校、部队、企业、事业单位的职工食堂和旅店(招待所)附设专门供本店旅客食用，不对外营业的食堂的各种食品、燃料；企业、单位和国营农场直接售给本单位职工和职工食堂的自己生产的产品；(3)售给部队干部、战士生活用的粮食、副食品、衣着品、日用品、燃料；(4)售给来华的外国人、华侨、港澳台同胞的消费品；(5)居民自费购买的中、西药品、中药材及医疗用品；(6)报社、出版社直接售给居民和社会集团的报纸、图书、杂志、集邮公司出售的新、旧纪念邮票、特种邮票、首日封、集邮册、集邮工具等；(7)旧货寄售商店自购、自销部分的商品；(8)煤气公司、液化石油气站售给居民和社会集团的煤气灶具和罐装液化石油气；(9) 农民售给非农业居民和社会集团的商品。

商品交易市场成交额 指在固定场所、设施，有若干经营者入场实行集中、公开交易各类实物商品的市场成交的全部商品金额。包括各类消费品市场和生产资料市场成交的全部商品金额。

商品零售价格指数 是反映城乡商品零售价格变动趋势的一种经济指数。零售物价的调整变动直接影响到城乡居民的生活支出和国家的财政收入，影响居民购买力和市场供需平衡，影响消费与积累的比例。

居民消费价格指数 是反映一定时期内城乡居民所购买的生活消费品价格和服务项目价格变动趋势和程度的相对数。是按城市居民消费价格指数和农民消费价格指数综合计算取得。

对外借款 是我国利用外资的主要部分。包括我国通过外国政府贷款，国际金融组织贷款，外国银行商业贷款，出口信贷以及对外发行债券，股票等方式，从境外筹措的资金。

外商直接投资 是指外国企业和经济组织或个人(包括华侨、港澳台胞以及我国在境外注册的企业)按我国有关政策、法规，用现汇、实物、技术等在我国境内开办外商独资企业、与我国境内的企业或经济组织共同举办中外合资经营企业、合作经营企业或合作开发资源的投资(包括外商投资收益的再投资)以及经政府有关部门批准的项目投资总额内，企业从境外借入的资金。

旅游人数 指来我国参观、访问、旅行、探亲、访友、休养、考察、参加会议和从事经济、科技、文化、教育、体育、宗教等活动的外国人、华侨、港澳和台湾同胞的人数。不包括外国在我国的常住机构，如使领馆、通讯社、企业办事处的工作人员；来我国常驻的外国专家、留学生以及在岸逗留不过夜人员。

国际旅游(外汇)收入 指入境旅游的外国人、华侨、港澳台同胞在中国大陆旅游过程中发生的一切旅游支出，对于国家来说就是国际旅游(外汇)收入。

进出口总额 海关进出口总额指实际进出我国国境的货物总金额。包括对外贸易实际进出口货物，来料加工装配进出口货物，国家间、联合国及国际组织无偿援助物资和赠送品，华侨、港澳台同胞和外籍华人捐赠品，租赁期满归承租人所有的租赁货物，进料加工进出口货物，边境地方贸易及边境地区小额贸易进出口货物(边民互市贸易除外)，中外合资经营企业、中外合作经营企业、外商独资经营企业进出口货物和公用物品，到、离岸价格在规定限额以上的进出口货样和广告品(无商业价值、无使用价值和免费提供出口的除外)，从保税仓库提取在中国境内销售的进口货物，以及其他进出口货物。我国规定出口货物按离岸价格统计，进口货物按到岸价格统计。

利用外资 指我国各级政府、部门、企业和其他经济组织通过对外借款，吸收外商直接投资以及用其他方式筹措的境外现汇、设备、技术等。

9

财政、金融和保险
FINANCE, BANKING AND INSURANCE

简要说明：

一、主要内容

本部份包括历年财政收支及构成；市及市以下金融机构及国家银行信贷收支、现金收支情况；全市保险机构在本市的保险业务开办情况。

二、资料来源

财政资料来源于成都市财政局。

金融资料来源于成都市人民银行。

保险资料来源于中保财产保险和中保人寿保险有限公司成都市分公司、中国平安保险股份有限公司成都分公司及中国太平洋保险公司成都分公司在成都地区开办的保险业务。

三、其他需要说明的问题

金融部份除 9—6 表中城乡居民储蓄存款含省级金融机构在本市储蓄外，其余金融指标均未含省级金融机构在本市的业务部份。

9—1 历年财政收入与财政支出

年份	财政收入（万元）	财政支出（万元）	财政收支差额（万元）	增长速度±（%）		相当于国内生产总值比例（%）	
				财政收入	财政支出	财政收入	财政支出
1950	52	83	−31			0.1	0.2
1951	282	463	−181	4.4倍	4.6倍	0.6	1.0
1952	794	1407	−613	1.8倍	2.0倍	1.6	2.8
1953	9409	2723	6686	10倍	93.5	15.1	4.4
1954	9614	2887	6727	2.3倍	6.0	14.5	4.4
1955	10520	3188	7332	9.4	10.4	15.1	4.6
1956	12141	4635	7506	15.4	45.4	15.3	5.8
1957	15334	4923	10411	26.3	6.2	17.0	5.5
1958	25431	12174	13257	65.8	1.5倍	24.5	11.7
1959	40407	17679	22728	58.9	45.2	32.2	14.1
1960	60046	26489	33557	48.6	49.8	46.9	20.7
1961	21690	8613	13077	−63.9	−67.5	27.2	10.8
1962	14346	4997	9349	−33.9	−42.0	18.5	6.5
1963	20010	5996	14014	39.5	20.0	23.6	7.1
1964	19321	10375	8946	−3.4	73.0	18.5	10.0
1965	21776	11314	10462	12.7	9.1	16.0	8.3
1966	25184	11583	13601	15.7	2.4	15.1	6.9
1967	18501	9730	8771	−26.5	−16.0	12.6	6.6
1968	9991	7327	2664	−46.0	−24.7	8.4	6.1
1969	18803	12430	6373	88.2	69.6	12.4	8.2
1970	27519	13991	13528	46.4	12.6	13.4	6.8
1971	33571	17326	16245	22.0	23.8	14.5	7.5
1972	35024	18636	16388	4.3	7.6	15.7	8.3
1973	33229	17077	16152	−5.1	−8.4	14.4	7.4

注：增长速度以上年为基期。

9—1 续表

年 份	财政收入（万元）	财政支出（万元）	财政收支差 额（万元）	增长速度±（%）		相当于国内生产总值比例（%）	
				财政收入	财政支出	财政收入	财政支出
1974	29519	15734	13785	−11.2	−7.9	13.3	7.1
1975	40904	18989	21915	38.6	20.7	16.5	7.7
1976	39098	20009	19089	−4.4	5.4	17.6	9.0
1977	50167	21368	28799	28.3	6.8	17.5	7.5
1978	73882	29626	44256	47.3	38.7	20.6	8.3
1979	74864	34597	40267	1.3	16.8	18.1	8.4
1980	75687	33359	42328	1.1	−3.6	16.4	7.2
1981	70933	30410	40523	−6.3	−8.8	14.5	6.2
1982	73839	30466	43373	4.2	0.2	13.3	5.5
1983	86090	35018	51072	16.6	15.0	13.7	5.6
1984	95642	45790	49852	11.1	30.8	13.4	6.4
1985	116497	59707	56790	21.8	30.4	13.5	6.9
1986	133535	68105	65430	14.6	14.1	14.1	7.2
1987	138508	72036	66472	3.7	5.8	12.0	6.2
1988	163280	81306	81974	17.9	12.9	11.2	5.6
1989	195905	105061	90844	20.0	29.2	12.0	6.4
1990	203981	119179	84802	4.1	13.4	10.5	6.1
1991	224354	144965	79389	10.0	21.6	9.5	6.1
1992	249041	167589	81452	11.0	15.6	8.3	5.6
1993	337751	244909	92842	35.6	46.1	8.1	5.9
1994	458905	284996	173909	35.9	16.4	8.2	5.1
1995	528933	352085	176848	15.3	23.5	7.4	4.9
1996	654185	444024	210161	23.7	26.1	7.5	5.1
1997	772534	528323	244211	18.1	19.0	7.7	5.2

9—2 财 政 收 入

单位:万元

	1978年	1980年	1990年	1995年	1996年	1997年
财政收入	**73882**	**75687**	**203981**	**528933**	**654185**	**772534**
工商税收	37465	40824	172818	443129	513911	589633
农业税收	3926	4580	11903	24812	35561	36892
企业收入	32303	30184	6290	18614	32331	47577
专款收入			4797	12873	15770	15870
纳入预算管理基金收入						24378
其他收入	188	99	8173	29505	56612	58184
地方财政收入				**297000**	**379021**	**462312**

9—3 财 政 支 出

单位:万元

	1978年	1980年	1990年	1995年	1996年	1997年
财政支出	**29626**	**33359**	**119179**	**352085**	**444024**	**528323**
#生产性支出	8184	6902	16604	64040	92422	118128
专款支出			14008	41345	60344	71076
纳入预算管理基金支出						18807
价格补贴支出			9386	12518	14983	11096
支农支出	2422	3455	9318	23575	27192	31076
文教卫支出	8276	9605	37938	93033	110461	120600
行政支出	2872	3421	12081	35029	40836	47784
公检法支出			6009	21853	30573	35302

9—4 城市维护费及建设资金支出

单位：万元

	1990年	1995年	1996年	1997年
总　　计	**29883**	**106725**	**122506**	**147577**
城市公共设施及维护费	16486	69216	78741	92509
#道　路	5736	26229	31293	25608
排　水	444	3667	2357	1209
环境卫生	1817	16153	19726	19932
园林绿化	2921	8657	9827	12595
城市公用事业建设及维护费	2939	8828	8885	14949
#自来水	904	3496	3995	3873
城市住宅建设及维护费	4761	17072	20484	26027
#公共住宅建设及维护费	3355	13192	16096	22855
环境保护补助资金	1238	3700	4475	3435
城市水源建设资金	188	296	780	874
其他支出	4271	7613	9141	9783

9—5 地方财政用于文教、卫生、科学部门支出

单位：万元

	1990年	1995年	1996年	1997年
总　　计	**38248**	**93277**	**110417**	**120437**
文化、出版	1193	2454	2738	4148
教　育	21874	55397	64966	68986
卫　生	6364	14070	16493	17902
公费医疗	5339	13570	15391	19212
体　育	995	1609	2326	1732
科　学	816	1486	1641	1872
地　震	31	80	116	200
广播电影电视	480	969	1380	1473
文　物	144	430	1164	532
计划生育	847	2677	3186	3707
其　他	165	535	1016	673

注：教育不含教育附加费支出。

9—6 金融机构信贷收入

单位：万元

	1990 年	1995 年	1996 年	1997 年
年末存款余额	**1604458**	**5888530**	**7463074**	**8918575**
＃企业存款	558479	2277067	3033241	3668235
＃工　业		446777	568197	709415
商　业		180893	191027	252819
乡镇企业存款		55114	70959	78630
三资企业存款		37968	46869	69131
城乡居民储蓄存款	791512	3413800	4339490	5151022
农村存款		21730	22790	22320
信托类存款		368866	365318	304514

注：城乡居民储蓄存款含省金融机构在蓉储蓄数。

9—7 金融机构信贷支出

单位：万元

	1990 年	1995 年	1996 年	1997 年
年末贷款余额	**1605300**	**4978719**	**5990567**	**7022430**
＃短期贷款	1239333	3362774	4042019	4727410
＃工　业	586388	1205886	1433703	1586987
商　业	446325	1116695	1266642	1418330
农　业	23738	86661	116436	159987
中长期贷款	198217	824527	915111	1253430
＃技术改造	130857	431274	503939	701175
基本建设	51409	235973	253940	262610

9—8 国家银行信贷收入

单位:万元

	1978年	1980年	1990年	1995年	1996年	1997年
年末存款余额	**237967**	**221263**	**1296489**	**4321978**	**5566929**	**6680364**
#企业存款			523869	1894383	2639701	3216624
#工　业	30544	38443	175200	428500	553035	687203
商　业	14523	13933	98400	117500	137303	154531
乡镇企业			7700	55100	70959	78630
城镇居民储蓄存款	19449	30980	599200	2356500	2871347	3413159
农村存款			78690	21730	22790	22320
信托类存款			15151	58619	29426	5968

9—9 国家银行信贷支出

单位:万元

	1978年	1980年	1990年	1995年	1996年	1997年
年末贷款余额	**225304**	**232778**	**1376560**	**3866471**	**4673573**	**5570779**
#短期贷款			1122828	2800642	3431251	4060540
#工　业	50153	56784	579349	1150973	1384269	1542746
商　业	102012	100730	434906	997882	1144771	1288578
农　业			20257	59072	76991	106222
中长期贷款			189325	789857	856010	1200395
#技术改造			130857	431274	503939	701175
基本建设			51409	235973	253940	262610

9—10 国家银行现金收入

单位:万元

	1978年	1980年	1990年	1995年	1996年	1997年
现金收入	**144048**	**230362**	**1751065**	**10189352**	**12919604**	**15063348**
#商品销售收入	97951	152552	615750	2465411	2891151	3151330
服务事业收入	14708	21067	152126	638051	795339	961717
农村信用社收入	3387	6271	58242	235446	292583	312181
乡镇企业收入			28519	274081	410928	494975
城乡个体经营收入			5963	131660	311960	453991
储蓄存款收入	21026	40312	666919	4815827	6062091	7220400
汇兑收入			22102	78101	114821	196938
债券收入			16077	106124	108427	80462

9—11 国家银行现金支出

单位:万元

	1978年	1980年	1990年	1995年	1996年	1997年
现金支出	**139022**	**224825**	**1616964**	**9467860**	**11849209**	**13661810**
#工资性支出			461644	1467698	1624809	1803124
#国家工资	43554	54726	185463	565878	627600	684988
国家职工奖金			50054	142597	156403	187249
城镇集体工资奖金			65747	191392	196878	240047
工矿产品收购支出			17987	130670	165571	194657
行政企事业管理费支出	10504	17174	144238	877450	1075821	1273870
农副产品采购支出	17272	32605	138166	412787	474102	490919
农村信用社支出	19752	33362	103601	317147	358888	302510
城乡个体经营支出			11341	171451	271735	333953
储蓄存款支出			520893	4327324	5656481	6808663
汇兑支出			28807	127438	175573	233582
债券支出			26249	73184	68529	81021

9—12 全市银行类金融机构数

（1997年末）

单位：个

	合计	#人民银行	#商业银行	#城市信用社	#农村信用社	#外资银行
总　　计	**2608**	**13**	**1469**	**50**	**876**	**9**
市级机构	7	1	6			
市区内机构	966		789	2	94	9
支　行	111		111			
分理处	240		240			
储蓄所	510		438			
主　社	19			1	18	
分　社	77			1	76	
外资银行分行	1					1
外资银行办事处	8					8
郊县机构	1635	12	674	48	782	
支　行	64	12	52			
分理处	199		199			
储蓄所	542		423			
主　社	392			12	380	
分　社	438			36	402	

注：合计中含邮政储蓄机构数。

9—13 全市非银行类金融机构数

(1997 年末)　　单位:个

	合　计	地市级机构	市区内机构	郊县机构
总　　计	**136**	**2**	**104**	**30**
保险公司	43	2	18	23
信托投资公司	3		3	
证券业机构	29		27	2
其他非银行机构	61		56	5

9—14 国　内　保　险

	单位	1996 年	1997 年		单位	1996 年	1997 年
承保额	**亿元**	**1298**	**1518**	长期人身险	万元	22198	79792
#财产险	亿元	879	1209	**赔款支出**	**万元**	**38782**	**38885**
人身险	亿元	301	309	#财产险赔款	万元	28647	36775
保费收人	**万元**	**87304**	**157598**	短期人身险	万元	1302	1565
#财产险	万元	61385	72564	长期人身险	万元	8736	347
短期人身险	万元	3680	5231	**赔案件数**	**件**	**576745**	**562351**

主 要 统 计 指 标 解 释

财政收入 包括:(1)各项税收 包括增值税、营业税、消费税、土地增值税、城市维护建设税、资源税、城市土地使用税、印花税、固定资产投资方向调节税、个人所得税、企业所得税、关税、农牧业税和耕地占用税等。(2)专项收入 包括征收排污费、征收城市水资源费收入,教育费附加收入等。(3)其他收入 包括基本建设贷款归还收入、国家能源交通重点建设基金收入、国家预算调节基金等。(4)国有企业计划亏损补贴 这项为负收入,冲减财政收入。

财政支出 主要包括:基本建设支出、企业挖潜改造资金、地质勘探费用、科技三项费用、支援农村生产支出、农林水利气象等部门的事业费用、工业交通商业等部门的事业费用、文教科学卫生事业费、抚恤和社会福利救济费、国际支出、行政管理费、价格补贴支出等。

属于地方财政的收入包括营业税、地方企业所得税、个人所得税、城镇土地使用税、固定资产投资方向调节税、城镇维护建设税、房产税、车船使用税、印花税、屠宰税、农牧业税、农业特产税、耕地占用税、契税、增值税25%部分,证券交易税(印花税)的50%部分和除海洋石油资源税以外的其他资源税。

地方财政支出 地方财政支出主要包括地方行政管理和各项事业费,地方统筹的基本建设、技术改造支出,支援农村生产支出,城市维护和建设经费,价格补贴支出等。

预算外资金收支 预算外资金是有关单位凭借国家权力或由国家授权而取得的没有纳入国家预算管理的财政性资金。其收入包括地方财政部门的各项附加收入,集中事业收入,专项收入等,事业行政单位的专用基金,经营性服务纯收入,行政事业性收费,专项资金,中小学勤工俭学收入,税收分成等。其支出包括固定资产投资支出,城市维护支出,福利奖励支出,行政事业支出等。

信贷资金 国家银行用于发放贷款的资金叫信贷资金。中国人民银行信贷资金的来源有各项存款、对国际金融机构负债、流通中货币、银行自有资金及当年结益等。信贷资金的运用有各项贷款、黄金占款、外汇占款、财政借款及在国际金融机构中的资产等。

存款 企业、机关、团体或居民根据可以收回的原则,把货币资金存入银行或其他信用机构保管并取得一定利息的一种信用活动形式。根据存款对象的不同可划分为企业存款、财政存款、机关团体存款、基本建设存款、城镇储蓄存款、农村存款等科目。它是银行信贷资金的主要来源。

贷款 银行或其他信用机构根据必须归还的原则,按一定利率,为企业、个人等提供资金的一种信用活动形式。我国银行贷款分为流动资金贷款、固定资产贷款、城乡个体工商户贷款以及农业贷款等科目。

承保额 又叫保险金额。它是保险人对被保险人损失补偿或约定给付的金额。它是保险合同上的最高责任额,也是计算保费的依据。

保费 又叫保险费。是保险人根据保险合同的有关规定,为被保险人取得因约定危险事故发生所造成的经济损失补偿(或给付)权利,付给保险人的代价。包括财产险和人身险储金收入。

赔款 保险事故发生后,经查证确属保险责任范围以内的保险标的损失,保险人根据保险合同的规定履行赔偿义务,给予被保险人的款项叫做赔款。赔款可分为已决赔款和未决赔款两种。

10

科技、教育和文化
SCIENCE TECHNOLOGY,EDUCATION AND CULTURE

简要说明：

一、主要内容

本部份包括科学技术活动、科技人员、教育、文化、艺术事业等基本情况。

二、资料来源

科技资料来源于成都市科委和成都市高新技术产业开发区管委会。

教育资料分别来源于四川省教委和成都市教委。

文化资料分别来源于成都市文化局、文物局。

广播、电视资料来源于成都市广播电视局。

图书、报纸、杂志资料来源于成都市新闻出版局。

三、其他需要说明的问题

本部份中除各类教育为全社会资料外，其余科技、文化、广播电视等均未包括省及省以上数据。

10—1 科研机构、人员、经费及活动情况

(1997 年)

	单 位	合 计	社会人文科学技术	自然科学技术	科技情报文献机构
机构数	个	121	10	101	10
#地市属	个	25	2	21	2
职工人数	人	25164	740	23778	646
#从事科技活动人员	人	15578	557	14536	485
#专业技术干部	人	15860	555	14721	584
经费收入	万元	160369	1616	156583	2170
#政府拨款	万元	36719	1407	33667	1645
#科学事业费	万元	18174	1330	15574	1270
科技专项费	万元	7827	32	7532	263
经费支出	万元	149366	1551	145751	2064
#科研业务费支出	万元	28096	407	27219	470
固定资产原值	万元	173513	2883	164945	5685
课题情况:课题数	个	2105	121	1956	28
经费支出	万元	19109	94	18989	26
投入人员	人	5226	251	4937	38
签订技术合同	项	1684	1	1626	57
#技术开发	项	489		488	1
技术转让	项	101		101	
发表科技论文	篇	2586	744	1787	55
#国外发表	篇	173	30	143	0
出版科技著作	种	154	105	44	5
专利申请受理数	件	50	1	49	
专利授权数	件	32		32	
#发明专利	件	11		11	
科技成果登记项数	项	362	181	175	6
#已应用项数	项	127	17	104	6
获奖科技成果项数	项	218	70	142	6
#国家级	项	18	7	11	
省部级	项	114	28	86	
地市级	项	86	35	45	6

10—2 企事业单位专业技术人员

(1997年)

单位:人

	合计	中央	省级	市属	区县属
总　计	**420562**	**138695**	**54133**	**98039**	**129695**
企业单位	**221015**	**86413**	**23753**	**77084**	**33765**
#工程技术人员	86941	33897	8578	32771	11695
农业技术人员	1129	6	177	612	334
科学研究人员	413	210	178	4	21
卫生技术人员	10303	5460	967	3366	510
教学人员	9371	5036	628	3635	72
图书档案人员	1904	926	173	630	175
经济人员	52717	20069	6823	17674	8151
会计人员	36157	12079	3783	10535	9760
统计人员	5899	1343	418	2324	1814
政工人员	13433	6602	1302	4665	864
事业单位	**199547**	**52282**	**30380**	**20955**	**95930**
#工程技术人员	31163	18260	8196	2239	2468
农业技术人员	2252	9	362	108	1773
科学研究人员	9669	7380	2164	98	27
卫生技术人员	41829	6669	6040	8378	20742
教学人员	87998	13458	6629	7343	60568
图书档案人员	3423	1499	1079	392	453
经济人员	3212	1047	920	567	678
会计人员	6808	1995	1633	917	2263
统计人员	767	221	110	94	342
政工人员	1605	1171	215	85	134

10—3 国家级高新技术产业企业主要经济指标

(1997 年)

	单位	合计	区内企业	区外企业
企业数	个	181	121	60
总产值	万元	825572	384563	441009
总收入	万元	773850	331918	441932
#技术收入	万元	15629	9760	5869
产品销售收入	万元	684992	304947	380045
#新产品收入	万元	139379	30540	108839
#高新技术产品收入	万元	354876	155437	199439
出口创汇总额	万美元	6050	1500	4550
净利润	万元	58173	46886	11287
实际上缴税费总额	万元	74485	33151	41334
总成本与费用	万元	584903	236145	348758
年末资产总计	万元	1716634	796941	919693
#流动资产	万元	733261	362954	370307
长期投资	万元	85304	54815	30489
固定资产原价	万元	643393	184906	458487
#固定资产净值	万元	499758	175340	324418
无形资产	万元	228014	125819	102195
年末负债合计	万元	778722	303252	475470
年末所有者权益	万元	937913	493689	444224
本年技术开发经费筹集额	万元	34864	22450	12414
技术开发经费支出总额	万元	25628	15464	10164
#研究与发展支出	万元	16305	11364	4941
年末职工人数	人	52232	19706	32526

注:区内、区外企业指高新技术产业开发区范围内外企业

10—4 国家级科技计划项目执行情况

（1997 年）

	单　位	星火计划项　目	火炬计划项　目	成果推广计划项目（实施部分）
计划总投资	万　元	54045	107157	8087
项目落实资金	万　元	18470	10459	4471
#政府部门资金	万　元	600	84	4
贷　　款	万　元	7390	2140	1472
其他资金	万　元	294	2566	4
国外资金	万　元		71	
自有资金	万　元	10186	5599	2991
项目支出合计	万　元	8682	8154	2823
#研制费	万　元	1023	1486	469
购买工艺、技术等	万　元	51	341	64
生产性投资	万　元	5849	5108	2075
产品广告宣传营销支出	万　元	651	644	38
人员培训支出	万　元	282	215	31
其　　他	万　元	826	360	147
已偿还项目资金	万　元	420	880	382
#已偿还政府资金	万　元			
已偿还贷款	万　元	420	880	352
项目效益及成果				
新增产值	万　元	56640	55268	5461
出口额	万美元	253	8.8	12
净利润额	万　元	4898	3576	664
实交税金	万　元	2685	2598	216
专利授权数	项	1	2	
#发　明	项			
国外授权	项	1		
节约各种能源、资源折人民币	万　元			1174

10—5 教育事业基本情况

	单　位	1978 年	1980 年	1990 年	1995 年	1996 年	1997 年
学校数							
高等学校	所	14	14	19	20	20	20
中等专业学校	所	40	44	50	55	55	55
普通中学	所	785	614	580	558	559	558
小　学	所	4521	4713	3580	3063	2869	2819
在校生数							
高等学校	人	19632	28790	56874	77507	81083	85686
中等专业学校	人	14967	17306	27972	51160	57387	61859
普通中学	人	568892	429504	347004	373207	373014	354566
小　学	人	1169996	1196133	670718	725625	760667	794376
毕业生数							
高等学校	人	4411	4216	16777	24535	21900	20872
中等专业学校	人	3470	4293	8401	11651	14632	16357
普通中学	人	224859	168147	87343	95417	101444	120425
小　学	人	222196	188366	139585	118529	94414	91449
招生数							
高等学校	人	7973	6603	16087	24636	25476	26472
中等专业学校	人	6676	5153	9703	18913	20703	22227
普通中学	人	252526	167991	115835	136447	115725	118210
小　学	人	271820	223052	91258	130786	127335	122798
专任教师数							
高等学校	人	6940	7366	10699	10701	11051	10867
中等专业学校	人	2206	2622	3262	3514	3572	3621
普通中学	人	27435	25301	24947	26976	27578	28047
小　学	人	39821	41395	40492	37036	37349	37727
每一教师负担学生数							
高等学校	人	2.8	3.9	5.3	7.2	7.3	7.9
中等专业学校	人	6.8	6.6	8.6	14.6	16.1	17.1
普通中学	人	20.7	17.0	13.9	13.8	13.5	12.6
小　学	人	29.4	28.9	16.6	19.6	20.4	21.1

10—6 各类学校基本情况

(1997 年)

	学校数(所)	毕业生(人)	招 生(人)	在校生(人)	专任教师(人)
高等学校	**20**	**20872**	**26472**	**85686**	**10867**
中等专业学校	**55**	**16357**	**22227**	**61859**	**3621**
中等技术学校	48	14714	20818	58057	3245
中等师范学校	7	1643	1409	3802	376
普通中学	**558**	**120425**	**118210**	**354566**	**28047**
高 中	171	14820	28666	69418	5705
初 中	387	105605	89544	285148	22342
职业中学	**62**	**10391**	**17164**	**40321**	**3244**
高 中	58	10067	17115	39965	3211
初 中	4	324	49	356	33
技工学校	**67**	**6742**	**7612**	**18099**	**1971**
小 学	**2819**	**91449**	**122798**	**794376**	**37727**
特殊教育学校	**8**	**139**	**227**	**1944**	**210**
盲、聋哑学校	6	69	139	381	114
弱智儿童辅读学校	2	70	88	1563	96

10—7 普通高校研究生概况

(1997 年)

单位：人

	毕业生	招 生	在校生	毕业班学生
总 计	**1685**	**2101**	**6026**	**1859**
攻读博士学位研究生	258	438	1429	514
攻读硕士学位研究生	1427	1663	4597	1345

10—8 普通中学基本情况

（1997年）

	学校数（所）	毕业生（人）	招生数（人）	在校生（人）	教职员工（人）	专任教师（人）
总　　计	**558**	**120425**	**118210**	**354566**	**36481**	**28047**
城　市	120	32314	34393	102990	11402	8335
县　镇	288	62520	63305	187050	19200	14935
农　村	150	25591	20512	64526	5879	4777
高　　中	**171**	**14820**	**28666**	**69418**		**5705**
城　市	77	5503	11292	26921		2278
县　镇	92	9217	17152	41830		3360
农　村	2	100	222	667		67
初　　中	**387**	**105605**	**89544**	**285148**		**22342**
城　市	43	26811	23101	76069		6057
县　镇	196	53303	46153	145220		11575
农　村	148	25491	20290	63859		4710

10—9 小学基本情况

（1997年）

	学校数（所）	毕业生（人）	招生数（人）	在校生（人）	教职员工（人）	专任教师（人）
总　　计	**2819**	**91449**	**122798**	**794376**	**43134**	**37727**
城　市	187	19215	18087	124720	8526	6940
县　镇	289	25358	31308	205795	12186	10042
农　村	2343	46876	73403	463861	22422	20745

10—10 成人高校、中等专业学校教育基本情况

单位:人

	1990年	1995年	1996年	1997年
成人高等院校				
毕业生数	14849	20588	22860	20956
在校生数	51247	70437	73419	67333
招生数	17925	24646	26122	26553
教职工数	6976	6772	6955	7232
#专任教师	3044	2968	3075	3340
成人中等专业学校				
毕业生数	5445	28505	29882	26667
在校生数	25410	124105	123618	128872
招生数	1676	50538	53597	53781
教职工数	1678	6288	6157	6280
#专任教师	1001	2176	2097	2158

10—11 幼儿园基本情况

	单位	1990年	1995年	1996年	1997年
幼儿园数	所	2497	3003	2961	3173
幼儿园班数	班	6199	7275	7471	7562
在园幼儿数	人	181959	265145	276271	276641
#学前班	人	54841	76590	78830	76820
教职员工数	人	13269	14198	13797	14700
#教　师	人	8142	9363	9334	9970
保健员	人	587	594	678	801

10—12 文化、文物事业机构和人员数

	单 位	1990年	1995年	1996年	1997年
机 构 数					
文化事业	个	**570**	**467**	**473**	**476**
艺术事业	个	50	45	48	48
#艺术表演团体	个	20	20	20	20
艺术表演场所	个	27	24	24	24
图书馆事业	个	16	16	16	17
群众文化事业	个	486	380	392	395
群众艺术馆	个	3	3	4	5
文化馆	个	16	16	15	14
文化站	个	467	361	373	376
艺术教育科研事业	个	3	3	6	6
其他文化事业	个	15	23	11	10
文物事业	个	**31**	**33**	**34**	**34**
#博物馆	个	8	9	9	9
人 员 数					
文化事业	人	**6308**	**5988**	**6339**	**5492**
艺术事业	人	3215	2979	3676	2982
#艺术表演团体	人	2439	2377	2445	2292
艺术表演场所	人	703	602	1113	566
图书馆事业	人	432	459	483	519
群众文化事业	人	1730	1462	1238	1287
群众艺术馆	人	196	190	233	263
文化馆	人	275	290	257	258
文化站	人	1259	982	748	766
艺术教育科研事业	人	350	320	421	426
其他文化事业	人	581	768	521	278
文物事业	人	**1204**	**1289**	**1444**	**1544**
#博物馆	人	721	625	709	764

10—13 艺术表演团体及场所演出情况

	单位	1990年	1995年	1996年	1997年
艺术表演团体	个	**20**	**20**	**20**	**20**
国内演出场次	千场	2.6	2.2	1.8	2.5
国内观众人次	万人次	135.3	100.0	185.2	133.6
出访演出场次	场		365	119	77
艺术表演场所	个	**27**	**24**	**24**	**24**
座席数	千个	29.0	16.2	14.5	12.0
演映出场数	千场	53.8	13.5	49.7	30.0
#艺术场数	千场	0.7	0.3	0.1	
观众人次	万人次	1294.6	67.4	76.9	145.5
#艺术场数	万人次	46.7	22.3	20.0	21.1

10—14 群众文化事业

(1997年)

	单位	总计	群众艺术馆	文化馆	文化站
机构数	个	395	5	14	376
人员数	人	1287	263	258	766
举办展览	个	1396	42	66	1288
录相放映	场	25422		2805	22617
观众人数	万人次	849		39	810
举办训练班	次	1570	70	250	1250
组织文艺活动	次	2503	55	175	2273
藏书	万册	47	0.4	7	40
总收入	万元	2052	538	304	1210
总支出	万元	2043	521	299	1223

10—15 公共图书馆基本情况

	单位	1990年	1995年	1996年	1997年
图书馆数	个	16	16	16	17
阅览室座席数	个	2375	2200	2200	2200
总藏量	万册(件)	643	688	703	721
图书流通人数	万人次	113	119	94	84
公共房屋建筑面积	万平方米	4.1	4.6	4.6	5.2
#书　库	万平方米	1.7	1.9	1.9	2.0
阅览室	万平方米	0.8	0.8	0.8	0.9
经费支出	万元	318	804	958	1039
#购书费	万元	106	126	197	225

10—16 博物馆基本情况

	单位	1990年	1995年	1996年	1997年
博物馆数	个	8	9	9	9
综合馆	个	4	4	4	4
专业馆	个	1	2	4	5
纪念馆	个	3	3	1	
文物藏品	件	168275	185938	186193	178231
#一级品	件	513	472	868	867
陈　列	个	17	15	22	25
展　览	个	21	6	19	22
参观人数	万人次	313	304	276	315
经费支出	万元	430	1695	3071	3052
#业务费	万元	54	277	338	368
公用房屋建筑面积	万平方米	6.8	8.1	8.8	8.6

10—17 图书、报纸、杂志出版数量

	单 位	1990 年	1995 年	1996 年	1997 年
图书出版					
种 类	种	2676	3017	3833	4525
#新出版	种	1896	1876	2256	2006
总印数	万册	21152	15438	27974	33140
总印张数	万印张	82370	83894	138772	152349
报纸出版					
种 数	种	47	64	63	65
综合报	种	9	18	17	18
专业报	种	38	46	46	47
报纸总印数	万份	78813	121579	85950	105056
综合报	万份	51037	89052	54692	53438
专业报	万份	27776	32527	31258	51618
杂志出版					
种 类	种	190	246	246	254
总印数	万册	3222	3944	4268	4311

10—18 广播、电视事业基本情况

（1997 年）

	单　位	广播事业	＃市级	＃县级	电视事业	＃市级	＃县级
基本情况							
电(电视)台	座	14	1	10	10	2	7
发射台	座	18	2	13	55	1	52
节目套数	套	17	4	10	12	2	7
日(周)平均播音时间	时:分	818:02	65:00	61:55	716:14	178:05	343:45
人口覆盖率	%	98.56	93.49	56.51	94.68	87.10	37.43
节目制作情况	小时	**46284**	**18252**	**3883**	**8732**	**3847**	**2766**
新闻节目	小时	5970	2900	747	2268	1320	617
文艺节目	小时	19494	5974	1188	2684	801	1134
专题节目	小时	11543	4598	885	1285	440	323
服务性节目	小时	5683	2505	847	1503	465	652
教育节目	小时	3594	2275	216	992	821	40

注：县级电视发射台含系统内外电视发射差转台。

主 要 统 计 指 标 解 释

普通高等学校 指按照国家规定的设置标准和审批程序批准举办，通过国家统一招生考试，招收高中毕业生为主要培养对象，实施高等教育的全日制大学、独立设置的学院和高等专科学校、短期职业大学。

成人高等学校 指按照国家有关规定审批，招收通过全国成人高教统一招生考试的具有高中毕业或同等学历的在职从业人员利用脱产、半脱产、业余或函授等多种形式对其实施高等学历教育，培养高等教育专科或本科毕业水平的专门人才，修业年限、课程设置和总学时数均按高等学历教育要求付诸实施的学校。包括广播电视大学、职工高等学校、农民高等学校、管理干部学院、教育学院、独立设置的函授学院等。

小学学龄儿童入学率 指调查范围内已入小学学习的学龄儿童占学龄儿童总数(包括弱智儿童在内，但不包括盲聋哑儿童)的比重。计算公式：

$$\text{小学学龄儿童入学率}=\frac{\text{已入学的小学学龄儿童数}}{\text{校内外小学学龄儿童总数}}\times 100\%$$

独立研究与开发机构 指有明确的任务和研究方向，有一定学术水平的业务骨干和一定数量的研究人员，具有研究、开发、开展学术工作的基本条件，主要进行科学研究与技术开发活动，并且在行政上有独立的组织形式，财务上独立核算盈亏，有权与其他单位签订合同，在银行有单独户头的单位。包括国务院各部门、中国科学院、中国社会科学院和各省、自治区、直辖市以及地(市)以上〔含地(市)〕各部门所属的国有独立的科学研究与技术开发机构。

独立研究与开发机构职工 指在科学研究与技术开发机构工作，并由其支付工资的各种人员。包括长期职工和临时职工，不包括编制以外的离休、退休人员和停薪留职人员，但包括招聘人员。

研究与发展经费支出 指报告期内用于研究与实验发展课题活动(基础研究、应用研究、实验发展)的全部实际支出。包括用于研究与发展课题活动的直接支出，还包括间接用于研究与发展活动的一切支出(院、所管理费、维持院、所正常运转的必需费用和与研究发展有关的基本建设支出)。

科学家和工程师 指具有大学本科及以上学历的和不具备上述学历但有高、中级职称的人员。

其他科技人员 指大专、中专毕业和具有初级职称的从事科技活动人员。

专业技术人员 指已取得科学技术职称，或大学、中专的理、工、农、医科系毕业，以及国民经济各部门从工作实践中提拔，从事理、工、农、医等自学科学技术的研究、教学、生产的专业人员和在机关、企业、事业中从事科学技术业务管理工作的专业人员。

工程技术人员 指在国民经济各行业从事工程技术工作的自学科学技术专业人员，包括：高级工程师、工程师、助理工程师、技术员和未评定职称的技术人员。

农业技术人员 指在国民经济各行业从事农业技术工作的自然科学技术专业人员，包括：高级农艺师、农艺师、助理农艺师、技术员和未评定职称的技术人员。

卫生技术人员 指在国民经济各行业从事卫生医务工作的自然科学技术专业人员，包括：正副主任医师、主治医师、医师、医(护)士和未评定职称的技术人员。

科学研究人员 指在国民经济各行业从事科学技术活动的自然科学技术专业人员，包括：正副研究员、助理研究员、研究实习员、技术员和未评定职称的技术人员。

自然科学教学人员 指在国民经济各行业从事自然科学技术方面教学活动的专业人员，包括：正副教授、讲师、助教、教师和在中学从事自然科学技术方面教学活动的人员。

文化事业机构 指从事专业文化工作和为专业文化工作服务的独立建制的单独核算的单位。不包括这些单位另外举办独立核算的其他机构和各部门的业余文化组织。

11

体育、卫生、福利及其他

SPORTS, PUBLIC HEALTH, SOCIAL WELFARE AND OTHERS

简要说明：

一、主要内容

本部份反映体育、卫生、社会福利及其他事业发展情况。

体育：包括市及市以下群众体育和竞技体育运动员、教练员、裁判员人数，《国家体育标准达标》情况等。

卫生：包括市及市以下各类医疗卫生机构个数、床位、工作人员及病床使用率等指标。

福利：包括全市范围内社会福利院、儿童福利院、精神病人福利院及社会办敬老院等各级福利院个数、床位及收养人数；国有经济单位职工保险福利费用情况等。

其他：包括市及市以下司法、社会治安情况等。

二、资料来源

体育资料来源于成都市体委。

卫生资料来源于成都市卫生局。

社会福利资料来源于成都市民政局。

司法、社会治安等资料分别来源于成都市司法局、成都市公安局。

三、其他需要说明的问题

体育、卫生、司法、社会治安未包括在本市的省级体育、卫生、司法等机构情况。

11—1 体育活动情况

	单位	1990年	1995年	1996年	1997年
体育场地数	个	2831	2955	3138	3260
《国家体育锻炼标准》达标人数	人	556322	1126513	671092	715357
#成年组(及格级)	人	52112	623831	358458	379628
少年甲组(良好级)	人	95791	342392	210267	233435
少年乙组(优秀级)	人	217604	160290	102367	102294
等级运动员发展人数	人	172	535	773	446
#二级运动员	人	93	120	151	146
等级裁判员发展人数	人	312	658	615	508
#一级裁判员	人	66	41	103	73
优秀运动队运动员	人	108	89	66	73
优秀运动队专职教练员	人	12	17	16	14
少年儿童业余体校	所	26	28	28	28
少年儿童业余体校在校生	人	2927	3273	4303	4241
少年儿童业余体校专职教练员	人	183	165	173	173
各部门举办运动会次数	次	1173	851	1192	989

注:《国家体育锻炼标准》达标人数,1990年按年龄分组,1995年、1996年、1997年按成绩分组。

11—2 医疗卫生事业基本情况

	单 位	1990 年	1995 年	1996 年	1997 年
总　　计					
机构数	个	1675	1559	1560	1533
#医　院	个	516	567	568	562
床位数	张	35121	38579	38129	38960
#医　院	张	30438	33048	32653	33068
工作人员	人	64934	69267	70624	71866
#卫生技术人员	人	49016	52295	53099	54047
#医　生	人	23181	24745	24818	25652
中医师	人	3928	4356	4447	4653
西医师	人	15288	16933	16715	16863
中西医结合师	人	82	164	145	157
中医士	人	1034	761	772	827
西医士	人	2261	1998	2248	2702
其他中医	人	588	533	491	450
护　师	人	5919	8117	8357	8514
护　士	人	5780	5293	5700	5784
助产士	人	822	585	607	621
护理员	人	1578	1164	971	968
药剂人员	人	5172	5540	5532	5270
总计中:县及县以上医院					
机构数	个	150	158	159	159
床位数	张	23154	25736	25387	25766
工作人员数	人	34823	37510	37890	38311
#卫生技术人员	人	26589	28744	28960	29092
#医　生	人	10734	11809	11773	11720
平均每万人口拥有					
医院床位数	张	33	34	33	33
卫生技术人员	人	53	54	54	55
#医　生	人	25	26	25	26

11—3 卫生系统各级医院工作量情况

（1997 年）

	单位	部属医院	省属医院	市属医院	区（市）县属医院	街道医院	农村卫生院
诊疗人次	万人次	194.4	160.8	312.8	627.9	60.1	1123.1
#门　诊	万人次	146.6	147.2	277.9	587.3	55.7	1053.7
急　诊	万人次	13.1	13.1	31.6	33.2	4.3	31.4
实际占用病床日数	万日	64.9	77.7	122.5	174.8	21.1	96.1
病床使用率	%	90	86	63	69	70	43
病床周转次数	次	24	15	14	20	12	32
出院者平均住院日	天	14	21	15	12	11	5

11—4 公费医疗基本情况

	单位	1980 年	1985 年	1990 年	1995 年	1996 年	1997 年
人均实际支出额	元	38.97	73.61	183.98	581.33	679.42	817.01
全年支出总额	万元	410	1540	5056	19341	23508	28873
享受公医人数	万人	10.52	20.92	27.48	33.27	34.60	35.34

11—5 社会福利机构情况

	单 位	1990年	1995年	1996年	1997年
社会福利院					
单位数	个	5	5	5	5
床位数	张	710	820	779	787
年末收养人数	人	648	754	715	726
儿童福利院					
单位数	个	1	1	2	2
床位数	张	150	166	242	398
年末收养人数	人	127	166	242	375
精神病人福利院					
单位数	个	1	1	1	1
床位数	张	320	335	318	363
年末收养人数	人	322	318	287	363
社会办敬老院					
单位数	个	344	333	346	336
床位数	张	6981	8388	8436	8793
年末收养人数	人	4804	5995	6221	6337

11—6 享受抚恤补助、救济人员情况

单位：人

	1990年	1995年	1996年	1997年
抚恤人数	11003	10904	10868	10875
复退军人得到定期定量补助人数	25371	29925	30508	30503
社会散居孤老残幼得到定期定量救济人数	4702	4362	4321	2549
困难户得到定期定量救济人数	409	849	842	1181
困难户得到国家临时救济人数	62096	88452	82297	86679
精减退职老弱病残职工得到救济人数	6000	5789	5748	5736
享受原工资40%救济人数	2043	1863	1811	1839
享受定期定量救济人数	3957	3926	3937	3897

11—7 国有经济单位职工保险福利费用

年份	保险福利费用总额（万元）	#市及市以下	保险福利费用相当于工资总额（%）	#市及市以下
1983	23458	11612	27.3	28.4
1985	35629	17637	30.0	31.2
1987	54796	26320	33.3	33.9
1988	69326	37175	33.4	34.3
1989	83799	45859	34.1	35.2
1990	103564	52509	36.7	35.6
1991	118973	60949	36.9	36.5
1992	135046	70378	35.6	35.9
1993	178584	88532	39.7	39.9
1994	223336	105149	28.3	22.5
1995	305723	149488	33.0	28.0
1996	307235	136799	29.7	22.9
1997	341610	142412	37.9	34.9

11—8 国有经济单位职工保险福利费用及构成

(1997 年)

	保险福利费用总额(万元)	#市及市以下	构成(%)	#市及市以下
总计	**341610**	**142412**	**100.0**	**100.0**
在职职工保险福利费用	**94565**	**39115**	**27.7**	**27.4**
医疗卫生费	53321	22313	15.6	15.7
文体宣传费	4601	1590	1.4	1.1
集体福利设施费及补贴费	20507	9017	6.0	6.3
冬季取暖补贴	296	45	0.1	
其他	15840	6150	4.6	4.3
非在职职工保险福利费	**247045**	**103297**	**72.3**	**72.6**
离休金	15458	4510	4.5	3.2
退休金	164751	73355	48.2	51.5
退职生活费	1879	833	0.6	0.6
医疗卫生费	38866	17324	11.4	12.2
其他	26091	7275	7.6	5.1

11—9 律师、公证、调解工作基本情况

	单　位	1990 年	1995 年	1996 年	1997 年
律师工作					
法律律师事务所	个	22	53	62	66
律师工作人员	人	817	870	886	986
#专职律师	人	142	332	376	409
民事诉讼代理	件	3852	2871	3221	3707
刑事案件	件	2727	1373	1837	2497
经济案件诉讼代理	件	5830	2544	2812	3432
行政诉讼代理	件		83	66	111
非诉讼法律事务	件	1049	3467	4157	3125
解答法律咨询	件	15625	16683	13819	18701
代写法律事务文书	件	8954	7270	6315	6304
公证工作					
公证处	个	18	20	20	20
公证人员	人	111	123	119	125
#公证员	人	48	91	93	102
办理国内公证	件	16032	33478	32797	43059
民事公证	件	10423	17906	17551	23416
经济合同公证	件	5609	15572	15246	19643
办理涉外及港澳台公证	件	4294	11460	15475	15820
公证收入	万元	59.86	369.82	465.04	596.98
人民调解工作					
人民调解委员会	个	6925	6787	7102	7131
调解人员	人	48219	69228	69785	70518
专职司法助理员	人	69	100	227	286
调解纠纷总数	件	72226	57511	53720	49745

11—10 国内公证文书分类情况

单位:件

	1990年	1995年	1996年	1997年
总　　计	**16032**	**33478**	**32797**	**43059**
经济公证	**5609**	**15572**	**15246**	**19643**
#购　销	45	220	103	207
联　营	77	188	58	27
贷　款	493	4883	6822	4272
招标、投标	7	14	14	7
科技协作	21	10	4	1
劳务合同	674	663	383	1553
建筑工程承包	73	69	53	50
农、林、牧、渔业承包	2394	119	130	111
乡镇企业承包	115	64	60	104
财产租赁	89	255	205	537
其他经济合同	710	1763	2118	6303
法人(代表人)资格	33	25	43	40
法人委托书	173	222	315	130
民事公证	**10423**	**17906**	**17551**	**23416**
#收　养	813	182	143	151
解除收养	22	10	6	8
遗　嘱	319	411	528	519
产　权	218	285	339	156
亲属关系	33	141	145	102
房屋买卖	128	1276	1534	4714
房屋租赁	1981	209	81	157
留学协议	170	86	22	7
遗赠扶养协议	136	101	72	108
其他民事协议	529	4572	1885	4368
委托书	365	300	445	381
赠与书	929	2585	2359	2901
声明书	215	643	800	1361
宅基地使用权	1	934	964	527
继承权	1500	1665	1665	2767

11—11 涉外公证文书分类

(1997年)

	办证件数(件)	构成(%)		办证件数(件)	构成(%)
总计	**15820**	**100**	声明书	82	0.5
收养	122	0.8	委托书	27	0.2
遗嘱			营业证书	20	0.1
出生	1919	12.1	公司章程	2	
死亡	17	0.1	职称	138	0.9
生存、居住	12	0.1	法人资格	34	0.2
学历	2055	13.0	商标注册		
经历	398	2.5	贷款		
国籍	29	0.2	担保	12	0.1
婚姻状况	1175	7.4	文本相符	3204	20.3
亲属关系	789	5.0	签名印鉴属实	456	2.9
继承权			其他	3609	22.8
受和末受刑事处分	1707	10.8			

11—12 调解民间纠纷分类情况

单位:件

	1996年	1997年
调解纠纷件数	**53720**	**49745**
婚姻家庭	28684	26394
婚姻	12451	11494
继承	2502	2213
赡扶抚养	6791	5910
其他	6940	6777
房屋、宅基地	3745	3795
债务	1989	1930
生产经营	3993	3796
邻里	8185	7867
赔偿	3207	2820
其他	3917	3143

11—13 劳动仲裁受理及处理案件情况

(1997 年)

	单 位	合 计	#国有经济	#城 镇 集体经济	#三资企业	#私营企业
上期末结案件数	**件**	**148**	**88**	**18**	**5**	**14**
案件受理情况						
案件数	件	597	175	112	15	60
#集体审议案件	件	29	10	3	1	3
企业申述案件	件	190	69	36	5	15
职工申述案件	件	407	106	76	10	45
人 数	人	1128	501	135	25	96
#集体审议人数	人	390	144	36	25	21
案件处理情况						
结案件数	件	719	254	126	19	71
处理方式						
仲裁调解	件	273	96	48	7	27
仲裁裁决	件	254	90	45	7	25
其他方式	件	192	68	33	5	19
处理结果						
单位胜诉	件	164	58	29	4	16
职工胜诉	件	318	112	56	8	31
双方部分胜诉	件	237	84	41	7	24
不服裁决向法院起诉	件	48	28	9		3
本期未结案数	**件**	**26**	**9**	**4**	**1**	**3**
企业调解						
受理劳动争议案件数	件	793	254	282	4	13
调解成功案件数	件	635	232	249	13	7
其他方式调解案件数	**件**	**487**	**92**	**196**	**3**	**79**

11—14 社会治安及交通、火灾情况

	单 位	1995 年	1996 年	1997 年
刑事案件				
立案数	件	22079	23828	24195
破案数	件	16717	19020	18968
破案率	%	75.7	79.8	78.4
治安案件				
立案数	件	43762	42584	37436
查处数	件	36605	34310	30830
城市交通事故				
交通事故发生数	次	2705	2496	3094
死伤人数	人	2479	2274	2774
#死亡人数	人	609	577	570
损失折款	万元	1083.51	1091.45	1215.24
火 灾				
火灾事故发生数	次	474	451	1374
死伤人数	人	105	84	84
#死亡人数	人	29	35	27
损失折款	万元	714.23	616.60	935.04

主要统计指标解释

等级运动员人数 指经考核正式批准授予等级运动员称号的人数。运动员等级分为国际级运动健将、运动健将、一级运动员、二级运动员、三级运动员、少年级运动员。

等级裁判员人数 指经考核正式批准授予等级裁判员称号的人数。裁判员等级分为国际裁判、国家级裁判、一级裁判、二级裁判、三级裁判。

体育场 指有400米跑道(中心含足球场),有固定,跑道6条以上,并有固定看台的室外田径场地。以看台容纳观众人数分:甲级25000人以上,乙级15000—25000人,丙级5000—15000人,丁级5000人以下。

体育馆 指有固定看台,可供篮球、排球、羽毛球、乒乓球、体操等项目训练比赛活动用的室内运动场地。以看台容纳观众人数分:甲级6000人以上,乙级4000—6000人,丙级2000—4000人,丁级2000人以下。

医院 指名称为医院，设有固定床位能收容病人住院并能为病人提供医疗、护理服务的医疗机构。包括县及县以上医院、农村乡卫生院、其他医院三部分。按所属性质分为卫生部门、工业及其他部门,集体经济单位三类。其中县及县以上医院按业务性质分为综合医院和专科医院。

卫生技术人员 指卫生事业机构支付工资的全部固定职工和合同制职工中现任职务为卫生技术工作的专业人员。包括中医师、西医师、中西医结合高级医师、护师、中药师、西药师、检验师、其他技师、中医士、西医士、护士、助产士、中药剂士、西药剂士、检验士、其他技士、其他中医、护理员、中药剂员、西药剂员、检验员,其他初级卫生技术人员。

社会福利事业单位 指集中收养社会孤老、残、幼的机构。包括由民政部门管理的社会福利院、儿童福利院、精神病人福利院和城镇集体办的福利院,以及农村集体举办的敬老院。

律师 指受聘参加法律顾问处工作,担任法律顾问、刑(民)事代理人、刑事辩护人,办理非诉讼事件、解答法律询问,代写法律事务文书等主要从事律师业务的专职法律工作者和兼职律师。

离休、退休、退职人员 指正式办理了离休、退休、退职手续，并享受相应的离休、退休、退职待遇的人员。

保险福利费用 指企业、事业、机关单位在工资以外实际支付给职工和离休、退休、退职人员个人以及用于集体的劳动保险和福利费用。

(1)职工保险福利费用包括： ①医疗卫生费;②丧葬抚恤救济费;③生活困难补助;④文体宣传费;⑤集体福利事业补贴费;⑥集体福利设施费;⑦计划生育补贴;⑧其他。

(2)离休、退休、退职人员保险福利费用包括:①离休金;②退休金;③退职生活费;④医疗卫生费;⑤护理费;⑥生活补贴;⑦交通费补贴;⑧丧葬抚恤救济费;⑨其他。

12

城市公用事业
URBAN PUBLIC UTILITIES

简要说明：

一、主要内容

本部份资料反映城市基本情况，主要包括：城市、绿化、环境卫生、道路、桥梁、自来水、天然气等城市基础设施情况；全市及分行业、分地区用电量情况；工业企业“三废”排放及处理利用情况。

二、资料来源

城市基础设施建设资料来源于成都市建委。

用电量资料来源于成都电业局。

环保资料来源于成都市环境保护局。

12—1 城市规模和建设用地

	单　位	1990年	1995年	1996年	1997年
市区人口	万人	280.81	307.86	317.12	321.92
＃非农业人口	万人	171.30	199.60	205.05	209.49
城市面积	平方公里	1382	1382	1418	1418
建成区面积	平方公里	87.1	129.0	138.1	144.1
城市建设用地面积	平方公里	85.0	129.0	138.1	144.1
＃生活居住用地	平方公里	38.6	40.6	42.5	43.5
公共设施用地	平方公里		20.8	22.6	23.2
工业用地	平方公里	22.3	32.8	34.9	35.4
对外交通用地	平方公里	3.0	4.9	5.5	5.7
仓储用地	平方公里	3.4	3.7	4.3	4.4

12—2 市政设施水平

	单　位	1990年	1995年	1996年	1997年
自来水普及率	%	96.4	99.0	99.1	99.1
气　化　率	%	66.5	85.1	92.1	96.9
每万人拥有公共汽车	标台	6.0	7.6	7.0	8.1
人均拥有道路面积	平方米	3.5	4.5	4.9	5.5
人均公共绿地面积	平方米	2.2	2.2	2.2	2.9
建成区绿地覆盖率	%	22.0	20.3	19.3	26.9
每万人拥有公共厕所	座	2.3	3.2	3.0	3.0

注：每万人拥有公共汽车含电车数。

12—3 市政工程设施

	单位	1990年	1995年	1996年	1997年
年末实有铺装道路长度	公里	631	698	807	884
年末实有铺装道路面积	万平方米	645	890	1006	1147
路灯盏数	千盏	16.7	21.2	24.0	26.8
桥梁数	座	172	196	202	204
#立交桥	座	5	10	10	12
下水道长度	公里	664	908	959	1043
防洪堤长度	公里	142	174	185	190

12—4 房屋建设

	单位	1990年	1995年	1996年	1997年
实有房屋建筑面积	万平方米	5151	6493	7015	7522
#房管局直管房	万平方米	387	378	345	340
实有住宅建筑面积	万平方米	2568	3455	3833	4199
#房管局直管房	万平方米	324	316	288	293
房屋建筑竣工面积	万平方米	214	433	552	539
#住宅竣工面积	万平方米	114	310	402	389
居住人口	万人	171.4	199.6	206.3	210.5
实有住宅使用面积	万平方米	1926	2591	2833	3076
人均居住面积	平方米	7.5	8.7	9.2	9.7
缺房户	户	60169	54238	86543	74959
解决缺房户	户	16709	13641	15318	11584

12—5 自来水供应情况

	单　位	1990 年	1995 年	1996 年	1997 年
年末供水综合生产能力	万吨/日	149.0	178.3	149.0	150.8
#自来水公司系统	万吨/日	70.3	92.6	128.0	114.4
年末自来水管长度	公里	631	900	1036	1061
全年供水量	万吨	40962	54269	40792	46198
#生产用水	万吨	24488	29877	12189	15391
生活用水	万吨	13874	19764	20469	21582
用水人口	万人	172.3	203.9	207.5	219.7
每日人均生活用量	升	204	267	270	269

注：供水综合生产能力及全年供水量指标从 1996 年起未含纯工业用水。

12—6 液化石油气、天然气情况

	单　位	1990 年	1995 年	1996 年	1997 年
液化石油气					
供气量	吨	3846	15205	25467	24971
#家庭用量	吨	3846	13006	22372	24411
用气人口	万人	8.9	27.1	29.9	26.0
天然气					
输气管道长度	公里	531	894	1237	1613
供气总量	万立方米	108714	128342	119243	133240
#家庭用量	万立方米	7901	13442	15176	17522
用气人口	万人	105.0	142.8	158.9	176.3

12—7 园林绿化情况

	单 位	1990年	1995年	1996年	1997年
年末园林绿地面积	公顷	1896	2287	2308	3328
#年末公共绿地	公顷	436	438	443	621
年末公园数	个	33	34	34	36
年末公园面积	公顷	285	411	411	466
全年游人量	万人次	2429	2585	2873	2719
全年植树量	万株	113	141	133	124
年末苗圃面积	公顷	34	70	89	388

12—8 公共汽(电)车、出租车情况

	单 位	1990年	1995年	1996年	1997年
年末营运汽车	辆	942	1526	1512	1618
年末营运线路长度	公里	2142	2577	695	735
全年客运总量	万人次	32405	26039	26251	29337
年末出租汽车	辆	1585	4665	5400	6093

注:1996年、1997年营运线路网长度已扣除重复线路部份。

12—9 城市维护建设资金收入和其他收入

单位：万元

	1996 年	1997 年		1996 年	1997 年
城市维护建设资金收入	**189533**	**188767**	**特殊政策收入**	**122094**	**95278**
两项城市维护建设资金	24019	40202	市政公用设施增容补助费	363	500
#城市维护建设税	17312	38205	市政公用设施配套费	17016	7606
公用事业附加	6707	1997	市政公用设施有偿使用费	6324	6033
地方财政拨款	1097	2250	#过桥、过路费	3115	3800
水资源费	1246	814	排水设施有偿使用费	1831	1479
国内贷款	21360	19960	土地出让转让金	15700	8921
利用外资	3498	9904	房地产交易增值费	10031	4887
企事业自筹	16219	20359	集资收入	263	61
其他收入	122094	95278	其他收入	72397	67270

12—10 城市维护建设资金支出

单位：万元

	1996 年	1997 年		1996 年	1997 年
总支出	**209002**	**189727**	公共交通	4076	10421
按用途分	187052	188095	市政工程	96419	101334
基建支出	134863	128102	#排水	22768	14134
更改支出	11537	25476	园林绿化	5487	13496
维护支出	40652	34517	环境卫生	12913	13682
按行业分	187052	188095	其　他	15811	18765
房　产	15535	7900	**偿还贷款**	**20852**	**82**
供　水	23437	18839	**用于系统外支出**	**573**	**862**
燃　气	13374	3658	#中小学校舍维修补助	314	591
			缴纳税费	**524**	**688**

12—11 历年全市用电量

单位:万千瓦小时

年 份	用电量	#工业用电	#交通运输用电	#市政生活用电
1978	197000	171281	2268	14252
1979	219477	188343	2174	16399
1980	236796	200477	2160	18416
1981	232955	192777	1879	20653
1982	242919	199843	2032	21118
1983	262682	217953	2206	23646
1984	269408	220028	4625	27163
1985	273763	218888	5771	31165
1986	283501	233569	8362	31412
1987	297163	237476	8862	35464
1988	302933	236183	7353	45192
1989	337198	263915	6964	49034
1990	356117	269271	7112	63473
1991	405748	310748	7139	68308
1992	446621	335390	9110	92484
1993	511759	374196	9526	115574
1994	555674	391665	10206	139235
1995	594427	410396	10415	162700
1996	647423	424693	11740	197739
1997	678070	425725	14004	226815

12—12 分行业用电量

单位：万千瓦小时

	1990年	1995年	1996年	1997年
总　　计	**356117**	**594427**	**647423**	**678070**
农、林、牧、渔、水利业	9447	17318	19273	17895
工　业	269271	410396	424693	425725
地质普查和勘探业	322	399	323	1546
建筑业	1212	3614	5395	6089
交通运输、邮电通讯业	7784	10415	11740	14004
商业、饮食、物资仓储供销业	3694	24546	32911	37295
其他事业	23192	53649	59838	59807
城乡居民生活用电	41195	74090	93250	115709
城　市	34353	50854	62317	82217
乡　村	6842	23236	30933	33492

12—13 环境卫生

	单　位	1990年	1995年	1996年	1997年
实际清扫面积	万平方米	626	1000	1047	1147
生活垃圾清运量	万吨	62	88	92	92
环卫机械总数	台	315	522	523	541
公共厕所	座	633	628	615	620
民办保洁队伍人数	人	1184	1607	1976	2011
年末职工人数	人	2994	5178	5367	5557

12—14 工业"三废"排放及处理利用情况

	单　位	1990年	1995年	1996年	1997年
工业废水					
排放总量	万吨	26349	26849	21862	27460
排放达标量	万吨	15319	16802	15622	18732
工业废气					
排放总量	亿标立方米	763	576	616	651
燃烧过程排放量	亿标立方米	538	269	282	351
#经消烟除尘的	亿标立方米	185	179	195	259
生产工艺过程排放量	亿标立方米	225	307	334	301
#经净化处理的	亿标立方米	143	228	259	259
工业烟尘					
排放量	万吨	4.68	4.91	3.91	10.43
去除量	万吨		32	34	29
工业粉尘					
排放量	万吨	2.65	2.09	1.34	2.17
回收量	万吨	5.32	6.36	3.02	9.95
工业固体废物					
产生量	万吨	228	228	237	297
综合利用量	万吨	127	182	188	247
贮存量	万吨	24	15	9	21
处置量	万吨	47	19	27	19
排放量	万吨	39	12	13	12
历年累计堆存量	万吨	582	255	291	643

注:1997年统计单位包含乡镇企业,与1996年及以前年份不可比。

12—15 工业"三废"排放及处理利用情况

(1997年)

	重点调查工业企业(个)	工业废水排放总量(万吨)	工业废水排放达标量(万吨)	#处理排放达标量(万吨)	工业废水处理量(万吨)	工业废水处理回用量(万吨)
总　　计	**1028**	**27353**	**18732**	**8609**	**23952**	**11347**
#市　区	370	16269	12748	4222	14962	10205
#县以上	515	24880	17897	7927	21900	11230
乡　镇	512	2464	834	682	2053	117
按行业分						
采掘业	66	542	286	184	306	36
食品、烟草加工及食品、饮料制造业	91	441	100	48	200	3
纺织业	41	604	482	87	120	
皮草、毛皮、羽绒及其制品业	26	480	77	56	310	11
造纸及纸制品业	38	4293	1107	1034	4073	397
印刷业、记录媒介的复制	14	256	241	241	241	
石油加工及炼焦业	3	5	5	4	5	0.8
化工原料及化学制品制造业	78	10340	8572	2946	4763	1386
医药制造业	25	481	57	27	86	0.1
化学纤维制造业	6	503	353	300	315	0.3
橡胶制品业	8	14	13	11	72	60
塑料制品业	7	25	22			
非金属矿物制造业	276	868	317	152	830	674
#水泥制造业	28	116	70	63	76	13
黑色金属冶炼及压延工业	29	2424	2061	1805	7761	5787
有色金属冶炼及压延工业	18	83	71	69	167	94
金属制品业	74	93	76	47	62	7
机械、电气、电子设备制造业	166	1818	1400	869	1134	155
电力、煤气及自来水的生产和供应业	10	3106	2686	529	2823	2275
其它行业	52	971	806	200	684	463

注:本表为重点工业企业调查资料。

12—15 续表1 单位:万标立方米

	工业废气排放总量	燃料燃烧中排放的	#经过消烟除尘的	生产工艺中排放的	#经过净化处理的
总　　计	**6514049**	**3504666**	**2593986**	**3009383**	**2589231**
#市　区	4445489	2037916	1531075	2407573	2225977
#县以上	6022468	3140959	2446769	2881509	2579255
乡　镇	491581	363707	147217	127874	9976
按行业分					
采掘业	133111	115337	98003	17774	9810
食品、烟草加工及食品、饮料制造业	123803	123312	94527	491	263
纺织业	39503	39463	15544	40	
皮革、毛皮、羽绒及其制品业	13521	13511	8486	10	
造纸及纸制品业	256390	140711	96727	115679	9316
印刷业、记录媒介的复制	71097	71097	70981		
石油加工及炼焦业	4793	4793			
化工原料及化学制品制造业	1258539	309324	106797	949215	939564
医药制造业	26445	26445	24802		
化学纤维制造业	359666	126441	126441	233225	78917
橡胶制品业	5920	5920	5335		
塑料制品业	6678	6678	6596		
非金属矿物制品业	843652	437903	192354	405749	294124
#水泥制造业	326911	110503	84880	216408	166332
黑色金属冶炼及压延工业	1527570	320183	105181	1207387	1189665
有色金属冶炼及压延工业	68639	63416	6068	5223	5223
金属制品业	29596	29142	21822	454	450
机械、电气、电子设备制造业	104549	42695	32375	61854	49710
电力、煤气及自来水的生产和供应业	1595164	1595164	1564016		
其它行业	45413	33131	17931	12282	12189

12—15 续表 2

单位:吨

	工业二氧化硫去除量	工业二氧化硫排放量	工业烟尘去除量	工业烟尘排放量	工业粉尘回收量	工业粉尘排放量
总计	**10062**	**95050**	**294197**	**90706**	**99498**	**21671**
#市区	8707	38224	273741	40021	74201	11212
#县以上	9826	54307	292282	45959	96153	14148
乡镇	236	17564	1915	21567	3346	7523
按行业分						
采掘业	26	4127	2072	3961	2078	1448
食品、烟草加工及食品、饮料制造业	61	2886	1468	2536	28	24
纺织业	250	1009	1117	885	11	3
皮草、毛皮、羽绒及其制品业	28	323	85	291	8	
造纸及纸制品业	0.4	10378	1012	1711		116
印刷业、记录媒介的复制		21	2682	706		
石油加工及炼焦业		180		281		21
化工原料及化学制品制造业	5990	2698	1315	2815	958	433
医药制造业	193	924	616	853	22	4
化学纤维制造业	6	56	61	40		7
橡胶制品业	0.1	255	169	444		1
塑料制品业	16	43	88	16		
非金属矿物制品业	835	14469	12510	24957	24803	12560
#水泥制造业	743	2282	11057	3774	21942	8973
黑色金属冶炼及压延工业	398	2907	2703	3483	70717	6423
有色金属冶炼及压延工业	18	564	192	789	10	1
金属制品业	16	812	136	2113		476
机械、电气、电子设备制造业	111	1443	2069	1847	548	125
电力、煤气及自来水的生产和供应业	2113	26841	263785	16874		
其它行业		1936	2117	2925	316	27

12—15 续表 3 单位:万吨

	工业固体废物产生量	工业固体废物综合利用量	工业固体废物贮存量	工业固体废物历年累计贮存量	工业固体废物处置量	工业固体废物排放量
总计	**297**	**247**	**21**	**643**	**19**	**12**
#市区	151	138	0.2	7	9	5
#县以上	251	208	19	616	16	10
乡镇	46	39	2	27	3	2
按行业分						
采掘业	51	26	15	632	4	6
食品、烟草加工及食品、饮料制造业	10	9			1	0.1
纺织业	2	2			0.2	
皮草、毛皮、羽绒及其制品业	0.6	0.7				
造纸及纸制品业	5	4			1	
印刷业、记录媒介的复制	3	3				
石油加工及炼焦业		0.1			0.2	
化工原料及化学制品制造业	22	19	0.1	0.4	0.7	2
医药制造业	2	2				
化学纤维制造业	4	3			0.1	
橡胶制品业	0.3	0.3				
塑料制品业	0.1	0.1				
非金属矿物制品业	38	35	0.6	0.3	3	
#水泥制造业	6	6				
黑色金属冶炼及压延工业	60	53		3	6	1
有色金属冶炼及压延工业	0.9	0.9				
金属制品业	5	5			0.1	
机械、电气、电子设备制造业	5	4	0.2	4	1	0.8
电力、煤气及自来水的生产和供应业	85	80	5	3	1	
其它行业	4	2			0.2	2

12—15 续表 4

	工业用水总量（万吨）	新鲜水量	重复用水量	"三废"综合利用产品产值（万元）	"三废"综合利用产品利润（万元）	交纳排污费总额（万元）
总　　计	**116178**	**51566**	**64612**	**12787**	**2438**	**2550**
＃市　区	87431	36381	51050	8035	1403	1541
＃县以上	111996	47775	64221	10843	2097	2247
乡　镇	4182	3791	391	1944	341	302
按行业分						
采掘业	2147	1817	329	657	－2	82
食品、烟草加工及食品、饮料制造业	723	576	147	525	295	205
纺织业	1283	889	395	12	5	59
皮草、毛皮、羽绒及其制品业	544	530	14	63	24	40
造纸及纸制品业	6607	5660	947	326	79	205
印刷业、记录媒介的复制	499	429	70	2		53
石油加工及炼焦业	46	7	39	39		7
化工原料及化学制品制造业	40441	11620	28821	1155	330	569
医药制造业	3231	2580	651	212	98	247
化学纤维制造业	818	504	315	1369	548	129
橡胶制品业	104	21	83			5
塑料制品业	38	37	0.7			0.6
非金属矿物制品业	2875	1121	1754	3318	264	170
＃水泥制造业	266	191	75	703	34	65
黑色金属冶炼及压延工业	15054	2964	12090	2473	251	204
有色金属冶炼及压延工业	291	199	92	120	8	47
金属制品业	170	123	47	630	18	31
机械、电气、电子设备制造业	3854	2319	1535	1462	436	295
电力、煤气及自来水的生产和供应业	35628	18954	16674	333	70	86
其它行业	1826	1217	610	91	14	117

12—15 续表 5

	工业锅炉数		#烟尘排放达标的		工业炉窑数（台）	#烟尘排放达标的
	台	蒸吨	台	蒸吨		
总　　计	**621**	**3951**	**499**	**3672**	**1202**	**631**
#市　区	541	2599	215	2560	545	400
#县以上	469	3756	411	3533	874	522
乡　镇	152	195	88	140	328	109
按行业分						
采掘业	20	100	12	93	15	10
食品、烟草加工及食品、饮料制造业	82	136	54	122	29	16
纺织业	46	104	38	90	4	4
皮革、毛皮、羽绒及其制品业	23	41	16	30	6	3
造纸及纸制品业	47	101	32	84	6	4
印刷业、记录媒介的复制	2	70	2	70	2	2
石油加工及炼焦业	3	22	3	22	30	28
化工原料及化学制品制造业	89	389	81	381	53	45
医药制造业	31	102	24	89		
化学纤维制造业	18	129	14	125	8	5
橡胶制品业	9	25	6	21	2	1
塑料制品业	5	8	5	8	1	1
非金属矿物制造业	51	140	38	133	301	114
#水泥制造业	6	12	4	11	47	22
黑色金属冶炼及压延工业	16	52	14	52	109	98
有色金属冶炼及压延工业	15	36	13	35	33	30
金属制品业	10	18	8	17	61	31
机械、电气、电子设备制造业	92	319	85	297	512	209
电力、煤气及自来水的生产和供应业	22	2028	17	1878	1	1
其它行业	40	132	37	128	29	29

主要统计指标解释

白来水生产能力 指城建部门管理的自来水厂和自备水源的社会单位取水、净化、送水、出厂输水干管等环节的实际生产能力。

城市人口用水普及率 指城市用水的非农业人口数(不包括临时人口和流动人口)与城市非农业人口总数之比。计算公式:

用水普及率=(城市用水的非农业人口数÷城市非农业人口数)×100%

城市用气普及率 指使用煤气(包括人工煤气、液化石油气、天然气)的城市非农业人口数(不包括临时人口和流动人口)与城市非农业人口总数之比。计算公式:

$$城市煤气普及率=\frac{城市用气的非农业人口数}{城市非农业人口总数}\times 100\%$$

城市污水日处理能力 指污水处理厂每昼夜处理污水量的设计能力。

年末实有公共汽(电)车 指年底可参加营运的全部车辆数,包括年底营运车辆数和库存查封未参加营运的车辆,不包括非营运车辆,如架线车、油罐车、工程车、货车及其他专用车辆和借人的客运车辆。

营运线路长度 指设置的固定营运线路长度,包括郊区营运线路长度。不包括临时行驶的线路长度。

城市园林绿地面积 指城市公共绿地、专用绿地、生产绿地、防护绿地、郊区风景名胜区的全部面积。

公共绿地 指供游览休息的各种公园、动物园、植物园、陵园以及花园、游园和供游览休息用的林荫道绿地、广场绿地。不包括一般栽植的行道村及林荫道的面积。

工业废水排放量 指经过企业厂区所有排放口排到企业外部的工业废水量。包括生产废水、外排的直接冷却水、超标排放的矿井地下水和与工业废水混排的厂区生活污水,不包括外排的间接冷却水(清污不分流的间接冷却水应计算在内)。

工业废水排放达标量 指各项指标都达到国家或地方排放标准的外排工业废水量,包括未经处理外排达标的和经过处理后外排达标的和两部分。国家排放标准见GB8978-88。

工业废水处理量 指报告期内各种水治理设施实际处理的工业废水量,包括处理后外排的和处理后回用的工业废水量。虽经处理但未达到国家或地方排放标准的废水量也应计算在内。计算时,如遇有车间和厂排放口均有治理设施,并对同一废水分级处理时,不应重复计算工业废水处理量。

工业废气排放量 指企业厂区内燃料燃烧和生产工艺过程中产生的各种排入空气的含有污染物的气体的总量,以标准状态[273K,10132Pa]计。

二氧化硫排放量 指企业在燃料燃烧和生产工艺过程中排入大气的二氧化硫量。

工业烟尘排放量 指企业厂区内的燃料燃烧产生的烟气中夹带的颗粒物的量。

工业粉尘排放量 指企业在生产工艺过程中排放的颗粒物重量。如钢铁企业的耐火材料粉尘、焦化企业的筛焦系统粉尘、烧结机的粉尘、石灰窑的粉尘、建材企业的水泥粉尘等。不包括电厂排入大气的烟尘。

工业固体废物产生量 指企业在生产过程中产生的固体状、半固体状和高浓度液体状废弃物的总量,包括危险废物、冶炼废渣、粉煤灰、炉渣、煤矸石、尾矿、放射性废物和其他废物等;不包括矿山开采的剥离废石和掘进废石(煤矸石和呈酸性或碱性的废石除外)。酸性或碱性废石是指采掘的废石其流经水、雨淋水的pH值小于4或pH值大于10.5者。

工业固体废物综合利用量 指通过回收、加工、循环、交换等方式，从固体废物中提取或者使其转化为可以利用的资源、能源和其他原材料的固体废物量(包括当年利用往年的工业固体废物累计贮存量)。如用作农业肥料、生产建筑材料、筑路等。综合利用量由原产生固体废物的单位统计。

工业固体废物贮存量 指以综合利用或处置为目的，将固体废物暂时贮存或堆存在专设的贮存设施或专设的集中堆存场所内的量。专设的固体废物贮存场所或贮存设施必须有防扩散、防流失、防渗漏、防止污染大气、水体的措施。

工业固体废物处置量 指将固体废物焚烧或者最终置于符合环境保护规定要求的场所并不再回取的工业固体废物量(包括当年处置往年的工业固体废物累计贮存量)。处置方法如：填埋(其中危险废物应安全填埋)、焚烧、专业贮存场(库)封场处理、深层灌注、回填矿井等。

工业固体废物排放量 指将所产生的固体废物排到固体废物污染防治设施、场所以外的量。不包括矿山开采的剥离废石和掘进废石(煤矸石和呈酸性或碱性的废石除外)。

"三废"综合利用产品产值 指利用"三废"(废液、废气、废渣)作为主要原料生产的产品产值(现行价)，已经销售或准备销售的，应计算产品产值；但留作生产上自用的，不应计算产品产值。

"三废"综合利用产品利润 指利用"三废"(废液、废气、废渣)生产的产品，销售后所得到的利润。

13

人民生活
PEOPLE'S LIVELIHOOD

简要说明：

一、主要内容

本部份反映人民生活状况，主要包括：市区居民家庭抽样调查的人口、收入、支出总量与结构指标、城市居民家庭人均食物消费量、穿用商品及耐用消费品拥有量情况；农村居民家庭的人口、文化程度、收支、居住情况以及农村居民家庭消费结构、消费量和耐用消费品拥有量等。

二、资料来源

有关城市居民家庭生活状况数据来源于成都市城市社会经济调查队住户处的抽样调查资料。

有关农村居民家庭生活状况数据来源于成都市统计局农村经济统计处的农村居民住户抽样调查资料。

13—1 历年城市居民家庭基本情况

年份	调查户数（户）	户均家庭人口（人）	户均就业人口（人）	每一就业者负担人数（人）	平均每户就业面（%）
1954	300	3.91	1.21	3.23	30.95
1955	300	3.90	1.24	3.15	31.79
1956	300	3.72	1.25	2.98	33.60
1957	300	3.62	1.35	2.68	37.29
1958	300	3.64	1.31	2.78	35.99
1959	300	3.80	1.42	2.68	37.37
1960	300	3.31	1.42	2.33	42.90
1961	300	3.61	1.40	2.58	38.78
1962	300	4.34	1.40	3.10	32.26
1963	300	5.88	1.37	4.29	23.30
1964	300	5.18	1.52	3.41	29.34
1965	300	5.25	1.53	3.43	29.14
1966	300	5.10	1.57	3.25	30.78
1967	300	5.00	1.35	3.70	27.00
1968	300	5.01	1.31	3.82	26.15
1969	300	4.66	1.20	3.88	25.75
1970	300	4.52	1.15	3.93	25.44
1971	300	4.54	1.28	3.55	28.19
1972	300	4.50	1.28	3.52	28.44
1973	300	4.44	1.35	3.29	30.41
1974	300	4.37	1.49	2.93	34.10
1975	300	4.29	1.59	2.70	37.06
1976	300	4.12	1.60	2.58	38.83
1977	300	4.09	1.67	2.45	40.83

13—1 续表

年 份	调查户数（户）	户均家庭人口（人）	户均就业人口（人）	每一就业者负担人数（人）	平均每户就业面（%）
1978	300	4.19	1.74	2.41	41.53
1979	300	4.10	1.86	2.20	45.37
1980	300	3.84	1.97	1.95	51.30
1981	300	4.00	2.09	1.91	52.25
1982	300	3.82	2.07	1.85	54.19
1983	300	3.80	2.11	1.80	55.53
1984	300	3.75	2.10	1.79	56.00
1985	300	3.40	2.05	1.66	60.29
1986	300	3.32	1.98	1.68	59.64
1987	300	3.42	2.10	1.63	61.40
1988	300	3.28	1.87	1.75	57.01
1989	300	3.17	1.78	1.78	56.15
1990	300	3.15	1.79	1.76	56.83
1991	300	3.05	1.72	1.77	56.39
1992	300	3.03	1.66	1.83	54.79
1993	300	2.90	1.51	1.92	52.07
1994	300	2.88	1.56	1.85	54.17
1995	300	2.96	1.71	1.73	57.77
1996	300	2.97	1.76	1.69	59.26
1997	300	2.99	1.77	1.69	59.20

13—2 历年城市居民家庭就业人口情况

单位：人

年　份	家庭人口（月均）	就业人口（月均）	全民职工	集体职工	个体劳动者	其他劳动者
1978	1257	522				
1979	1318	558				
1980	1152	591				
1981	1200	626	479	144		3
1982	1147	621	488	128		5
1983	1141	632	497	132		3
1984	1125	630	507	113	5	5
1985	1019	614	456	143	12	3
1986	997	595	447	135	5	8
1987	1027	629	467	145	6	11
1988	985	561	428	105	8	20
1989	951	533	432	76	7	18
1990	945	538	454	59	4	21
1991	916	517	398	87	12	20
1992	909	498	383	90	11	14
1993	870	454	339	87	14	14
1994	864	468	365	56	20	27
1995	887	514	426	59	11	18
1996	891	528	437	68	8	15
1997	896	531	431	69	17	14

注：1980 年以前就业人口未分经济类型。

13—3 历年城市居民家庭

年份	期初手存现金	实际收入	#生活费收入	#全民职工工资收入	#奖金	#集体职工工资收入
1954		159.78	153.85			
1955		178.66	167.40			
1956		186.48	173.16			
1957		250.68	224.40			
1958		228.36	202.20			
1959		212.18	209.99			
1960		217.68	196.92			
1961		208.44	190.80			
1962		199.20	187.56			
1963		203.24	188.04			
1964		214.80	201.48			
1965		208.08	194.52			
1966		223.79	208.12			
1967		208.77	194.57			
1968		201.23	186.94			
1969		207.88	193.54			
1970		204.10	183.69			
1971		208.64	193.82			
1972		229.35	213.75			
1973		241.11	224.59			
1974		284.04	264.64			
1975		291.86	272.89			
1976		314.03	293.30			

注:1980年以前生活费收入未按经济类型和构成分组。

人均现金收入情况

单位:元

#奖 金	#从单位得到的其它收入	储蓄借贷收 入	实际支出	#生活费支 出	存入银行及储金余款	期 末手存现金
	2.80	20.35	157.38	138.48	11.13	
	3.54	31.21	175.44	152.16	14.68	
	3.60	37.80	179.64	166.32	18.60	
	3.24	56.16	243.84	217.44	31.32	
	0.96	40.56	215.04	188.88	27.00	
	0.60	42.33	223.49	197.79	26.54	
	0.48	31.08	193.68	179.64	12.12	
	1.05	34.09	204.27	190.32	6.42	
	3.00	31.44	210.48	198.84	3.00	
	3.24	24.96	207.72	192.72	2.40	
	2.28	24.72	210.84	197.52	4.44	
	2.77	25.20	211.80	198.24	3.48	
	2.29	26.34	219.48	204.12	5.33	
	2.88	24.69	204.35	189.85	4.94	
	2.13	30.30	197.82	186.23	12.37	
	1.99	28.79	208.76	195.36	9.67	
	2.44	33.21	199.87	181.49	8.24	
	3.43	37.69	201.22	183.12	6.36	
	4.19	32.03	213.45	190.69	12.87	
	5.78	28.79	237.56	218.61	10.88	
	7.13	35.74	279.89	261.13	9.24	
	6.87	37.23	281.24	254.79	32.30	
	7.92	32.66	311.03	286.42	12.09	

13—3 续表

年 份	期 初 手存现金	实际收入	#生活费收入	#全民职工工资收入	#奖 金	#集体职工工资收入
1977		342.77	327.08			
1978		364.55	340.25			
1979		389.60	352.44			
1980	9.66	420.92	395.04	265.23	49.76	62.34
1981	10.41	484.62	457.68	346.80	43.54	75.63
1982	11.40	516.04	485.74	377.28	50.95	69.50
1983	15.47	567.11	520.59	406.27	60.26	78.19
1984	20.73	657.09	603.06	477.18	76.68	79.78
1985	23.95	852.91	786.74	537.44	100.82	126.32
1986	37.51	991.39	913.19	609.56	77.19	148.69
1987	48.73	1101.07	1015.64	684.28	121.48	163.82
1988	48.12	1340.35	1243.12	728.19	161.75	133.43
1989	54.22	1661.91	1564.62	870.77	209.67	119.44
1990	73.79	1870.91	1755.37	1013.35	208.94	90.08
1991	66.25	2062.98	1924.71	976.30	194.05	158.45
1992	94.25	2254.44	2101.87	1189.32	209.77	194.50
1993	92.09	2807.35	2624.20	1435.57	302.24	234.99
1994	117.64	4239.48	3940.47	2189.16	453.44	228.58
1995	204.82	5075.82	4708.99	3099.67	634.09	289.46
1996	229.43	5700.71	5265.64	3589.95	701.09	347.97
1997	264.36	6046.84	5590.90	3797.72	716.58	425.56

单位:元

	#奖　金	#从单位得到的其它收入	储蓄借贷收　　入	实际支出	#生活费支　出	存入银行及储金会款	期末手存现　　金
		12.68	38.77	341.67	329.13	9.64	
		18.76	39.88	347.83	328.32	12.64	
		16.58	42.73	366.92	341.67	17.87	
	11.79	36.88	60.48	415.29	391.26	23.87	12.59
	7.54	20.90	58.56	479.48	451.98	38.15	12.63
	7.34	27.36	53.20	490.39	459.64	58.14	15.02
	10.88	32.07	64.22	545.11	513.60	57.21	22.55
	11.77	47.00	66.49	627.57	591.13	69.63	29.98
	23.89	58.60	143.43	851.67	810.26	93.58	36.69
	15.21	74.25	166.26	999.65	946.17	109.47	50.23
	27.46	75.85	151.64	1072.05	1006.60	132.61	59.08
	27.64	66.07	266.10	1400.45	1318.01	144.44	70.68
	27.87	92.23	256.91	1607.25	1511.89	167.03	108.18
	17.90	134.89	246.34	1767.28	1680.77	195.49	164.90
	23.19	147.61	262.35	1941.01	1845.11	214.37	151.84
	24.64	141.07	443.38	2217.68	1988.08	258.13	149.14
	40.65	175.80	532.88	2745.09	2428.32	286.48	192.84
	41.70	270.63	682.96	3907.62	3641.19	574.77	307.18
	45.33	274.20	676.28	4857.78	4502.46	541.43	411.23
	75.78	325.99	808.60	5432.62	4925.45	644.04	476.43
	91.78	386.76	1204.41	6083.39	4959.48	493.43	526.87

13—4 城市居民家庭人均消费性支出情况

单位:元

	1978年	1980年	1990年	1995年	1996年	1997年
消费性支出	**328.32**	**391.26**	**1680.77**	**4502.46**	**4925.45**	**4959.48**
食　品	189.11	226.15	863.63	2273.48	2478.85	2499.54
#粮　食	42.62	45.02	70.15	202.77	224.21	211.04
油脂类			25.80	99.81	94.54	100.26
#菜籽油			25.80	75.03	70.7	74.80
肉禽及制品			225.33	653.72	668.03	729.01
蛋　类			34.06	81.02	92.52	81.40
水产品类			22.39	65.55	71.65	74.07
菜　类			102.22	236.54	255.93	243.36
#鲜　菜			94.14	224.69	242.52	231.13
糖　类			13.51	39.00	44.05	41.06
烟草类			61.73	121.79	136.99	103.73
酒和饮料			28.34	86.61	86.43	88.64
干鲜瓜果类			54.93	113.50	133.12	134.50
奶及奶制品			19.84	72.30	79.99	86.61
衣　着	56.14	60.21	246.07	626.82	645.32	601.39
#服　装			104.02	412.00	422.11	399.10
衣着材料			62.38	48.12	37.75	33.67
鞋袜帽及其它			43.12	154.74	175.07	158.66
家庭设备用品及服务	24.27	34.74	200.00	472.85	399.52	369.62
#耐用消费品			73.83	270.32	201.16	172.56
#洗衣机			31.92	17.85	7.93	9.36
电风扇			16.52	4.70	5.12	2.02
电冰箱			75.01	20.93	19.31	16.14
医疗保健	4.11	5.11	25.24	119.39	172.98	156.11
交通和通讯	4.08	4.23	22.31	175.36	213.64	254.54
#交　通	3.72	3.84	20.67	97.98	112.49	124.39
通　讯	0.36	0.39	1.64	77.38	101.15	130.15
娱乐文教服务	23.23	27.94	176.05	326.7	444.05	543.91
#耐用消费品			98.64	78.02	77.01	125.43
教　育	4.68	5.88	28.54	148.84	230.61	243.69
文化娱乐	11.76	12.46	29.86	99.88	136.40	174.79
居　住	16.49	17.88	81.91	296.39	358.47	337.37
杂项商品和服务				211.42	212.64	197.01
#金银珠宝饰品				29.58	16.64	5.36
理发、美容用品				30.75	38.76	34.85

注:1990年以前蛋类为鲜蛋。1990年以前“家庭设备用品及服务”指日用品,“教育”未含教材及参考书,“交通”未含交通工具。

13—5 城市居民家庭人均食品消费量

单位:千克

	1980 年	1990 年	1995 年	1996 年	1997 年
粮 食	127.80	111.14	75.65	73.83	69.41
油脂类	3.70	7.90	10.12	10.29	10.51
#菜籽油			8.15	8.45	8.67
猪 肉	28.20	33.13	32.31	31.21	28.34
牛羊肉	2.90	1.84	1.88	2.46	3.68
蛋 类	2.40	7.17	11.59	11.52	11.81
#鸡 蛋			10.40	10.43	10.68
菜 类	140.20	148.94	136.22	136.08	126.60
#鲜 菜	140.20	146.56	134.65	134.48	125.16
干 菜		2.38	0.36	0.41	0.38
菜制品			1.21	1.19	1.05
食 糖	3.40	2.39	2.74	2.37	2.37
糖 果	2.00	1.00	1.20	1.17	1.01
卷 烟	30.50	33.75	27.93	27.2	21.49
白 酒	1.70	2.84	2.71	2.68	2.33
果 酒			0.07	0.05	0.13
啤 酒	0.30	2.45	3.16	2.71	2.50
汽水、可乐			0.73	0.99	1.33
茶 叶	0.30	0.44	0.38	0.33	0.32
糕点类	2.00	3.71	3.54	3.58	2.83
鲜乳品	9.80	17.25	17.92	16.33	15.35
奶 粉			0.39	0.53	0.48

注:1990 年以前蛋类为鲜蛋。

13—6 城市居民家庭每百人购买穿用商品情况

	单位	1980年	1990年	1995年	1996年	1997年
服　装	件	235	309	661	640	594
#男士服装	件			222	224	194
#茄克衫	件			9.8	7.6	7.9
衬　衫	件			35	35	29
女士服装	件			328	317	300
#毛线衣	件			43	36	28
衬　衫	件			31	27	22
裤　子	件			42	44	34
棉　布	米	416	81	53	30	29
棉化纤混纺布	米	13	32	33	24	11
化纤布	米	95	166	48	45	24
皮　鞋	双	64	111	112	114	89
肥　皂	块	821	415	380	361	226
洗衣粉	千克	48	104	104	97	114
煤　炭	千克	16974	13939	6528	5279	4087

13—7 城市居民家庭平均每百户年末耐用消费品拥有量

	单　位	1978年	1980年	1990年	1995年	1996年	1997年
自行车	辆	104.2	118.3	218.0	242.3	246.0	241.3
电风扇	台	16.2	24.7	173.0	206.3	225.7	216.3
洗衣机	台			93.0	95.7	95.7	99.0
电冰箱	台			76.0	89.0	88.7	91.3
摩托车	辆			0.7	1.7	2.0	4.0
彩色电视机	台			92.0	111.3	114.0	117.7
照像机	架			43.3	49.0	51.0	50.0
录放像机	台			8.0	38.7	42.7	41.0
组合音响	套			3.0	18.3	21.0	25.7
钢　　琴	架				1.0	0.7	1.3
空调器	台				3.0	6.0	8.7
中高档乐器	件			13.0	8.7	9.0	8.0
电炊具	台			10.0	61.0	50.7	51.3
淋浴热水器	台				78.0	76.0	83.0
抽排油烟机	台				33.7	33.3	47.7

13—8 城市居民家

	单位	合计	最低收入户	#更低收入户
调查户数	户	300	30	15
比重	%	100	10	5
平均每户家庭人口	人	2.99	3.30	3.26
平均每户就业人口	人	1.77	1.73	1.51
平均每户就业面	%	59.20	52.52	46.32
平均每一就业者负担人数	人	1.69	1.90	2.17
平均每人全年实际收入	元	6046.84	2546.17	2311.71
平均每人可支配收入	元	6018.74	2538.23	2302.21
平均每人生活费收入	元	5590.90	2476.54	2277.83
平均每人消费性支出	元	4959.48	2277.26	2191.97

13—9 城市居民家庭人均

	总平均	最低收入户	#更低收入户
消费性支出	**4959.48**	**2277.26**	**2191.97**
食品	2499.54	1569.50	1557.73
#粮食	211.04	195.49	204.80
肉、禽及其制品	729.01	541.21	533.93
蛋类	81.40	61.32	53.97
水产品	74.07	42.31	38.00
奶及奶制品	86.61	31.91	22.57
衣着	601.39	150.80	84.31
#服装	399.10	94.43	52.13
家庭设备及服务	369.62	86.65	84.63
#耐用消费品	172.56	10.26	8.75
医疗保健	156.11	37.69	42.80
交通通讯	254.54	26.91	31.77
娱乐教育文化服务	543.91	70.25	45.06
居住	337.36	287.53	291.33
#住房	101.96	70.29	66.25
杂项商品	197.01	47.92	54.34

庭基本情况（1997年）

低收入户	中等偏下户	中等收入户	中等偏上户	高收入户	最高收入户
30	60	60	60	30	30
10	20	20	20	10	10
3.04	3.12	3.05	2.85	2.89	2.60
1.68	1.72	1.75	1.77	1.92	1.87
55.26	55.13	57.38	62.11	66.44	71.92
1.81	1.81	1.74	1.61	1.51	1.39
3513.03	4464.93	5671.89	7185.65	9189.09	12129.98
3494.06	4442.44	6543.96	7149.13	9149.92	12082.81
3364.00	4226.05	5270.00	6614.97	8324.79	10883.97
3179.86	3929.37	4807.30	5858.28	7213.78	8791.28

消费性支出情况（1997年）

单位:元

低收入户	中等偏下户	中等收入户	中等偏上户	高收入户	最高收入户
3179.86	**3929.37**	**4807.30**	**5858.28**	**7213.78**	**8791.28**
2067.54	2212.43	2539.42	2787.64	3136.10	3439.54
224.29	187.76	221.87	228.41	209.49	209.30
665.36	653.87	736.49	807.41	904.30	837.34
68.61	83.37	76.85	82.86	105.71	97.57
55.90	68.22	71.57	78.69	106.72	109.05
51.81	79.58	86.39	91.21	131.27	154.31
289.82	439.90	571.21	791.88	882.84	1264.26
176.10	269.74	380.07	540.42	563.86	907.70
158.06	158.10	266.02	506.95	712.06	1043.83
65.86	39.68	111.57	231.77	371.42	613.73
89.34	128.07	130.10	181.00	290.81	308.23
19.44	147.88	237.65	360.36	631.65	462.22
211.10	353.38	527.10	658.14	953.06	1324.82
275.24	339.26	321.01	323.54	349.52	523.86
63.84	69.14	88.35	102.14	102.72	296.05
69.32	150.36	214.79	248.77	257.73	424.52

13—10 农村居民家庭基本情况

	单 位	1978年	1980年	1990年	1995年	1996年	1997年
调查户数	**户**	**85**	**162**	**1380**	**940**	**1860**	**1920**
人口状况							
平均每户人口	人	5.5	5.2	4.2	3.8	3.7	3.6
平均每一劳动力赡养人口	人	2.2	2.0	1.7	1.8	1.4	1.4
劳动者文化程度构成							
文盲或半文盲	%			11.6	6.1	4.3	2.1
小学程度	%			45.4	40.7	36.8	29.6
初中程度	%			35.5	44.9	48.3	57.8
高中程度	%			7.0	7.3	9.3	9.1
中专程度	%			0.4	0.7	1.1	1.2
大专程度	%			0.1	0.3	0.2	0.2
人均收入状况							
纯收入	元	140	223	773	1649	2051	2427
#生产性纯收入	元			715	1422	1925	2068
现金收入	元	87	161	996	2387	2651	3226
#出售产品的现金	元	54	91	574	1148	1288	1424
人均储蓄存款与手存现金							
年末存款余额	元			140	406	468	541
年末手存现金	元	12	18	189	434	571	712
人均居住情况							
年末住房面积	平方米	9.58	10.04	20.61	23.13	27.64	27.10
#砖木结构面积	平方米			11.43	15.77	14.75	14.30
钢筋混泥土结构面积	平方米			2.26	4.40	9.22	10.48
年末住房价值	元		156	917	1825	3021	3792
人均生产性固定资产情况							
年末生产性固定资产原值	元			214.80	624.25	885.81	958.36
#役畜、产品畜	元			26.65	75.16	106.12	80.13
大中型铁木农具	元			29.68	53.48	67.69	55.60
运输机械	元			27.37	89.43	159.93	156.84
生产用房	元			100.02	317.60	396.60	447.27

13—11 农村居民家庭人均总收入

单位:元

	1978年	1980年	1990年	1995年	1996年	1997年
全年总收入	**168.56**	**262.06**	**1195.27**	**2811.08**	**3401.15**	**3793.88**
基本收入	145.95	232.98	1133.48	2694.69	3258.53	3604.27
劳动者报酬收入	28.12	42.41	130.20	296.36	403.83	513.97
家庭经营收入	117.83	190.57	1003.28	2398.33	2854.71	3090.30
#种植业收入	66.88	111.16	491.52	1152.29	1408.59	1346.30
#粮食收入	0.38		270.04	656.48	810.30	761.29
林业收入	46.69	0.67	7.74	21.08	29.11	25.08
牧业收入	0.08	71.88	355.61	836.26	905.63	1090.58
渔业收入	3.42	0.22	4.26	19.75	26.84	43.38
手工业收入		2.46	24.82	29.24	39.57	51.12
工业收入			24.72	47.40	29.52	29.77
建筑业收入			21.82	64.22	81.00	103.21
运输业收入	0.53	3.33	18.04	46.11	72.00	85.20
商业收入			1.87	45.42	74.64	96.98
饮食业收入			19.61	6.24	13.66	17.35
服务业收入			9.54	66.18	63.91	89.98
转移性和财产性收入	22.61	29.08	61.79	116.39	142.62	189.61

13—12 农村居民家庭人均现金收支情况

单位:元

	1978 年	1980 年	1990 年	1995 年	1996 年	1997 年
年初手存现金	**11.98**	**11.98**	**142.43**	**356.54**	**382.65**	**520.56**
年初存款余额			**118.12**	**383.55**	**492.65**	**599.75**
全年现金收入	**87.07**	**160.79**	**995.95**	**2387.42**	**2650.91**	**3225.83**
基本收入	76.22	140.75	798.59	1764.30	2117.46	2474.13
劳动者报酬收入	21.12	42.41	130.20	295.96	403.07	511.25
家庭经营收入	55.10	98.34	668.39	1468.34	1714.39	1962.88
#出售产品的现金	53.88	90.90	574.11	1147.50	1287.89	1424.09
#出售种植业产品现金	53.88	90.90	210.60	418.75	468.18	426.76
出售牧业产品现金			309.07	675.49	735.78	915.01
建筑业现金收入			21.82	64.22	81.00	103.21
运输业现金收入	0.53	3.33	18.04	46.11	72.00	85.20
转移性和财产性收入	8.86	9.62	76.14	169.57	178.25	251.30
储蓄借贷收入	1.99	10.42	121.22	453.55	355.20	500.40
全年现金支出	**86.68**	**154.45**	**949.23**	**2310.03**	**2462.34**	**3034.88**
#生产费用支出	20.35	29.29	286.07	778.09	874.57	1037.17
生活消费支出	62.52	103.31	459.39	1067.15	1177.41	1502.67
储蓄借贷支出	2.32	13.91	114.04	283.23	217.75	268.69
年末手存现金	**12.37**	**18.32**	**189.15**	**433.93**	**571.23**	**711.51**
年末存款余额			**140.19**	**406.17**	**468.28**	**540.96**

13—13 农村居民家庭人均支出情况

单位:元

	1978 年	1980 年	1990 年	1995 年	1996 年	1997 年
全年总支出	**146.72**	**234.84**	**1124.89**	**2903.36**	**3285.62**	**3497.93**
家庭经营费用支出			354.23	1011.25	1168.29	1164.70
#种植业支出			86.96	274.34	364.67	284.24
牧业支出			229.36	611.99	661.45	734.80
手工业支出			8.83	13.39	15.31	15.21
购置生产性固定资产			16.40	35.89	36.00	37.95
缴纳税金	0.02	0.04	25.88	49.16	52.89	60.10
上交集体承包任务、提留及摊派			20.49	48.88	50.67	50.20
生活消费支出	116.94	185.70	692.92	1643.51	1878.39	2134.87
食　品	80.12	132.04	440.96	982.62	1192.86	1235.34
#主　食	49.15	70.69	154.57	323.67	420.54	391.65
副　食	22.68	56.87	217.18	508.84	599.84	642.00
衣　着	15.43	18.69	46.12	110.18	132.98	153.60
居　住	7.53	16.56	114.68	263.51	211.61	270.59
家庭设备、用品及服务	9.36	13.31	28.19	92.23	96.85	124.04
医疗保健		0.93	16.43	37.65	55.89	62.70
交通和通讯		1.21	10.91	37.44	49.63	95.60
文化教育娱乐用品及服务	4.50	5.10	31.67	96.89	112.02	150.35
其他商品和服务			3.96	22.99	26.55	42.66
其他非借贷性支出			14.97	114.67	99.38	49.51
附:生产性固定资产折旧			14.32	41.62	59.05	63.89

13—14 农村居民家庭人均主要实物消费量

	单位	1978年	1980年	1990年	1995年	1996年	1997年
粮食	千克			301.81	269.56	271.47	261.07
蔬菜	千克	140.61	122.63	203.51	152.19	124.72	121.84
植物油	千克	2.27	3.14	4.07	5.99	6.50	7.16
动物油	千克	0.39	0.65	1.29	1.49	1.49	1.32
猪肉	千克	7.45	12.20	22.55	23.88	27.58	25.29
蛋类	千克	0.95	1.23	2.95	5.15	4.48	4.75
家禽	千克	0.43	1.40	1.82	3.38	3.37	3.78
鱼虾	千克	0.11	0.11	0.59	1.92	1.88	1.94
糖类	千克	0.60	1.12	1.62	1.89	1.72	1.82
酒	千克	1.46	2.04	5.29	6.88	6.69	7.13
水果	千克			4.40	10.13	8.68	8.70
化纤布	米	0.32	0.92	1.43	1.64	1.32	1.26
棉布	米	4.70	3.59	0.48	0.28	0.34	0.26
皮鞋	双			0.20	0.59	0.62	0.67

13—15 农村居民家庭每百户耐用物品拥有量

	单位	1978年	1980年	1990年	1995年	1996年	1997年
自行车	辆	46	68	161	182	175	174
缝纫机	架	3.5	9.0	31.4	35.6	35.3	36.5
钟	只	8.2	25.2	19.6	39.7	57.2	70.5
手表	只	23.5	54.1	222.5	227.4	208.2	212.8
电风扇	台			32.2	99.5	123.8	138.1
洗衣机	台			8.3	20.4	24.8	31.3
电冰箱	台			0.3	3.0	5.8	8.3
摩托车	辆			0.7	8.4	13.4	22.2
大型家具	件			432	813	923	998
收音机	台	8.2	31.5	33.9	25.2	25.2	25.1
黑白电视机	台			59.2	80.1	78.4	75.2
彩色电视机	台			4.0	17.1	25.9	34.7
收录机	台			19.5	31.1	33.7	37.4
照像机	架			0.4	1.1	2.3	3.5

13—16 历年城乡居民储蓄存款年末余额

单位：万元

年份	城乡居民储蓄存款余额	发展速度（%）	城镇居民储蓄	农村居民储蓄
1978	19449		19449	
1979	25394	130.6	25394	
1980	42751	168.4	34252	8499
1981	53102	124.2	42171	10931
1982	68202	128.4	53481	14721
1983	90261	132.3	68976	21285
1984	126096	139.7	94007	32089
1985	174715	138.6	129050	45665
1986	241561	138.3	175247	66314
1987	325927	134.9	235731	90196
1988	403628	123.8	306239	97389
1989	563812	139.7	439766	124046
1990	791512	140.4	621117	170395
1991	1011428	129.3	787207	224221
1992	1225696	121.2	896719	328977
1993	1587700	129.5	1239700	348000
1994	2437200	153.5	1962500	474700
1995	3413800	140.1	2356500	1057300
1996	4339490	127.1	3563723	775767
1997	5151022	118.7	4222300	928722

注：发展速度以上年为基期。

主要统计指标解释

城镇居民家庭实际收入 指被调查城镇居民家庭全部的实际现金收入，包括经常或固定得到的收入和一次性收入。不包括周转性收入，如提取银行存款、向亲友借入款、收回借出款以及其他各种暂收款。

城镇居民家庭可支配收入 指被调查城镇居民家庭在支付个人所得税之后，所余下的实际收入。

城镇居民家庭消费性支出 指被调查的城镇居民家庭用于日常生活的全部支出，包括购买商品支出和文化生活、服务等非商品性支出。不包括罚没、丢失款和缴纳的各种税款(如个人所得税、牌照税、房产税等)，也不包括个体劳动者生产经营过程中发生的各项费用。

农村居民家庭纯收入 指农村常住居民家庭总收入中，扣除从事生产和非生产经营费用支出、缴纳税款和上交承包集体任务金额以后剩余的，可直接用于进行生产性、非生产性建设投资、生活消费和积蓄的那一部分收入。它是反映农民家庭实际收入水平的综合性的主要指标。农民家庭纯收入，既包括从事生产性和非生产性的经营收入，又包括取自在外人口寄回带回和国家财政救济、各种补贴等非经营性收入；既包括货币收入，又包括自产自用的实物收入。但不包括向银行、信用社和向亲友借款等属于借贷性的收入。

农村居民家庭生活消费支出 指农村常住居民家庭年内用于日常生活的全部开支。它是用来反映和研究农民家庭实际生活消费水平高低的重要指标。农民家庭生活消费支出，包括用于吃、穿、住、烧、用等生活消费品开支和文化、生活服务费用开支两大部分。

城乡居民储蓄存款余额 城乡居民储蓄存款，包括城镇居民储蓄存款和农民个人储蓄存款两部分。不包括居民的手存现金和工矿企业、部队、机关团体等集团存款。储蓄存款余额，是指城乡居民存入银行及农村信用社储蓄的时点数(存入数扣除取出数的余额)，如月末、季末或年末数额。

14

区(市)县

DISTRICTS, CITIES AT COUNTY LEVEL AND COUNTIES

简要说明：

一、主要内容

本部份资料反映成都市各区(市)县社会、经济发展的基本情况，主要包括：土地、人口、国内生产总值、工业、农业、固定资产投资、社会消费品零售总额、财政等主要社会经济情况。

二、资料来源

全市资料来源于成都市统计局各专业处相关统计年报。

区(市)县资料主要来源于各区(市)县统计局综合统计年报。

三、其他需要说明的问题

锦江区、青羊区、金牛区、武侯区、成华区因区划调整，1997 年以前资料不可比，未填列；同时五区的从业人员、工业、固定资产投资、商业、运输邮电、财政、金融、科技、教育、卫生等资料未按辖区口径统计不可比，也未填列。

除上述五区之外的其余区(市)县所有资料均按辖区口径计算。

14—1 区(市)县土地面积、户数和人口数

(1997年末)

	土地面积(平方公里)	总户数(户)	总人口(人)	平均每户人口(人)	人口密度(人/平方公里)
全　市	**12390**	**3000835**	**9891885**	**3.3**	**798**
#锦江区	62	127157	392706	3.1	6334
青羊区	68	147505	457826	3.1	6733
金牛区	108	157331	513647	3.3	4756
武侯区	78	119144	377851	3.2	4844
成华区	111	154790	506841	3.3	4566
龙泉驿区	555	143461	465504	3.2	839
青白江区	392	112934	393367	3.5	1003
金堂县	1155	251936	829473	3.3	718
双流县	1067	243231	845689	3.5	793
温江县	277	93635	300840	3.2	1086
郫　县	437	144936	455688	3.1	1043
新都县	481	188438	582912	3.1	1212
大邑县	1548	141203	490958	3.5	317
蒲江县	580	77902	253747	3.3	437
新津县	332	88040	285108	3.2	859
都江堰市	1208	170134	580411	3.4	480
彭州市	1420	239441	761912	3.2	537
邛崃市	1377	178860	640179	3.6	465
崇州市	1090	183748	645784	3.5	592

14—2 区(市)县年末总人口

单位:万人

	1978 年	1980 年	1990 年	1997 年
全　市	**806.06**	**822.54**	**919.50**	**989.19**
#锦江区			39.53	39.27
青羊区			44.38	45.78
金牛区			43.36	51.36
武侯区			34.87	37.79
成华区			43.89	50.68
龙泉驿区	33.63	34.03	37.29	46.55
青白江区	34.49	34.88	37.49	39.34
金堂县	74.24	74.87	80.53	82.95
双流县	74.43	76.17	84.94	84.57
温江县	23.31	23.70	26.50	30.08
郫　县	38.03	38.69	42.12	45.57
新都县	47.33	47.86	53.23	58.29
大邑县	43.66	43.91	47.37	49.10
蒲江县	22.38	22.59	24.54	25.37
新津县	24.88	25.24	27.28	28.51
都江堰市	47.61	48.17	54.29	58.04
彭州市	67.53	68.17	73.81	76.19
邛崃市	57.52	57.81	61.88	64.02
崇州市	56.34	57.05	62.21	64.58

14—3 区(市)县年末非农业人口

单位:万人

	1978年	1980年	1990年	1997年
全　　市	**179.46**	**192.04**	**250.99**	**318.50**
#锦江区			34.06	33.66
青羊区			38.33	39.69
金牛区			32.30	41.03
武侯区			23.76	29.86
成华区			32.60	39.48
龙泉驿区	2.07	2.19	3.28	12.16
青白江区	5.46	5.56	6.99	8.60
金堂县	4.53	4.72	5.99	9.08
双流县	6.04	6.53	10.57	13.45
温江县	2.87	3.10	4.66	8.15
郫　县	3.49	3.91	5.68	7.95
新都县	4.04	4.51	7.74	12.96
大邑县	3.66	3.92	5.09	7.12
蒲江县	1.35	1.41	2.08	3.00
新津县	2.58	2.85	3.81	4.98
都江堰市	8.76	9.19	12.34	15.14
彭州市	7.82	8.15	9.48	11.46
邛崃市	4.04	4.35	5.84	7.43
崇州市	4.32	4.66	6.38	8.31

14—4 区(市)县人口构成

(1997年末)

单位:人

	按性别分		按农业、非农业分		性比例(以女性为100)
	男	女	农业人口	非农业人口	
全 市	**5054967**	**4836918**	**6706850**	**3185035**	**105**
#锦江区	199722	192984	56070	336636	103
青羊区	230067	227759	60914	396912	101
金牛区	264801	248846	103355	410292	106
武侯区	189570	188281	79248	298603	101
成华区	267447	239394	112081	394760	112
龙泉驿区	237543	227961	343855	121649	104
青白江区	203300	190067	307402	85965	107
金堂县	435454	394019	738642	90831	111
双流县	430987	414702	711183	134506	104
温江县	151256	149584	219362	81478	101
郫 县	227744	227944	376190	79498	100
新都县	294070	288842	453338	129574	102
大邑县	253974	236984	419750	71208	107
蒲江县	128566	125181	223733	30014	103
新津县	143581	141527	235357	49751	101
都江堰市	295174	285237	429043	151368	103
彭州市	390023	371889	647354	114558	105
邛崃市	327588	312591	565838	74341	105
崇州市	330388	315396	562734	83050	105

14—5 区(市)县人口自然变动

(1997年)

	出生人口(人)	死亡人口(人)	出生率(‰)	死亡率(‰)	自然增长率(‰)
全　　市	**88460**	**57551**	**8.98**	**5.84**	**3.14**
#锦江区	2454	2365	6.24	6.01	0.23
青羊区	3009	2298	6.57	5.02	1.55
金牛区	3423	2194	6.74	4.32	2.42
武侯区	2750	1298	7.41	3.50	3.91
成华区	3840	2313	7.63	4.60	3.03
龙泉驿区	5247	3157	11.36	6.83	4.53
青白江区	3986	2303	10.17	5.87	4.30
金堂县	8380	5219	10.12	6.30	3.82
双流县	8515	5196	10.10	6.16	3.94
温江县	2721	1728	9.09	5.77	3.32
郫　县	4583	2950	10.15	6.53	3.62
新都县	5666	3594	9.76	6.19	3.57
大邑县	4970	3111	10.15	6.35	3.80
蒲江县	2585	1517	10.20	5.98	4.22
新津县	2720	1828	9.56	6.43	3.13
都江堰市	4539	3347	7.84	5.78	2.06
彭州市	5787	4788	7.60	6.29	1.31
邛崃市	6814	3840	10.66	6.01	4.65
崇州市	5213	4145	8.08	6.42	1.66

14—6 区(市)县人口机械变动

(1997年)

	迁入人口(人)	迁出人口(人)	迁入率(‰)	迁出率(‰)	机械变动增长率(‰)
全　　市	**170791**	**119202**	**17.34**	**12.10**	**5.24**
#锦江区	6663	3426	16.94	8.71	8.23
青羊区	12747	8671	27.83	18.93	8.90
金牛区	14123	8081	27.82	15.92	11.90
武侯区	20597	10110	55.53	27.26	28.27
成华区	10547	6398	20.97	12.72	8.25
龙泉驿区	6071	2240	13.14	4.85	8.29
青白江区	3491	2476	16.55	6.31	10.24
金堂县	8533	8373	10.31	10.11	0.20
双流县	15002	12291	17.80	14.58	3.22
温江县	6810	4643	22.76	15.51	7.25
郫　县	10738	4137	23.78	9.16	14.62
新都县	9803	7131	16.89	12.28	4.61
大邑县	7323	6529	14.96	13.33	1.63
蒲江县	1694	2306	6.68	9.10	—2.42
新津县	3498	3037	12.30	10.68	1.62
都江堰市	10163	8222	17.56	14.20	3.36
彭州市	7110	6824	9.34	8.96	0.38
邛崃市	6314	7192	9.88	11.25	—1.37
崇州市	6534	5968	10.13	9.25	0.88

14—7 区(市)县婚姻、计划生育情况

(1997年)

	结婚人数(人)	离婚人数(人)	计划生育率(%)	一孩率(%)	独生子女领证率(%)
全　　市	**180050**	**38640**	**97.77**	**93.80**	**60.63**
#锦江区	7552	3228	99.29	96.82	76.99
青羊区	7690	3520	99.24	96.50	51.62
金牛区	9204	3790	99.09	96.88	73.46
武侯区	7814	2326	99.67	96.50	60.03
成华区	9274	3430	99.18	96.69	62.16
龙泉驿区	8852	1388	98.81	91.54	55.00
青白江区	7744	1402	96.84	93.48	54.22
金堂县	12562	1388	94.23	87.69	47.68
双流县	18492	2696	97.28	94.92	56.76
温江县	6488	1234	98.35	96.49	64.04
郫　县	8112	1430	98.13	95.87	51.83
新都县	11942	2240	98.09	96.48	54.48
大邑县	9598	1348	99.70	93.50	68.45
蒲江县	3438	590	99.49	95.28	65.76
新津县	6208	1032	97.86	95.65	76.40
都江堰市	10250	2066	97.58	93.00	64.27
彭州市	11822	2376	97.03	89.09	60.51
邛崃市	12366	1638	98.87	94.33	67.32
崇州市	8284	1170	95.96	93.65	61.61

14—7 续表

	育龄妇女人　　数(万人)	已婚育龄妇女人数(万人)	已婚育龄妇女占育龄妇女比例(%)	出生婴儿性别比(以女性为100)	节育率(%)
全　　市	**272.72**	**223.59**	**81.99**	**107.23**	**91.55**
#锦 江 区	10.19	8.31	81.55	106.11	88.72
青 羊 区	9.90	7.93	80.10	99.10	86.94
金 牛 区	12.05	9.48	78.67	108.79	89.59
武 侯 区	8.88	6.46	72.75	109.21	85.29
成 华 区	12.60	10.46	83.02	103.87	87.80
龙泉驿区	13.87	11.25	81.11	110.39	90.99
青白江区	11.30	9.14	80.88	102.25	90.97
金 堂 县	23.94	18.26	76.27	114.68	92.72
双 流 县	25.93	20.70	79.83	109.43	91.85
温 江 县	8.83	7.19	81.43	107.27	92.73
郫　　县	13.34	11.35	85.08	111.38	92.93
新 都 县	16.48	13.38	81.19	102.23	92.35
大 邑 县	13.75	11.89	86.47	102.77	92.31
蒲 江 县	7.23	6.13	84.79	103.92	93.04
新 津 县	8.33	7.06	84.75	105.45	93.66
都江堰市	15.82	12.91	81.61	109.63	93.17
彭 州 市	21.49	18.46	85.90	109.50	92.38
邛 崃 市	18.11	15.09	83.32	107.06	93.09
崇 州 市	17.15	15.24	88.86	106.08	93.44

14—8 区(市)县年末社会从业人员

单位:万人

	1978年	1980年	1990年	1997年
全　　市	**372.30**	**393.12**	**546.24**	**585.29**
#龙泉驿区	12.51	13.59	21.51	36.93
青白江区	20.05	21.16	22.68	25.44
金 堂 县	32.07	34.01	47.09	50.98
双 流 县	30.47	32.63	47.97	52.05
温 江 县	9.48	10.23	15.48	18.51
郫　　县	15.99	17.65	25.70	29.46
新 都 县	20.08	22.28	31.37	38.73
大 邑 县	17.43	18.80	27.30	30.19
蒲 江 县	9.71	9.79	14.91	16.13
新 津 县	10.50	11.72	16.20	18.57
都江堰市	19.52	21.44	29.13	33.00
彭 州 市	30.86	33.59	45.97	51.97
邛 崃 市	32.60	33.01	33.98	34.92
崇 州 市	23.22	24.45	36.03	42.35

14—9 区(市)县社会从业人员及构成

(1997年末)

	从业人员(万人)	第一产业	第二产业	第三产业	比　重　(%)		
					第一产业	第二产业	第三产业
全　　市	**585.29**	**269.18**	**165.40**	**150.71**	**45.9**	**28.3**	**25.8**
#龙泉驿区	36.93	23.02	6.58	7.33	62.4	17.8	19.8
青白江区	25.44	11.92	7.43	6.09	46.9	29.2	23.9
金 堂 县	50.98	33.26	5.37	12.35	65.2	10.5	24.3
双 流 县	52.05	29.22	10.69	12.14	56.1	20.5	23.4
温 江 县	18.51	9.91	4.11	4.49	53.5	22.2	24.3
郫　　县	29.46	16.70	6.58	6.18	56.7	22.3	21.0
新 都 县	38.73	18.41	11.02	9.30	47.5	28.5	24.0
大 邑 县	30.19	17.60	7.13	5.46	58.3	23.6	18.1
蒲 江 县	16.13	8.78	3.07	4.28	54.4	19.1	26.5
新 津 县	18.57	8.19	5.45	4.93	44.2	29.3	26.5
都江堰市	33.00	15.07	8.65	9.28	45.7	26.2	28.1
彭 州 市	51.97	29.78	13.44	8.75	57.3	25.9	16.8
邛 崃 市	34.92	22.69	5.10	7.13	65.0	14.6	20.4
崇 州 市	42.35	23.87	11.59	6.89	56.4	27.4	16.2

14—10 区(市)县国内生产总值

单位:万元

	1978 年	1980 年	1990 年	1997 年
全　　市	**359356**	**462957**	**1940857**	**10070260**
#锦江区				677293
青羊区				714681
金牛区				555234
武侯区				400048
成华区				689545
龙泉驿区	12376	14632	44780	356776
青白江区	17644	22062	73423	324194
金堂县	14608	17031	70193	430529
双流县	17863	23126	94492	730064
温江县	5858	7903	39414	275977
郫　县	8932	11307	49835	453417
新都县	12959	19109	89362	427017
大邑县	9587	12517	49748	269880
蒲江县	4554	6568	25586	145765
新津县	5267	6333	29325	191251
都江堰市	15570	20082	70884	347974
彭州市	17531	23145	99592	552601
邛崃市	11212	17618	69999	442822
崇州市	13941	17834	73765	437520

14—11 区(市)县国内生产总值发展速度

单位:%

	1978年	1980年	1990年	1997年
全　　市	**100.0**	**126.21**	**303.8**	**794.1**
#锦江区				112.6
青羊区				112.0
金牛区				108.5
武侯区				109.7
成华区				96.0
龙泉驿区	100.0	120.1	255.0	939.8
青白江区	100.0	116.5	288.1	896.0
金堂县	100.0	113.6	214.6	719.3
双流县	100.0	115.3	338.8	1505.5
温江县	100.0	112.8	332.3	1310.7
郫　县	100.0	125.0	321.4	1705.9
新都县	100.0	125.8	361.3	1536.7
大邑县	100.0	113.6	230.4	739.9
蒲江县	100.0	129.8	315.4	892.4
新津县	100.0	106.1	306.3	1020.6
都江堰市	100.0	127.8	303.8	908.5
彭州市	100.0	110.4	272.2	897.4
邛崃市	100.0	138.2	541.4	2236.5
崇州市	100.0	123.3	211.4	731.7

注:锦江区、青羊区、金牛区、武侯区、成华区以1996为基期,其余14个区(市)县及全市以1978年为基期。

14—12 区(市)县人均国内生产总值

单位:元

	1978年	1980年	1990年	1997年
全　　市	**449**	**565**	**2123**	**10224**
#锦 江 区				17221
青 羊 区				15882
金 牛 区				10938
武 侯 区				10786
成 华 区				13706
龙泉驿区	371	430	1209	7721
青白江区	508	631	1976	8268
金 堂 县	197	228	877	5200
双 流 县	262	331	1215	8666
温 江 县	252	335	1504	9221
郫　　县	235	296	1198	10040
新 都 县	274	401	1684	7356
大 邑 县	219	286	1055	5512
蒲 江 县	203	291	1046	5750
新 津 县	211	252	1078	6722
都江堰市	328	418	1318	6012
彭 州 市	260	340	1355	7259
邛 崃 市	195	305	1143	6953
崇 州 市	248	314	1193	6780

14—13 区(市)县国内生产总值及构成

(1997年)

	国内生产总值(万元)	第一产业	第二产业	第三产业	构成(%)		
					第一产业	第二产业	第三产业
全市	**10070260**	**1206037**	**4563720**	**4300503**	**12.0**	**45.3**	**42.7**
#锦江区	677293	7471	199139	470683	1.1	29.4	69.5
青羊区	714681	12435	195052	507194	1.7	27.3	71.0
金牛区	555234	12376	230206	312652	2.2	41.5	56.3
武侯区	400048	7025	212900	180123	1.8	53.2	45.0
成华区	689545	21602	465611	202332	3.1	67.5	29.3
龙泉驿区	356776	85575	154988	116213	24.0	43.4	32.6
青白江区	324194	48503	204727	70964	15.0	63.2	21.9
金堂县	430529	105882	190759	133888	24.6	44.3	31.1
双流县	730064	99811	405526	224727	13.7	55.5	30.8
温江县	275977	53191	133603	89183	19.3	48.4	32.3
郫县	453417	83818	253568	116031	18.5	55.9	25.6
新都县	427017	83822	203785	139410	19.6	47.7	32.6
大邑县	269880	67383	120827	81670	25.0	44.8	30.2
蒲江县	145765	44063	58697	43005	30.2	40.3	29.5
新津县	191251	40246	89977	61028	21.0	47.0	31.9
都江堰市	347974	84404	122194	141376	24.3	35.1	40.6
彭州市	552601	118047	230558	203996	21.4	41.7	36.9
邛崃市	442822	88869	185826	168127	20.0	42.0	38.0
崇州市	437520	88193	191919	157408	20.1	43.9	36.0

14—14 区(市)县农林牧渔业总产值

单位:万元

	1978年	1980年	1990年	1997年
全　　市	**160172**	**171518**	**601911**	**1815633**
#锦江区				15210
青羊区				26568
金牛区				26832
武侯区				16997
成华区				34542
龙泉驿区	8719	14256	31262	137075
青白江区	6669	7288	21574	73063
金堂县	13834	13319	56926	150526
双流县	18527	20071	58307	176076
温江县	7514	7416	21371	80589
郫　县	11327	9876	36945	126464
新都县	11352	13351	44402	126704
大邑县	9423	9645	35912	99982
蒲江县	5486	5735	22200	65310
新津县	5021	6256	19173	72238
都江堰市	10698	11953	40924	121432
彭州市	15104	14922	61611	171668
邛崃市	10691	12500	52290	133606
崇州市	15144	13300	54908	141551

14—15 区(市)县农林牧渔业总产值发展速度

单位:%

	1980年	1990年	1997年
全 市	**107.1**	**184.8**	**260.1**
#龙泉驿区	135.9	201.0	337.3
青白江区	114.1	159.2	228.6
金 堂 县	108.6	176.4	283.3
双 流 县	111.6	164.6	219.3
温 江 县	104.9	149.5	206.1
郫 县	96.3	163.0	227.1
新 都 县	111.6	185.3	245.9
大 邑 县	111.3	183.2	240.8
蒲 江 县	115.1	204.1	281.1
新 津 县	116.8	208.8	345.2
都江堰市	113.5	192.4	268.7
彭 州 市	113.9	194.0	263.4
邛 崃 市	122.3	253.3	348.7
崇 州 市	95.4	182.7	238.4

注:发展速度以1978年为基期。

14—16 区(市)县农林牧渔业总产值及构成

(1997年)

	农林牧渔业总产值(万元)					构 成 (%)			
	总计	农业	林业	牧业	渔业	农业	林业	牧业	渔业
全 市	**1815633**	**1076200**	**20612**	**685333**	**33488**	**59.3**	**1.1**	**37.8**	**1.8**
#锦江区	15210	9922	10	4498	780	65.2	0.1	29.6	5.1
青羊区	26568	11179	54	15238	97	42.1	0.2	57.3	0.4
金牛区	26832	12247	18	14258	309	45.6	0.1	53.1	1.2
武侯区	16997	8514	42	8183	258	50.1	0.3	48.1	1.5
成华区	34542	16405	48	15901	2188	47.5	0.1	46.0	6.4
龙泉驿区	137075	82612	222	50895	3346	60.3	0.2	37.1	2.4
青白江区	73063	49707	263	22156	937	68.0	0.4	30.3	1.3
金堂县	150526	96128	784	51804	1810	63.9	0.5	34.4	1.2
双流县	176076	94254	1089	77332	3401	53.6	0.6	43.9	1.9
温江县	80589	41205	474	37963	947	51.1	0.6	47.1	1.2
郫 县	126464	75702	556	48986	1220	59.9	0.4	38.7	1.0
新都县	126704	87327	797	37168	1412	68.9	0.6	29.4	1.1
大邑县	99982	60326	2526	35020	2110	60.4	2.5	35.0	2.1
蒲江县	65310	34015	1307	28089	1899	52.1	2.0	43.0	2.9
新津县	72238	40002	1063	27306	3867	55.4	1.5	37.8	5.3
都江堰市	121432	81480	1903	36835	1214	67.1	1.6	30.3	1.0
彭州市	171668	113715	1973	55169	811	66.2	1.2	32.1	0.5
邛崃市	133606	71819	5915	51430	4442	53.8	4.4	38.5	3.3
崇州市	141551	83906	1561	53711	2373	59.3	1.1	37.9	1.7

14—17 区(市)县粮食总产量

单位:万吨

	1978年	1980年	1990年	1997年
全　　市	**294.85**	**305.14**	**381.70**	**402.10**
#锦江区			1.47	1.10
青羊区			2.50	2.04
金牛区			4.09	2.77
武侯区			3.35	2.38
成华区			2.33	1.71
龙泉驿区	15.69	15.65	18.71	17.22
青白江区	12.61	13.07	15.37	16.07
金堂县	24.52	28.21	34.98	37.15
双流县	35.14	36.45	43.72	42.27
温江县	12.59	13.02	15.85	16.89
郫　县	20.80	21.30	26.91	29.64
新都县	21.48	21.77	27.34	27.17
大邑县	19.99	20.57	27.59	27.93
蒲江县	11.15	11.82	14.39	15.97
新津县	10.64	11.06	12.96	15.20
都江堰市	18.42	17.88	25.57	26.67
彭州市	28.52	30.17	34.96	41.78
邛崃市	23.54	25.55	33.73	37.97
崇州市	25.74	25.39	35.74	38.50

14—18 区(市)县油菜籽产量

单位:吨

	1978年	1980年	1990年	1997年
全　市	**108238**	**137023**	**198492**	**141060**
#锦江区			400	90
青羊区			1770	710
金牛区			3000	1154
武侯区			1500	529
成华区				
龙泉驿区	2041	3092	2889	1519
青白江区	5626	6981	9081	6489
金堂县	5916	8843	10875	10140
双流县	12782	19149	27481	17037
温江县	6598	8836	9736	4104
郫　县	9639	14990	16665	8534
新都县	12759	14884	20159	10751
大邑县	4324	5442	11413	9930
蒲江县	3010	4315	8374	8785
新津县	5454	6636	8403	4875
都江堰市	6923	6589	10695	8339
彭州市	11195	13037	21140	16009
邛崃市	5644	8330	19113	18880
崇州市	9778	9380	15424	12672

14—19 区(市)县年末生猪存栏数

单位:万头

	1978年	1980年	1990年	1997年
全　　市	**459.01**	**542.20**	**532.93**	**502.56**
#锦江区			1.89	2.73
青羊区			4.13	4.90
金牛区			6.03	5.72
武侯区			6.35	2.59
成华区			4.87	5.72
龙泉驿区	22.75	24.16	26.87	18.25
青白江区	23.53	26.76	24.85	20.85
金堂县	50.23	57.59	55.29	61.14
双流县	58.32	63.81	57.34	38.71
温江县	16.72	21.44	24.96	21.97
郫　县	26.15	34.45	34.48	31.46
新都县	35.52	40.03	32.22	26.31
大邑县	27.49	32.39	32.26	30.75
蒲江县	14.96	19.10	20.76	21.69
新津县	15.76	18.19	20.29	19.60
都江堰市	28.48	37.96	33.27	30.21
彭州市	43.48	51.85	48.65	41.27
邛崃市	35.48	43.68	49.38	58.76
崇州市	37.25	46.90	48.59	56.23

14—20 区(市)县生猪出栏数

单位:万头

	1978年	1980年	1990年	1997年
全　市	**238.88**	**334.40**	**533.52**	**670.65**
#锦江区			2.54	4.50
青羊区			5.82	7.15
金牛区			7.07	9.34
武侯区			8.74	6.71
成华区			7.00	10.46
龙泉驿区	15.42	19.30	31.39	37.46
青白江区	12.40	15.91	20.56	23.51
金堂县	19.62	25.02	44.05	69.70
双流县	31.80	40.94	56.03	59.83
温江县	9.65	12.85	25.94	32.98
郫　县	14.68	22.13	38.28	46.93
新都县	19.76	28.43	33.44	38.11
大邑县	13.28	21.53	31.06	39.41
蒲江县	8.27	12.90	19.27	28.05
新津县	6.61	9.62	19.64	24.89
都江堰市	12.19	21.57	28.84	35.75
彭州市	20.23	28.20	43.30	52.82
邛崃市	13.77	20.89	52.16	60.30
崇州市	17.97	24.73	58.39	72.80

14—21 区(市)县年末实有耕地面积

单位:万公顷

	1978年	1980年	1990年	1997年
全　　市	**49.56**	**49.00**	**46.54**	**44.54**
#锦江区			0.23	0.20
青羊区			0.30	0.25
金牛区			0.51	0.40
武侯区			0.41	0.27
成华区			0.38	0.31
龙泉驿区	2.29	2.27	2.03	1.66
青白江区	2.14	2.13	2.07	1.96
金堂县	5.67	5.62	5.43	5.27
双流县	5.69	5.69	5.43	5.04
温江县	1.70	1.68	1.64	1.59
郫　县	2.89	2.86	2.82	2.76
新都县	3.06	3.03	2.95	2.78
大邑县	3.24	3.17	3.01	2.84
蒲江县	2.17	2.15	1.99	1.81
新津县	1.81	1.80	1.73	1.69
都江堰市	3.25	3.20	3.01	2.96
彭州市	4.74	4.70	4.02	4.58
邛崃市	4.53	4.39	4.09	4.01
崇州市	4.24	4.22	4.02	3.95

14—22 区(市)县农村居民人均纯收入

单位:元

	1978年	1980年	1990年	1997年
全　　市	**140**	**223**	**773**	**2427**
#龙泉驿区	155	211	760	2499
青白江区	129	187	705	2196
金 堂 县	102	151	552	2187
双 流 县	91	192	690	2577
温 江 县	176	262	791	2556
郫　　县	178	233	782	2555
新 都 县	166	227	839	2417
大 邑 县	136	198	754	2343
蒲 江 县	135	202	743	2188
新 津 县	125	225	697	2420
都江堰市	129	206	734	2434
彭 州 市	151	229	789	2487
邛 崃 市	171	231	712	2209
崇 州 市	151	224	818	2447

14—23 区(市)县农林牧渔业主要产品产量

(1997年)

	粮食总产量(吨)	#小　麦	#稻　谷	油菜籽总产量(吨)
全　市	**4020984**	**902858**	**2529190**	**141060**
#锦江区	11004	3041	7910	90
青羊区	20438	5495	14903	710
金牛区	27660	6661	20834	1154
武侯区	23793	6044	17749	529
成华区	17129	5349	10294	
龙泉驿区	172240	47572	72436	1519
青白江区	160677	35079	97722	6489
金堂县	371452	124075	100435	10140
双流县	422736	92054	296212	17037
温江县	168885	38821	125174	4104
郫　县	296379	67963	209697	8534
新都县	271665	50620	198194	10751
大邑县	279322	57282	173884	9930
蒲江县	159730	23812	117149	8785
新津县	151981	35885	108162	4875
都江堰市	266650	56531	173337	8339
彭州市	417795	84506	266765	16009
邛崃市	379689	68579	236141	18880
崇州市	385032	89171	269864	12672

14—23 续表1

	甘 蔗 (吨)	蔬 菜 (吨)	水 果 (吨)	牛 奶 (吨)	禽 蛋 (吨)	水产品 (吨)
全 市	**72860**	**3069964**	**385907**	**39568**	**131936**	**40558**
#锦江区	223	57195	713	2529	985	360
青羊区		43241	194	5630	7629	105
金牛区		88387	1614	11171	6245	552
武侯区		35864	36	1502	2724	400
成华区	240	133029	745	4459	7213	3072
龙泉驿区	15644	319870	126386	2153	13909	4380
青白江区	1868	132441	4427	1371	1886	1001
金堂县	11211	251029	106293	198	8058	2500
双流县	2485	231649	37671	636	6641	4360
温江县	447	86974	242	700	6580	1210
郫 县	155	253320	947	945	5414	1208
新都县	2442	238630	1087	2101	7182	1460
大邑县	160	127250	3486	45	10103	2900
蒲江县	5493	52158	46463	8	2201	2713
新津县	2116	109440	9200	178	7883	4400
都江堰市	1884	177324	2952	1400	6980	1500
彭州市	1618	355143	6689	1163	7768	1317
邛崃市	26731	180000	33223	70	7313	3310
崇州市	143	174352	3300	38	11950	3700

14—23 续表2

	肉类总产量(吨)	#猪肉产量	年末大牲畜总头数(头)	年末生猪存栏数(头)	出栏肥猪头数(头)
全市	**587974**	**441866**	**161403**	**5025640**	**6706541**
#锦江区	3450	2978	882	27347	44992
青羊区	6625	4860	1485	49013	71460
金牛区	7845	6067	2708	57179	93446
武侯区	5719	4699	840	25891	67132
成华区	9100	7157	1200	57245	104595
龙泉驿区	39868	27721	1749	182536	374614
青白江区	18448	16037	3009	208511	235137
金堂县	60710	48362	21332	611437	696961
双流县	61212	35896	7095	387144	598280
温江县	25496	19625	1444	219711	329828
郫县	35132	28155	3291	314564	469255
新都县	30894	26977	3742	263045	381117
大邑县	29831	23655	21872	307484	394124
蒲江县	23428	16737	16857	216907	280518
新津县	24014	16175	5212	195955	248850
都江堰市	32600	26812	4026	302100	357500
彭州市	52615	37477	12790	412650	528171
邛崃市	59146	39196	39296	587624	603019
崇州市	53115	46813	11399	562315	728048

14—24 区(市)县乡镇企业主要指标

(1997年)

	企业个数(个)	集体	私营	职工人数(人)	集体	私营
全市	**67108**	**7869**	**59239**	**843484**	**533220**	**310264**
#锦江区	449	216	233	14336	10258	4078
青羊区	456	445	11	17198	17035	163
金牛区	5726	428	5298	42556	26735	15821
武侯区	1907	426	1481	32450	25055	7395
成华区	8382	633	7749	62414	33780	28634
龙泉驿区	7539	349	7190	82433	42672	59761
青白江区	1055	374	681	36251	29527	6724
金堂县	13038	251	12787	52884	15323	37561
双流县	1287	475	812	58528	52854	5674
温江县	2319	246	2073	22324	15388	6936
郫县	2650	691	1959	42731	32433	10298
新都县	3689	689	3000	78461	60461	18000
大邑县	2627	259	2368	36492	13802	22690
蒲江县	352	164	188	12978	6784	3194
新津县	1193	142	1051	31059	19704	11355
都江堰市	949	532	417	33544	24798	8746
彭州市	1183	608	575	46863	41171	5692
邛崃市	6493	300	6193	55836	20265	35571
崇州市	4329	400	3929	63098	32314	30784

14—24 续表1

	总产值(现价、万元)	集体	私营	总产值(1990年不变价、万元)	集体	私营
全市	**7299526**	**3746216**	**3553310**	**6955399**	**3466833**	**3488566**
#锦江区	132977	65989	66988	138010	65677	72333
青羊区	185947	184334	1613	177584	177360	224
金牛区	339147	161625	177522	332598	156809	175789
武侯区	349472	291482	57990	360151	303053	57098
成华区	343883	139619	204264	340284	136028	20456
龙泉驿区	376951	120411	256540	370145	113954	256191
青白江区	244008	174447	69561	223216	156464	66752
金堂县	331212	56867	274345	321182	51295	269887
双流县	927963	889760	38203	786731	749073	37658
温江县	155325	114946	40379	144901	105778	39123
郫县	556799	422096	134703	524998	408494	116504
新都县	548451	351948	196503	519294	326051	193243
大邑县	362934	64939	297995	350755	61787	288968
蒲江县	127269	43092	84177	121140	39680	81460
新津县	245638	97370	148268	240601	96136	144465
都江堰市	140765	107787	32978	143078	101190	41888
彭州市	614000	123003	490997	588000	100521	487479
邛崃市	570001	77729	492272	542729	69808	472921
崇州市	598424	162799	435625	585175	153975	431200

14—24 续表2

	增加值（万元）	集体	私营	营业收入（万元）	利税总额（万元）
全市	**1401579**	**753527**	**648052**	**6116132**	**276177**
#锦江区	21008	8018	12990	12198	3209
青羊区	31648	31390	258	200687	12151
金牛区	68735	37132	31603	333882	20121
武侯区	66020	51424	14596	370930	14276
成华区	46183	24653	21530	362189	10917
龙泉驿区	49320	21516	27804	311686	8414
青白江区	36031	27157	8874	157587	4980
金堂县	66921	11851	55070	274433	4177
双流县	184932	176903	8029	750050	51635
温江县	30899	23415	7484	134752	6938
郫县	129466	96469	32997	511281	18184
新都县	113369	75511	37858	424480	15209
大邑县	70611	10670	59941	218677	8354
蒲江县	22247	9392	12855	95809	3791
新津县	51559	22390	29169	170511	9048
都江堰市	30606	24341	6265	136043	8941
彭州市	147000	27834	119166	468544	21658
邛崃市	68678	14698	53980	456066	24362
崇州市	136654	38738	97916	465242	21216

14—25 区(市)县全部工业总产值

(1997 年)

	总 计 (万元)	轻工业	重工业	工业总产值 发展速度 (%)
全 市	**11016783**	**5830648**	**5186135**	**122.0**
#龙泉驿区	176005	69253	106752	118.4
青白江区	663922	242460	421462	127.2
金 堂 县	402375	254784	147591	141.4
双 流 县	998033	386248	611785	122.9
温 江 县	288666	197625	91041	98.6
郫 县	507634	332554	175080	124.5
新 都 县	627846	342216	285630	102.6
大 邑 县	295005	158571	136434	112.1
蒲 江 县	166219	125198	41021	114.6
新 津 县	171665	126025	45640	
都江堰市	199829	62152	137677	
彭 州 市	499685	178766	320919	108.3
邛 崃 市	535846	459047	76799	
崇 州 市	303612	206308	97304	

注:①工业总产值发展速度以 1996 年为基期,按 1990 年不变价格计算。②新津县、都江堰市、邛崃市、崇州市工业总产值由于统计口径调整,与上年不可比,故未计算发展速度。

14—25 续表

单位:万元

	在总计中: #国有企业	#集体企业	#私营及个体企 业	#“三资”企业	在总计中: 县及县以下企业
全 市	**2474122**	**4212949**	**2625271**	**728385**	**4884054**
#龙泉驿区	46439	89402	8868	29296	106628
青白江区	271136	125502	164383	43226	327227
金 堂 县	49508	119563	181309	9043	357142
双 流 县	76015	630614	220571	70833	836188
温 江 县	71000	80526	38339	49611	201069
郫 县	38681	255133	94686	71679	482171
新 都 县	99670	285342	108657	50245	536279
大 邑 县	33182	52518	191045	15441	275806
蒲 江 县	19467	50517	60565	11053	166219
新 津 县	13159	42176	102160	1463	164103
都江堰市	52808	90903	25182	12480	161715
彭 州 市	73882	103610	287108	7280	447899
邛 崃 市	36182	209894	276451	964	535379
崇 州 市	40990	108636	110542	4480	286229

14—26 区(市)县交通运输指标

	公路通车里程(公里)		公路旅客运输量(万人)		公路旅客周转量(万人公里)	
	1996年	1997年	1996年	1997年	1996年	1997年
全　　市	**5341**	**6009**	**23000**	**27261**	**635112**	**757590**
#龙泉驿区	224	224	1654	1826	20468	22526
青白江区	176	272	1176	1492	6358	12414
金堂县	480	513	2761	3653	53853	71347
双流县	659	673	1316	1876	45572	40621
温江县	261	261	161	248	2840	4474
郫　县	199	285	1216	1427	16647	18655
新都县	196	196	439	577	22081	25430
大邑县	374	374	566	649	12453	15285
蒲江县	289	289	146	152	5120	5327
新津县	246	260	27	34	525	631
都江堰市	449	460	1679	1602	67832	56261
彭州市	505	505	1786	1875	45675	48758
邛崃市	415	415	880	1040	44000	62400
崇州市	378	378	718	849	18670	21506

14—26　续表

	公路货物运输量(万吨)		公路货物周转量(万吨公里)		通公路乡镇数(个)
	1996年	1997年	1996年	1997年	1997年
全　　市	**11133**	**12551**	**440181**	**499770**	**316**
#龙泉驿区	782	884	2783	3026	19
青白江区	298	377	6669	6528	14
金堂县	726	941	42877	55675	24
双流县	3284	3092	41841	39862	26
温江县	138	155	2764	3284	10
郫　县	202	209	5353	5488	16
新都县	245	233	12942	11555	17
大邑县	135	101	5098	4424	20
蒲江县	65	69	5420	5538	19
新津县	425	500	2125	2500	14
都江堰市	330	298	19230	16614	28
彭州市	1349	1426	37801	40784	28
邛崃市	229	288	18091	23000	33
崇州市	327	371	16911	20308	30

14—27 区(市)县邮电通信指标

	邮电业务总量(万元)		年末无线寻呼用户数(户)		年末移动电话用户数(户)	
	1996年	1997年	1996年	1997年	1996年	1997年
全　　市	**161132**	**196900**	**198266**	**317027**	**112701**	**189669**
#龙泉驿区	1218	2356			243	1712
青白江区	1645	1611	183	1953		2048
金堂县	1852	2096	1953	2889	677	1704
双流县	5174	6168	6421	9857	3509	6268
温江县	3213	2919	4550	7700	616	2849
郫　县	2086	2790	3630	5507	1346	4709
新都县	4744	3976	4422	7954	2413	4798
大邑县	1597	2835	3318	4868	1678	4334
蒲江县	819	1277	1685	2737	755	1585
新津县	1348	1795	2064	4150	1196	2489
都江堰市	4611	5078	10088	14093	2416	4442
彭州市	3172	2992	457	10752	839	3709
邛崃市	1742	2384	4371	7681	1102	3152
崇州市	1866	2292	3000	6606	938	2734

14—27 续表

	年末电话机数(部)		市内电话机		农村电话机	
	1996年	1997年	1996年	1997年	1996年	1997年
全　　市	**661687**	**850295**	**636073**	**792473**	**25614**	**57822**
#龙泉驿区	5947	11497	5106	10174	841	1323
青白江区	10826	17536	10826	12878		4658
金堂县	8724	12363	6781	7963	1943	4400
双流县	14584	24124	8495	12242	6089	11882
温江县	7724	13151	6521	11277	1203	1874
郫　县	6993	12833	4218	7331	2775	5502
新都县	10863	19622	8077	12661	2786	6961
大邑县	7204	9339	5695	6348	1509	2991
蒲江县	2773	4605	2177	3523	596	1082
新津县	5198	6883	4666	4897	532	1986
都江堰市	12154	23846	10690	19179	1464	4667
彭州市	12502	17320	10007	12200	2495	5120
邛崃市	6753	11382	5896	8985	857	2397
崇州市	8073	14385	6371	10287	1702	4098

14—28 区(市)县全社会固定资产投资

单位:万元

	1978 年	1980 年	1990 年	1997 年
全　　市	**29391**	**55744**	**401156**	**3100791**
#龙泉驿区	895	1547	4157	34900
青白江区	5081	5741	21266	47190
金 堂 县	597	657	12133	74297
双 流 县	427	763	21700	90854
温 江 县	892	756	8865	57164
郫　　县	98	270	10325	95877
新 都 县	99	995	14913	65485
大 邑 县	682	780	4509	46708
蒲 江 县	521	768	3948	34279
新 津 县	77	253	2911	24453
都江堰市	1243	3070	12893	70340
彭 州 市	590	1117	18683	64231
邛 崃 市	1396	1356	6197	45653
崇 州 市	468	504	4353	35484

14—29 区(市)县全社会固定资产投资

(1997 年)

单位:万元

	全社会固定资产投资	#国有投资	#集体投资	#城乡私人投资
全　　市	**3100791**	**1480027**	**627493**	**332443**
#龙泉驿区	34900	10237	13673	8236
青白江区	47190	17552	10669	6590
金 堂 县	74297	27087	11826	21866
双 流 县	90854	21627	48884	9122
温 江 县	57164	14237	6513	3583
郫　　县	95877	17679	21695	48144
新 都 县	65485	11923	31118	10950
大 邑 县	46708	19209	10711	11374
蒲 江 县	34279	8038	15415	10522
新 津 县	24453	3371	17263	2432
都江堰市	70340	23290	28525	14289
彭 州 市	64231	35936	14638	13472
邛 崃 市	45653	10504	19147	16002
崇 州 市	35484	12408	9736	7188

14—30 区(市)县农村私人投资情况

(1997 年)

	私人投资(户)	#建房	私人建房面积(平方米)	#住宅	私人建房投资(万元)	#住宅
全市	**53857**	**48984**	**5917340**	**5416849**	**184151**	**167508**
#锦江区	863	848	84357	83657	2458	2446
青羊区	508	508	31460	31460	834	834
金牛区	1400	1400	141800	141800	6381	6381
武侯区	1407	1127	117020	106020	4356	3673
成华区	1755	1755	181054	181054	5432	5432
龙泉驿区	4500	4500	517500	517500	18113	18113
青白江区	1883	1883	282100	256492	5314	4831
金堂县	5080	5080	759011	686021	20873	18866
双流县	5548	2025	253800	162000	7106	5670
温江县	777	777	88305	88305	2649	2649
郫县	9200	9200	1380000	1173000	46920	37536
新都县	3301	3301	302651	302651	9988	9988
大邑县	836	836	110000	110000	3520	3520
蒲江县	1867	1867	252100	212100	7563	6363
新津县	1800	1800	90000	90000	1665	1665
都江堰市	2152	2152	261530	261530	7322	7322
彭州市	4523	3824	364558	364558	12395	12395
邛崃市	3400	3060	381300	343200	11605	10444
崇州市	1290	1290	150030	137430	4881	4670

14—31 区(市)县社会消费品零售总额

单位:万元

	1978 年	1980 年	1990 年	1997 年
全　　市	**138147**	**205140**	**856919**	**4099934**
#龙泉驿区	7021	7338	24300	131980
青白江区	4926	5666	18941	79203
金 堂 县	6856	8417	24589	91525
双 流 县	7226	11454	33954	156242
温 江 县	3585	5608	17561	68431
郫　　县	4541	6562	22221	100950
新 都 县	5817	9265	39911	160412
大 邑 县	4447	6432	24424	94100
蒲 江 县	2100	3364	10594	50165
新 津 县	3687	4983	14796	65008
都江堰市	8092	9228	31814	154501
彭 州 市	7916	11765	35907	167343
邛 崃 市	5189	8722	20734	103010
崇 州 市	8418	11514	32568	115142

14—32 区(市)县社会消费品零售总额

(1997 年)

单位:万元

	总计	在总计中:		在总计中:		
		批发零售贸易业	餐饮业	市的零售额	县的零售额	县以下的零售额
全　　市	**4099934**	**2333547**	**546797**	**2678785**	**329156**	**1091993**
#龙泉驿区	131980	43913	36620	62031		69949
青白江区	79203	49363	6185	50034		29169
金 堂 县	91525	63371	7330		39829	51696
双 流 县	156242	72549	25233		50556	105686
温 江 县	68431	31989	7596		34097	34334
郫　　县	100950	43277	15317		48572	52378
新 都 县	160412	62039	42972		70241	90171
大 邑 县	94100	37779	9387		27411	66689
蒲 江 县	50165	27341	7103		22692	27473
新 津 县	65008	34882	6963		33805	31203
都江堰市	154501	82116	23346	81637		72864
彭 州 市	167343	68801	22374	81998		85345
邛 崃 市	103010	51719	15484	59598		43412
崇 州 市	115142	55667	18418	42612		72530

14—32　续表

单位:万元

	在总计中:				在总计中:农民对非农业居民零售额
	#国有经济	#集体经济	#个体经济	#私营经济	
全　　市	**644606**	**1021204**	**1016186**	**231896**	**714089**
#龙泉驿区	7103	38295	30425	5857	50300
青白江区	8429	11491	34463	2936	18174
金 堂 县	21416	16580	32737	4207	15702
双 流 县	31277	23653	78422	4779	16809
温 江 县	13990	16304	19366	5042	13464
郫　　县	14452	27285	33728	6321	18225
新 都 县	19887	36320	73369	5124	25135
大 邑 县	6149	38913	33667	2994	12376
蒲 江 县	13131	3965	15630	4308	9970
新 津 县	5719	7764	26576	16950	6384
都江堰市	15513	23484	68418	3895	41362
彭 州 市	18771	20828	74053	10758	42933
邛 崃 市	26553	15877	44300	2436	13850
崇 州 市	11745	36992	47092	2185	14527

14—33 区(市)县财政收入

单位:万元

	1978年	1980年	1990年	1997年
全　　市	**73882**	**75687**	**203981**	**772534**
#龙泉驿区	526	614	3410	13923
青白江区	1032	1921	10290	21430
金 堂 县	1752	1935	5631	15459
双 流 县	1410	1766	7849	44817
温 江 县	694	918	3064	13527
郫　　县	875	1020	3773	16691
新 都 县	1506	1883	7155	25966
大 邑 县	799	909	3463	12650
蒲 江 县	220	328	1197	7297
新 津 县	440	361	2113	9255
都江堰市	1492	1886	6383	22541
彭 州 市	1398	1662	5657	23980
邛 崃 市	796	885	4260	14636
崇 州 市	1269	1605	4293	13383

14—34 区(市)县财政支出

单位:万元

	1978年	1980年	1990年	1997年
全　　市	**29626**	**33359**	**119180**	**528323**
#龙泉驿区	548	740	3029	12706
青白江区	239	280	2867	12533
金 堂 县	1475	1711	5240	13838
双 流 县	1074	1383	5517	37321
温 江 县	492	695	2608	10855
郫　　县	572	695	3089	13791
新 都 县	643	947	4779	18983
大 邑 县	685	1018	3286	10921
蒲 江 县	485	753	1733	7404
新 津 县	430	917	2320	9138
都江堰市	743	1200	4557	17684
彭 州 市	896	1176	4194	19001
邛 崃 市	735	1934	3724	12971
崇 州 市	755	1099	3014	11976

14—35 区(市)县税收情况

(1997年)

单位:万元

	税收合计	#国有经济		#集体经济	
		1997年	比重(%)	1997年	比重(%)
全　　市	**411916**	**134471**	**32.6**	**162890**	**39.5**
#龙泉驿区	14469	4551	31.5	5211	36.0
青白江区	24782	15559	62.8	3923	15.8
金堂县	14350	7120	49.6	2346	16.3
双流县	41847	22953	54.9	12982	31.0
温江县	12797	5880	46.0	1887	14.7
郫　县	14347	3958	27.6	6024	42.0
新都县	24179	7056	29.1	7499	31.0
大邑县	11375	4086	35.9	2489	21.9
蒲江县	6261	1967	31.4	1009	16.1
新津县	7719	2564	33.2	1373	17.8
都江堰市	20092	9181	45.7	6270	31.2
彭州市	21403	7690	35.9	5150	24.1
邛崃市	13215	3132	23.7	3619	27.4
崇州市	12271	3336	27.2	2934	23.9

注:本表数据包括国税和地税两部分。

14—35　续表

单位:万元

	#私营经济		#个体经济		#“三资”经济	
	1997年	比重(%)	1997年	比重(%)	1997年	比重(%)
全　　市	**7224**	**1.8**	**60458**	**14.7**	**23040**	**5.6**
#龙泉驿区	234	1.6	1888	13.0	1280	8.8
青白江区	8		892	3.6	3448	13.9
金堂县	71	0.5	3805	26.5	634	4.4
双流县	450	1.1	1673	4.0	2757	6.6
温江县	73	0.6	3474	27.1	1158	9.0
郫　县	192	1.3	1181	8.2	1740	12.1
新都县	215	0.9	7945	32.9	1418	5.9
大邑县	481	4.2	3176	27.9	695	6.1
蒲江县	151	2.4	1648	26.3	90	1.5
新津县	1084	14.0	2374	30.8	124	1.6
都江堰市	177	0.9	3302	16.4	551	2.7
彭州市	557	2.6	5142	24.0	530	2.5
邛崃市	425	3.2	5987	45.3	52	0.4
崇州市	690	5.6	4645	37.9	78	0.6

14—36 区(市)县地方财政收入与财政支出

(1997 年)　　单位:万元

	地方财政收入	#工商税收	#企业收入	财政支出	#生产性支出	#支农支出	#文教支出
全　市	**462312**	**279411**	**47577**	**528323**	**118128**	**31076**	**83486**
#龙泉驿区	9345	6268	435	12706	2540	1722	2887
青白江区	12163	7352	289	12533	1110	1169	2717
金堂县	9784	5629	93	13838	1619	1700	4124
双流县	33951	23848	456	37321	5191	3828	9526
温江县	8342	4882	447	10855	998	1409	2173
郫　县	11855	4895	749	13791	1342	1522	3330
新都县	15069	8077	1039	18983	3735	1873	4203
大邑县	8293	3747	1132	10921	1486	1234	3029
蒲江县	5001	2472	329	7404	702	705	1667
新津县	6315	2418	898	9138	809	976	2183
都江堰市	14514	8204	537	17684	3103	1754	4023
彭州市	15126	7013	860	19001	2109	1919	4698
邛崃市	9767	3924	1450	12971	1577	1272	3768
崇州市	9188	3758	418	11976	972	1108	3674

14—37 区(市)县金融保险指标

(1997 年)　　单位:万元

	年末城乡居民储蓄余额	#城镇	年末银行贷款余额	保费收入	已决赔款
全　市	**5151022**	**4222300**	**5570779**	**157598**	**38885**
#龙泉驿区	154434	64848	220578	2254	557
青白江区	121527	98290	200983	3383	868
金堂县	97407	56856	158627	1948	1864
双流县	349868	173185	496942	3647	1148
温江县	121247	84398	113109	2435	632
郫　县	163725	116559	150343	2340	603
新都县	221025	137516	224126	4763	1173
大邑县	107643	68276	119905	1807	539
蒲江县	48932	27104	85280	1315	333
新津县	100205	69633	92502	1982	601
都江堰市	180466	110417	145848	3770	1353
彭州市	199941	101566	258097	2653	1102
邛崃市	113637	62512	153989	1230	690
崇州市	16112	83070	175361	2402	871

14—38 区(市)县职工平均人数

(1997年)

单位:人

	职工平均人数	国有经济单位	城镇集体经济单位	其它经济单位
全市	**1592600**	**1211000**	**276900**	**104700**
#龙泉驿区	17200	12200	4900	100
青白江区	50500	40400	7500	2600
金堂县	36000	23700	9600	2700
双流县	53600	35800	10800	7000
温江县	30700	23100	5100	2500
郫县	22400	1700	4900	15800
新都县	53500	36700	12100	4700
大邑县	31100	25300	4900	900
蒲江县	12800	10400	2200	200
新津县	18300	13500	3700	1100
都江堰市	68600	51900	13200	3500
彭州市	52600	41000	10100	1500
邛崃市	33700	23900	9600	200
崇州市	37100	24700	10400	2000

14—39 区(市)县职工工资总额

(1997年)

单位:万元

	职工工资总额	国有经济单位	城镇集体经济单位	其它经济单位
全市	**1104865**	**901641**	**127929**	**75295**
#龙泉驿区	8448	6476	1598	374
青白江区	39058	31958	3821	3279
金堂县	19382	13680	4235	1467
双流县	36597	26285	5094	5218
温江县	21978	17712	2269	1997
郫县	12620	10257	2085	278
新都县	30278	21459	4892	3927
大邑县	14984	12843	1856	285
蒲江	6577	5761	781	35
新津县	10249	8020	1616	613
都江堰市	37555	29070	6569	1916
彭州市	29156	23749	4506	901
邛崃市	14994	11273	3159	562
崇州市	16786	12168	3909	709

14—40 区(市)县教育、文化、卫生情况

(1997 年)

	普通中学			普通小学		
	学校(所)	在校学生(人)	专任教师(人)	学校(所)	在校学生(人)	专任教师(人)
全市	**558**	**354566**	**28047**	**2819**	**794376**	**37727**
#龙泉驿区	24	14936	1348	159	31338	1890
青白江区	19	13561	1026	153	29718	1644
金堂县	44	30662	1846	384	69515	2726
双流县	47	32383	2748	281	68688	3264
温江县	18	9973	904	63	23168	1140
郫县	25	15074	1491	106	33098	1822
新都县	30	21623	1776	173	47353	1898
大邑县	33	15368	1066	206	44877	2019
蒲江县	20	9601	969	96	22061	1039
新津县	14	8911	804	79	23493	1172
都江堰市	42	20332	1454	181	54744	2189
彭州市	41	25698	1845	274	69604	2893
邛崃市	45	19002	1524	215	50619	2761
崇州市	40	19574	1571	212	53710	2375

14—40 续表

	学龄儿童入学率(%)	卫生机构(个)	医院床位数(张)	卫生技术人员(人)	#医生
全市	**99.91**	**1533**	**33068**	**54047**	**25652**
#龙泉驿区	100.00	52	903	1208	490
青白江区	100.00	33	478	1412	623
金堂县	99.99	56	1483	1666	799
双流县	99.88	56	1539	2305	1063
温江县	99.90	31	1374	1707	764
郫县	99.90	51	1148	1774	843
新都县	95.63	45	927	1823	790
大邑县	99.80	46	600	1240	606
蒲江县	99.90	28	200	808	418
新津县	100.00	45	522	969	410
都江堰市	100.00	205	1519	2426	982
彭州市	99.71	56	1403	1967	978
邛崃市	100.00	79	402	1713	839
崇州市	99.90	46	1218	1570	711

附录 1

全国重点城市统计资料

STATISTICAL DATAS OF MAJOR CITIES IN CHINA

全国重点城市主要指标

（1997 年）

	年末总人口（万人）		国内生产总值（亿元）		第一产业增加值（亿元）	
	1997 年	比 1996 年 ±%	1997 年	比 1996 年 ±%	1997 年	比 1996 年 ±%
直辖市						
北　京			1810	9.6	85	1.0
上　海	1305	0.1	3360	12.7	76	4.2
天　津			1240	12.1	74	7.7
重　庆	3043	0.7	1375	16.6	308	8.1
副省级城市						
成　都	989.2	0.9	1007	11.5	121	3.0
沈　阳	673.8	0.4	855	9.0	59	－11.7
长　春	683.8	1.0	541	10.9	114	5.5
哈尔滨	955.8		746	11.6	160	10.1
青　岛	694.4	0.7	798	12.0	117	－12.3
武　汉	723.9	1.1	912	14.6	79	8.3
西　安	662.1	1.1	501	14.4	51	9.1
南　京	529.8		755	13.3	48	8.6
济　南	549.2		732	18.6	92	3.5
广　州	666.5	1.6	1646	13.4	86	5.5
厦　门	124.7	1.4	372	21.4	23	8.4
深　圳	379.6	6.0	1130	16.0	16	0.6
大　连	540.4	0.6	830	11.2	89	6.6
杭　州	608.0	0.8	1036	13.1	91	6.8
宁　波	412.0	0.6	897	12.8	85	－8.4
其他主要城市						
昆　明	383.8	1.2	480	12.0	41	4.6
石家庄	860.2	0.7	780	15.6	140	9.6
太　原	293.3	2.0	310	10.6	17	3.5
无　锡	432.3	0.3	960	12.0	48	3.1
苏　州	575.0	0.2	1132	13.0	88	
合　肥	422.3	1.4	247		37	
南　昌			360	13.1	51	6.8
长　沙	571.9	0.8	483	15.9	69	8.2
贵　阳	314.4	1.3	192	10.6	22	4.3

	第二产业增加值（亿元）		第三产业增加值（亿元）		全社会固定资产投资总额（亿元）	
	1997年	比1996年±%	1997年	比1996年±%	1997年	比1996年±%
直辖市						
北　京	739	8.1	986	11.8	950	8.3
上　海	1754	10.6	1530	17.7	1814	1.3
天　津	644	11.7	522	13.4	429	18.9
重　庆	582	18.0	485	21.0	390	21.6
副省级城市						
成　都	456	13.3	430	12.0	310	19.8
沈　阳	371	11.4	425	10.0	166	14.3
长　春	225	10.5	202	14.5	106	—12.1
哈尔滨	234	11.6	352	12.3	159	5.6
青　岛	382	16.2	299	16.4	210	0.1
武　汉	422	14.5	411	16.2	408	5.4
西　安	210	16.5	240	13.4	117	2.5
南　京	384	13.3	323	14.1	352	13.9
济　南	340	11.8	300	26.3	181	20.0
广　州	766	12.9	794	14.9	657	2.7
厦　门	191	22.2	158	21.6	153	2.3
深　圳	557	16.2	557	15.9	393	19.8
大　连	388	12.4	353	10.6	262	11.6
杭　州	542	12.7	403	14.8	303	16.2
宁　波	511	13.5	301	19.1	301	—4.2
其他主要城市						
昆　明	232	11.0	207	14.7	180	19.4
石家庄	365	17.2	275	16.0	298	24.1
太　原	148	7.5	145	16.8	94	14.5
无　锡	559	11.5	353	14.5	241	3.4
苏　州	636	12.1	408	17.9	405	6.4
合　肥	118		92		75	11.5
南　昌	167	12.7	143	16.1	63	15.9
长　沙	207	18.7	207	15.2	124	5.5
贵　阳	97	13.3	73	12.5	63	9.6

	社会消费品零售总额（亿元）		外贸进出口总额（亿美元）		实际利用外资（亿美元）	
	1997 年	比 1996 年±%	1997 年	比 1996 年±%	1997 年	比 1996 年±%
直辖市						
北　京	1052	13.8	58.00	4.7	25.90	14.6
上　海	1325	15.2	247.64	11.2	81.74	－17.3
天　津	535	14.1	100.23	20.8	34.20	14.7
重　庆	508	14.0	16.78	.5.9	9.41	110.0
副省级城市						
成　都	410	18.1	4.92	9.1	1.37	－5.5
沈　阳	425	16.1	14.30	3.4	8.68	10.2
长　春	203	18.5	2.07		0.75	－4.0
哈尔滨	340	15.1	8.48	2.2	1.80	8.5
青　岛	216	11.1	52.20	12.8	9.06	－3.0
武　汉	466	20.1	16.00	14.4	9.35	12.0
西　安	249	17.2	4.61	－2.4	2.25	9.7
南　京	345	15.6			7.42	30.2
济　南	262	16.0	9.40		4.50	49.9
广　州	803	16.9	116.07	10.7	28.94	11.3
厦　门	133	22.7	77.60	16.8	13.78	2.1
深　圳	325	9.3	450.08	15.2	28.72	18.5
大　连	361	15.2	50.90		14.20	19.2
杭　州	297	9.0	20.70		4.31	－22.6
宁　波	284	11.3	49.76	14.3	5.54	10.5
其他主要城市						
昆　明	165	21.0	2.72	8.1	1.94	120.5
石家庄	238	18.3	5.29	13.1	5.02	22.4
太　原	120	18.0	1.82	59.2		
无　锡	281	10.3	33.20	37.8	10.02	－17.0
苏　州	285	7.2	84.46	32.7	24.47	6.3
合　肥	112	17.1	3.81	44.5		
南　昌	110	19.0			1.26	14.4
长　沙	205	12.7	21.13	－7.9	4.78	54.6
贵　阳	83	13.0	5.26		0.39	－1.2

	财政收入（亿元）		#地方财政收入（亿元）		财政支出（亿元）	
	1997 年	比 1996 年 ±%	1997 年	比 1996 年 ±%	1997 年	比 1996 年 ±%
直辖市						
北　京			209.90	25.5	262.20	39.9
上　海	1070.95	22.5	352.33	22.1	428.92	25.2
天　津	169.12	20.4	89.91	13.8	122.78	8.5
重　庆	118.27		74.92	16.9	115.16	15.7
副省级城市						
成　都	77.25	18.1	46.23	22.0	52.83	19.0
沈　阳	86.71		47.90	20.4	60.45	21.3
长　春	49.77	10.7	24.79		35.10	17.7
哈尔滨	65.07		34.85	10.6	48.05	8.7
青　岛	103.25		44.57	17.4	53.31	13.5
武　汉	85.42	18.1	41.67	15.1	48.65	23.8
西　安			29.68	24.8	30.38	32.8
南　京	96.66	22.7	46.18	27.7	53.41	32.9
济　南	87.56	25.5	29.86	22.7	36.42	20.3
广　州			97.72	14.6	138.99	14.0
厦　门	48.09	13.4	30.56	12.4	35.21	16.4
深　圳	318.53		144.77	9.9	142.70	3.4
大　连	133.04	25.8	59.02	17.1	73.74	14.5
杭　州	74.07	16.6	31.28	16.4	36.40	20.3
宁　波	75.04	13.9	37.05	15.6	52.05	14.8
其他主要城市						
昆　明	87.20	6.8	37.08	13.0	48.87	19.5
石家庄	45.47	18.4	28.33	20.6	33.85	5.6
太　原	26.70	8.9	17.84	14.2	19.27	14.9
无　锡	64.46	14.6	29.40	14.7	27.51	14.2
苏　州	76.54	19.5	39.58	21.8	39.07	23.9
合　肥	31.42	24.7	16.17	36.7	16.72	46.9
南　昌	29.10	8.3	14.33	18.9	14.63	22.3
长　沙	39.29	5.0	27.36	7.2	29.97	9.5
贵　阳	33.98	15.0	14.12	24.4	17.52	18.5

	金融机构存款余额（亿元）		金融机构贷款余额（亿元）		城乡居民储蓄存款余额（亿元）	
	1997 年	比 1996 年 ±%	1997 年	比 1996 年 ±%	1997 年	比 1996 年 ±%
直辖市						
北　京	5228	19.8	2721	23.0		
上　海	5561	31.7	3722	19.9	2730	40.5
天　津	1635	232.8	1503	143.2	741	125.0
重　庆	1083	23.2	1156	22.2	581	15.0
副省级城市						
成　都	892	18.0	702	16.3	515	18.7
沈　阳	1066	12.1	999	12.2	689	15.4
长　春	542	16.0	632	16.8	389	16.9
哈尔滨	733	15.7	615	9.9	504	13.7
青　岛	739	5.6	651	9.6	406	16.0
武　汉	1036	15.4	927		326	23.0
西　安	687	13.1	503	10.9	434	9.9
南　京	1010	17.6	719	19.3	416	15.9
济　南	634	12.7	519	16.0	320	28.1
广　州	2922	20.1	1811		1540	20.2
厦　门	401	9.0	352	7.3	178	9.9
深　圳	1823	21.0	1203	17.5	708	21.2
大　连	1001	10.9			620	17.0
杭　州	1225	24.6	939	18.5	558	20.2
宁　波	717	19.7	575	11.1	365	28.1
其他主要城市						
昆　明	592	16.8	440	29.7	270	18.4
石家庄	820	18.6	566	15.5	486	15.0
太　原	481	15.5	397	18.1	299	15.9
无　锡	694	24.8	532	16.2	380	29.9
苏　州	912	22.4	611	13.8	534	30.7
合　肥	276	6.2	268	5.8	119	14.0
南　昌	352	19.2	281	15.6	201	29.1
郑　州	725	16.3	607	17.4	373	14.8
长　沙	450	7.2	379	3.6	241	6.6
贵　阳	275	16.6	238	21.6	131	12.3

	城镇居民人均可支配收入（元）		农民人均纯收入（元）		商品零售物价指数%	居民消费价格指数%
	1997年	比1996年±%	1997年	比1996年±%		
直辖市						
北　京	7813	13.5			103.8	105.3
上　海	8439	3.4	5277	8.9	98.8	102.8
天　津	6609	10.7			100.7	103.1
重　庆	5323	5.6	1640	14.0	101.7	103.3
副省级城市						
成　都	6019	6.2	2427	18.3	102.9	105.7
沈　阳	4714	8.3	2398	6.6	101.7	105.1
长　春	4702	12.9	2280	1.6	101.5	104.2
哈尔滨	4236	3.3	2502		101.8	104.5
青　岛	6222	5.9	2599	−1.0	100.2	104.0
武　汉	5570	13.1	2555		101.1	103.5
西　安	5344	6.4	1846	6.6	101.5	106.0
南　京	6497	15.9	3533	12.9	97.6	99.7
济　南	6261	10.2	2600		101.5	102.9
广　州	10445	5.4	5546	7.4	99.4	102.2
厦　门	8980	6.1	3629	9.2	97.9	102.9
深　圳	18579	14.1	6234		100.0	103.3
大　连	6100	12.3	3081		100.6	103.7
杭　州	7896	9.6	3785		102.4	106.7
宁　波	9069	8.4	4568	7.1	100.8	103.9
其他主要城市						
昆　明	6243	13.0	2180	12.0	101.4	104.9
石家庄	5497	8.8	2837	13.4	101.5	103.3
太　原	5086	23.2	2429	20.4	100.7	102.4
无　锡	6935	7.3	4848	7.5	99.9	103.1
苏　州	7479	13.5	4874	6.6	98.4	100.6
合　肥	5069		1900	13.6	100.9	102.6
南　昌	4501	12.3	2359	16.1	99.5	103.9
长　沙	6232	10.3	2649	18.3	100.8	103.5
贵　阳	5343	10.6	1834	11.2	100.7	102.5

附录 2

世界主要国家（地区）统计资料

STATISTICAL DATAS OF MAJOR COUNTRIES (AREAS) IN THE WORLD

附录 2—1 国 土 面 积 和 人 口

国家和地区	国土面积(万平方公里)	1995 年年中人口数(万人)	人口增长率(%)			1995 年人口密度(人/平方公里)
			1984—1994 年平均	1994 年	1995 年	
世界总计	**13381.6①**	**571606**	**1.7**	**1.6**	**1.5**	**43**
亚　　洲④	**2757.6**	**338685**	**1.8**	**1.6**	**1.6**	**123**
中　　国②	960.0	121121	1.4	1.1	1.1	126
日　　本	37.8	12520	0.4	0.2	0.2	331
印　　度③	297.5	92704	2.0	3.9	1.9	312
印度尼西亚	190.5	19759	1.6	1.6	1.6	104
菲 律 宾	30.0	6758	2.1	2.4	2.4	225
泰　　国	51.3	5879	1.6	1.2	1.2	115
马来西亚	32.9	2014	2.5	2.3	2.5	61
新 加 坡	0.06	285	1.1	2.1	2.0	4750
巴基斯坦	79.6	14050	2.8	3.0	2.6	177
缅　　甸	67.7	4653	2.1	1.9	2.1	69
孟加拉国	14.4	12043	2.0	2.2	2.2	836
土 耳 其	77.5	6195	2.1	2.2	0.8	80
蒙　　古	156.7	241	2.4	1.7	2.1	2
朝　　鲜	12.1	2392	1.9	1.9	1.9	198
韩　　国	9.9	4500	1.0	0.9	0.9	455
越　　南	33.0	7455	2.2	2.2	2.8	226
非　　洲	**3031.2**	**72808**	**2.9**	**2.8**	**2.8**	**24**
埃　　及	100.1	6293	2.0	2.4	2.4	63
尼日利亚	92.4	11172	2.9	3.0	3.0	121
欧　　洲④	**489.3**	**50587**	**0.3**	**0.3**	**0.2**	**103**
德　　国	36.0	8159	0.5	0.3	0.3	227
英　　国	24.5	5882	0.3	0.3	—0.2	240
法　　国	55.2	5798	0.5	0.4	0.4	105
意 大 利	30.1	5728	0.1	0.3	0.2	190
捷　　克	7.9	1030	0.4	0.1	—0.1	130
波　　兰	32.3	3859	0.3	0.2	0.1	119
匈 牙 利	9.3	1023	—0.4	—0.3	—0.4	110
罗马尼亚	23.8	2271	0.2	—0.1	—0.3	95
保加利亚	11.1	841	—0.2	—0.3	—0.5	76
南斯拉夫	10.2	1085	0.9	0.4	0.2	106
俄 罗 斯	1707.5	14781	0.5	—0.1	—0.1	9
北 美 洲	**2239.1**	**45506**	**1.4**	**1.3**	**1.3**	**20**
美　　国	936.3	26325	1.0	1.0	0.9	28
加 拿 大	997.1	2946	1.3	1.0	1.2	3
墨 西 哥	195.8	9367	2.2	2.0	2.0	48
南 美 洲	**1783.2**	**31979**	**1.9**	**1.7**	**1.7**	**18**
巴　　西	851.2	16179	1.8	1.4	1.4	19
阿 根 廷	278.0	3459	1.4	1.3	1.3	12
大 洋 洲	**853.6**	**2833**	**1.5**	**1.5**	**1.5**	**3**
澳大利亚	771.3	1786	1.5	1.0	1.2	2
新 西 兰	27.1	358	0.9	1.2	1.4	13

注:①是指有定居人口的各大洲面积,未包括尚无定居人口的南极洲。如包括南极洲,全世界陆地面积为14950 万平方公里。原资料各大洲数用百万平方公里为单位,其和与世界总计略有出入。②中国为年末人口数。③不包括查谟、克什米尔等地区。④不包括前苏联各共和国。

国外资料来源:联合国《统计月报》1996 年 10 月,联合国粮农组织《生产年鉴》1995 年,世界银行《世界发展报告》1996 年。

附录 2—2 就 业 状 况

国家和地区	年份	就业人数(万人)	就业人数构成(%)				
			农林牧渔业	矿业	制造业	水、电、煤气业	建筑业
中国	1995	67947.0	52.9	1.5	15.7	0.4	5.3
美国	1995	12490.0	2.9	0.5	16.4	1.2	6.1
日本	1995	6457.0	5.7	0.1	22.5	0.7	10.3
德国	1995	3604.8	3.2	0.7	24.8	1.0	9.4
英国	1993	2531.7	2.2		25.9②		
法国	1994	2111.0	5.0	0.3	19.7	1.0	6.8
意大利	1994	2000.2	7.9	1.5①	22.7		8.2
加拿大	1995	1350.6	4.1	1.3	15.3	1.1	5.4
澳大利亚	1994	792.1	5.1	1.1	14.0	1.1	7.2
俄罗斯	1994	6848.4	16.0	1.7	23.6	1.1	9.2
捷克	1995	510.2	6.5	1.9	29.1	2.0	9.1
波兰	1995	1477.1	22.0	3.2	21.3	1.7	6.1
匈牙利	1995	367.9	8.0	0.9	23.1	2.6	5.9
罗马尼亚	1995	1115.2	40.3	2.5	22.4	1.8	4.2
印度	1989	2596.2①	5.5	4.1	24.1	3.5	4.7
印度尼西亚	1992	7810.4	54.9	0.8	10.0	0.2	3.0
菲律宾	1995	2569.8	44.1	0.4	10.0	0.4	4.8
泰国	1991	3113.8	60.3	0.2	11.1	0.4	3.8
新加坡	1995	170.1	0.2		24.0	0.4	6.6
马来西亚	1995	764.5	20.0	0.4	23.3	0.6	8.0
巴基斯坦	1994	3304.7	50.0	0.1	10.0	0.9	6.5
缅甸	1994	1681.7	68.7	0.5	7.4	0.1	1.7
韩国	1995	2037.7	12.0	0.1	23.4	0.3	9.3
巴西	1993	6657.0	27.4	1.4	12.8④		6.4

国外资料来源：国际劳工组织《劳工统计年鉴》1996 年。

附录 2—2 续

国家和地区	年 份	就业人数构成(%)					失业率(%)
		商 业	运输、仓储及通信业	金融、保险不动产及产业服务	社会服务及个人服务	其 他	
中 国	1995	6.9⑤	3.1	0.6⑥	4.4⑦	9.1	2.9
美 国	1995	20.9	5.8	11.0	35.3		5.6
日 本	1995	6.2	8.6	23.1	0.4	22.5	3.2
德 国	1995	17.2	5.6	9.6	28.4	0.1	12.9
英 国	1993	70.8⑧				1.1	8.5③
法 国	1994	17.6	6.6	11.1	36.6	−4.7	11.6③
意大利	1994	21.1	5.4	7.6	25.7		11.1
加拿大	1995	23.5	6.6	12.4	30.5		9.5
澳大利亚	1994	25.4	6.5	13.0	26.2	0.5	8.5③
俄罗斯	1994	8.5	7.8	1.1	30.9	0.1	8.3③
捷 克	1995	15.8	7.6	1.9	18.1	8.0	3.4
波 兰	1995	13.8	5.8	4.3	21.8		13.1
匈牙利	1995	15.7	8.7	5.8	29.2	0.1	10.3
罗马尼亚	1995	6.4	5.0	2.2	13.9	1.2	8.0
印 度	1989	1.7	11.7	5.2	39.7	−0.2	
印度尼西亚	1992	14.2	3.2	0.7	12.8	0.2	
菲律宾	1995	14.6	5.8	2.1	17.7	0.1	8.4
泰 国	1991	11.2⑨	2.7		10.4		1.5⑩
新加坡	1995	20.2	10.8	14.9	22.1	0.7	2.7
马来西亚	1995	17.9	4.7	4.8	20.3		2.8
巴基斯坦	1994	12.8	4.9	0.8	13.9	0.1	4.7
缅 甸	1994	8.6	2.5	7.5	2.9		4.8
韩 国	1995	26.3	5.2	8.0	14.7	0.5	2.0
巴 西	1993	12.7	3.4	2.1	13.9	19.8	6.2

注:①只包括国营部门和10人以上的非农业私人企业。②包括矿业、建筑业和水、电、煤气业。③1995年数。④包括水、电、煤气业。⑤商业和餐饮业。⑥金融、保险业和房地产业。⑦包括卫生、体育和社会福利事业、教育、文化艺术和广播电视事业以及科学研究和综合技术服务事业。⑧包括运输、仓储及通讯业、金融、保险、不动产及产业服务和社会服务及个人服务。⑨包括金融、保险、不动产及产业服务。⑩1993年数。

附录 2—3 国内生产总值及其增长率

国家和地区	货币单位	1995 年国内生产总值（亿本币）	国内生产总值增长率（比上年增长％）			
			1993 年	1994 年	1995 年	1996 年①
中　国	人民币元	58478	13.5	12.6	10.5	9.7
美　国	美元	72538	2.2	3.5	2.0	2.4
日　本	日元	4806930	0.1	0.5	0.9	3.6
德　国	德国马克	34596	－1.2	2.9	1.9	1.4
英　国	英镑	7006	2.1	3.8	2.5	2.1
法　国	法郎	76812	－1.3	2.8	2.2	1.2
意大利	里拉	16411000②	－1.2	2.2	3.2	0.7
加拿大	加元	7763	2.2	4.1	2.3	1.5
澳大利亚	澳元	4704	4.0	4.9	3.2	4.0
俄罗斯	卢布	16300790	－8.7	－12.6	－4.0	－3.3
捷　克	克朗	12521	－0.9	2.6	4.8	4.4
波　兰	兹罗提	2860	3.8	6.0	6.5	6.0
匈牙利	福林	43510②	－0.8	2.9	1.5	0.8
罗马尼亚	列伊	497948②	1.3	3.9	6.9	4.0
印　度	卢比	109858	3.9	6.3	6.8	6.4
印度尼西亚	卢比	4523810	6.5	7.5	8.0	7.8
菲律宾	比索	19071	2.1	4.4	4.8	5.9
泰　国	铢	41622	8.3	8.8	8.6	8.3
马来西亚	林吉特	1853②	8.3	9.2	9.5	8.8
新加坡	新加坡元	1206	10.4	10.1	8.9	7.5
巴基斯坦	卢比	18655	1.9	3.8	4.5	6.0
缅　甸	缅元	4364	5.9	6.8	7.2	
孟加拉国	塔卡	11703	4.5	4.2	4.4	
土耳其	里拉	38790950②	5.8	－3.0	7.0	7.2
韩　国	韩圆	3512950	5.8	8.6	9.0	7.1
埃　及	埃镑	2050	2.9	3.9	4.6	4.2
尼日利亚	奈拉	9143②	2.3	1.3	2.9①	
墨西哥	新比索	16044	0.7	3.5	－6.9	5.1
巴　西	雷亚尔	3556②	4.2	5.7	4.2	2.5
阿根廷	比索	2817②	6.0	7.4	－4.4	2.5

注：①初步数。②1994 年数字。

国外资料来源：国际货币基金组织《国际金融统计月报》1997 年 1 月，《OECD 经济展望》1997 年 6 月。

附录 2--4 中央政府财政收入占国内生产总值比重

单位:%

国家和地区	1980 年	1985 年	1989 年	1990 年	1991 年	1992 年	1993 年	1994 年	1995 年
中　　国①	25.67	22.36	15.76	15.84	14.57	13.08	12.56	11.19	10.71
美　　国	20.85	19.94	20.22	19.86	19.84	19.61	19.72	20.06	19.89
日　　本②	12.05④	12.43	13.87	14.38	22.92	21.42	21.39		
原联邦德国	28.54	28.89	29.48	28.77	30.53	34.47	35.04	36.23	32.12
英　　国	35.10	35.92	35.45	36.84	36.94	36.04	34.90	35.35	36.34
法　　国	39.63	40.85	40.51	40.54	40.82	40.60	40.51	37.85	40.61
加 拿 大	17.90	19.30	20.12	20.73	20.93	20.79	20.70	20.57	
澳大利亚	24.85	35.38	34.81	34.76	35.07	36.49	36.71	24.17	24.80
匈 牙 利	53.61②	55.04	54.16	53.18					
捷　　克			56.83	49.33	50.05	41.71	42.28	41.02	38.85
罗马尼亚	45.28	42.48	48.29	34.73	37.33	36.78	33.92	29.89	
原南斯拉夫	8.12	7.66	4.27						
印　　度	11.85	14.08	14.78	13.51	14.48	14.29	13.56	13.30	13.15
印度尼西亚	21.40	16.23	16.69	19.44	18.01	18.26	16.48	18.30	
泰　　国	14.99	16.82	17.79	19.20	19.70	18.44	18.45	19.10	18.67
马来西亚③	26.35	25.73	25.72	27.14	28.73	28.81	28.01	28.83	
新 加 坡	25.31	27.88	28.24	31.09	30.32	31.85	35.14	36.06	34.88
缅　　甸	16.00	8.48	9.50	10.56	9.66	8.14	7.78		
韩　　国	17.96	17.19	17.40	17.87	17.07	18.22	19.00	20.04	20.52
埃　　及	47.07②	32.33	29.43	24.39	31.86	35.71	37.79		
墨 西 哥③	15.78	17.28	18.29	14.05	16.12	16.77	16.35	16.69	
巴　　西	22.18	20.06	25.57	33.29	27.24	27.99	30.43		
阿 根 廷	21.17	9.26	9.85	10.82	12.09	13.23			

注:①为国家财政收入占国内生产总值比重。②1991 年以前的数据与此后的数据不可比。③1980 年数与以后的数据不可比。④1981 年数字。

国外资料来源:国际货币基金组织《政府财政统计年鉴》1996 年。

附录 2—5 主要农产品产量

单位:万吨

国家和地区	1996	国家和地区	1996
谷　物		**棉　花**	
世界总计	**203338**	**世界总计**	**1937**
中　国	45127	中　国	420
美　国	33058	美　国	375
印　度	22077	印　度	238
俄罗斯	7366	巴基斯坦	187
法　国	6104	乌兹别克斯坦	131
印度尼西亚	5930	土耳其	76
加拿大	5913	巴　西	52
巴　西	4642	阿根廷	45
德　国	4099	希　腊	41
澳大利亚	2924	土库曼斯坦	41
大　豆		**花　生**	
世界总计	**13203**	**世界总计**	**2882**
美　国	6385	中　国	1014
巴　西	2638	印　度	820
中　国	1322	美　国	152
阿根廷	1265	尼日利亚	150
印　度	460	印度尼西亚	90
加拿大	225	塞内加尔	82
巴拉圭	195	苏　丹	65
印度尼西亚	168	扎伊尔	63
玻利维亚	89	阿根廷	58
意大利	74	缅　甸	50
油菜籽		**黄　麻**	
世界总计	**3032**	**世界总计**	**308**
中　国	920	印　度	172
印　度	610	孟加拉国	77
加拿大	498	中　国	37
法　国	289	泰　国	13
德　国	200	俄罗斯	5
英　国	124	缅　甸	4
澳大利亚	52	越　南	3
捷　克	50	印度尼西亚	2
波　兰	44	巴　西	1
丹　麦	25	尼泊尔	1

国外资料来源:联合国粮农组织《统计季报》1996 年第 3/4 季度、《渔业年鉴》1994 年。

附录 2—5　续表 1　　单位：万吨

国家和地区	1996	国家和地区	1996
甘　蔗		**甜　菜**	
世界总计	**116391**	**世界总计**	**26308**
巴　西	30200	法　国	2932
印　度	25500	德　国	2630
中　国	6688	乌克兰	2600
泰　国	6242	美　国	2398
墨西哥	4698	中　国	1673
巴基斯坦	4591	俄罗斯	1600
澳大利亚	3649	波　兰	1520
古　巴	3600	意大利	1213
哥伦比亚	3050	土耳其	1150
印度尼西亚	3000	英　国	813
茶　叶		**烟　叶**	
世界总计	**263**	**世界总计**	**641**
印　度	72	中　国	323
中　国	59	美　国	60
斯里兰卡	25	印　度	51
肯尼亚	25	巴　西	48
印度尼西亚	14	土耳其	21
土耳其	14	津巴布韦	21
日　本	9	印度尼西亚	15
格鲁吉亚	7	希　腊	13
伊　朗	6	马拉维	13
孟加拉国	5	意大利	10
肉　类②③		**牛　奶③**	
世界总计	**20931**	**世界总计**	**46351**
中　国	5260	美　国	7135
美　国	3401	俄罗斯	4256
巴　西	1006	印　度	3120
俄罗斯	687	德　国	2800
法　国	643	法　国	2580
德　国	584	乌克兰	1793
印　度	408	巴　西	1557
意大利	406	英　国	1467
西班牙	378	波　兰	1177
阿根廷	357	荷　兰	1090

附录 2—5　续表 2　　　　单位:万吨

国家和地区	1996	国家和地区	1996
水　　果		**羊　　毛③④**	
世界总计	**41116**	**世界合计**	**252**
中　　国	4653	澳大利亚	70
印　　度	3935	中　　国	31
巴　　西	3458	新 西 兰	21
美　　国	2952	俄 罗 斯	12
西 班 牙	1267	哈萨克斯坦	10
墨 西 哥	1214	阿 根 廷	9
意 大 利	1086	乌 拉 圭	8
法　　国	1080	英　　国	7
乌 干 达	1015	南　　非	7
伊　　朗	963	巴基斯坦	5
水 产 品⑤		**天然橡胶③**	
世界合计	**10959**	**世界合计**	**571**
中　　国	2143	泰　　国	172
秘　　鲁	1159	印度尼西亚	131
智　　利	784	马来西亚	107
日　　本	736	印　　度	49
美　　国	594	中　　国	42
印　　度	454	菲 律 宾	18
印度尼西亚	395	尼日利亚	11
俄 罗 斯	378	斯里兰卡	11
泰　　国	343	科特迪瓦	10
韩　　国	270	越　　南	8

注:①包括红麻。②包括牛肉、羊肉、猪肉、马肉、家禽肉以及其他家养和野生动物肉。③1995 年数字。④未洗羊毛。⑤1994 年数字。

附录 2—6　我国农业主要产品产量居世界位次的变化

项　　目	1949	1957	1965	1978	1980	1985	1990	1994	1995	1996
谷　　物		3	2	2	1	2	1	1	1	1
肉　类①	3	2	3	3	3	2	1	1	1	1
棉　　花	4	2	2	3	2	1	1	1	1	1
大　　豆	2	2	2	3	3	3	3	3	3	3
花　　生	2	2	3	2	2	2	2	1	1	1
油菜籽	2	2	2	2	2	1	1	1	1	1
甘　　蔗		3		9	9	4	4	3	3	3
茶　　叶	3	3	3	2	2	2	2	2	2	2
水　　果					10	8	4	1	1	1

注:①1993 年以前为猪、牛、羊肉产量的位次。国外资料来源:联合国粮农组织《生产年鉴》1995 年、《统计季报》1996 年第 3/4 季度。

附录 2—7 主要工业产品产量(1995 年)

项目	数量	项目	数量
钢(万吨)		**煤炭④(万吨)**	
世界总计	**71408**	**世界总计**	**453987**
日本	10164	中国	136100
中国	9536	美国①	93722
美国	9359	印度	28756
俄罗斯	4903	澳大利亚①	25847
德国	4205	南非①	22694
韩国	3674	俄罗斯①	18250
加拿大①	2830	波兰	13616
意大利	2768	乌克兰①	9180
巴西	2503	哈萨克斯坦	8320
法国	1813	德国	5886
原油(万吨)		**电(亿千瓦小时)**	
世界总计①	**303177**	**世界总计①**	**125508**
沙特阿拉伯①	40120	美国①	32682
美国①	33418	中国	10070
俄罗斯	30680	日本①	9643
伊朗①	17945	俄罗斯	8675
中国	15005	加拿大	5741
委内瑞拉①	14339	法国②	4756
墨西哥①	13601	德国	4585
挪威①	12515	印度①	3510
英国①	11903	英国	3316
阿联酋①	10405	巴西①	2607
水泥(万吨)		**化肥(万吨)**	
世界总计①	**135365**	**世界总计①**	**13643**
中国	47561	美国	2590
美国	7532	中国	2548
日本	6887	加拿大	1332
印度	6692	印度	1050
韩国	5610	俄罗斯	827
俄罗斯	4196	德国	479
德国	3750	印度尼西亚	291
泰国	3438	白俄罗斯	288
土耳其	3301	法国	276
意大利①	3270	巴西	239

国外资料来源:联合国《统计月报》1996 年 10 月、《工业统计年鉴》1994 年;联合国粮农组织《生产年鉴》1995 年、《肥料年鉴》1995 年、《林产品年鉴》1992 年,美国汽车协会《世界汽车数据表》1997 年。

附录 2—7 续 1

项　　目	数　量	项　　目	数　量
合成橡胶(万吨)		**汽　　车⑥(万辆)**	
世界总计	**776**	**世界总计**	**5001**
美　国	251	美　国	1199
日　本	150	日　本	1020
俄 罗 斯	83	德　国	467
法　国	62	法　国	347
中　国	59	韩　国	253
德　国	49	加 拿 大	242
韩　国	37	西 班 牙	233
英　国	32	英　国	177
意 大 利	31	意 大 利	167
巴　西	29	巴　西	163
天 然 气(千万亿焦耳)		**汽　　油(万吨)**	
世界总计①	**79579**	**世界总计①**	**76048**
俄罗斯	23233	美　国①	30928
美　国①	20401	日　本	3770
加 拿 大	7291	俄 罗 斯②	3026
英　国	2568	中　国	2870
荷　兰	2511	英　国①	2854①
印度尼西亚	2323	加 拿 大	2756
乌兹别克斯坦	1570	德　国②	2685
沙特阿拉伯	1471	墨 西 哥	2106
挪　威①	1263	意 大 利①	1989
阿 根 廷	1197	法　国①	1754
新 闻 纸(万吨)		**原　　木②③(万立方米)**	
世界总计①	**3377**	**世界总计**	**347671**
加 拿 大	925	美　国	49580
美　国	635	原 苏 联	33710
日　本	310	印　度	28236
瑞　典	235	巴　西	26891
德　国	175	加 拿 大	18605
芬　兰	141	印度尼西亚	18563
俄 罗 斯①	104	尼日利亚	11429
挪　威②	101	中　国	6174
韩　国	96	马来西亚	5401
法　国①	84	瑞　典	5357

附录 2—7 续表 2

项目	数量	项目	数量
糖(万吨)		**电视机(万台)①⑤**	
世界总计	**11885**	**世界总计**	**13396**
印度	1635	中国	3283
巴西	1300	美国	1710
美国	680	韩国	1388
中国	559	日本	1117
泰国	557	马来西亚	770
澳大利亚	490	巴西	552
法国	460	德国	323
墨西哥	428	法国	280
德国	381	意大利	278
古巴	330	阿塞拜疆	228

注:①1994 年数字。②1993 年数字。③1992 年数字。指采伐所得的全部木材量,其中包括工业用圆木、薪炭材、从采伐中回收的木材。中国为木材产量,包括原木和薪材,同其他国家的原木产量不完全可比。④中国为原煤,国外为商品煤。⑤包括彩色电视机和黑白电视机。美国为交货量。⑥包括商用车和乘用车。

附录 2—8 我国工业主要产品产量居世界位次的变化

产品名称 \ 年份	1949	1957	1965	1978	1980	1985	1990	1993	1994	1995	1996③
钢	26	9	8	5	5	4	4	3	2	2	1
煤	9	5	5	3	3	2	1	1	1	1	1
原油	27①	23	12	8	6	6	5	5	5	5	5
发电量	25	13	9	7	6	5	4	4	2	2	2
水泥		8	8	4	4	1	1	1	1	1	1
化肥		33	8	3	3	3	3	3	2	2	2
化学纤维		26②		7	5	4	2	2	2	2	2
棉布			3	1	1	1	1	1	1	1	1
糖			8	8	10	6	6	3	4	4	4
电视机				8	5	3	1	1	1	1	1

注:①1950 年数字。②1960 年数字。③估计数

国外资料来源:联合国《统计月报》1996 年 9 月、《工业统计年鉴》1994 年;联合国粮农组织《生产年鉴》1995 年、《肥料年鉴》1995 年。

附录2—9 进出口贸易额

单位:亿美元

国家和地区	1985		1995		1996	
	进口	出口	进口	出口	进口	出口
世界总计	**20062.3**	**19305.8**	**49986.0**	**49256.7**	**12660.0②**	**12313.2②**
中国	422.5	273.5	1320.8	1487.7	1388.4	1510.6
美国	3616.3	2188.3	7712.7	5847.4	3934.2③	3116.5③
日本	1294.8	1756.8	3359.9	4432.7	1722.5③	2013.3③
德国①	1585.5	1840.1	4482.2	5118.7	1115.1②	1252.7②
英国	1092.7	1099.9	2653.2	2420.4	1425.5③	1278.1③
法国	1089.1	976.4	2755.5	2868.2	706.6②	739.5②
意大利	909.9	789.6	2041.0	2312.6	542.9②	603.8②
加拿大	764.1	847.8	1680.5	1922.0	430.6②	483.4②
澳大利亚	234.5	228.8	603.2	530.9	153.1②	142.6②
俄罗斯	369.8⑤	423.8⑤	466.8	782.9		
捷克	111.5④	115.1④	252.3	216.8	64.6②	54.1②
波兰	108.0	114.9	290.5	228.9	78.3②	57.5②
匈牙利	79.2	82.5	150.5	124.4	37.0②	28.7②
罗马尼亚	84.0	101.7	94.2	75.5		
保加利亚	136.6	133.5	50.2	50.9	5.6②	6.0②
印度	155.9	87.5	344.0	305.4	97.2②	88.1②
印度尼西亚	102.6	185.9	409.2	454.2		
菲律宾	54.5	46.3	283.4	175.0		
泰国	92.4	71.2				
马来西亚	126.0	157.2	776.2	737.2		
新加坡	262.9	228.1	1245.0	1182.6	327.1②	306.4②
巴基斯坦	58.9	27.2	88.9			
缅甸	2.8	3.3	13.4	8.5		
孟加拉国	21.7	9.3	65.0	31.7	15.5②	7.4②
土耳其	113.4	79.3	357.1	216.0		
韩国	311.4	302.8	1351.2	1250.6	730.8③	651.4③
埃及	55.0	18.4	117.6	34.5		
尼日利亚	62.1	131.1				
墨西哥	137.6	216.6	468.9	484.3	138.6②	139.4②
巴西	131.5	256.4	537.8	465.1	114.7②	103.0②
阿根廷	38.1	84.0	201.2	209.7		

注:①1991年以前数字仅指原联邦德国。②1－3月份数。③1－6月份数。①原捷克斯洛伐克数据。⑤1993年数。

国外资料来源:联合国《统计月报》1996年10月。

附录 2—10 货 币 汇 率(年末中间价)

一美元合该国货币数

国家和地区	货币名称	1985	1990	1994	1995	1996①
中 国	人民币元	3.20	5.22	8.62	8.35	8.31
美 国	美元	1.00	1.00	1.00	1.00	1.00
日 本	日元	200.50	134.40	99.74	102.83	107.92
德 国	德国马克			1.55	1.43	1.47
英 国	英镑	0.69	0.52	0.64	0.65	0.64
法 国	法郎	7.56	5.13	5.35	4.90	4.99
意大利	里拉	1678.50	1130.10	1629.70	1584.70	1519.10
加拿大	加元	1.40	1.16	1.40	1.37	1.38
澳大利亚	澳元	1.47	1.29	1.29	1.34	1.29
俄罗斯	卢布			3550.00	4640.00	5191.00
捷 克	克朗			27.80	26.30	26.58
波 兰	兹罗提			2.44	2.47	2.72②
匈牙利	福林	47.35	61.45	110.69	139.47	153.05②
罗马尼亚	列伊	15.73	34.71	1767.00	2578.00	3135.00
保加利亚	列弗	1.00	2.80	64.70	67.60	148.00
南斯拉夫	新第纳尔		10.66	5.63	5.32	5.26
印 度	卢比	12.17	18.07	31.38	35.18	35.68
印度尼西亚	卢比	1125.00	1901.00	2200.00	2308.00	2341.00
菲律宾	比索	19.03	28.00	24.42	26.21	26.23
泰 国	铢	26.65	25.29	25.09	25.19	25.27
马来西亚	林吉特	2.43	2.70	2.56	2.54	2.49
新加坡	新加坡元	2.11	1.74	1.46	1.41	1.41
巴基斯坦	卢比	15.98	21.90	30.80	34.25	35.21
缅 甸	缅元	7.84	6.08	5.90	5.78	5.89
孟加拉国	塔卡	31.00	35.79	40.25	40.75	41.90
土耳其	里拉	477	2930	38726	59650	83003
蒙 古	图格里克	3.60	5.60	414.09	473.62	531.15②
韩 国	韩圆	890.20	716.40	788.70	774.70	813.30
埃 及	埃镑	0.70	2.00	3.39	3.39	3.39
尼日利亚	奈拉	1.00	9.00	22.00	21.89	21.89⑤
墨西哥	新比索	0.37	2.95	5.66	7.97	7.59
巴 西	雷亚尔			0.85	0.97	1.01
阿根廷	比索		0.56	1.00	1.00	1.00

注:①7 月份数。②6 月份数。③固定汇率。④由联合国项目的业务汇率推算的非商业汇率。⑤4 月份数。

国外资料来源:联合国《统计月报》1996 年 10 月。

部分企事业单位介绍

INTRODUCTION FOR ENTERPRISES AND INSTITUTIONS

迈向辉煌
——发展中的成华工商分局

成都市工商行政管理局成华分局（简称成华工商分局）1991年组建。其管辖范围为成都市成华区。该区位于成都东北部，面积110平方公里，下辖12个街道办事处、4个乡，人口50万。区内有大专院校、科研机构20余个，云集电子、冶金、机械、纺织、电力、医药等行业的中央、省、市属大中型企业200多家，是西南地区重要的电子工业基地。

成华工商分局现有业务科室14个，下辖8个工商所。在职干部129人，大专以上文化程度人员占干部总数的50%以上。成华工商分局要求全局职工树立为基层服务、为经营者服务、为成华经济服务的思想，大力倡导“顾大局、识大体、讲团结、比奉献”精神，在全局干部中开展“做合格的工商行政管理干部，当人民满意的公务员”活动，推行干部轮岗交流制度，建立和完善分局的各项规章制度，分局面貌进一步改观，初步形成了“勤政、廉洁、高效、务实”的办事作风。

1993年3月，成华区被批准为四川省首家“个体私营经济试验区”。成华工商分局，以小平同志的“三个有利于”为标准，解放思想、大胆实践，提出了以放开登记条件、放开经营范围等为主要内容的“九放开”政策，制定了个体私营经济八年发展规划，推行注册登记“一站式”服务，开展流动办照，方便经营者。1997年区委、区政府授牌对9户私营企业实施挂牌保护和重点扶持，极大地促进了个体私营经济发展。1997年，辖区内个体工商户达12317户，比建“试验区”前增长40%；私营企业达到907户，比建“试验区”前增长9.4倍；税收额也逐年上升，1997年达到3844万元，比建“试验区”前增长近6倍。同时，一批大型企业群体和高科技企业开始涌现。在1994年全国500家最大私营企业排名中成华占有5席，在1996年成都市私营企业144家排名活动中，成华15家榜上有名。如今，迈普公司、百万集团、瑞丰集团、裕华公司等经济实体已成为我区经济发展中的重要力量。1998年5月，区委、区政府又首次召开了全区个体私营经济工作会，提出了30条新措施，并积极推行目标责任制，为个体私营经济营造了宽松的外部环境。

成华工商分局以培育大市场，促进商品流通为己任，支持成华经济发展。不断加强对各类市场的监督与管理，维护正常的市场秩序。有效保护消费者合法权益。迄今为止，辖区区属注册企业总数已发展到13936家，是区划前的2.1倍。在市场建设上，五年来分局先后投资1500多万元，新建市场23200平方米。使区内各市场总数达37个（其中商品市场30个、要素市场7个），年成交额达3亿多元，分别比92年增长200%和100%。一批引人注目的起点高、规模大的市场正在崛起。

成华工商分局高举邓小平理论的伟大旗帜，围绕成华经济建设这个中心，依法行政，严格执法，强化干部政治业务教育，把成华工商行政管理事业全面推向二十一世纪。

四川电器股份有限公司

四川电器股份有限公司始建于1965年，于1988年经批准由原四川电器厂改组为股份有限公司，股票已在上海挂牌上市。四川电器股份有限公司是原国家机械工业部定点生产35KV及以下高低压开关和成套开关装置的重点企业（国家大型二档企业），具有产品经营进出口权，主要产品广泛用于能源、交通、电力、冶金、化工、城市电网改造等行业。

四川电器股份有限公司自创建以来，依托中国机电工业的发展，依靠技术进步和股份制优势，得到了全面蓬勃发展，目前是西南地区生产规模最大、品种最齐、效益最好的国家大型企业。1997年止，公司总股本为7232万股，总资产达2．79亿元，资产净值达1．68亿元，资产负债率为39%，固定资产达8965万元，占地面积11．5万平方米，现有员工 1744 人，具有专业技术职务人员 589 人，其中，中级职务人员 164 人，高级职务人员 25 人。年产少油、真空、六氟化硫三大系列开关 2021 台，电流互感器 3798 台，各型高低压开关柜 1600 面，年销售收入 9543 万元，利润 1941 万元。

公司的主导产品有：

1.35KV 及以下高低成套装置

——以 KYN－35、JYN1－35 为代表的 35KV 高压开关柜

——以 KYN8－10、GC5－10（F）（Q）为代表的 10KV 铠装式、全工兑高压开头柜

——以 CUBIC、GCK2 为代表的低压成套装置

2. 断路器三大系列

——以 SN10－10、SN10－35 为代表的少油断路器系列

——以 ZN12－10、ZN28－10、ZN23－35 为代表的真空断路器系列

——以 ZN－27.5 为代表的满足电气铁道需要的专用开关

——以 LN2－10、LN2－35 为代表的六氟化硫断路器系列

3. 互感器

——以 LZBJ1－10 为代表的 10KV 级电流互感器系列

——以 LDZB1－35W1 为代表的 35KV 级电流互感器系列

公司新产品、技改情况：

公司注重技术投入，开发的新产品中 ZN12－10、ZN12－35、ZN42－27. 5 等输变电及电气化铁道用真空断路器具有国内先进水平，CUBIC 低压开关设备代表了中际九十年代水平。

公司注重发展后劲，自行设计建成国内行业最高水平、最大规模的柜体表面涂装生产线，形成年产 4000 面柜体板面涂装生产能力；从国外引进数控冲、剪、折加工中心；建成钣金生产线、立体仓库等具有国内一流水平的钣金 FMS 系统，提高了柜体、面板制造质量和精度；建成了真空、六氟化硫开关装配生产线，有力促进了公司的开关及成套装配向无油化方向发展；建成了高低压产品检测计量中心，使公司产品性能及新产品试验有了可靠的技术保证；分步实施计算机集成制造控制系统 CIMS 工程：在新产品开发设计上推行计算机辅助设计系统 CAD，在生产管理系统推行 MRPⅡ，生产制造系统推行 FMS。

取得的业绩：

四川电器股份有限公司不仅有优质的产品、良好的信誉，更具有较好的经营机制和业绩，近年来按照现代企业制度的要求，不断规范股份制运作，结合企业实际，紧紧把握股份制优势，建立健全法人治理结构，使公司决策层上升，经营突出，进一步发挥全体职工的积极性和创造性，使企业在优胜劣汰的市场竞争中取得了较好的业绩：公司从九四年起连续四年获成都市工业企业五十强；九五年起连续三年获成都市《四好企业》称号；九七年获四川省工业企业最大规模 500 强，最佳效益 100 强，最大市场占有份额 500 强。

电　话（Tel)：(028）7869242

传　真（Fax)：(028）7869242

电　挂：郫县 1488

地　址：(成都西）郫县唐昌镇

四川省汽车工业总公司

四川省汽车工业总公司（又名四川省汽车贸易公司）是主营汽车摩托车，国产及进口汽车零部件的大型国有流通企业，是国家批准的小轿车经营单位。公司成立于 1961 年，现有职工 1494 人，营业总面积 40000m²，仓库总面积 60000m²，在成都地区设有 12 个经营公司，30 个经营网点，在省内各地，市、州及重庆市设有分公司，经营网络遍布全川，销售能力幅射全省及周边省区，1997 年销售各型汽车 16675 辆，销售总额 18.8 亿元。

近年来，公司致力于不断深化内部改革，转机换别、提高企业素质、在汽车、摩托车，零配件经营的主导下，在汽车维修，租赁，旧车咨询等领域进一步开拓发展，积极为我国汽车工业发展作出贡献。

公司以“开拓、创新、团结，奉献”为企业精神，以“用户第一信誉第一”为经营宗旨，竭尽全力为广大用户服务，并热忱欢迎国内外的工商朋友携手合作，共谋发展。

四川省汽车工业总公司
（四川省汽车贸易公司）
成都地区经营分公司

北方销售分公司　　经营：汽车、摩托车

地址：蜀都大道大慈寺路

邮编：610016

联系人：张沈阳　　　　电话：6626600

南方销售分公司　　经营：汽车、摩托车

地址：双林南支路 8 号

邮编：610066
联系人：廖红模　　　电话：4331808
川广销售分公司　　经营：汽车、摩托车
地址：双林南支路 8 号　　邮编：610066
联系人：侯小方　　　电话：4337493
物资供应公司　　经营：汽车、摩托车
地址：红牌楼西部汽车城　　邮编：610041
联系人：易志远　　电话：5187911
第一销售分公司　　经营：汽车、国产零配件
地址：蜀都大道大慈寺路　　邮编：610016
联系人：景　明　　电话：6625823
第二销售分公司　　经营：汽车、国产零配件
地址：西部汽车城新加坡路　　邮编：610041
联系人：李洪伟　　电话：5183054
第三销售分公司　　经营：汽车、国产零配件
地址：府青路三段 25 号　　邮编：610051
联系人：徐　建　　电话：3242308
微车配件销售公司　　经营：汽车、国产零配件
地址：蜀都大道大慈寺路　　邮编：610016
联系人：周　波　　电话：6787046
东风贸易分公司　　经营：汽车、国产零配件
地址：江南馆街 66 号　　邮编：610016
联系人：王树荣　　电话：6714710
进口配件销售公司　　经营：进口汽车零配件
地址：蜀都大道大慈寺路　　邮编：610016
联系人：谢志刚　　电话：6627508
五菱汽车联营公司　　经营：五菱汽车及配件
地址：双林南支路 8 号　　邮编：610016
联系人：欧阳卿　电话：4337493
四川上海联营公司　　经营：桑塔纳轿车及配件
地址：双林南支路 8 号　　邮编：610066
联系人：蒋明涛　电话：4330244
申川维修站　　经营：桑塔纳轿车修理
地址：成渝高速公路 A 段零公里
邮编：610066
联系人：匡小东　　电话：6710654
川沪联司旧车咨询部
经营：旧车咨询服务、汽车装饰
地址：红牌楼旧车交易市场 A 区 31232 号
邮编：610041
联系人：罗　真
四川安吉汽车租赁有限责任公司
经营：汽车租赁、装饰、销售
地址：成渝高速公路 A 段零公里
邮编：610066
联系人：李有义

成都市粮食局青羊分局

成都市粮食局青羊分局系成都市国有粮油重点商业企业，拥有 864 名职工，下属良丰连锁公司、储运公司、购销公司、粮油食品贸易公司、农副产品加工技术开发公司、国贸机电成套设备公司、顺昌经营公司、丰泰有限责任公司等实体及 200 余户零售门点。分局负责所辖行政区域 50 万城镇居民和行业的粮油供应，集粮油收购、销售、加工、储藏为一体，具有粮油经营和管理双重职能，占有十分重要的地位。分局所属公司主要批发、零售各类粮油食品、兼副食、干杂、小百货、小食品、酒类、饮料等商品，其粮油经营覆盖全国，粮油购销网络四通八达，年经营量约 20 万吨，年销售收入约 2 亿元。

该分局已以部分资产与四川新时代实业股份有限公司实行股份合作，拟在成都火车西站修建仓容 5 万吨的粮食储备库。

该分局经营已具一定规模，向集约型方面发展，欢迎各界朋友精诚合作，共创辉煌。

法人代表：曾海金系成都市首届优秀企业家。
邮编：610017　电话：（028）6623462
地址：本市东打铜街 58 号

成都金鑫房地产开发公司简介

成都金鑫房地产开发公司即原农业银行成都房地产开发经营公司。公司于一九八八年八月依法组建，下设“四部一室”，具有各类专业技术职称的人才占公司总人数的 80%，注册资金 500 万元，是实行独立核算、自主经营、自负盈亏的全民所有制企业。公司机构健全、资金雄厚、人才济济，以从事城市房地产开发为主，兼管租赁、代建等项业务。

十年来，公司以农业银行成都市分行为坚强后盾，投资一亿三千多万元，开发项目近三十个，开工建筑面积二十多万平方米，已向社会各界提供商品房十多万平方米，取得了明显的社会效益和经济效益，得到了社会各界的充分肯定。公司曾先后荣获省、市房地产开发“五十强企业”、“百佳企业”及一九九七年“省房地产开发最大规模二十强等称号。

公司坚持信誉第一，质量第一的宗旨，以平等互惠的经营思想和灵活多样的经营方式，充分发挥资金、人才、信息的优势，为社会各界提供尽善尽

美的服务。公司愿与社会各界精诚合作，携手并进，共创明天辉煌。

公司法人代表、总经理　陈庆华

公司地址：成都市簸箕街 50 号

联系电话:(028)3327348　3327648　3346553

邮政编码：610081

成都市农业生产资料总公司

成都市农业生产资料总公司成立 30 多年来，在为农服务和农资商品的供应中，为农业生产的稳定和发展做出了积极的贡献。多次获得中央、省、市有关部门授予的支农先进集体、先进基层党组织、重合同守信用企业，省级批发贸易业 100 家最佳经济效益企业，银行信用 AAA 企业等荣誉称号。连续四年销售总额突破亿元，1997 年销售总额实现 2．2 亿元。企业的盈利能力、资产、资本实力不断增强，市场占有率不断扩大。总经理张珂同志 1995 年被评为全国农资系统先进个人，1998 年当选为四川省第九届人民代表，被评为市级优秀共产党员。

总公司以适应社会主义市场经济为目标，深化改革，实现企业由服务于计划经济向遵循市场经济的角色转变。现在企业以农资主营业务的龙头，全方位开拓发展，总公司坚持“为农服务、深化改革、加强管理、壮大基础、提高效益”的企业发展方针，同 200 多家企业建立了良好的业务关系。1995 年总公司认真分析形势，适时地提出“八方出击、加强联合、连锁经营、区域辐射”的经营思路，努力拓展市场，为购销渠道的畅道奠定了基础。1997 年总公司综合经济效益达到 420 万元。

总公司领导班子坚持发展才是硬道理这一指导思想，从 1995 年起，三年机构改革走了三大步，组建了八个经营性公司，行政后勤压缩成四个科室，人员由 94 年的 40 多人减少到目前的 16 人，体现了企业围绕经济效益这个中心，深化改革、谋求发展的主题。

今年四月总公司制定了“五年经济发展战略规划”，提出了企业体制改革的目标，研究探讨有限责任公司或股份合作制，逐步走向多元化，集团化的发展道路。以创新精神和充满活力的机制健全、完善、提高总公司的经济体系、管理体系、政策体系、企业发展体系、服务保障体系。从责任与利益相结合上解决好分配问题，建立激励机制，提倡“讲贡献、讲奉献、讲创造”的企业精神，使企业始终充满生机与活力。

联系人：林培兰　电话　(028) 3333531

成都食品集团公司

成都食品集团公司成立于 1989 年，是集肉食品加工、经营与商业贸易、仓储、运输、汽车维修和制冷工程设计、安装于一体的国有大型商业企业，隶属成都市商贸委。公司下属 9 户企业和 5 个直属经营实体。总资产 4.4 亿元，净资产 1.2 亿元；占地总面积 21 万平方米；冷库 8 座；仓储总容量 2 万多平方米；现有职工 4509 人，其中各类专业技术人员 555 人。

公司主营猪、牛、羊肉及制品，肉类产品的注册商标为《蜀风》牌。经营方式以批发为主，代冻代存、代储代运，代购代销。公司年购销总额均在 2 亿元左右，列“中国最大服务业企业商业批发业第 100 位”；入围四川食品加工业企业最大规模 30 强。

公司本部实行一套班子两块牌子，成都市食品公司担负了市政府交付的市级猪肉储备和城区市场部份猪肉供应等政策性经营的任务，并协助上级领导部门开展肉食品行业管理的有关工作。

目前，该公司正抓紧进行企业的转机建制，加速结构调整，积极开展招商引资、盘活存量资产的工作，沿着“依托主业，综合发展，扩大经营规模，提高经济效益”的方向开拓前进。

公司地址：成都市提督街 3 号

邮编：610016　电报挂号：7380

总经理：张锦华

联系电话：(028) 6626060

传真：(028) 6748093

成都市第一建筑工程公司

本公司是建设部审定的建筑一级施工企业，具有四十多年的施工历史，现有职工 2540 人，各类专业技术人员 1000 余名，其中高中级技术人员 200 多名。技术力量雄厚，施工经验丰富。

从五十年代起，公司先后承建了一大批不同结构类型、不同装修风格的工业与民用建设项目。其中多项荣膺建设部鲁班奖、建设部优质样板工程奖、四川省天府杯奖和成都市芙蓉杯奖，使本公司有了较高的声誉，并一举跨入全国五百家最大建筑企业，五百家最佳经济效益建筑企业、五百家最大经营规模建筑企业及四川省综合实力百强施工企业行列；被成都市人民政府、市工商行政管理局命名为“重合同守信用”企业，被成都市委、市人民政府授予“市级文明单位标兵”称号和“四好企业”，被四川省委、省人民政府授予“省级文明单位”称号，同时还被建设部评为“八五”期间全国工程建设管理先进单位。

为进一步适应激烈的市场竞争，本公司大胆创新，对外拓展，先后与香港大通（中国）投资有限公司合资组建了成通建筑材料装饰工程有限公司，与香港启泰茂业有限公司合资组建了启达建筑工程有限公司，成立了成都鑫源建设开发公司、市建一公司装饰工程公司、物业管理公司、海南分公司、北海分公司等。初步形成了集土建施工、建筑装饰装修、房地产开发、商品砼生产、物业管理、技术咨询服务于一体的生产经营新格局。

改革开放为建筑业发展提供了良好的机遇，本公司目前正在努力深化改革，以建立现代企业制度为契机，逐步发展成为施工经营一体化的高素质、高效益的实力强大的企业集团。

本公司愿成为您事业成功的桥梁。

成都三电股份有限公司

（四川电缆厂）

成都三电股份有限公司（原四川电缆厂），其前身为建川工业股份有限公司，始建于 1939 年。1988 年改制为股份制试点企业。成都三电股份有限公司是生产电线电缆的综合性大型国有企业。位列全国电线电缆生产企业十强，西南地区之首。公司总部位于成都市区九眼桥锦江河畔，占地 20 余万 m^2，现有职工 2371 人，其中工程技术、专业管理人员 311 名。资产总额达 2 亿元。拥有主要生产设备 274 台（套），其中引进生产线九条。

成都三电股份有限公司具有用于动（电）力传输的全部五大类产品的生产能力。并且研制开发有各种阻燃耐火系列的电力电缆和电气装备用电线电缆供用户选择。

成都三电股份有限公司的产品按中华人民共和国国家标准（GB）生产。同时，也可根据用户需求按 IEC、ASTM、BS、MIL、JIS、DIN 等标准设计和生产各种电线电缆产品。“塔牌”是成都三电股份有限公司的注册商标。公司按 ISO9002 质量保证体系运行，并具有外贸出口自营权。

成都三电股份有限公司的产品多次用于国家重点工程和国防工业中。同时，还大量出口到新加坡、印度尼西亚、菲律宾、巴基斯坦、阿联酋、叙利亚等国家。“塔牌”线缆产品在新老用户中享有崇高信誉。

成都电线电缆研究所（科委批准的公司办研究所）设在公司内，直接为用户设计、研究各种特殊用途的线缆产品，同时开发研制用于电线电缆的新材料，有各类专业研究开发人员 40 多名。并为用户提供咨询服务。

董事长兼总经理：陆　群
电话：(028) 4441712 总机
传真：(028) 4441403
电挂：2903
邮编：610061
公司地址：成都九眼桥宏济新路 2 号

成都市化学工业局

成都市化学工业属建国后我市新兴工业。30 多年来，从无到有，逐步发展。目前已初步形成具有化学矿山、化学肥料、基本化工原料、精细化学品、橡胶加工、化工机械、石油加工、炭素制品等多门类的综合性化学工业体系。主要产品 300 多种。成都市化学工业目前位居全省第三位，是成都市国民经济中重要的基础产业之一。

成都市现有各类化工企事业单位约 400 余家。其中，省属企业 3 家；市属企业 13 家；市属事业单位 4 家；区（市）县属企业 16 家；乡镇企业等其他化工企业 300 多家。形成全社会各行业参与、多种经济成份并存的格局。

1997 年，乡及乡以上化工企业实现工业总产值 39 亿元。成都化工的分布特点基本属于省属化工、市属国有地方化工和乡镇等其他化工“三分天下”的格局。总的看，成都化工基础较弱，亟待加快发展。

不断前进的百年老校

——成都十一中

成都十一中（成都科技创造（发明）学校）前身是著名的华英女子中学，初创于 1895 年。1952 年由政府接办改名为四川省成都市第十一中学校，1969 年 3 月始招男生，实行男女合校。学校办学成绩卓著，鉴于学校悠久的历史和办学成绩，1990 年我校列入国家教委主持编写的《教育大辞典》中小学辞条。1993 年 3 月，经市教委批准为“成都市科技创造（发明）学校”，成为双牌学校。

全校教职工现有 130 人，其中校级、中层干部 11 人，高级教师 22 人。学校有规范的理化生实验室，阅览室，语音室和微机室。

学校办学坚持质量第一，高标准完成教学任务。1990 年以来，为落实《中国教育改革和发展纲要》精神，将“应试教育”转轨到“素质教育”的轨道上来，实现教育现代化，培养创造型人才。经过多年的教学研究和改革，学校教育、教学管理工作都以创造教育为指导，进行学习方法指导。德育工作生动形象，富有实效性。每年一度的艺术节，科技活动月活动等，较好地培养了学生的动手能力，创新能力，良好的个性心理品质，努力使学生成为德智体全面发展的“四有”新人，为学生走向社会打下基础。

该校教育教学成绩显著，91 年—97 年在市教委工作评估中，我校高中、初中教育教学均获表扬、表彰。近三年来学校参加全国省市各种竞赛获奖 180 余人。

随着教育改革的深入，不断探索和追求的十一中人，又为探索新时期女性教育的特点、规律而努力，97 年 9 月我校办了女生实验班，对女生实施创造教育的同时增设了培养现代女性所需要的教育内容，注重了女性的特性，引起社会各界的关注，考虑到办学模式的多样化和针对性以及我校 70 多年办女校的历史经验，学校正扩大实验规模，努力为在新的历史条件下女子成才之路的探索作出我们的贡献。

我们相信，十一中这所百年老校一定会以崭新的姿态，努力创造最佳成绩跨入新世纪！

成都市武侯区永丰中心校

武侯区永丰中心校创建于 1922 年，座落在广福桥侧，占地 19. 6 亩。远眺校门，雄伟庄严；步入校门，一幅庭院式校园美景映入眼帘。

永丰中心校现有 23 个教学班，学生近 1300 人，在由应试教育向素质教育转变的过程中，学校不仅重视学生智力的发展，更注重学生全面素质的提高。艺体综合楼内有音乐室、美术室、计算机室、体操室，拥有钢琴两部，计算机 108 台，其中一间计算机房已联网。学生在永丰中心校不仅能学到扎实的知识，并能陶冶艺术情操，发挥特长。学校教职工 63 人，其中专任教师 46 人，教师们为人师表、敬业爱岗，得到家长及社会的好评。其中教育先进工作者 18 人，市青优 3 人，区青优 1 人，学科竞赛获奖 10 人，有 41 篇教师经验论文在省、市报刊上发表。

92 年 2 月，学校参加了区“愉快教育”科研课题研究，实验卓有成效，一个校风好，学风实，着眼于全体学生全面发展的学校已得到社会大力赞赏。计算机教育是永丰中心校的又一特色。学校从 1990 年起组建微机室，1992 年、1993 年在成都市中小学计算机程序设计操作比赛中连续获得一等奖，1994 年在成都市计算机未来码汉字输入比赛中，参赛 6 名学生囊括了个人前三名，1996 年 10 人获市西文键盘操作竞赛一等奖，获区团体 LOGO 上机竞赛一等奖。1997 年 17 人获西文键盘操作竞赛一等奖。永丰中心校的计算机工作已向计算机辅助教学迈进。

一份耕耘，一份收获。近几年，学校鼓号队获市比赛特等奖，参加市车模、航模、空模比赛分别荣获团体一、二等奖，参加区运动会比赛总分获区团体第二名，多幅学生书法、绘画作品送国外展出并被收藏，学生黄婷婷参加市艺术新苗大赛被评为“十优”新苗。学校还先后被评为“市校园环境管理先进集体”、“市创卫生先进集体”、“市健康教育先进集体”、“市教育先进集体”、“市计算机管理先进集体”等荣誉称号。

总之，在实施素质教育过程中，全校教师决心争创一流，让“三让一树”在我校盛开。

法人代表：冉开芳

地　址：成南川藏公路广福桥侧

邮　编：610041　　电话：(028) 5187328

成都航空职业技术学院

成都航空职业技术学院毗邻四川联合大学，是直属于中国航空工业总公司的一所高等工科类职业技术院校。学院是在原成都航空工业学校的基础上建立。

学院注重学生的全面素质培养，是全国职业教育先进单位和省级文明单位。学院主动适应社会主义市场经济建设发展的需要，不断深化教育教学改革，十分重视专业建设。现设有机械、电子、建筑、管理四大类 18 个专业。建有设备完善的各类实验室 40 个和与各专业配套的职业技能实训基地。院图书馆藏书 17 万册，阅览室 8 个，图书计算机管理系统先进，已建成局域网。

学院专任教师近 200 名，其中具有高级职称的教师 70 多人，有 9 名教师和工程技术人员享受政府特殊津贴。

在多年产教结合、厂校合作办学过程中、学院与成都飞机工业集团公司、成都发动机集团公司、成都航空仪表公司、成都飞机设计所等在川航空厂所以及不少地方大型厂所建立了密切的合作办学关系。这些厂所是学院教育教学改革的坚强后盾和学生实习的重要基地。

学院重视结合教学进行科技开发，已拥有国家级发明奖2项，省部级科技成果奖3项，国家实用专利十多项。为加强国际教育交流，学院多次派员赴美、德、法、日、澳等国家进行职业技术教育考察、学习，已与美国巴顿社区学院建立了友好合作关系并互派教师任教。

学院面向全国招生。学生毕业后，按照国家“供需见面，双向选择，自主择业”的政策规定，学院积极地进行就业指导和择优进行就业推荐。近年来，学院推荐到航空企事业和长虹集团及沿海经济发达地区等地方企事业单位、“三资”企业就业众多的毕业生，在生产、技术、管理等岗位上发挥着重要的作用，深受用人单位的欢迎。

1997年11月4日，中共中央政治局常委，国务院副总理李岚清视察学校，充分肯定了学校的教育改革工作，希望“一定要把学校办好”。学院将不断深化教育改革，决心在开办高等职业技术教育，培养面向21世纪的高等实用型人才等工作中，为航空工业和区域经济发展做出新的贡献。

四川东方食品发展有限公司

四川东方食品发展有限公司是四川省烟草公司直属企业，1990年四川东方食品商场成立，1994年底组建四川东方食品发展有限公司。公司立足成都，发挥烟草行业自成体系，联系面宽，辐射性强的优势，坚持商业经营信誉为先，真诚为本的宗旨，卓有成效地建立了一套从批发到零售的高效率运转体系。公司下属二个批发部、二个分公司，业务覆盖面遍及成渝两市的大中型商场及省内各大中城市。公司所属的四川东方食品商场，销售业绩骄人，公司投资控股的四川布尔电子科技工程公司及四川青城后山大自然乐园渡假村是公司在商贸领域以外的新的投资尝试。

真诚服务，永不止步。诚信是竞争之本，发展之路。为代理的厂商服务，为零售的商家服务是公司永慎的课题。把服务的完善作为市场开发最重要的手段，脚踏实地、锐意进取，并以此建立了良好的商业信誉。几年来，公司成功地代理了马来西亚独资东方麦工业有限公司“约克”“恩氏”麦片系列、“吉百利”巧克力系列、广东中山“天宝”小食品系列等十多家厂商的产品，彼此建立了良好的信赖与合作关系。四川东方食品发展有限公司不忘老朋友、广交新朋友，我们殷切地期望与您一起把握商机、共谋发展。

董事长兼总经理：段文俊

四川省数学会
经济信息与计算机管理学校

高教自考是国家举办的学历水平考试，为了充分发挥省数学会人才密集的优势，挖掘潜力，拓开办学路子，为国家培养社会急需的专门人才。大部份自考学生在学习上取得了较大的成绩，这些学生毕业后有90%的学生走上了工作岗位。

四川省数学会有70余年的历史，挂靠在四川联合大学数学系，是四川省数学工作者研究的中心，成员二千多人，其中中科院院士三人，享受政府津贴的专家数十人，还有一大批教育领域的专家、教授或者是骨干教师，办学经验丰富，为国家培养了大批高、中级科技人才。四川省数学会数次被评为全国优秀学会和四川省优秀学会。该会一贯注重高教自考教学质量，选派有丰富教学经验、教学效果好的教师担任主讲；在课程安排上，增加了适应性比较强的应用课程，注重文理渗透，理论与应用相结合。

为了适应现代社会的需要，我们特别培养学生计算机的应用能力，计算机课程丰富，上机时间充足。该会和下属单位拥有百台高、中档微机，为学生使用计算机提供了十分优越的条件。通过办学实践，在教学质量和管理水平等方面，都受到学生家长和社会各届的一致好评。学生参加统一考试成绩各门课程合格率在60－70%左右，学生业务素质、思想素质普遍都有较大提高，学生德智体各方面正在全方位地发展。

地　址：成都市望江路29号四川省数学会

电　话：(028) 5412720

联系人：罗　马

中国建筑材料工业
地质勘查中心四川总队

中国建筑材料工业地质勘查中心四川总队，原名国家建材局西南地质公司，创建于1961年。

建队30多年来，向国家和社会各界提交各类技术成果1400余份，其中地质勘探报告120余份，工程勘察报告500余份，科研、测绘、物探等技术成果 800 份。提交矿产工业储量 26 亿吨，矿产利用率达 77%，涉及 30 多个矿种。在巴蜀大地首先找到并查明工业储量的 9 种矿产，填补了四川省矿产资源的空白。先后发现或探明的非金属矿产地，仅在四川就有 80 余处。在开拓非金属矿产应用方面也取得了显著成效。1991 年 12 月总队被授予“全国地质勘查功勋单位”荣誉称号。1996 年总队还荣获“全国设备管理先进单位”称号。

四川总队拥有工程地质及岩土工程勘察、岩土工程治理甲级资质，工程测量、地籍和房产测绘甲级资质，地基与基础工程施工二级资质，矿山建筑安装工程施工二级资质，测试所为国家技术监督局批准的“计量认证合格单位”。

总队坚持科技进步成果卓著，1998 年成功地运用水平钻孔技术完成外商在西南建材行业最大的投资项目——四川省都江堰 120 万吨水泥厂石灰岩矿山的勘探任务。近几年来先后有 10 项报告获奖。其中 4 项报告获部级优秀工程勘察成果二等奖；6 项报告获三等奖。

四川总队坚持一业为主，多种经营，取得较好的经济效益。1997 年完成货币工作量 2312. 60 万元，人均产值 3. 04 万元。提交地质工作成果 71 份。新增探明储量：水泥用石灰岩矿 10926 万吨，大理岩石材荒料 73 万立方米，花岗岩荒料 199 万立方米。完成钻探工作量 14313 米、槽探 2495 立方米、1:2000 地形及地质测量 2. 76 平方公里。

四川总队经营业务范围：资源勘查、岩矿测试、工程勘察、水文凿井、地基基础、矿山施工、路桥施工、设备安装、建筑装饰、工程测量、地籍测绘、工程物探、机械制造、石材商贸等。

法人代表：李忠伟（总队长）
电　　话：(028) 6625527　6743161
传　　真：(028) 6625527
邮　　编：610017
地　　址：成都市德盛路 22 号

成都无缝钢管有限责任公司制氧厂

该厂是成都无缝钢管有限责任公司（国家 500 家大型企业之一）改制设立的委托法人试点企业，是工业气体的专业厂家，具有工业气体产品的经营权和销售权。该厂有固定资产 6300 万元，包括 $6000NM^3/h$、$3200NM^3/h$ 大型制氧机组两套，$150NM^3/h$ 制氧机组两套，制氢设备两套，拥有氧气、氩气、氢气、普氮、纯氮等气体充装系统，以及液氮、液氩、液氧贮存系统。该厂用户包括著名的西门子公司、BOC 公司及摩托罗拉公司，涉及到电子、机械、冶金、化工、食品、卫生、核工业等许多领域。该厂拥有深冷、机械、电气、营销等专业的一流人才，设备先进，其中 $6000NM^3/h$ 机组的许多工艺和技术在国内处于领先水平。地处二环路双桥子侧，紧邻成都汽车总站。产品质量均符合国家标准，其中许多指标达到国标优等品要求，产品品种多样，包括普通氧氮氩、液态氧氮氩和高纯氧、高纯氮、高纯氢以及医用氧等。该厂是气体技术权威部门西南化工研究院气体所的紧密合作伙伴，双方优势互补，正不断开发各种高纯气体。该厂的宗旨是以诚相待，共同发展，欢迎各界新老朋友光临。

地址：成都市五桂桥
厂长：刘强
电话：(028) 4456013　4443412—4663
传真：4456013
电挂：2477
邮编：610069

美琪美容美发有限公司

成都美琪美容美发有限公司有着 60 余年历史，是一家集美容、美发、商贸、保健于一体的专业化、连锁化美容美发企业。自 1989 年以来，美琪参加了 14－22 届亚洲发型化妆大赛，获得奖杯数十座，并多次派人赴国外进行考察研修，现已拥有 31 家连锁店，覆盖全市，并延展到省外，与日本爱知美容专门学校、德国威娜公司及法国欧莱雅公司保持着长期的技术交流与合作关系。

1998 年“美琪集团”大力引进国际先进技术与法国、韩国、日本等国际著名美容美发品牌联合推出国际流行系列巡展。1998 年“美琪集团”与上海天乐美容发饰品厂联合推出补发、镶发业务。

“美琪集团”美容美发培训专门学校，拥有 $2300m^2$ 的培训基地，引进国内外先进专业设备，与日本爱知美容专门学校及德国威娜公司保持着长期的技术交流与合作关系，由实践丰富资深高级美容美发讲师授课，学员以实际操作为主。

地址：春熙路美琪四川美发厅 6 楼
电话：(028)6722105 三洞桥街精美琪公司
电话：(028)7713755

成都粮食科学研究所

成都粮食科学研究所是国内贸易部直属的社会

公益型科研机构，是国内从事粮食储藏研究的专门机构。该所 1965 年建于四川绵阳，1991 年 8 月迁至成都。

本所主要从事粮油储藏技术，虫霉防治技术，害虫抗药性，粮油质量标准和粮油品质研究，资源食品开发和利用技术，粮油品质检测仪器、仓储设备器械设备开发，粮油科技信息等方面的研究。形成了较系统、全面的科研、科技开发、中间试验、人才培训、科技信息交流的综合体系。

本所具备比较完善的科研、中试、测试条件与手段，获得国家、部、省、市级科技成果奖七十多项。测试分析仪器设备齐全。专业图书资料比较齐全，中外文期刊 500 余种，藏书 10 万余册。

本所现有科技人员 100 余人，其中高、中级技术人员 80 人，业务部门下设三个中心、两个研究室、两个公司、一个中试基地、一个杂志社。

①中国储粮害虫防治应用技术研究服务中心："中心"隶属于中国新良储运贸易公司，开展储粮害虫和霉菌防治技术，合理施药技术，储粮害虫（包括螨类）微生物，鼠类的生物、生态学研究，农药新剂型的开发储粮新技术等研究。②国内贸易部粮油食品质量监督检测中心（成都）：开展粮油质量及其检验方法与标准研究，粮油食品中有害物质检测技术，营养成分分析技术，对外进行粮食、食品、油料、饲料原料及成品、半成品的检化验服务等。③科技信息中心：建立了全国粮油科技与经济信息网，从事粮油科技咨询，为仓储管理部门和基层粮库（站）提供粮油科技与经济信息。④仓储设备开发室：开展粮食储藏设备研究与开发，为粮库粮食仓储的现代化管理提供多种常规作业的新型设备。⑤粮油品质检测仪器设备设计室：开展粮油品质检化验专用仪器、仪表的设计、研制工作，粮油加工机械设备设计等。⑥科技开发服务公司：主要经营开发粮油检化验仪器设备等。⑦粮油机械成套设备公司：为新建粮食及食品、饲料加工厂（车间）提供成套设备，并负责安装调试，完成交"钥匙"工程。⑧科研中试基地：位于成都市外东中和镇，占地约 16000 平方米，现已建起了杀虫涂料、"保粮磷"生产车间，塑料包装生产车间，形成了中试生产规模，为科技攻关成果商品化提供了必要条件。⑨《粮食储藏》杂志社：编辑发行《粮食储藏》、《粮油仓储科技通讯》（均为双月刊）两个杂志，报导研究成果，推广新技术，进行国内外学术交流，传递科技情报信息等，为提高粮食仓储行业科技水平服务。该杂志社有计算机排版及配套的印刷设备。

中国粮油学会储藏专业分会挂靠本所。本所同英国、美国、澳大利亚、日本、法国、德国、加拿大等十几个国家建立了学术往来关系，并与澳大利亚、日本、美国、法国等进行技术合作。联合国粮农组织（FAO）多次在本所举办国际学术研讨会，为推动国内行业技术进步，掌握国外同行业发展动态起到了重要作用。

电话：（028）7710771　　传真：（028）7771523
邮编：610031　　电挂：6369
地址：花牌坊街 95 号

成都铝材厂

成都铝材厂建于 1971 年，占地 6 万平方米，现有职工 1100 人，其中具有高中级职称的达 100 人。企业装备优良，80% 以上的设备系从日本、台湾、前西德、前苏联引进，拥有 4MN、8MN 压机小薄型材生产线，16MN 压机管、棒型生产线，8MN、23MN 压机建筑型材生产线，氧化着色等生产线。"锦江"牌制产品有八大类，50 种合金，1600 多个规格，具有年产铝材 6000 吨，氧化着色 3300 吨的能力。产品质量达到和超过日本 JIS 标准和英国 BS 标准。11 种产品 17 次获部、省优质产品称号，行销全国 29 个省、自治区，出口铝材远销东南亚、南美洲等国家和地区。

工厂大力发展深加工产品，努力满足市场需求，新型货柜，铝格栅，隔断，镜画像框，仪箱机柜，铝网格等十大类产品形成批量生产。

工厂建筑装饰、装修实力雄厚，人员达 200 余人，其中开发、设计、工艺技术人员 40 余人，能独立从事建筑工程装饰、装修的设计、制造和安装施工。装修工程多次评为优良工程。工厂荣获了四川省级先进企业，国家二级计量单位，成都市质量管理奖，质量信得过企业，中国质量万里行定点监督检查企业等称号。

为适应市场日益增长的需求，近几年来，工厂先后开发出 90 系列带扁管新式推拉窗、新式民用住宅窗、110 系列全隐、半隐幕墙材等产品。

工厂已被批准为成都市股份合作制试点企业，欢迎感兴趣的单位前来参股或联合，共谋发展，欢迎实力雄厚的单位投资，共同开发其现有颇具开发价值的 18 亩土地。

厂长：欧阳鑫
电　话：（028）5180191（总机）
传　真：（028）5182451
邮　编：610041
地　址：成都市永丰路 24 号

金牛区文化局

金牛区文化局是全区主管文化、艺术、新闻出版、文物保护事业的行政主管部门，内设4个科室，编制13人。直属机构和文化艺术表演团体有文化稽查队，文化馆、图书馆、文管所、电影发行放映公司、草堂影城、金牛电影娱乐中心、成都群生川剧团，及金牛区美术书法协会，区文学创作中心、区群众文化学会、区摄影学会、区钱币学会五个民间文化艺术团体。

全区公共文化设施（含区、街（乡）两级）22500m^2，文化艺术专业人员和职员100人。文化馆和图书馆分别为省一级馆和国家二级馆。街乡文化站20个，其中省一级站12个，二级站8个，群众文化活动面积计11050m^2。

全区文化建设成就斐然。近年来获市以上文学奖110项（部篇），出版发行各类文学作品30余部；创作演出歌曲10首；编写反映区两个文明建设的电视片文字脚本由省市电视合摄制的电影片5部；撰写文化论文45篇，获市以上各项奖26篇；在市以上发表，展出美术、书法、摄影作品5800余件，获奖380余项（件、幅）；创编并演出舞蹈25个；全区有市、区级文物保护单位21处，珍藏文物1200余件，城乡群众文化蓬勃开展，先后举办两届金牛杯巴蜀群文之歌文化交流活动，95’人北社区艺术节、获市“五个一工程”成果奖，全国五城区美术书法联展、新春团拜文艺招待会，大型广场文艺表演、庆七一迎回归大型晚会和中小学艺术节。全区先后被省文化厅、民政厅命名为全省文化先进区、被省政府命名为全省文化先进区、区局和区文化馆连续13年评为市文化系统先进单位和先进文化馆，区图书馆评为省文明图书馆，青羊北路街道评为省先进文化街道，营门口乡评为省群众歌咏之乡

中国金夫人婚纱集团

位于成都太升南路200号的“金夫人”婚纱影楼，以及她在成都蜀都大道东风路26号富士大厦首层的姊妹店——“新婚摄影服务中心”就像两颗璀璨的明珠为数万对新婚燕尔点燃了爱情之灯。

1992年开业的成都金夫人婚纱影楼，现已发展成为全国十大杰出影楼之一。1996年6月，“金夫人”第一家连锁店——新婚摄影服务中心诞生，如今的她在全国已经拥有26家连销店。目前，她拥有1500多平方米的营业面积，以及15000多平方米的外景创意天地——西部牛仔城。

“金夫人”拥有精良的设备和专业的技术：富士（FUJI）数字影像系统，把电脑摄影科技成功地应用于婚纱摄影。以享誉世界的富士公司为坚强的技术后盾的“金夫人”旗下拥有大批优秀的专业摄影师、技术人员及管理人员。所有的摄影师及工作人员都必须先历经一年以上的内部培训，再经港台名师指点，最后考检后方能上岗。这里所有的摄影师都是四川青年摄影协会的会员。1997年的首届国家高级摄影师技术鉴定中，“金夫人”的摄影师何飞的理论和实际操作总分荣获第一名。1997年在四川美术展览馆举行的“富士杯”摄影艺术展中，“金夫人”有5幅作品获优秀奖，“风韵”获得金奖。

“金夫人”的质量、技术和服务赢得了广大顾客的赞誉和同行的肯定。在短短六年间，便有来自全国各地的十六万多顾客光顾“金夫人”。拥有先进设备和优秀摄影师的“金夫人”对自己的摄影质量向顾客作出了100%的保证。“金夫人”的照片在连续三个月的风吹、日晒、雨淋等破坏性实验后，依然不损伤其热表面面，不变形、不变色。照片从形象设计到摄影及后期创作先后要历经数十道工序。比如说一张油画照片仅后期制作就有20道工序，而一张水晶照片则要经历26道工序，并且每道工序环环相扣，层层质检、全面品质控制。正因为严格的工序管理和质量检查，“金夫人”在六年多的时间内从未出现过因质量原因而受到顾客投诉的现象。

“金夫人”竭诚为每一对新人锁定人生最绚丽、最美妙的瞬间，与您相约一千年。

四川省武警总队成都医院

四川省武警总队成都医院是一所综合性医院，主要担负武警部队的医疗收治、卫生防病、战时卫勤和领导机关的医疗保健工作。近年来，为充分发挥武警部队优良技术资源，该院向社会开放，被成都市政府确定为“成都市大病统筹医院”、“成都市医疗保险定点医院”、“成都市工伤保险定点医院”。

该院全部医务技术人员均系现役军人，医院管理严格，医风纯正，设备先进，技术力量雄厚，环境优美，交通方便。设有24个专业科室。具有现代化的检测手段和治疗常见病、多发病、危重疑难伤病的能力。医院拥有各种大型先进仪器设备，形成了很多特色专科。

该院注重社会效益，积极支持地方经济体制改革，参与社会医疗保障工作。院部专门设有社会医

疗办公室。该院实行军事化管理，保持和发扬了救死扶伤的革命传统和白求恩精神，奉行以“病人为中心”、“质量第一”的管理原则。

地址：成都市老南门浆洗下街 63 号

邮政编码：610041

电话：（028）6308521　（028）6308526

（028）6308530　（028）6308535

院长：贺先友（大校）

四川蜀光石化研究所

四川蜀光石化研究所是省属科工贸一体化股份合作制企业。本所主要从事石化、化肥、化学工业研究开发。可提供成套技术，工程设计与建设承包。目前主要研究成果：

1. 变压吸附（PSA）法气体分离与净化技术及装置：包括提纯氢，制富氧或富氮，CO 及 CO_2 脱除与制取等。该技术已申请两项国家发明专利，获得全国当代专利、科技成果转让博览会金奖。获得了显著技术效果和经济效益。

2. 蜀光牌系列转化吸收双功能脱硫剂等已申请两项国家发明专利，并先后在全国八十多个大、中、小型化肥（化工）厂成功使用多年，节能降耗效果良好，获得厂家一致好评。

3. 蜀光牌 SH—T315 型宽温活性氧化锌脱硫剂已经中国石化总公司鉴定认为，其主要性能已达到或超过国内外同类产品水平，建议在石化及化工（化肥）系统推广应用。该产品已经国家批准，命名为 T308 氧化锌脱硫剂。

4. 铜锌系催化剂全低变节能技术，已申请国家发明专利，属国内首创。

5. 宽温区耐热铜锌系低变催化剂活性温区宽、低温活性好、耐热能好，国内领先。

6. 合成氨过量空气加压连续造气—变压吸附脱氮净化技术及装置属国际首创，节能效果系国内领先。

地　　址：成都市外西茶店子体育路 2 号

邮　　编：610036

电　　话：（028）7544594　7540660

法人代表：黄家鹄（所长　高级工程师）

成都市财政贸易学校

成都市财政贸易学校是一所市属财经类全日制普通中等专业学校。该校前身为成都市商业职工学校，创建于 1956 年 3 月，1958 年更名为成都市财贸干部学校，1960 年改建为成都市财经专业学校（成都市财政贸易干部学校）。1961 年 4 月，成都市财经专业学校停办。文革中成都市财政贸易干部学校停办。1973 年恢复办学，定名为成都市财政贸易学校。

该校校园占地近 40 亩，藏书 6 万册。校内有微机室、语音室、模拟实验室，校外有学生固定实习基地。该校地处成都市高新技术产业开发区，交通方便，环境宜人。

该校的任务和职责是按党和国家的教育方针和专业培养目标，培养复合开放型的中等专业人才。该校的生源和毕业生分配主要面向成都市，常年招收高、初中应届毕业生以及具有同等文化程度的在职职工、社会青年，学制分为两年、三年。该校现有在校生 1800 余人，主要分为普通中专统招生和委培生以及成人中专生三类。

该校现设有财务会计（电算化）、商业计划统计、市场营销、商业企业管理、公关文秘、计算机应用、经济法律、餐旅管理等八个专业。根据社会的需要将陆续开设新专业。经四川省大、中专自学考试委员会批准，该校现在成为“市场营销”、“电算化会计”两个专业的中专自考主考学校。

该校党委和行政领导一班人始终如一地坚持和贯彻党的教育方针，不断提高教育教学质量和办学效益，坚持严谨治学、勤俭办学。学校将立足成都，面向全川，服务全国，进一步扩大办学规模，培养更多高质量的复合开放型中等人才。

成都市星火畜禽研究所

成都市星火畜禽研究所是隶属于成都市科委的全民所有制科技开发机构，其任务是：研究探索农业综合发开过程中不断出现的新课题；引进推广国内外农牧业方面的新成果、新品种、新技术、新工艺；为农牧业及副产品工业、饲料工业、食品工业；提供产前、产中、产后的技术与实物相结合的社会化服务。

该研究所下属有：饲料添加剂预混料厂、品管部、技术服务部、经营部、试验场。我所多年来研制的《力源牌》肉鸡、肉鸭、猪、兔、鱼等饲料添加剂预混料，猪味素是我所优质拳头产品。多次荣获国家、省、市奖励。此外我所还与法国克里莫育种公司在温江建立了成都克里莫雄峰育种有限公司，参与我省的肉鸭产业工程，为用户提供畜禽良种、养殖设备、兽医药品、饲料原料及养殖、饲料、食品工程设计、技术咨询、服务咨询等成套服务。

该所科技人员参加编写了《畜禽配合饲料》、《肉鸡最新饲养技术》、《配合饲料大全》等十多本科技丛书在全国发行。我所前后为我省引进奥大利亚的狄高肉鸭、匈牙利的黑康蛋鸡、法国的奥白星超级肉鸭，与国外的许多公司和科研机构有着广泛的业务及技术联系，对促进现代化养殖业发展起到了积极作用。因我所从事畜牧业研究开发成绩显著，先后荣获国家、省、市多项奖励。1992年被认定为"成都市星火科技示范企业"和"高新技术企业。"

该所真诚希望与国内外同行进一步合作，相信"力源"将是你利润之源、愉快之源。

所　长：王立常（高级畜牧师）

技术服务部：周国怀（畜牧师）

电　话/传真：(028) 5310175　　5311366

电　挂：3463

邮　编：610041

地　址：四川成都市高新区石羊场丰收村

中国唱片成都公司

中国唱片成都公司是中国唱片总公司设在西南地区的分支机构。是一具有独立法人资格，内外贸并举、编产销一体化的全能音像出版单位。

中国唱片成都公司始建于1968年，是西南地区最早、规模及实力雄厚的音像公司。它拥有目前世界上最先进的多轨录音棚、音乐电脑制作设备、盒带高速复制生产线、彩色电脑设计制版系统，全功能印刷生产厂。中唱成都公司在全国建立了几百家产品节目销售网络，其产品遍布大江南北，极大地丰富了人民群众的文化娱乐生活。其产品多次获"金唱片"奖及优秀节目奖。

中国唱片成都公司"音乐人"制作室是西南地区唯一经过注册登记的音乐制作机构，近年，公司创作、包装、制作了大量的音像节目，向社会招募歌手及音乐作品，并开展对外录制音像节目的服务。

中国唱片成都公司盒带厂除生产自编节目外，还是成都地区定点音带加工厂之一，承接制作出版部门批准的音带加工业务。

中唱成都公司印刷厂是四川地区唯一以印制音像制品包装为主的专业印刷厂，全彩印工艺，使该厂的产品在印刷界拥有较高信誉，同时承接广告印制、设计业务。

中唱成都公司出版发行的音像制品有：音带、CD唱片、录像带、LD激光视盘、VCD小影碟等。

法人代表、经理：庞钟祥。

地址：成都市东丁字街33号　　邮编：610021

电话：(028) 6677604　6660756　6655520

传真：(028) 6677604　6655520

四川省烟草公司都江堰市公司

公司下设专卖管理科、业务批发科、财务审计科、安全储运科、办公室。现有正式职工三十八人，主要经营卷烟、雪茄烟业务和烟草专卖行政管理。公司享有跨省二级经营权，97年销售总额10003万元，创税利630万元，人均利税16.57万元。

随着社会主义市场经济体制的逐步建立和完善，公司转换企业经营机制，搞好卷烟销售。公司一班人坚定不移地坚持党的基本路线，团结协作，勇于改革，开拓进取。公司在档案工作、财务统计、安全仓储、消防、绿化卫生等工作都全面达标。为了增强企业后劲，公司深挖内部潜力积极拓宽市场。同时向多元化经济发展，兴建了集卷烟、批发、零售、餐饮娱乐为一体的综合大楼，以崭新的面貌屹立在都江堰市的东大门。

法人代表：祝朝荣

电　话：7285744

邮　编：611830

地　址：都江堰市观凤楼

成都市石油化工工程研究设计所

成都市石油化工工程研究设计所是全民所有制科研事业单位。该所一大批科技骨干均来自中央和省级科研设计院、所，具有较强的科技开发实力和广泛的信息网络，是集科研、生产为一体的新型研究机构。下属企业成都市青羊区精细化工厂、厂区占地4000平方米，环境优美，被誉为花园式工厂。该厂已投产XBB—01型有机硅工业食品消泡剂、无泡啤酒瓶专用洗涤剂、碳铵添加剂、金属油污清洗剂、除锈防锈剂、219净洗剂、餐具洗洁精、纺织助剂、皮革脱脂剂等数十个产品，投放市场以来，深受有关企业和行家的好评，为企业带来较好的经济效益。

该所设有生产部、经营部、情报资料室等部门，热忱欢迎新老用户来洽谈订货。企业将本着"用户第一、信誉至上"的经营方针，和"互利互惠、共同发展"的服务原则，给您提供满意而周到的服务。

主营：石油、化工、轻工、食品行业的工程研究及应用设计

地址：成都市东门街 58 号
邮编：610031
电话：（028）6636539
所长：胡和朝

西南技术物理研究所

西南技术物理研究所建于 1958 年，是国内率先从事激光技术和光电系统工程应用的专业研究所，现已发展为军民结合，科研、生产、开发、经营一体化的综合型研究所。该所实力雄厚，具有专家学者和高中级研究人员 400 名，在激光和光电领域成果累累。78 年以来，先后获国家级科技成果 20 项，部省级科技成果 50 余项，部级鉴定成果 200 多项，已有 30 多次成果转让工厂，获得显著社会效益和经济效益。该所在科研和生产中建立建全了完整的质量保证体系，1991 年和 1994 年获国家质量保证体系合格证书和国家激光二级计量站证书，1997 年通过国家专业部门的 ISO9000 标准的质量认证体系认证。

主要产品：YAG 激光晶体棒、激光医疗机、电视监控报警台、硅雪崩光电二极管、声表面波滤波器。

四川省现代经济事务服务中心

本中心系综合性社会服务机构，由省社科联主管。下设社会部，市场部、法律部等，备有专家，律师及其他专、兼职工作人员。为机关、团体、企事业单位、经济组织和公民个人提供财产权、人身权、经营权等方面的咨询、服务；代办、代理民事、经济、知识产权事务和各种合同纠纷；代为催款理债、转让技术、招商引资、洽谈营销，设立公司、协调联营。

办公地址：成都市抚琴东路 19 号写字楼二楼
联系电话：（028）7717308
传呼：（028）6646126—12878
法定代表人：李群生（主任）

成都市轻工业研究所

成都市轻工业研究所是一个以应用科学技术为主的开发性研究所。位于玉沙路育婴堂街新 2 号，占地面积约 4 亩。该所从事研究的范围广泛，包括轻工、日用化工、物料输送物料烘干、食品及包装工业的设备研制；微电子技术在工业控制，微机企业管理方面的应用；环保工程，环保技术，环保设备的承接和研制；硅酸盐特别是在日用玻璃的各类料方，生产工艺技术上的研究，玻璃室炉的设计。该所拥有一支经验丰富、技术力量较强的科研队伍，有高级工程师 22 人，其他工程技术人员 60 多人。科研成果覆盖面遍及 20 多个省、市、自治区。包装工业设备——瓦楞纸箱烘干机荣获全国首届轻工博览会银奖，中国包协纸制品中心情报站科技进步三等奖及省、市科技成果奖。电脑纸箱测湿信也受到用户喜爱和欢迎。在改革浪潮中，该所愿与实力集团式公司合作，以良好的地理条件为基础，采用多种灵活合作方式，使该所得以壮大和发展。所长、高级工程师赖体宗先生对该所的未来发展充满信心，并诚交各界朋友。

电话：（028）6912401　　6922385

成都远达自控技术研究所

成都远达自控技术研究所是专门从事工业自动控制技术的研制和开发的高科技企业，拥有自行研制成功并获国家专利的多项技术，其中 SBN 合成氨氢氮比自控系统，攻克了国内外合成氨氢氮比这一科技难题，彻底解决了合成氨生产中的大滞后问题。该系统目前已在全国几十家氮肥厂成功运行，给厂家带来巨大的经济效益。

所　长：刘元庆
电　话：（028）7524577
邮　编：610036
地　址：成都市茶店子正街 132＃

四川物资宾馆

四川物资宾馆地处成都市繁华商业中心，是集住宿、餐饮、购物、娱乐、旅游于一体的现代化商务宾馆。客房 304 间，床位 578 个，设施设备齐全，可接待各种会议团队；御河苑餐厅主营川菜，兼营火锅、海鲜、野味，价格中档，丰俭由人，可承接各种宴席；青羊旅行社已开通国内各条旅游线路，并适时推出周末休闲游；娱乐中心设施设备齐全；商务广告中心竭诚为客人提供广告、复印、传真、打字业务。

自 1994 年以来，宾馆客房部已连续四年被评为全国“青年文明号”，“宾客至上，优质服务，科学管理，开拓创新”是宾馆自始至终的服务宗旨。

订房电话：（028）6745941
订餐电话：（028）6621461

旅游电话：(028) 6621037

地址：成都市人民东路 48 号四川物资大厦

成都大熊猫繁育研究基地

成都大熊猫繁育研究基地 1987 年建成。1991 年第二期工程扩建并建成了“成都大熊猫博物馆”，包括目前全国规模最大、数量最多的蝴蝶展区和脊椎动物展区，现第三期工程开始扩建。

“成都大熊猫繁育研究基地”共获得国家省、市、部委科研成果 36 项。“大熊猫双胞胎育幼”和“大熊猫出血性肠炎”的研究为近代大熊猫研究领域的两大突破，分别获得国家科技进步二等奖；成都市科技进步一等奖。1994 年后获得 10 项科研成果，有代表性的“大熊猫亲仔鉴定的研究”，1994 年获成都市科技进步二等奖。“酶联免疫法测定激素，判断大熊猫发情及妊娠的研究”，获 1997 年度成都市科技进步奖。“大熊猫体外受精”也取得首次成功。

该基地现在饲养大熊猫 22 只，其中有 20 只是繁殖的子一代，二代，三代，是世界上最大的人工繁殖种群。

在加强科研的同时，该基地认真总结，在各种学报刊物、杂志上发表论文 200 余篇，在国际学术会议上交流论文 40 余篇，出版专著 5 部，召开两次大熊猫国际学术研讨会。基地先后被国家授予“全国绿化金奖”，两次被联合国环境规划署授予“全球 500 佳”的称号。

四川金杯服装有限责任公司
四川金杯运动服装厂

我公司（厂）主要生产经营运动服、健美服、学生服、休闲服等系列。

工厂设施先进，管理严格，重信誉守合同，做好售后服务，保证质量。多年来深受用户的欢迎和拥戴。

保证用户的需要，提供理想的服务，是我们最大的追求！欢迎参观比较，欢迎来厂洽谈业务。

法人代表（总经理）：陈素华

电　话：(028) 6644582

传　呼：(028) 126－0148020

厂　长：余海利

传　呼：(028) 126－0143812

公司（厂）地址：成都市外东高攀桥

电　话：(028) 5228736　5225265

邮　编：610063

成都市第四人民医院
（成都市精神卫生中心）

成都市第四人民医院地处成都外西营门口，成都市戒毒治疗指定医院。始建于 1909 年，是西南地区最大的精神病专科医院之一，医院占地面积 36 余亩，环境幽雅，是精神病人理想的治疗、休养场所。现有定编床位 600 张，职工 425 人。医院技术力量雄厚，拥有主任医师、副主任医师 15 人，主治医师、主管护师 135 人。年门诊量 3 万余人次，年出入院 2000 余人次，医院常见精神疾病治愈好转率达 95%左右。医院开设有脑电图检查、诱发电位检查、脑地形图检查、脑血流图检查、精神药物血药浓度检测，以及各种神经和心理功能测验，其电子计算机多相个性测验仪是目前全国最先进的个性测验工具。医院承担全市的有关精神疾病的劳动司法鉴定及评残工作。近年来参与完成全国、省、市科研项目 10 余项，获省市科技成果奖 5 项，在我国、省、市杂志上发表科技论文 80 余篇，为省内外培训基层精神科医生 200 余名。四川省心理卫生协会挂靠于此。现为省文明单位、市优质服务示范单位。

院长：李江中

主任医师　四川省心理卫生协会副理事长

地址：外西营门口

邮编：610036

电话：(028) 7742430

成都杜甫草堂

成都杜甫草堂，是中国唐代大诗人杜甫流寓成都时的故居。杜甫（字子美，公元 712 年生）于 759 年弃官西行，成都西郊浣花溪畔筑茅屋而居。前后近四年，写诗 240 余首。

杜甫生活在唐王朝由盛到衰的转折时期，他忧国伤时，挥毫赋诗，直书情怀。他是我国诗坛上最伟大的现实主义诗人，被尊为“诗圣。”杜甫离开成都后，草堂便倾毁不存。五代前蜀时，诗人韦庄寻得草堂遗址，重结茅屋。至宋代重建，始成祠宇。1955 年成立杜甫纪念馆，1961 年被国务院公布为全国重点文物保护单位，1984 年更名为杜甫堂博物馆。

草堂总面积有 240 多亩，其建筑为清代风格，园林是非常独特的“混合式”中国古典园林。其间有流水萦回，小桥勾边，竹树掩映，显得既庄严肃穆、古朴典雅而又幽深静谧、秀丽清朗。工部祠东侧是“少陵草堂”碑亭，已成为成都市的著名景观。1997 年 2 月，借鉴川西民居的特点，重建了杜甫的茅屋。茅屋故居位于碑亭北面，竹条夹墙，裹以黄泥，屋顶系茅草遮苫，再辅以竹篱、菜园、药圃，使整个建筑古朴中透露出浓浓的文化色彩。

成都汽车转向器厂

成都汽车转向器厂（成都汽车拖拉机配件厂）
联系人：郝江河
电　话：(028) 7510626　(028) 7513800
邮编：610036
地　址：成都市金牛大道金牛坝路

成都市新华书店

店名	地址
成都市人民南路新华书店	人民中路 1 段 16 号展览馆内
成都市春熙路新华书店	春熙路北段 23 号
成都市人民中路新华书店	人民中路二段 2 号
成都市新华书店科技书店	科华北路 29 号
成都市建设路新华书店	建设路 22 号
成都市金牛新华书店	茶店子正街 37 号
成都市新华书店成都批发书店	古中寺街 28 号
成都市新华书店成都音像书店	羊市街 1 号
成都市新华书店成都古籍书店	春熙路北段 23 号
成都市新华书店光盘制作中心	人民中路一段 16 号展览馆内
成都市新华书店精品书店	庆云北街 33—37 号

成都市新华书店法人代表：龚次敏
联系人：张　静
电话：(028) 6714610
地址：成都市金玉街 40 号
电话 (028) 6714010

成都仪器厂研究所

成都仪器厂研究所位于成都市人民中路三段 3 号，专门从事成都仪器厂生产的物性分析仪器（粘度、湿度）、电化学分析仪器（极谱分析仪、酸度计）、真空测量与氦质谱检漏仪器、医疗仪器及自动化记录仪器的研制。产品已广泛用于国防、科研、能源、交通、冶金、石化、轻工、环保、医疗卫生、大专院校等领域。

联系人：薛世春
电　话：(028) 6745990
邮　编：610031
地　址：成都市人民中路三段 3 号

成都色釉料厂

法人代表：万志钧
电　话：(028) 4710415　(028) 4714561
邮　编：610051
地　址：成都市外东跳蹬河南路 9 号附 1 号
主营产品：陶瓷熔块、陶瓷色料

中国成都国际经济技术合作公司

地　址：中国四川省成都市槐树街 46 号
法人代表：吴瑛（总经理）
传　真：(028) 6648649
邮　编：610031
电　话：(028) 6648499　6249737
电　传：600371 CCITC CN
经营范围：承包各类国外和境内外资工程、劳务输出、在海外兴办企业，房屋开发，自营和代理进出口业务，开展“三来一补”进料加工业务。经营对销贸易和转口贸易。引进资源人才，组织承包工程和海外企业所需的设备材料的出口、技术培训、技术咨询。

成都市华中机械弹簧厂

专业生产各型仪表，电器、汽车等各型、拉、压、扭、卡、弹簧等。

业务处：成都市市中区东糠市街 20#
电　话：(028) 6650415

邮　编：610021
厂　址：成都市东门跳蹬河南路1#
电　话：(028) 4123302
邮　编：610051

成都市第一农业科研所

法人代表：何　礼
电　话：(028) 7744652
邮　编：610072
地　址：成都市青羊宫望仙村

成都市综合建材工业公司

法定代表人：陈树昂
联系人：胡有植
电　话：(028) 4331853　(028) 4328368
邮　编：610051
地　址：成都市跳蹬河北路60号
主要经营项目：

生产销售φ200～φ1500钢筋混凝土管，年产量70000m左右。九四年曾获成都市产品质量信得过单位称号。

中国科学院 光电技术研究所成都所部

所　长：马佳光
电　话：(028) 5229131
传　真：(028) 5223143
邮　编：610041
地　址：成都市人民南路四段九号

成都雄厚热处理工程研究所

法人代表：郑　博
电　话：(028) 3245016
邮　编：610051
地　址：成都市建设路三段322号新3号

成都上游机械厂

业务范围：环保，给排水设备、各类干燥设备、非标、金具制造、热处理及模具制造。
厂　长：徐　科
地　址：成都市外东双林南支路28号
电　话：(028) 4317091

成都市中医医院

国家二级甲等中医医院
法人代表：林大东
电　话：(028) 6915505
邮　编：610017
地　址：成都市红星路一段44号

成都市水利电力勘测设计院

主　业：水利电力勘测设计
联系人：王大坤
电　话：(028) 7774432
邮　编：610031
地　址：南巷子98号附1号

鸣谢单位

成都市市容环境卫生管理局

成都市阳光通讯发展有限公司

成量集团公司

中国统计出版社最新资料书简目

中国统计年鉴—1998(汉英)
中国统计摘要—1998
国际统计年鉴—1998
中国农村统计年鉴—1998
中国城市统计年鉴—1998
中国市场统计年鉴—1998
中国劳动统计年鉴—1998(汉英)
中国人口统计年鉴—1998
中国能源统计年鉴—1998
中国建筑业统计年鉴—1998
中国工业经济统计年鉴—1998
中国对外经济统计年鉴—1998
中国固定资产投资统计年鉴—1998
中国物价及城镇居民家庭收支调查统计年鉴—1998
北京统计年鉴—1998(汉英)
天津统计年鉴—1998
河北统计年鉴—1998
山西统计年鉴—1998
内蒙古统计年鉴—1998
辽宁统计年鉴—1998
吉林统计年鉴—1998
黑龙江统计年鉴—1998
上海统计年鉴—1998(汉英)
江苏统计年鉴—1998(汉英)
浙江统计年鉴—1998
安徽统计年鉴—1998
福建统计年鉴—1998
江西统计年鉴—1998
山东统计年鉴—1998
河南统计年鉴—1998
湖北统计年鉴—1998
湖南统计年鉴—1998
广东统计年鉴—1998
广西统计年鉴—1998
海南统计年鉴—1998
重庆统计年鉴—1998
四川统计年鉴—1998
贵州统计年鉴—1998
云南统计年鉴—1998
西藏统计年鉴—1998
陕西统计年鉴—1998
青海统计年鉴—1998
宁夏统计年鉴—1998
新疆统计年鉴—1998
石家庄统计年鉴—1998
唐山统计年鉴—1998
邯郸统计年鉴—1998
衡水统计年鉴—1998
廊坊统计年鉴—1998
呼和浩特统计年鉴—1998
长春统计年鉴—1998
延吉统计年鉴—1998
哈尔滨统计年鉴—1998
双鸭山统计年鉴—1998
四平统计年鉴—1998
徐州统计年鉴—1998
杭州统计年鉴—1998
苏州统计年鉴—1998
无锡统计年鉴—1998
常州统计年鉴—1998
宁波统计年鉴—1998
绍兴统计年鉴—1998
嘉兴统计年鉴—1998
金华统计年鉴—1998
舟山统计年鉴—1998
温州统计年鉴—1998
南昌统计年鉴—1998
济南统计年鉴—1998
青岛统计年鉴—1998
泰安统计年鉴—1998
潍坊统计年鉴—1998
德州统计年鉴—1998
郑州统计年鉴—1998
三门峡统计年鉴—1998
洛阳统计年鉴—1998
开封统计年鉴—1998
武汉统计年鉴—1998
宜昌统计年鉴—1998
海口统计年鉴—1998
广州统计年鉴—1998
惠州统计年鉴—1998
珠海统计年鉴—1998
东莞统计年鉴—1998
南宁统计年鉴—1998
西安统计年鉴—1998
西宁统计年鉴—1998
九江统计年鉴—1998
新疆生产建设兵团统计年鉴—1998
乌鲁木齐统计年鉴—1998
巴音郭楞统计年鉴—1998
吐鲁番统计年鉴—1998
成都统计年鉴—1998
大理统计年鉴—1998
深圳统计信息年鉴—1998
桂林经济社会统计年鉴—1998
柳州地区统计年鉴—1998
上海浦东新区统计年鉴—1998(汉英)
甘肃年鉴—1998
沈阳年鉴—1998
福州年鉴—1998
厦门经济特区年鉴—1998
保定经济统计年鉴—1998
福州经济技术开发区马尾区年鉴—1998

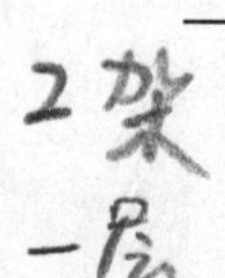